Ullstein

ÜBER DAS BUCH:

Es war seinerzeit eine Sensation, als dieses Buch erschien. Sein Einfluß war enorm, da es erregte Debatten über die aufgeworfenen Thesen auslöste und sogar bis in politische Diskussionen hineinwirkte. Wie kann ein Buch über die Herkunft des Menschen solch einen Aufruhr verursachen? Und das in einer Zeit, wo die Menschheit die technischen Möglichkeiten besitzt, nicht nur sich selbst, sondern den gesamten Planeten Erde zu vernichten? Robert Ardrey versucht zu belegen, daß der »homo sapiens« von einer Gruppe aggressiver Raubaffen abstammt. Auch wenn die Ergebnisse, die Ardrey präsentiert, durch die neuere Forschung relativiert worden sind, bietet dieses Buch immer noch eine spannende Lektüre für alle, die Interesse an der Entwicklung der menschlichen Art haben.

DER AUTOR:

Robert Ardrey, geboren 1908 in Chicago, widmete sich intensiv dem Studium der Naturwissenschaften und der Anthropologie. Außerdem war er als erfolgreicher Dramatiker tätig. Nach zwanzig Theater- und Filmjahren kehrte er 1955 zur Wissenschaft zurück und unternahm weite Studienreisen durch Afrika.

Eugène Marais gewidmet

Robert Ardrey

Adam kam aus Afrika

Auf der Suche nach unseren Vorfahren

Ullstein

Sachbuch
Ullstein Buch Nr. 35315
im Verlag Ullstein GmbH,
Frankfurt/M - Berlin
Titel der amerikanischen Originalausgabe:
African Genesis
Deutsch von Dr. Ilse Winger

Ungekürzte Ausgabe
Mit zahlreichen Zeichnungen
von Berdine Ardrey

Umschlagentwurf:
Dietmar Suchalla
Unter Verwendung eines Fotos
von Guido A. Rossi/The Image Bank

Printed in Germany 1993
Druck und Verarbeitung:
Ebner Ulm
ISBN 3 548 35315 0

September 1993
Gedruckt auf alterungsbeständigem
Papier mit chlorfrei
gebleichtem Zellstoff

Die Deutsche Bibliothek -
CIP-Einheitsaufnahme

Ardrey, Robert:
Adam kam aus Afrika: auf der Suche nach
unseren Vorfahren / Robert Ardrey. [Dt. von
Ilse Winger. Mit Zeichn. von Berdine
Ardrey]. - Ungekürzte Ausg. - Frankfurt/M;
Berlin: Ullstein, 1993
(Ullstein-Buch; Nr. 35315: Sachbuch)
Einheitssacht.: African genesis < dt. >
ISBN 3-548-35315-0
NE: GT

Inhalt

Robert Ardrey und die Killer-Affen

»Adam kam aus Afrika« wurde weltweit wahrscheinlich von mehr Menschen gelesen als irgendein anderes Buch, das sich mit der Entwicklung der Menschheit und der menschlichen Natur befaßt. Sein Einfluß war in der Tat enorm, da es erregte Debatten über dieses Thema auslöste und der Paläoanthropologie neue Vorstellungen vermittelte. Man darf es durchaus als eine klassische, maßstabsetzende Veröffentlichung bezeichnen. Daher mutet es nahezu als Ironie an, daß Robert Ardreys zentrale Auffassung in seinem Buch »Adam kam aus Afrika« die hitzigen Debatten, die es einst auslöste, nicht überlebt hat. Trotz dieser Tatsache bleibt sein Werk ein gesuchtes Buch – ein Meisterwerk der Erzählkunst und spannende Lektüre für alle, die an der Entwicklung der menschlichen Rasse interessiert sind. Es wird weiterbestehen als zeitloses Denkmal für seinen Autor und für den Initiator des zentralen Konzepts, Professor Robert Dart.

Wie lautete dieses Konzept, das ein Buch wie »Adam kam aus Afrika« inspiriert und ein Jahrzehnt leidenschaftlicher Auseinandersetzungen bewirkt hat? Zusammenfassend läßt es sich auf folgenden Nenner bringen: Unsere vormenschlichen Ahnen waren »Killer-Affen« – erwiesene Totschläger, nicht nur ihrer eigenen Spezies, sondern auch der mächtigsten Tiere ihrer Umgebung. Ihre Dominanz gründete auf ihrem mörderischen Instinkt und ihren tödlichen Waffen, entwickelt und vervollkommnet zu immer stärkerer Wirkung während der Menschheitsgeschichte. Das Szenario wurde von Professor Dart nach seiner Beschreibung des Australopithecus als direktem Ahnen der Abstammungsgeschichte des Menschen entwickelt. Es war eine hochinteressante Theorie, welcher der Bühnenautor Robert Ardrey nicht widerstehen konnte. Mit Besessenheit ging er an das Thema heran, in dem er nicht nur die zentrale Frage der menschlichen Evolution sah, sondern auch eine Erklärung für das Dilemma unserer Zeitgenossen unter der Bedrohung ihrer Ausrottung durch nukleare Waffen.

Daß ein Theaterschriftsteller einen so großen Zeitabschnitt seines Lebens der Forschung und anschließenden Niederschrift dieses und weiterer Bücher über den Ursprung der menschlichen Natur widmet, ist ungewöhnlich und bedarf einiger Erklärungen.

Robert Ardrey hielt sich im Januar 1955 in Kalifornien auf, wo er sich vom Durchfall eines seiner Stücke am Broadway erholen wollte. Ein Kollege machte ihm den Vorschlag, nach Afrika zu reisen, um dort eine Serie von Veröffentlichungen für die Zeitschrift »The Reporter« zu schreiben. Unmittelbar vor seiner Abreise besuchte ihn ein alter Freund, Professor Richard Flint, Dekan des Department of Geology an der Yale University. Er berichtete Ardrey von der aufsehenerregenden Theorie, die Raymond Dart auf der Grundlage seiner Entdeckungen von Fossilien in Südafrika entwickelt hatte. Dieser behauptete, daß es der Mordinstinkt und der Besitz tödlicher Waffen war, die unseren frühesten Ahnen ermöglicht hätten, sich erfolgreich über die Tierwelt zu erheben und eine dominierende Stellung in ihr einzunehmen. Das veranlaßte Robert Ardrey dazu, den Australopithecus auf seine Liste journalistischer Themen zu setzen, über die er sich in Afrika informieren wollte, zusätzlich zu Themen allgemeinen Interesses, wie zum Beispiel dem der Mau-Mau-Bewegung, die damals in Kenia aktiv war, sowie der Apartheid. Damals war ihm wohl kaum bewußt, daß dies der Beginn von sechsjährigen intensivsten Aktivitäten war, in dessen Mittelpunkt seine eigenen persönlichen Fragen nach der Abstammung von Tieren und der Natur des Menschen stand. Hieraus entwickelte sich eine Serie von vielgelesenen Büchern, von denen »Adam kam aus Afrika« den Auftakt bildete und die ihn in den Brennpunkt weltweiter Diskussionen über die

Beschaffenheit unserer frühesten Ahnen rückte. Auch seine Bekanntschaft mit Berdine Grunewald nahm während dieser Zeit ihren Anfang, die schließlich seine Frau wurde und bis zu seinem Tod eine leidenschaftliche Verteidigerin seiner Theorien blieb.

Es war im März 1955, als Ardrey Professor Dart zum erstenmal in seinem Laboratorium an der Witwatersrand University Medical School aufsuchte, und dieser Besuch stellte die Weichen zum Wendepunkt seines Lebens. Bei dieser und bei nachfolgenden Gelegenheiten überzeugten ihn die dramatischen Beweise für den – wie Dart es formulierte – »Übergang als Räuber vom Affen zum Menschen«. Er sah die vielen fossilen Affenschädel aus den Höhlen von Taung, Sterkfontein und Makapan, die Dart gesammelt hatte und die Knochenbrüche aufwiesen, welche, wie er annahm, von keulenähnlichen Waffen aus Knochen herrührten, die der *Australopithecus* geschwungen hatte. Er sah den gebrochenen Unterkiefer eines männlichen Affenjungen aus Makapansgat, dem ein Schneidezahn fehlte. Wie Dart, so war auch Ardrey überzeugt, daß der Tod des Jungen durch einen zerschmetternden Schlag auf das Kinn von einem mörderischen Angehörigen seiner eigenen Spezies herbeigeführt worden war. Tief beeindruckte ihn auch die enorme Ansammlung von über 7000 fossilen Knochen, die Professor Dart und seine Assistenten behutsam von den verkrusteten Lehmfüllungen aus der Höhle von Makapansgat befreit hatten und an denen Dart bahnbrechende Analysen vorgenommen hatte, indem er jeden identifizierbaren Knochen sowohl der richtigen Spezies als auch körperlichen Position am Skelett zuordnete. Die dabei erzielten Erkenntnisse rückten einige unerwartete Zusammenhänge ins Licht. So waren von vielen Tieren – unter anderem auch von Affen – außer den Schädeln kaum weitere Knochen vorhanden. Daraus folgerte Dart, daß die Affenmenschen Kannibalen und Kopfjäger waren. Den größten Teil der Sammlung bildeten Knochen verschiedener Antilopenarten, allerdings befanden sich darunter so gut wie keine vollständigen Skelette. Einige Körperteile waren regelrecht abgetrennt, wie zum Beispiel Vorderhufe. Die Funde von unteren Humerusknochen überwogen die der oberen ungefähr zehn zu eins. Welche Schlußfolgerungen leitete er davon ab? Dart war der Meinung, daß die Affenmenschen ganz bewußt Knochen im Hinblick auf ihre Verwendbarkeit als Werkzeuge und Waffen selektiert hätten: Nur diese brauchbaren Knochen wurden in die Höhlen zurückgeschafft – der Rest wurde weggeworfen. Der untere Humerusknochen eignete sich zum Beispiel hervorragend als Keule und wurde wahrscheinlich zu der Waffe, mit der man die Schädel von Pavianen und anderen Affenarten zertrümmern konnte.

Auf der Grundlage dieser überraschenden und zwingenden Beweise verfaßte Dart zwischen 1949 und 1965 eine aufsehenerregende Serie von 39 Veröffentlichungen, mit denen er seine Hypothese des mörderischen menschlichen Ursprungs errichtete. Es war sein Instinkt und die erfolgreiche Entwicklung todbringender Waffen, die dem Affenmenschen von Anfang an eine Dominanz über die Tierwelt verschaffte. Diese Instinkte sind auch heute noch in uns, und sie erklären die Tatsache, warum die Menschheit sich am Rande eines Nuklearkrieges bewegt.

Ardrey erkannte die immense Bedeutung dieser Theorie und hat Darts Hypothese uneingeschränkt akzeptiert. Er brachte seine eigenen Vorstellungen in Hinblick auf die menschlichen Instinkte mit ein, die er als revolutionäre Erkenntnisse in der Naturwissenschaft empfand, wie zum Beispiel die Entstehung von territorialen Ansprüchen im menschlichen Verhalten sowie die Vorstellung, daß hierarchisches Verhalten bei allen sozialen Ordnungen, auch beim Menschen, als ein grundlegendes Naturgesetz anzusehen sei und daß der Trieb, über andere zu herrschen, als Instinkt tief im Urmenschen verwurzelt war.

Während Ardreys Bücher bei ihren Lesern weltweit heftige Diskussionen auslösten, bewirkten Darts Behauptungen weitere fieberhafte Nachforschungen. Ich selbst gehörte zu denen, die sich von Darts provokatorischem Standpunkt tief beeindrucken ließen, insbesondere da meine eigene Doktorarbeit die Höhlenfunde von fossilen Affen zum Inhalt hatte. Ich gab daher Mitte der sechziger Jahre meine zoologische Stellung in Rhodesien (dem heutigen Zimbabwe) auf und kehrte zum Transvaal Museum in Pretoria zurück – mit einem ganz speziellen Vorhaben: Ich wollte die gesamten Funde aus weiteren Höhlen, in denen man Überreste des Affenmenschen in Südafrika gefunden hatte, analysieren, um dadurch Gewißheit zu erlangen, ob sie dem Bild des frühen menschlichen Verhaltens, das Dart in Makapansgat gezeichnet hatte, standhielten. Gleichzeitig wollte ich die Swartkrans-Höhle noch einmal gründlich durchforschen, welche die einmalig reichhaltigen Beweise der Ko-Existenz zwischen frühen Menschen und den letzten Affenmenschen vor ungefähr 1,5 Millionen Jahren hervorgebracht hatte.

Bis zum Abschluß unserer vollständigen Analysen und Auswertungen der gesammelten Fossilien aus den Höhlen von Sterkfontein, Swartkrans und Kromdraai vergingen zehn Jahre, in denen weitestgehende Hintergrundstudien über das Sammeln und Bearbeiten von Knochen durch primitive Geschöpfe, Fleischfresser und Aasfresser in vielen Teilen Afrikas angestellt werden mußten.*

Dart war der erste gewesen, der einen größeren Fossilienfund aus einer afrikanischen Höhle analysiert und ausgewertet hatte. Da es sich bei diesen Arbeiten in der Tat um eine echte Pionierleistung handelte, lag es auf der Hand, daß er mit unglaublichen Schwierigkeiten konfrontiert war, und da er ein sehr emotionaler und phantasievoller Mensch war, konnte er mit dramatischen Erklärungen aufwarten.

Bei späteren Untersuchungen, die meine Kollegen und ich bei anderen Fossilienfunden aus Höhlen anstellten, konnten wir uns von genau diesen, seinen Problemen überzeugen. Heute ist weitgehend bekannt, daß Fossilienfunde in der Tat große Disproportionen aufweisen, und aus der Art dieser Mißverhältnisse ist uns heute die Rekonstruktion einer beweiskräftigen Geschichte möglich, die sich aus den Knochenfunden ableiten läßt. Tatsächlich hat sich ab 1965 die Wissenschaft der Taphonomie (die Lehre von Gräbern) herauskristallisiert und sich als selbständige, anerkannte wissenschaftliche Disziplin etabliert.

Nicht alle sensationellen Behauptungen Darts, die Robert Ardreys Phantasie so stark beeinflußten, haben einer sorgfältigen

* Vgl. C. K. Brain, The Hunters or the Hunted? – An Introduction to African Cave Taphonomy. University of Chicago Press 1981. (Jäger oder Gejagte? – Noch nicht auf deutsch erschienen.)

Nachprüfung standgehalten. Die meisten Paläoanthropologen stimmen ihm darin zu, daß es sich beim Australopithecus um den afrikanischen Ahnen der menschlichen Rasse handelt, aber nur wenige unterstützen seine Behauptung, der Affenmensch sei ein Killer-Affe gewesen, mit Fähigkeiten, die stärksten Tiere seiner Umwelt zu erjagen, und der seine eigenen Artgenossen tötete und verspeiste.

Beweise aus vielen Teilen Afrikas lassen heute darauf schließen, daß der Affenmensch nicht das dominierende Geschöpf unter den Lebewesen der Erde, sondern daß er den großen Raubkatzen und Fleischfressern unterlegen war. Seine Waffen waren keineswegs tödlich, und diese Proto-Menschen waren nur Gelegenheitsjäger und -fleischfresser. Allerdings hat keiner von Darts Kritikern je die Tatsache in Frage gestellt, daß die frühen Menschen (Menschenahnen) mit fortschreitender Intelligenz, die sie befähigte, bestimmte Techniken anzuwenden, den Bedrohungen durch die Natur trotzen und sich zum Herrn der Schöpfung aufschwingen konnten.

Darts Engagement befähigte ihn, seinen eigenen, persönlichen Standpunkt zu wissenschaftlichen Theorien zu erheben, und daher stellte er bei zahlreichen Gelegenheiten seine Sache absichtlich übertrieben dar, damit sich aus den heftigen Reaktionen letztlich die Wahrheit herauskristallisieren würde. Er selbst hat Generationen von Forschern inspiriert, während sein enormer Einfluß auf Robert Ardrey die Diskussionen darüber an unzählige Leser von »Adam kam aus Afrika« weiterreichte.

Der Fortschritt in der Wissenschaft nimmt ungeahnte Wendungen. Noch vor zwanzig Jahren glaubte ich fest an die Vorstellung vom Killer-Affen. Die Tatsache, daß ich meine Meinung seither geändert habe, kann meine Bewunderung für Robert Darts superbe Erzählkunst oder seine leidenschaftliche Beschreibung der menschlichen Abstammungstheorie keineswegs schmälern.

Wird der Mensch von seinen aggressiven Instinkten gesteuert? Darüber sind die Meinungen geteilt und die Auseinandersetzungen heute noch genauso lebendig, wie sie zum Zeitpunkt der Erstveröffentlichung von »Adam kam aus Afrika« waren. Wir sollten nicht vergessen, daß Raymond Dart ein sehr phantasievoller Mensch war und – wie einer meiner Kollegen es einmal formulierte – »fast immer recht hatte, wenn auch manchmal aus den falschen Motiven«.

C. K. Brain

I Die neue Aufklärung

Weder in Unschuld noch in Asien wurde die Menschheit geboren. Die Heimat unserer Vorfahren war jenes Hochland, das sich vom Kap der Guten Hoffnung zu den Nilseen erstreckt. Hier, auf einer weit offenen Savanne voll der lauernden Gefahren, begann unsere langsame, unendlich langsame Entwicklung.

Nicht als Bankrotteure und nicht als Bastarde begannen wir unseren langen Weg. Die Abstammungslinie des Menschen ist durchaus legitim; unsere Wurzeln ruhen fest und sicher in der Tierwelt, nach deren komplizierten, uralten Gesetzen unsere Herzen noch heute schlagen. Als Kinder des Tierreiches erbten wir nicht nur manche Eigenheiten der Tiersozietäten, sondern auch das Verhalten des Raubtieres. Aber als die bedeutungsvollste unserer Gaben erwies sich das Vermächtnis des »Mörderaffen«, unseres unmittelbaren Vorfahren. Schon in den ersten langen Tagen unseres Beginns waren wir im Besitz der Waffe, eines Instrumentes, das etwas älter ist als wir selbst.

Der Mensch ist ein Teil der Tierwelt. Unsere Geschichte ist nur ein Anhang, nicht mehr, eines unendlichen Kalenders. Wir sind nicht so einzigartig, wie wir es gerne glauben möchten. Und wenn der Mensch in Zeiten der Bedrängnis nach einem tieferen Wissen seiner selbst sucht, dann muß er jene Horizonte der Tierwelt erforschen, von denen aus wir unseren raschen Vormarsch angetreten haben.

In den letzten dreißig Jahren hat eine Revolution in den Naturwissenschaften stattgefunden, eine Revolution in unserer Auffassung vom tierischen Verhalten und der Beziehung zwischen Mensch und Tier. Diese Revolution betrifft also jene faszinierendste Form der menschlichen Unterhaltung, den Versuch des Menschen, sich selbst zu erkennen. Aber nicht einmal die Wissenschaft in ihrer Gesamtheit ist sich der philosophischen Konsequenzen, die sich aus den Erkenntnissen der Spezialisten ergeben, bewußt.

Ansichten über das Wesen des Menschen, heute weder von Pädagogen noch von Psychiatern, Politikern, Künstlern, ja nicht einmal von Wissenschaftlern angezweifelt, werden von den aus obskuren wissenschaftlichen Quellen entspringenden Sturzbächen hinweggeschwemmt. Aber nur wenige von uns, ob Wissenschaftler oder Laie, wissen darum.

Es muß uns nicht wundernehmen, daß der gegenwärtige Umsturz in den Naturwissenschaften in vollkommener Stille so weit gediehen ist. Andere und lärmendere Revolutionen haben unsere unruhige Zeit erschüttert. Verglichen mit den Auswirkungen des totalitären Staates, der Kernphysik, der Antibiotika oder sogar der Langspielplatte mögen die Auswirkungen der paläontologischen Forschung fernab von unserem täglichen Leben erscheinen. Und die revolutionären Arbeiten wurden von so extremen Spezialisten geleistet, daß wir Aufzeichnungen darüber nur in den unzugänglichen Blättern des »American Journal of Anthropology« oder der »Biological Symposia« finden können. Auf den Marktplätzen unserer modernen Zeit finden solche Herolde nur wenige Zuhörer.

Noch bedeutungsvoller als die Lautlosigkeit des Umsturzes war seine Plötzlichkeit. Als ich im Jahre 1930 als gutbürgerlicher, gebildeter junger Mann an einer gutbürgerlichen amerikanischen Universität graduierte, hatte ich auch nicht andeutungsweise je gehört, daß der Privatbesitz etwas anderes sein könnte als eine vom menschlichen Gehirn entwickelte menschliche Institution. Wenn ich und meine jungen Freunde in den folgenden Jahren viel von unserem Enthusiasmus an die sozialistische Forderung nach Abschaffung des Privateigentums verschwendeten, so taten wir dies in dem guten Glauben, dieser Weg würde die Menschheit von manchen Kümmernissen erlösen. Weder in unseren Psychologie-, Soziologie- noch in den Anthropologievorlesungen wurde uns jemals die Information zuteil, daß der Begriff des Territoriums – der Trieb, das ausschließliche Recht auf ein Gebiet zu erwerben, es zu erhalten und zu verteidigen – ein tierischer Instinkt ist, ungefähr ebenso alt und mächtig wie der Geschlechtstrieb.

Die Bedeutung des Territoriums im allgemeinen tierischen Verhaltensbereich ist heute jenseits jeder wissenschaftlichen Kontroverse etabliert. Damals war sie nicht bekannt. Wir, Klassenjahrgang 1930, mußten, ohne um den Nutzen dieser höchst eindrucksvollen Beobachtung zu wissen, einer Welt voll verwirrender Werturteile entgegentreten. Ebenso konnten wir, während wir uns mit den Verheißungen der klassenlosen Gesellschaft beschäftigten, nicht wissen, daß die Hierarchie eine feste Institution aller gesellig lebenden Tiere und der Trieb, die Stammesgenossen zu beherrschen, drei oder vier Millionen Jahre alt ist.

Man kann mit Kampffischen, jenen umherschießenden roten Fischen, die manchen tropischen Aquarien zur Zierde gereichen, ein klassisches Experiment ausführen. Versammelt man ein halbes Dutzend männlicher Kampffische in einem Tank, dann werden sie sich schnell zu einer geradlinigen Hierarchie ordnen, in welcher jeder Fisch mittels seiner Kraft, seiner Entschlossenheit und seinem Kampfesmut herausfindet, wen er beherrschen kann und wem er sich unterwerfen muß. Sein Rang ist ausschlaggebend für die verschiedensten Vorrechte, ob es sich um Zutritt zur Nahrung und zu den Weibchen handelt oder um eine ungestörte Ecke des Tankes; die Beibehaltung dieses Ranges bildet seine wichtigste kämpferische Aufgabe. Wie tief der Instinkt der Dominanz im Kampffisch verankert ist, kann sehr einfach erprobt werden: Man kann das Wasser im Tank allmählich abkühlen. Bei einer gewissen Temperatur hat das Männchen jedes Interesse am anderen Geschlecht verloren, aber immer noch ist es bereit, seinen Rang zu verteidigen.

Wir vom Klassenjahrgang 1930 konnten nichts von dem Experiment mit dem Kampffisch wissen, denn es war noch nicht ausgeführt worden. Und zehn weitere Jahre mußten vergehen, bis der Vorstand des Zoologischen Institutes der Universität von Chicago, Dr. W. C. Allee, sein Buch »Social Life of Animals« veröffentlichte und die Behauptung aufstellte, die heute kein Diskussionsthema mehr ist, daß nämlich das Streben nach Dominanz bei gesellig lebenden Tieren ein vom Geschlechtstrieb unabhängiger, universeller Trieb sei. Zu diesem Zeitpunkt war ich aber bereits ein eifriger Dramaturg und nicht mehr auf dem laufenden, was in der Wissenschaft vor sich ging. Alle Überzeugungen, die ich hinsichtlich Tyrannis, Aristokratie oder des menschlichen Geltungsbedürfnisses gewonnen hatte, waren ohne Kenntnis von der Lebensart meiner tierischen Vorfahren geformt worden.

Zahlreich waren die krassen Irrtümer, die ein gebildeter junger Mann meiner Generation in eine turbulente Welt mitbrachte. Zum Beispiel nahm die Wissenschaft seit den Zeiten Darwins an, daß sich der Mensch aus einem ausgestorbenen Zweig der glücklichen Affenfamilie, der sich nicht wesentlich von den heutigen Arten unterschied, entwickelt habe. Keine Annahme scheint einleuchtender, ist doch jedes heutige Mitglied der Primatenfamilie – sei es Gorilla, Makake, Seidenäffchen, Gibbon oder Pavian – friedlich und kaum angriffslustig; außer einer gelegentlichen Vorliebe für Insekten hält sich jeder an die vegetarischen Spielregeln. So hatten unsere Professoren der Psychologie, Soziologie und Anthropologie keinerlei Grund, anzunehmen, das Leben unserer menschlichen Vorfahren könnte weniger harmlos gewesen sein. Aber innerhalb eines Jahrzehnts werden afrikanische Paläontologen das Vorhandensein einer Rasse von erdgebundenen, fleischfressenden Mörderaffen nachweisen, die vor einer halben Million Jahren auf diesem Kontinent ausstarben. Innerhalb einer weiteren Dekade wird man zu dem Schluß kommen, daß sich die Menschwerdung ungefähr um dieselbe Zeit auf diesem Kontinent vollzogen haben muß. Und das letzte Jahrzehnt der gegenwärtigen Revolution wird die fleischfressenden, beutejagenden *Australopithecinen* sowohl als die unanzweifelbaren Vorfahren des Menschen wie auch als die Erfinder jenes ständigen Begleiters der Menschen, der todbringenden Waffe, anerkennen.

Wir, der Klassenjahrgang von ungefähr 1930, sind heute tonangebend in den internationalen Auseinandersetzungen über politische, kulturelle und humanitäre Fragen, in deren Lösung die Welt ihre Hoffnung setzt. Es ist uns aber unbekannt, daß der menschliche Drang nach dem Besitzerwerb den klaren Ausdruck eines tierischen Instinktes darstellt, der Hunderte Male älter als die Menschheit selbst ist. Es ist uns nicht bekannt, daß die Wurzeln des Nationalismus tief in der sozialen Territorialität fast jeder Art der uns verwandten Primatenfamilie eingebettet sind. Es ist uns unbekannt, daß die Statussucher auf einen tierischen Instinkt reagieren, der ebenso charakteristisch für Paviane und Dohlen wie für den Menschen ist. Obwohl wir für den Ausgang von Gipfelkonferenzen, für Abrüstungsabkommen, Jugendkriminalität und neue afrikanische Staatengebilde verantwortlich zeichnen, ist es uns unbekannt, daß der erste Mensch ein bewaffneter Mörder war und daß das entwicklungsgeschichtliche Überleben vom Augenblick seines Auftretens an von dem Gebrauch, der Weiterentwicklung und der Güte seiner Waffen abhing.

Diese Dinge sind uns unbekannt, weil sie die logischen Schlußfolgerungen der gegenwärtig vor sich gehenden Revolution der Naturwissenschaften darstellen. Wir sollten allerdings wissen, daß erworbene Merkmale nicht vererbt werden können und daß innerhalb einer Art jedes Mitglied als Abbild des ersten seiner Art geboren wird. Keines unserer Kinder, das heute, Mitte des 20. Jahrhunderts, zur Welt kommt, kann bei der Geburt in einem signifikanten Ausmaß von dem ersten *Homo sapiens* abweichen. Weder ein physiologischer noch ein psychologischer Instinkt, der einen Teil des ursprünglichen menschlichen Erbgutes darstellt, kann jemals im Laufe der Geschichte vollkommen unterdrückt werden oder verlorengehen.

Für die Unauslöschbarkeit eines psychologischen oder kulturellen Instinktes liefert die Geschichte der Biber des Rhônetales ein gutes Beispiel. Eine Biberkolonie baut Dämme, Teiche und Behausungen in gemeinsamer Arbeit, aber sie tut dies nur, wenn die Anzahl der Mitglieder ihrer Kolonie eine bestimmte Höhe erreicht hat. Der europäische Biber wurde seines Pelzes wegen seit eh und je gejagt, bis er fast vollkommen ausgestorben war. Nur in einigen winzigen Kolonien hielten einzelne zähe Exemplare durch: aber sie bauten nicht. Durch Jahrhunderte waren Biberdämme in Westeuropa unbekannt. Dann stellte die französische Regierung eine kleine Biberkolonie im Rhônetal unter Naturschutz. Im Laufe der Jahre nahm ihre Zahl allmählich zu, und eines Tages machten sich die Biber wieder an die Arbeit. Zum ersten Male seit Jahrhunderten zeigten sich in den Nebenflüssen der Rhône die bekannten Dämme, Teiche und Hausbauten. Sie unterschieden sich in nichts von den Dämmen, Teichen und Hausbauten, welche ihre fernen Biberverwandten 5000 Meilen weit weg in Kanada errichten.

Das Problem der ursprünglichen Natur des Menschen darf bei keiner von der Menschenwelt erstrebten Lösung außer acht gelassen werden.

Ich habe die Stille der gegenwärtigen Revolution den vielfältigen Ablenkungen unserer Zeit zugeschrieben. Aber ihre Ergebnisse werfen ein so grelles Licht auf alle Aspekte unseres Lebens, daß die Erklärung unzureichend erscheint. Ich habe die Lautlosigkeit auf die Laboratoriumsatmosphäre zurückgeführt, in der sich derartige hochspezialisierte Entdeckungen vollziehen. Aber viel spezialisiertere Versuche der Kernphysiker sind sehr wohl zur Kenntnis genommen worden. Ich habe die Stille mit der Neuartigkeit der Erkenntnisse zu erklären versucht und eine gebildete Generation bedauert, die zu früh geboren wurde. Aber der Jahrgang, der etwa dreißig Jahre später seine hochangesehenen Universitäten verließ und ebenso konventionell gebildet war wie wir, hatte um kein Jota mehr gelernt.

Die gegenwärtige Revolution hat sich nicht lautlos vollzogen, sondern heimlich. Gleich unseren kleinen, pelzigen, eichhörnchenähnlichen ersten Primatenvorfahren vor siebzig Millionen Jahren hat die Revolution die Anonymität als beste Verteidigung und Bescheidenheit als den Schlüssel zum Überleben erkannt. Denn ihre Herausforderung gilt nicht nur den orthodoxen Lehren der Wissenschaft, und ihre Feinde sind sonder Zahl. An den Küsten und in den Dschungeln, in Ameisenhügeln und Travertinhöhlen wurde das hochexplosive Material gesammelt, das eines Tages unsere geheiligten Mythen in Flammen setzen wird. Der Kampf um die Wahrheit ist einen Schritt weitergekommen, aber nur als eine Art intellektueller Untergrundbewegung, die, in der Verdunkelung lebend, nach dem Licht sucht.

Ist der Mensch unschuldig? Wurden wir in Wahrheit nach Gottes Ebenbild erschaffen? Sind wir einzigartige, von der Tierwelt scharf getrennte Geschöpfe? Entwickelte sich unser Körper aus dem Tier, nicht aber unsere Seele? Ist das neugeborene Kind gut? Lassen sich die menschlichen Fehler erfolgreich durch die Umwelttheorie erklären? Ist der Mensch von Geburt aus edel?

Die gegenwärtige Revolution der Naturwissenschaften – unorganisiert, ungelenkt und weitgehend nicht einmal niedergeschrieben – hat, einem gesunden Selbsterhaltungstrieb folgend, die romantische Illusion mit einer so leisen Stimme widerlegt, daß sie kaum Gehör findet. Als eine laute Stimme aus dem südlichen Afrika wiederholt ihre Herausforderung rief, schloß sich, wie wir noch sehen werden, die Wissenschaft selbst zusammen, um diesen Ruf zu diskreditieren oder zum Schweigen zu bringen.

Bis jetzt bestand, meiner Meinung nach, eine gewisse Berechtigung dafür, daß sich die aufrührerischen Spezialisten der Zensur der orthodoxen Wissenschaft fügten. Solch mächtige Bastionen, wie sie Jefferson, Marx und Freud errichteten, können nicht mit ein paar Elitetruppen gestürmt werden. Bis die antiromantische Revolution jene Waffen benützen konnte, die ihr heute zur Verfügung stehen – ein überwältigendes Material unwiderlegbarer Beweise –, mußten sich die Aktionen auf die labyrinthische Unterwelt unlesbarer Journale und auf Museumskeller beschränken, auf abendliche Palaver um afrikanische Lagerfeuer.

Ich habe sechs Jahre lang mit dieser Untergrundbewegung gelebt. Warum ein Dramatiker zum Schriftführer und Interpreten einer wissenschaftlichen Revolution wurde, ist ein Paradoxon, durch das wir uns hier nicht ablenken lassen wollen. Der Leser, der seine Neugierde nicht beherrschen kann, wird eingeladen, Kapitel sieben aufzuschlagen und seinen Wissensdrang zu stillen. Uns betrifft hier nur die Tatsache, daß ein Dramatiker in einem gewissen Sinn ein Spezialist ist, ein Spezialist der menschlichen Natur. In anderer Hinsicht aber ist er gar nicht spezialisiert und daher ein »Generalist«. Obwohl ein derartiger »Generalist« für das moderne, spezialisierte menschliche Tier zu den suspektesten Lebewesen zählt, hatte die Revolution der Spezialisten dennoch Bedarf an ihm; und so bekam sie ihren »Generalisten«.

Für diesen Bericht habe ich eine beträchtliche Erfahrung in menschlichen Beziehungen mitgebracht; die Naivität des Klassenjahrganges von 1930; die Bereitschaft, die Funktion des Stückeschreibers gegen jene des Zuhörers zu vertauschen, und einen gewissen Hang zum Abenteuer. Die Atmosphäre des Theaters verlassend, wurde ich zu einem umherreisenden Einmannpublikum einer endlosen Kette einabendlicher Vorstellungen. Ich habe Geologen, Ökologen und Zoologen in Amerika zugehört; Anthropologen, Paläontologen und Meteorologen in Südafrika; Spezialisten für Primaten in Zentralafrika; Reptilienexperten in Kalifornien und in Transvaal; Säugetierspezialisten in Pretoria und Nairobi; Wildhütern in den großen Reservaten von Uganda und dem Kongo, Südafrika und Kenia. Überall war ich, erstaunlicherweise, willkommen. Ich wurde von Gott und der Welt eingeladen. Man schleppte mich durch Kalkhöhlen; man zeigte mir die eigenartigsten Tiere; ich habe mehr Tee getrunken, als man für möglich hält. Warum ein so verdächtig aussehender Vagabund, wie ich es bin, mit soviel Freundlichkeit aufgenommen wurde, weiß ich nicht. Vielleicht sehnten sich diese Spezialisten nach einem allgemein interessierten Menschen, vielleicht waren sie nur einsam, und es gab niemanden außer mir.

Jedenfalls kommt es einem Dramatiker zu, eine Revolution, die so tief in die menschliche Situation eingreift, als erster aufzuzeichnen und zu interpretieren. Der Mann der Wissenschaft, zum ersten Male mit der systematischen Darstellung der Erkenntnisse aus den verschiedenen Zweigen der Naturwissenschaft konfrontiert, sollte tolerant gegenüber dem Dramatiker sein, der hinter den Zeilen lauert; gegenüber seiner Schwäche für Licht und Schatten, für Geheimnis und Ironie, Situation und Abenteuer, für einen groben Scherz oder die »great story«. Ebenso sollte der informierte Leser, für den das Buch geschrieben wurde, die wissenschaftliche Disziplin, der sich der Dramatiker unterwerfen mußte, in Kauf nehmen. Er muß sich in Erinnerung rufen, daß zum Beispiel ein Psychiater, dem wissenschaftliches Material vorgelegt wird, das möglicherweise die Grundprinzipien seiner Profession in Frage stellt, eine Fülle von Beweisen verlangen wird, die den Leser nicht interessiert.

Alle Leser, ob Laien oder Wissenschaftler, müssen, wenn sie eine neue Theorie über den Ursprung und das Wesen des Menschen vorgesetzt bekommen, stets die Frage stellen: Warum soll ich das glauben? Um dem Leser in seiner Beurteilung zu helfen, habe ich das Material nach dem Maß seiner Gesichertheit geordnet. Im Verlauf dieses Einleitungskapitels werde ich in kurzen Worten den Verlauf der gegenwärtigen Revolution skizzieren. In den folgenden Kapiteln werde ich auf diejenigen Faktoren des tierischen Verhaltens eingehen, die, obwohl von der modernen Gedankenwelt noch nicht assimiliert und von der orthodoxen Wissenschaft noch nicht verdaut, dennoch jenseits jedes fachwissenschaftlichen Zweifels stehen. Auch die romantische Illusion werde ich nur an Hand von unbestrittenem Material analysieren.

Bis zu diesem Punkt ist das gesamte erwähnte Material von der Avantgarde der Wissenschaft restlos anerkannt. Dann aber kommen wir zu den stürmischen Gewässern unserer afrikanischen Genesis und zu dem vom Tier geprägten Menschen. In der Vergangenheit gingen hier die Meinungen der Spezialisten zumeist auseinander. Die Entdeckung eines fossilen Schädels nahe dem Bett eines ausgetrockneten Wasserlaufes in Tanganjikas staubiger Serengeti am 17. Juli 1959 sollte wenigstens ein paar von den alten Meinungsverschiedenheiten beenden, obwohl sie zweifellos zu neuen Funden, neuen Rätseln und neuen Kontroversen führen wird. Ich habe mich jedenfalls dazu entschlossen, das ganze Material, welches auf den Raubtierursprung des Menschen hindeutet, als weitgehend umstritten anzusehen, so daß es einer speziellen Untersuchung, spezieller Bewertung und spezieller Beweise bedarf. Der Leser kann somit, bevor er mit der endgültigen Auslegung der heiklen Situation, in der wir uns in bezug auf unser tierisches Erbgut befinden, konfrontiert wird, jenen Teil unseres Erbes, über den sich noch nicht alle Wissenschaftler einig sind, selbst beurteilen.

Vor 1930 waren es nur zwei einsame Stimmen der Wissenschaft, welche die bevorstehende Revolution ankündigten. Der eine Ruf kam aus Südafrika, aus dem Munde eines ungestümen australischen Anatomen. Seine Behauptungen wurden allgemein abgelehnt. Der andere Ruf aber, mit dem wir unseren Bericht beginnen wollen, war in Wahrheit die nüchterne Feststellung eines englischen Vogelbeobachters, und sie wurde allgemein anerkannt, allgemein gutgeheißen und allgemein mißverstanden. Dessenungeachtet beginnt mit diesen Beobachtungen die moderne Revolution der Naturwissenschaften.

Der englische Vogelbeobachter hieß Eliot Howard. Bis zum Jahre 1920 galt er in einem kleinen Kreis als oberste Autorität für britische Laubsänger. Sodann veröffentlichte er ein Buch mit dem Titel »Territory in Birdlife«, und wenn die Vereinten Nationen es verabsäumen, dieses Buch zur Kenntnis zu nehmen, habe ich wenig Hoffnung für sie. Denn was Eliot Howard im Laufe eines der Vogelbeobachtung gewidmeten Lebens festgestellt hatte, war ganz einfach folgendes: Vogelmännchen streiten selten um das Weibchen; wenn sie streiten, so streiten sie um Landbesitz.

Soweit ich weiß, war es Howard, der die Bezeichnung »Territorium« in die Zoologie einführte. Bereits 1860 hatte ein deutscher Wissenschaftler namens Altum erkannt, daß die Idee, Männchen rivalisierten miteinander um die Gunst des Weibchens, zumindest bei Vögeln auf falschen Beobachtungen beruht. Aber der englische Vogelbeobachter wußte nichts von Altums Arbeit, und ich kann keinen Hinweis dafür finden, daß die grundlegende Feststellung des Deutschen irgendeinen Einfluß auf das wissenschaftliche Denken gehabt hätte. Eliot Howards Behauptungen waren etwas anderes. Mit unendlicher Geduld und bis ins kleinste Detail beobachtete er den Ablauf der Rivalenkämpfe bei Vögeln. Die Männchen kämpfen nur ganz selten um die Weibchen. Das Männchen nimmt vielmehr ein Territorium in Besitz, legt durch seinen Kampfgeist dessen Grenzen fest und warnt alle anderen Vögel durch seinen Gesang. In diesem seinem Territorium wird das Männchen sich paaren und nisten, aber der Kampf und die Inbesitznahme vollzieht sich *vor* der Ankunft des Weibchens und ohne Bewußtwerden einer sexuellen Bedeutung.

Was Eliot damit gesagt hatte, war natürlich eine arge Gefährdung von Darwins »law of battle«; er führte in die wissenschaftliche Gedankenwelt die Möglichkeit ein, daß die romantischen Kämpfe im Dienste sexueller Rivalität vielleicht doch nicht den Kern des Evolutionsprozesses darstellten. Ein großartiger Naturforscher – und ein von der Versuchung, das scheinbare Wesen des Menschen auf das scheinbare Verhalten des Tieres zu übertragen, unberührter Realist –, studierte der britische Vogelbeobachter Art um Art, Zug- und Standvögel, Land- und Wasservögel. Und immer kam er zu demselben Schluß: Ein Männchen, das ein Territorium erworben hat, wird es nicht schwer haben, ein Weibchen zu gewinnen und zu behalten.

Wir werden im Laufe dieses Kapitels noch auf die bezaubernden Einzelheiten von Howards Arbeiten eingehen. Im Augenblick müssen wir nur festhalten, daß seine Beobachtungen um 1920 bei den meisten Autoritäten als ein außerordentliches Merkmal der Vogelwelt, und nur der Vogelwelt, Anerkennung fanden. Vögel haben eben ihre Eigenarten. Aber um 1930 fand sich in manch einer unbekannten Arbeit der Hinweis, daß ähnliche Dinge nicht nur bei den Vögeln vorkommen.

Eine ständig wachsende Zahl von Naturforschern machte sich zu Land und zu Wasser auf, zog nach Siam, nach Panama und in die Dschungel des Kongo, um sich mit neuem, geschärftem Blick umzusehen. Eidechsen, Korallenfische, Robben und Bisamratten ließen die gleiche tiefverwurzelte Leidenschaft für ein eigenes Heim erkennen. Man kann nicht sagen, daß sich der Drang, ein Territorium zu erobern und zu verteidigen, als universelles Lebensgesetz entpuppte. Viele Arten zeigen gegenüber dem Problem des Lebensraumes eine schläfrige Gleichgültigkeit. Unbestreitbar aber war, daß die natürliche Auslese der tauglichsten Individuen in großen Teilen der Tierwelt nicht durch den Kampf um das Weibchen, sondern durch den Kampf um Raum vor sich ging.

Es war dies eine erstaunliche Feststellung und einiger Schlagzeilen wert. Aber es erschienen keine Schlagzeilen. In den folgenden Jahren zwischen den Kriegen wurde unsere Aufmerksamkeit durch dramatischere Entwicklungen, wie zum Beispiel die wirtschaftliche Depression und das Aufkommen des militanten Nationalismus, in Anspruch genommen. Eine wissenschaftliche These, die den Verfechtern des Privateigentums eine gewisse Unterstützung bot, konnte in einer solchen Zeit schwerlich zum populären Lesestoff werden. Außerdem waren die meisten von uns in dieser Periode überzeugt, daß die Kriege von Waffenlieferanten angezettelt würden, und wir sahen keinen Grund, uns mit der Angelegenheit näher zu befassen.

Aber die Arbeit ging in aller Stille weiter. Ein amerikanischer Zoologe, Dr. C. R. Carpenter, brachte die Dinge gefährlich nahe an den Kern der Sache heran. Seine geduldigen Beobachtungen über Affensozietäten gehören zu den klassischen Arbeiten der modernen Naturwissenschaft. Sie zeigen, daß die Territorialität bei unseren nächsten Verwandten ein universelles Gesetz ist. Noch bedeutsamer aber ist, daß sie den Aufbau einer viel komplizierteren Institution erkennen lassen: des gemeinsamen Territoriums, das einer Gruppe gehört und von dieser verteidigt wird. Es war diese Arbeit Dr. Carpenters, welche den großen alten Mann der britischen Anthropologie, Sir Arthur Keith, veranlaßte, eine der wenigen politischen Schlußfolgerungen zu ziehen, die über das Thema jemals erschienen. In seinen letzten Essays sagte Keith, man müsse, um die Wurzeln des Nationalismus, des Patriotismus und des Krieges zu finden, die Suche bei der Territorialität beginnen.

Ich würde heute sagen, daß Sir Arthur, der dies um 1940 schrieb, zu früh sprach. Die jüngsten Erkenntnisse unseres afrikanischen Ursprungs haben zu den tierischen Instinkten, die unser Verhalten beeinflussen, viel schreckenerregendere Faktoren beigesteuert als die Territorialität. Wie wir noch sehen werden, müssen wir den Trieb, ein Territorium zu gewinnen und zu besitzen, ja sogar die Bereitschaft, in tödlicher Feindschaft mit dem Nachbarn zu leben, als eine konservative Kraft in dem breiten Spektrum der Arten ansehen.

Eliot Howards Vogelbeobachtungen zerstörten die althergebrachte Annahme, das Tiermännchen habe nichts anderes im Sinn als nur das Weibchen. Heute, nachdem sich die Untersuchungen im

Laufe einer Generation gehäuft haben, werden viele Zoologen ohne weiteres bestätigen, daß der territoriale Trieb umfassender und mächtiger ist als der Geschlechtstrieb. Aber die Beobachtungen dieser revolutionären Generation zeigten auch, daß es hier nicht allein um das Territorium geht. Das wichtigste Untersuchungsobjekt von Zoologen wie Carpenter und Allee, Konrad Lorenz und Eugène Marais war die Tiergesellschaft. Die Untersuchungen zeigten die selbstverständliche Abhängigkeit der territorialen Verteidigung von der sozialen Ordnung und die subtile Verwandtschaft zwischen dieser Ordnung und der Übernahme der Verantwortlichkeit durch die herrschende Hierarchie; zwischen der Unterordnung von rangniederen Mitgliedern und der Gruppenverteidigung des einzelnen und der Jungen, zwischen Aufgabenteilung und Kommunikation der sozialen Partner. Die Beobachtungen ergaben auch, daß der Geschlechtskonflikt allmählich auf ein Minimum reduziert wird, und sie ließen die Entwicklung eines zweifachen Verhaltenskodex – Freundschaft gegenüber dem sozialen Kumpanen, Feindschaft gegenüber dem territorialen Nachbarn – erkennen. Sie unterstrichen die erweiterte Bedeutung des Weibchens, gleichsam als ein sexueller Pol der Tendenz des Männchens, anderen als der Fortpflanzung dienenden Beschäftigungen nachzugehen, entgegenzuwirken.

Der Mensch ist ein Primat. Alle Primaten sind soziale Tiere. Als solche haben alle Primaten bis zu einem gewissen Grad jene Instinktgruppen entwickelt, die das Überleben ihrer Sozietäten gewährleisten. Es gibt kaum einen Grund zu der Annahme, daß der Mensch bei seiner afrikanischen Genesis von seinen Primatenvorfahren ein weniger komplexes Instinktbündel geerbt haben sollte. Wenn du nächstens deine Sorgen auf die Couch des Analytikers bettest, wird es von Vorteil sein, daran zu denken, daß die Wissenschaft in den Tagen Freuds keine anderen menschlichen Instinkte als den Geschlechts- und den Selbsterhaltungstrieb kannte und keine größere oder komplexere soziale Erbschaft als die Familie. Wenn man dich glauben macht, daß alle deine Schwierigkeiten auf die Unterdrückung des Geschlechtstriebes und der Familienbeziehungen zurückzuführen seien, so liegt der Grund hierfür in dieser mangelhaften Einsicht.

Zwei grundlegende Entdeckungen haben die Revolution der Naturwissenschaften ausgelöst. Die eine, auf die wir noch zurückkommen werden, besagt, daß der Schauplatz der dramatischen Entwicklung des Menschen aus der Tierwelt der afrikanische Kontinent ist. Die zweite, angeregt durch einen englischen Vogelbeobachter, beinhaltet, daß Schlußfolgerungen über das Verhalten der Tiere nur dann von Wert sind, wenn sie durch die Beobachtung in freier Natur bestätigt werden. Die Generation von Freud konnte nichts von der vielfältigen Verflechtung tierischer Instinkte wissen, weil sich die wissenschaftliche Beobachtung der damaligen Zeit auf Tiere in der Gefangenschaft beschränkte. Und ein Zoo bietet keine Territorien. Nur in der freien Natur können wir sicher sein, das echte Tierverhalten zu beobachten. Wenn wir heute sagen, daß fast gar nichts über den vielbeobachteten Schimpansen bekannt ist, dann meinen wir damit, daß man fast gar nichts über sein Verhalten in der Freiheit weiß. Die moderne Zoologie ist bemüht, so schnell wie möglich über das Tier ein neues Wissen zu erwerben, das auf Eliot Howards Ideen und auf Dr. Carpenters Methoden basiert.

Obwohl die beiden Entdeckungen völlig zusammenhanglos erscheinen, führen beide den Naturforscher zu den Geheimnissen und Gefahren des afrikanischen Kontinents. Hier arbeitet der Paläoanthropologe gegen die Zeit, um die fossile Geschichte des menschlichen Beginns ans Tageslicht zu fördern. Und auch der Zoologe, angelockt von den letzten großen Reservaten einer freien Tierwelt auf unserer Erde, arbeitet gegen die Zeit, um soviel als möglich von unserem tierischen Erbe zu erfahren, bevor es zu spät ist. Beide Richtungen der modernen Revolution begegnen einander auf einer großartigen, ehrfurchtgebietenden natürlichen Bühne, um dort auf eine dritte revolutionäre Kraft zu treffen, deren Folgen sich ironischerweise mit ihren eigenen verbinden. Die afrikanischen Unabhängigkeitsbewegungen verwandeln den Kontinent sehr schnell in etwas, das man als einen politischen Primitivzustand bezeichnen könnte; hier läßt sich das primitive menschliche Verhalten so beobachten, wie es ist, und nicht, wie wir es gerne haben möchten.

Im Jahre 1960 hatte ich Gelegenheit, mit beiden wissenschaftlichen Richtungen in der gleichen Gegend der afrikanischen Arena die Wirkung dieser neuen Kraft zu erleben.

Zwei der wichtigsten Primaten in bezug auf das menschliche Verhalten sind der Gorilla und der Schimpanse. Sowenig vom Schimpansen in freier Natur bekannt ist, sowenig weiß man über den Gorilla. Da ich so gut wie keine glaubwürdige Literatur über den Gorilla in der Wildnis finden konnte, zog ich Anfang Juni in ein Dorf namens Kisoro an der Grenze zwischen dem Kongo und Uganda. Das Dorf liegt am Fuße eines mächtigen Vulkans, dessen Bambuswälder noch einige der im Aussterben begriffenen Berggorillas beherbergen. In dem Dorf ist ein kleines Hotel mit Namen »Travellers Rest«, für Verrückte und Wissenschaftler bestimmt. Obwohl noch kaum eine Literatur über den Gorilla vorhanden ist, kann man an den Tischen im Speiseraum dieses Hotels – und nirgends sonst auf der Welt – zumindest Gorillagespräche hören.

Das Gebiet um Kisoro ist der kaum bekannte Angelpunkt des afrikanischen Kontinents. Hundert Meilen nach Süden liegt der blaue Kivusee, hundert Meilen im Norden ragen die dunstumhüllten, sagenumwobenen Mondberge gegen den Himmel. Hundert Meilen im Osten liegt gewaltig und weit der zynisch lächelnde Viktoriasee, verpestet von Seuchen, voll von Krokodilen – der wahrscheinliche Brennpunkt unserer frühesten menschlichen Erfahrung. Nach Westen zieht sich die Kette der Vulkane bis in den Kongo: 4500 Meter hoch, Gipfel an Gipfel, in symmetrischer Perfektion. Einige Wochen lang lebte ich nicht nur im Angelpunkt des afrikanischen Kontinents, sondern im Herzen der gegenwärtigen Revolution. In der Nähe des Viktoriasees, in Tanganjikas Olduvaischlucht, förderten Dr. L. S. B. Leakey und seine Frau von morgens bis nachts weitere Überreste jenes Geschöpfs der Morgenröte, des *Zinjanthropus*, den sie vor vielen Jahren entdeckt hatten, zutage. Und hoch oben, auf einem Sattel zwischen zwei Vulkanen im Westen, hockte Dr. George B. Schaller von der New York Zoological Society. Ein Jahr lang hatte er mit den Berggorillas gelebt, und wenn seine Berichte veröffentlicht sind, werden sie die ersten, einzigen und vorläufig letzten glaubwürdigen Beobachtungen des Gorillas sein.

Am 30. Juni, dem Tag der kongolesischen Unabhängigkeit, überschritten meine Frau und ich die Grenze. Dr. Schaller saß noch immer auf seinem Hochsitz im Kongo.

Als ich ein kleiner Junge in Chicago war, besuchte ich die Sonntagsschule einer benachbarten Presbyterianerkirche. Die Kirche ist heute verschwunden, ein Opfer der Altersschwäche, wie ich vermute. Es war eine köstliche Sonntagsschule. Ein moderner Kritiker mag einwenden, daß sie für die Jugendkriminalität nichts anderes tat, als ihr ein Obdach zu gewähren. Ich kann diese Ansicht nicht teilen. Meine Klasse kam nicht nur am Sonntagmorgen zusammen, sondern auch zu einem Gebet am Abend, und ich erinnere mich an diese Treffen mit ausgesprochener Sehnsucht. Während die andächtigeren Erwachsenen unserer Gemeinde in der Kirche über uns zu stillen Gebeten und Liedern zusammenkamen, pflegten wir uns im Keller zu treffen. Die Versammlungen waren meist geschäftlicher Natur, Sportprogrammen, Berichten, Geldsammlungen und ähnlichem gewidmet. Ein oder zwei neue Mitglieder wurden aufgenommen, und wenn die Verletzungen ernsterer Natur waren, wurden die Jungen nach Hause zu der Mutter gebracht. Der gleiche Ritus beendete jede Zusammenkunft: Ein kurzes Gebet, ein noch kürzerer Segensspruch. Hierauf wurden alle Lichter gelöscht, und wir schlugen mit Stühlen aufeinander ein. Ich glaube, es war die Sonntagsschule in Chicago, die mich auf die afrikanische Anthropologie vorbereitete. Nördlich des Äquators glich die Revolution den zivilisierten Andachten in der Kirche; sie war diskret, unpersönlich, farblos, höflich in ihren Unstimmigkeiten, wohlerzogen in ihrer Bescheidenheit. Aber südlich des Äquators wurde sie von drei unvergeßlichen, wilden Männern angeführt, denen die Vitalität eines Leoparden, die Ausdauer eines Elefanten und die Unberechenbarkeit der Ererschütterung Kenias zu eigen waren. Hier war die Revolution ungebärdig, taktlos – eine wissenschaftliche Kellerschlacht, in der sich ein ehemaliger Bewohner Chicagos vollkommen wohlfühlen konnte. Aber das Ausmaß ihrer Entdeckungen hat uns die Umrisse der menschlichen Abstammung geschenkt.

Raymond A. Dart, der berühmteste der drei, war bis zu seiner Pensionierung im Jahre 1958 Vorstand des Anatomischen Institutes an der Universität von Witwatersrand in Johannesburg. In Australien geboren, hatte er in England und in den Vereinigten Staaten studiert und kam 1922 nach Südafrika, um das Anatomische Institut der medizinischen Fakultät zu organisieren. Zwei Jahre später entdeckte er den *Australopithecus africanus*, den fleischfressenden Affen des grasbedeckten, uralten Hochlandes. Er versank in einen Strudel wissenschaftlicher Kontroversen, der ihn nicht mehr losließ. Er war der zweite Herold neben Eliot Howard, der die Stille vor 1930 durchbrach. Er war diese durchdringende, herausfordernde Stimme aus Südafrika, die die Wissenschaft so lange zum Schweigen zu bringen oder zu diskreditieren versuchte. Dart ist ein kleiner, gedrungener Mann mit vielseitigen Interessen, einer ganz besonderen persönlichen Ausstrahlung und einer erschreckenden Ausdauer. Bis vor kurzem gab er seinen verblüfften Hörern noch Vorlesungen in vergleichender Anatomie, während er über ihren Köpfen fröhlich die Dampfrohrleitung entlanghangelte. Ich erinnere mich, daß wir einmal vor einigen Jahren gemeinsam eine Steilwand des wilden Makapantales nahe des Limpopoflusses im nördlichen Transvaal erstiegen, um eine höchst unbequem gelegene Höhle zu besuchen. Auf halbem Weg ging mir wie einem durchlöcherten Reifen die Luft aus. Wir hielten an. »Ja«, meinte Dart freundlich und mitleidsvoll, während er so regelmäßig atmete wie ein schlafendes Kind, »es ist ein schwieriger Anstieg.« Ohne besondere Freude fiel mir ein, daß Dart gut und gerne 65 Jahre alt war. Er lächelte, in eine heitere Erinnerung versunken: »Weißt du«, sagte er und sah sich um, als hätte er gerade etwas bemerkt, »das ist genau die Stelle, wo der alte Broom immer stehenbleiben mußte.« Mit noch geringerer Freude fiel mir ein, daß Robert Broom, der zweite der wilden Männer, das Gebiet der Anthropologie erst mit 70 Jahren betreten hatte.

Meiner Meinung nach haben wir unser heutiges Wissen um die Abstammung des Menschen Darts Ausdauer, seiner Hartnäckigkeit und seinem unerschütterlichen Glauben an die Richtigkeit seiner Ansichten zu verdanken. Der Taungsschädel von 1924 war der eines Kindes, und Darts Beschreibung widersprach sämtlichen vorgefaßten Meinungen der damaligen Zeit. Seine profunden anatomischen Kenntnisse ermöglichten es ihm, das erwachsene Geschöpf als ein 1,20 Meter großes, aufrechtes, zweifüßiges Wesen mit einem Gehirn in der Größe des Gorillagehirns zu beschreiben; mit anderen Worten, als ein Tier auf halbem Weg zwischen Menschenaffen und Menschen. Aus der Untersuchung der Zähne und des Lebensraumes dieses Wesens schloß Dart, daß der *Australopithecus africanus* ein Fleischfresser war und ein Leben der Jagd geführt hatte. Der Affenmensch war eine Übergangsform, die jedes wesentliche menschliche Charakteristikum mit Ausnahme des großen Gehirns besaß. Nach Ansicht des Entdeckers deutete der Fund auf Afrika als den Schauplatz der Menschwerdung hin.

Aber 1920 war die Wissenschaft noch der Überzeugung, daß die Menschheit in Asien entstanden sei. Eine berühmte Expedition

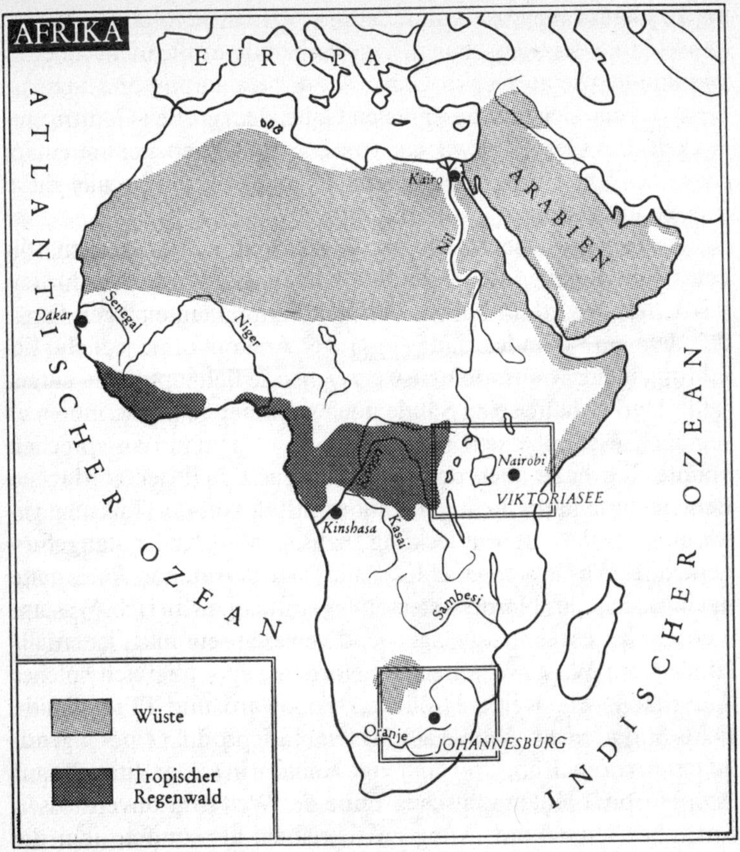

dieser Epoche siebte praktisch den Sand der Wüste Gobi, um Anzeichen des *missing link* zu finden. Da in ganz Afrika niemals eine fossile Begleitfauna für Darts Geschöpf gefunden worden war, blieb die Asientheorie unangefochten. Mit der gleichen Berechtigung wies die Wissenschaft die Behauptung zurück, der Affenmensch wäre ein Fleischfresser gewesen. Wie wir schon erwähnten, waren fleischfressende Primaten der Wissenschaft nicht bekannt und konnten daher auch nicht existieren. Wichtiger noch als diese beiden Ansichten aber war ein drittes Vorurteil. Aus ungeklärten Gründen war die Anthropologie davon überzeugt, daß das große Gehirn die erste und nicht die letzte der evolutiven Errungenschaften des Menschen gewesen sein müsse; alle menschlichen Merkmale, wie aufrechter Gang, Art der Ernährung und Lebensweise, hätten sich aus dieser ersten Gabe, dem großen Gehirn, entwickelt. Ein Geschöpf wie das von Dart beschriebene, mit einem menschlichen Körper und einem Affengehirn, mußte alle diese Thesen umwerfen.

Das Tier war, ebenso wie der Vogel Greif, eine wissenschaftliche Unmöglichkeit. Auch andere berechtigte Einwände dürften das Urteil beeinflußt haben. Basierend auf einem einzigen Schädel, dem eines Kindes, hatte ein junger Anatom ohne jegliche Erfahrung in der Anthropologie weitreichende Behauptungen aufgestellt. Und er hatte seine Sünde noch schwerer gemacht, indem er seinem Geschöpf einen Namen gab, den niemand aussprechen konnte. Ich habe auch den Verdacht, das Urteil der nördlichen Betgemeinde kann nicht ganz unbeeinflußt von der Tatsache gewesen sein, daß die Entdeckung sozusagen im Keller stattgefunden hatte. Was aus den Gebieten südlich des Äquators kam, hatte nach Ansicht des Nordens stets etwas Anrüchiges an sich. Was immer für das Urteil ausschlaggebend gewesen sein mag, jedenfalls lehnten die Wissenschaftler des Nordens, einschließlich solcher Autoritäten wie Keith, Hrdlicka, Woodward und Elliot Smith, Darts Südaffen einstimmig als das Phantasieprodukt eines jugendlichen Anatomen ab. Und der junge Anatom in seiner Zitadelle auf dem Hospital Hill am falschen Ende der Welt fuhr unverdrossen fort, über seine Entdeckung zu schreiben, als stimmte ihm die ganze Welt zu.

So war die Situation, als zwölf Jahre später ein zweiter ungebärdiger Mann von Raymond Darts unbeugsamer Überzeugung angelockt wurde. Es war dies Robert Broom, den wir im Verlauf der Erzählung noch näher kennenlernen werden. Broom war ebenfalls Südafrikaner, 70 Jahre alt und im Laufe einer langen, erfolgreichen Karriere zu einem weltbekannten Zoologen geworden. Jetzt, im Jahre 1936, tauchte er aus dem Ruhestand wieder auf und besuchte eines Sonntagmorgens eine Höhle, ungefähr eine Autostunde von Johannesburg entfernt. Wie Dart war er von kleiner Statur, aber im Gegensatz zu diesem beeindruckte seine Erscheinung durch gepflegte Eleganz. Angetan mit schwarzem Hut, schwarzer Krawatte und steifem, weißem Kragen untersuchte er die ganze Höhle. Genau acht Tage später fand er Schädel, Zähne und Gehirnschale eines erwachsenen *Australopithecinen.* Sie bestätigten in jeder Einzelheit das Bild, welches sich Dart auf Grund des Kinderschädels gemacht hatte.

Darauffolgende Entdeckungen brachten die fossilen Überreste von mehr als hundert *Australopithecinen* aus fünf verschiedenen südafrikanischen Gegenden zutage. Heute weiß man mehr über die letzten Tiere der Natur als über die ersten Menschen der Natur. Brooms Entdeckung im Jahre 1936 tat das Ihrige; der Widerstand gegen Dart begann zusammenzubrechen.

Broom hatte bewiesen, daß das Taungskind weder eine Mißgeburt noch das Hirngespinst eines Anatomen war. Zweitausend Meilen weiter im Norden, in der Gegend des Viktoriasees, war in der Zwischenzeit ein dritter wilder Mann der afrikanischen Wissenschaft eifrig damit beschäftigt, die Asientheorie zu zerstören. L. S. B. Leakey ist in Kenia geboren und heute Kurator des Coryndon Museum in Nairobi. Wir werden im Laufe der Erzählung sowohl auf Leakey wie auf Broom zurückkommen. Zu Beginn des Jahres 1930 grub dieser Mann jedenfalls Exemplar um Exemplar eines vierfüßigen, erdgebundenen fossilen Affen aus den Ablagerungsstätten des Viktoriasees, von denen jeder ein Vorfahre des aufrechtgehenden Südaffen gewesen sein könnte. Die *Australopithecinen* waren auf dem Hochland von Transvaal vor dreiviertel Millionen Jahren verbreitet gewesen. Die Erdaffen der *Proconsul*-Familie hatten Kenias Seeufer zwanzig Millionen Jahre früher, im Miozän, bevölkert.

Der Vorbehalt der Wissenschaft, daß es für Darts Entdeckung auf dem afrikanischen Kontinent keine fossile Begleitfauna gebe, war ein guter Einwand gewesen. Jetzt machte sich Leakey an die Erforschung dieser Begleitfauna. Bis heute wurden 600 Exemplare des Erdaffen gefunden. In einem viel früheren Zeitraum als der Periode, in der wir das Vorhandensein von Menschenaffen auf irgendeinem Kontinent nachweisen können, waren bodenbewohnende Affen aus der *Proconsul*-Familie in Ostafrika so weit verbreitet wie heute die Antilope.

Während der dreißiger und vierziger Jahre begann sich ein umfangreiches Beweismaterial für die afrikanische Abstammung des Menschen in den Museen und Laboratorien anzusammeln. Aber noch immer stieß jede Interpretation des Südaffen als entwicklungsgeschichtliches Zwischenglied des Menschen auf die mystische Überzeugung der Anthropologie, das große Gehirn müsse die erste evolutive Errungenschaft des Menschen gewesen sein. Diese schwer zu widerlegende, vorgefaßte Meinung blieb bis 1953 intakt.

Als den Wissenschaftlern des Britischen Museums der Nachweis gelang, daß der *Piltdown Man* ein Aufsitzer war, lösten sie damit eine der größten wissenschaftlichen Sensationen des Jahrhunderts aus, und der Fluortest von Dr. Kenneth P. Oakley wurde weltberühmt. Aber während die Aufdeckung des Betruges durch die gesamte Weltpresse ging, schwieg man über die Bedeutung des Tests.

Der *Piltdown Man* war eine perfekte Kombination aller jener von der Anthropologie und besonders von der englischen Anthropologie gewünschten Merkmale, die man für einen Übergangsmenschen für notwendig hielt. Da war der Affenkiefer, und da war das gewölbte menschliche Kranium, die Quelle alles künftigen evolutiven Ruhmes. Der unbekannte Urheber des Betruges hatte der Wissenschaft das beschert, was sich die Wissenschaft gewünscht hatte. Und so liegt die wahre Bedeutung der Londoner Enthüllungen nicht in der Entfernung des *Piltdown Man* aus den Reihen wissenschaftlicher Berühmtheiten, sondern darin, daß durch sie die »Großes-Gehirn-zuerst«-Theorie ihre philosophische Respektabilität verlor. Keine Entdeckung in afrikanischer Erde hat unser Wissen um den menschlichen Ursprung mehr gefördert als Oakleys Test in einem Londoner Laboratorium.

Warum war die englische Anthropologie der Annahme so treu ergeben, das intellektuelle Vermögen müsse die entwicklungsgeschichtliche Grundlage des Menschen sein? Es ist dies eine der Fragen, welche die späteren Kapitel meiner Erzählung behandeln werden. Jedenfalls war es eine Frage, die auch Oakley beschäftigte. Sogar nachdem seine Tests bewiesen hatten, daß die Gehirnschale und der Kiefer des *Piltdown Man* zu verschiedenen Wesen gehörten, vertraute ihm ein bedeutender englischer Wissenschaftler noch seine hoffnungsvolle Erwartung an, das erste menschliche Wesen werde, wenn erst entdeckt, trotz allem dem *Piltdown Man* gleichen! Drei Jahre lang fand Dr. Oakley, wie er sagte, keine Antwort auf das Rätsel. Eines Tages, während eines Vortrages in den Vereinigten Staaten über ein ganz anderes Thema, kam ihm die Erleuchtung: »Natürlich dachten wir, das große Gehirn müsse zuerst dagewesen sein. Wir nahmen an, daß der erste Mensch ein Engländer war!«

Erst in der zweiten Hälfte dieses Berichtes werden wir im Detail darauf eingehen, wie es den vereinten, aber höchst individuellen Anstrengungen von Dart, Broom, Leakey und Oakley gelang, eine rohe, aber unanfechtbare Skizze der Menschwerdung auf dem afrikanischen Hochland zu entwerfen. Doch sind es die Entdekkungen Leakeys, die künftige Generationen nicht zur Ruhe kommen lassen werden. Dr. Leakey und seine Frau Mary waren unerreichte Finder, und sie haben in Ostafrika genügend bedeutungsvolle Reste des menschlichen Ursprungs ausgegraben, um ein Regiment von Analytikern ein Leben lang zu beschäftigen.

Die Leakeys haben 30 Jahre lang in der Gegend um den Viktoriasee rohe Kieselwerkzeuge, den primitivsten Beweis menschlicher Kultur, ausgegraben. Sie stammen mehr oder weniger aus der gleichen Periode wie die *Australopithecinen* Südafrikas, und sie sind um Hunderttausende von Jahren älter als die frühesten bekannten Steinartefakte irgendeines anderen Kontinents. Ebenso wie die Überreste der 20 Millionen Jahre alten Erdaffen auf Ostafrika als den Schauplatz der menschlichen Entwicklung hinweisen, so deuten diese fast eine Million Jahre alten Kieselwerkzeuge auf die Entstehung des Menschen selbst in derselben Gegend hin. Dann begannen die Leakeys ihre Untersuchungen in der nahe gelegenen Olduvaischlucht von Tanganjika.

Die Olduvaischlucht ist ein 25 Meilen langer, ausgetrockneter Cañon, heute ausschließlich von so lästigen Lebewesen wie Kobras, Nashörnern und dem schwarzmähnigen Löwen bewohnt. In den exponierten Lagerstätten der Cañonwände fanden die Leakeys Schicht um Schicht des alten Seeufers, die alle Beweise menschlicher Tätigkeit enthielten. In den untersten Lagen waren rohe Kieselwerkzeuge, in den späteren, höher gelegenen Schichten ließ sich die ununterbrochene Entwicklung der Steinwerkzeuge bis zu den letzten, gekonnten Produkten der Steinzeitmenschen verfolgen. Die Olduvaischlucht ist der Grand Cañon der menschlichen Evolution. Mit der großartigen Entdeckung der Überreste der frühesten Hersteller von Steinwerkzeugen machte L. S. B. Leakey seine Fundstätte zu dem wichtigsten anthropologischen Gebiet.

Diese Entdeckung in Tanganjikas Olduvaischlucht führte die beiden Flügel der gegenwärtigen Revolution zusammen. Durch drei Jahrzehnte hatte die Zoologie unsere Kenntnisse über das Tierverhalten vorwärtsgetrieben. Durch drei Jahrzehnte hatte die Anthropologie unsere Kenntnisse der menschlichen Geschichte, zeitlich gesehen, nach hinten getrieben. Und nahe dem Boden eines ausgetrockneten Cañons in Ostafrika kreuzten sich ihre Wege. Der Schöpfer der menschlichen Kultur war kein Mensch, sondern ein Tier.

Leakeys Entdeckungen haben uns neue Rätsel aufgegeben, und wir werden sie untersuchen. Neue Kontroversen müssen dort entstehen, wo alte sterben, und wir werden versuchen, so gut wir können, diese vorwegzunehmen. Aber das Glied zwischen der Welt des Menschen und der des Tieres ist gefunden. Das afrikanische Hochland war die Wiege der Menschheit, und der Mensch stammt vom Südaffen ab.

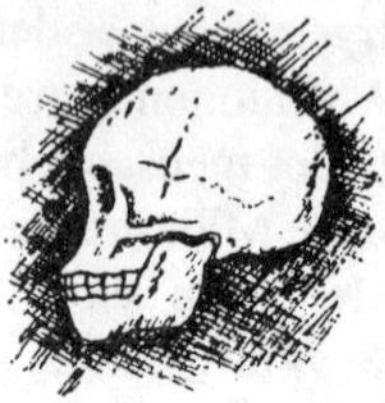

Im März 1955 saß ich zum erstenmal in Darts Büro auf dem Hospital Hill in Johannesburg. Noch konnten wir nicht wissen, daß die Ereignisse in wenigen Jahren den Südaffen zum Vorfahren des Menschen machen würden. Wir konnten damals, mit irgendeinem Gefühl für wissenschaftliche Verantwortung, die Verwandtschaft bestenfalls als wahrscheinlich annehmen und das Geschöpf als das letzte bekannte Tier vor dem Menschen beschreiben. Aber auch mit diesen Einschränkungen überschattete eine Behauptung Darts, für welche er damals die Beweisführung vorbereitete, wie eine düstere Gewitterwolke das ganze Panorama unserer animalischen Vergangenheit. Um sie zu untersuchen, müssen wir sechs Jahre zurückgehen.

Im Jahre 1949 hatte Dart eine andere Zeitbombe gelegt. Im »American Journal of Physical Anthropology« hatte er einen Artikel veröffentlicht, in welchem er die Behauptung aufstellte, der *Australopithecus africanus* sei bewaffnet gewesen. Untersuchungen von ungefähr fünfzig Pavianschädeln aus verschiedenen, mit dem Südaffen in Verbindung stehenden Fundstätten hatten eine merkwürdige, charakteristische Doppelvertiefung festgestellt. Dart folgerte, daß die Paviane eines plötzlichen Todes von der Hand des Südaffen gestorben seien, daß der Mensch-Affe eine Waffe benützt habe und daß seine Lieblingswaffe der Oberschenkelknochen der Antilope gewesen sei.

Der Gebrauch der Waffe kam vor dem Menschen.

Die durch Darts Behauptung ausgelöste Explosion in den ehrwürdigen Kreisen der nördlichen Wissenschaft kann nicht einmal als Streit bezeichnet werden, weil überhaupt niemand die Partei von Dart ergriff. Der Empfang, dem man seinem Kinderschädel genau 25 Jahre vorher bereitet hatte, erschien damit verglichen wie eine Lobeshymne. Aber wie immer verharrte Dart auf seinem Standpunkt, als ob ihm niemand widerspräche. Und 1953 veröffentlichte er einen Bericht, der vielleicht eines Tages gemeinsam mit dem Kommunistischen Manifest zu jenen Dokumenten gezählt werden wird, die am wenigsten zur Seelenruhe des Menschen beigetragen haben.

»The Predatory Transition from Ape to Man« (Der Raubtierübergang vom Menschenaffen zum Menschen) war ein Artikel, mit dem keine respektable wissenschaftliche Zeitschrift etwas zu tun haben wollte. So erschien er in der in Miami herausgegebenen »International Anthropological and Linguistic Review«. Der Herausgeber dieses bemerkenswerten Blattes stellte Darts Arbeit ein Vorwort voran, in welchem er jede Verantwortung für die Schlußfolgerungen des Autors, ja sogar für die *Australopithecinen* selbst ablehnte. Das Vorwort schloß mit dem jammervollen Seufzer:

»Natürlich waren sie nur die Vorfahren von Buschmännern und Negern und von *sonst niemandem.*« (Vom Herausgeber gesperrt gedruckt.)

Was Dart in seiner Arbeit erläuterte, war die einfache Theorie, daß der Mensch nur aus einem einzigen Grund aus dem anthropoiden Dunkel herausgetreten sei, nämlich weil er ein Mörder war. Vor langer Zeit, vielleicht vor vielen Millionen Jahren, zweigte eine Linie von Mörderaffen von dem nichtaggressiven Primatenstamm ab. Aus einer durch die Umwelt bedingten Notwendigkeit nahm die Linie die Merkmale des Raubtieres an. Aus einer durch die Raubtierart bedingten Notwendigkeit entwickelte sich die Linie weiter. Wir lernten das Aufrechtstehen als eine Notwendigkeit des Jagdlebens. Mit der Verfolgung des Wildes über die fahle afrikanische Savanne lernten wir zu laufen. Die Hände frei für das Zerreißen und Zerfleischen, hatten wir keinen weiteren Bedarf für eine Schnauze; sie bildete sich zurück. Da wir weder zum Kampf geeignete Zähne noch Krallen hatten, griffen wir notgedrungen zur Waffe.

Ein Fels, ein Stock, ein schwerer Knochen – für unsere Vorfahren, die Mörderaffen, bedeuteten sie den Unterschied zwischen Leben und Tod. Aber der Gebrauch der Waffe stellte neue und immer vielfältigere Anforderungen an das Nervensystem, um eine Koordination zwischen Muskeln, Tastorganen und dem Gesicht herbeizuführen. So entwickelte sich das große Gehirn; so entstand der Mensch.

Fernab von der Wahrheit liegt die alte Annahme, der Mensch hätte die Waffe hervorgebracht. Statt dessen hat die Waffe den Menschen hervorgebracht. Das mächtigste der Raubtiere war als logische Folge eines entwicklungsgeschichtlichen Überganges entstanden. Mit seinem großen Gehirn und seinen Steinäxten vernichtete der Mensch einen Vorgänger, der nur mit Knochen gekämpft hatte. Und wenn die menschliche Geschichte von diesem Zeitpunkt an um die Entwicklung besserer Waffen kreist, dann hat dies seinen guten Grund. Es ist eine genetische Notwendigkeit. Wir entwerfen und perfektionieren unsere Waffen, wie Vögel unterschiedliche Nester bauen.

Weder in unseren Träumen noch in unseren geheimsten Gedanken haben wir jemals eine derartige Möglichkeit erwogen. In dem Jahrhundert, das seit Darwin verstrichen ist, waren, wie wir schon feststellten, alle Überlegungen über die Natur des Menschen von der vorgefaßten Annahme geprägt gewesen, daß die menschliche Familie aus dem neutralen, nichtaggressiven, vegetarischen Waldaffen hervorgegangen sei oder aus einem gemeinsamen, ausgestorbenen Primatenvorfahren, der mehr oder weniger sein Ebenbild war. Jetzt gab es den *Australopithecus*; er war ein Fleischfresser und ein Raubtier. Und wir hatten die neueste Behauptung, daß er bewaffnet gewesen sei.

Raymond Dart hatte mehr zu ertragen als nur das Kriegsgeschrei der nördlichen Wissenschaft und das Vorurteil, welches allen Dingen anhaftet, die aus der falschen Gegend kommen. Jetzt stand er der geschlossenen Phalanx der modernen Denkungsweise gegenüber. Seine Theorie der räuberischen Übergangsperiode mag oder mag nicht beweisbar sein, und sicherlich wird man noch andere für den Zustand der menschlichen Gesellschaft bedeutungsvolle Faktoren entdecken. Aber eine Welt, die sich der Herstellung hochexplosiver Spielzeuge verschrieben hat, konnte sich kaum den Luxus leisten, über Darts Theorien stillschweigend hinwegzugehen. Und so kam ich im Jahre 1955 dazu, ihn zu besuchen. Sechs Jahre lang hatten Dart und seine Mitarbeiter geduldig die Beweise gesammelt, daß der *Australopithecus* ein systematischer, vorsätzlicher Benützer von Waffen gewesen war. Ich prüfte das Beweismaterial und fand es überwältigend. Jetzt saßen wir in seinem Büro am falschen Ende der Welt, während Dart, aus dem Fenster schauend, die Gewitter betrachtete, die über den afrikanischen Himmel jagten. Ein gelegentliches Knarren der Schranktüren, wenn ein kleines Beben das Riff erzittern ließ, sagte uns, daß wieder einmal einer der verlassenen Schächte in dem eine Meile tiefer gelegenen Goldbergwerk zusammengebrochen war. Auf seinem Schreibtisch lagen Schädel. Ich hielt die Kieferknochen eines zwölfjährigen Südaffen, die man vor ein paar Jahren bei Makapan gefunden hatte, in der Hand. Der Kiefer war an beiden Seiten gebrochen. Die Vorderzähne fehlten. Dort, wo der Schlag getroffen hatte, war eine dunkle, glatte Vertiefung im Kinn. Der Junge war daran gestorben, denn der Knochen hatte keine Zeit zum Heilen gehabt.

Wenn eine Waffe das getan hätte? Wie, wenn ich den Beweis eines uralten Mordes, 250 000 Jahre vor der Zeit des Menschen mit einer todbringenden Waffe ausgeführt, in Händen hielte? Wie, wenn der räuberische Übergang beweisbar wäre und Anerkennung fände als der Weg, den wir genommen haben? Konnten wir es uns in einer so verzweifelten Zeit wie der unseren leisten, den Glauben an das edle Wesen des Menschen fallenzulassen?

Ich fragte Dart, was er vom Standpunkt der Verantwortung aus fühle, in einer derartigen Zeit eine derartige These aufzustellen. Ich sagte, ich verstünde seine Überzeugung, daß der räuberische Übergang und die Bedeutung der Waffe die blutige Geschichte des Menschen erkläre, seine ewige Angriffslust, seinen irrationalen, selbstzerstörerischen Hang zum Tode um des Todes willen. Aber, fragte ich, ist es klug, in dem Augenblick darauf zu hören, in dem der Mensch endlich die Waffe besitzt, mit welcher er die ganze Erde auslöschen kann?

Dart wandte sich vom Fenster ab und setzte sich an seinen Schreibtisch. Irgendwo fiel ein Schacht zusammen, und die Schädel klirrten. Er meinte, da wir alles andere versucht hätten, könnten wir es als letzten Ausweg auch einmal mit der Wahrheit versuchen.

Vier Monate später legte Dart sein Material einem Kongreß der nördlichen Wissenschaftler vor. Hätte das Urteil von hundert Autoritäten damals anders gelautet, als es tatsächlich der Fall war, so hätte sich wahrscheinlich heute kein Dramatiker veranlaßt gefühlt, die Entdeckungen der wissenschaftlichen Revolution zu schildern.

Im frühen 18. Jahrhundert schrieb ein italienischer Mönch namens Vico eine einfache, aber radikale Feststellung nieder: Die Gesellschaft ist das Werk des Menschen. Damals bedeutete die Feststellung eine ungeheure Revolution der Denkweise, denn sie leugnete das mittelalterliche Dogma des göttlichen Eingreifens in weltliche Belange, das Gottesgnadentum der Könige, das göttliche Recht der Regierungen, die göttliche Ordnung, die des Menschen Stellung im Leben, seine Geburt, sein Schicksal, seine Hoffnungen und Erniedrigungen bestimmte. Die Aufklärung war nichts anderes als eine Erweiterung der lapidaren Feststellung des Mönches.

Die Gesellschaft ist das Werk des Menschen: Dem menschlichen Wesen ist, unbeeinflußt von Göttern und Dämonen, die uneingeschränkte Macht über die Art seiner Gesellschaft gegeben. Die These war verlockend genug, eine Generation von Denkern und politischen Revolutionären anzufeuern. Throne und Altäre zerfielen vor dem Rationalismus des 18. Jahrhunderts in Staub. Der Sturm der Aufklärung erweckte neue Nationen zum Leben und fegte alte Dogmen in die Versenkung.

Aber bald, schon im folgenden Jahrhundert, verliebten sich die Denker in die Umkehrung von Vicos Behauptung: Der Mensch ist das Werk der Gesellschaft. Zu Rousseaus Theorien über den Edelmut der Wilden fügten wir eine Reihe von Erklärungen über das Wesen der Menschen hinzu: Armut erzeugt Verbrechen; Imperialismus führt zu Kriegen; Klassenkampf bringt politische Institutionen hervor; frühe emotionelle Kindheitsbeziehungen verursachen später unerfreuliche Charakterzüge.

Der rote Faden des modernen Denkens ist aus einer dieser beiden Thesen gesponnen, daß die Gesellschaft das Werk des Menschen oder der Mensch das Werk der Gesellschaft sei. Aber ob wir uns dem Rationalismus eines Voltaire anschließen oder dem Romantizismus eines Marx, in jedem Fall vertrauen wir uns der Führung von Denkern an, die nichts von der Rolle des Animalischen in menschlichen Belangen wußten. Ihre Gedanken waren zu früh. Weil man Götter, Dämonen und Hexen aus dem Tempel menschlicher Beziehungen treiben konnte, glaubten sie an die Unbegrenztheit der menschlichen Herrschaft.

Die Geschichte unserer Welt ist sehr lange, und wir sind nur eine Seite in dem Buch, die umgeblättert wird. Ruhm ist uns gegeben, denn wir sind Könige. Aber unsere Herrschaft ist nicht unbegrenzt; wir sind ein Teil des Ganzen. Wir stehen auf Geschöpfen, die im Sumpf des Präkambriums versunken sind. Noch immer spiegeln unsere Gene die Triebe dieser Lebewesen. Wir können uns noch ungeborene Arten vorstellen, Zeiten jenseits jeder Voraussage, Herrschaften jenseits des *Homo sapiens* und Wesen, die wir niemals kennen werden. Aber wir werden ein Teil von ihnen sein und ihr Geschick beeinflussen, wie andere das unsere beeinflußt haben.

Wir sind das schimmernde Glied einer Kette jenseits unseres Wissens, denn noch ist ein Teil des Unbekannten nicht geformt. Aber niemals wird unser Beitrag zu der Kette verlorengehen, denn wir sind ein Tier, das Fragen stellt, das erste Tier, das seiner selbst bewußt ist. Und wenn uns morgen eine ungeheure Vision verzehrt oder ein ungeheurer Blitzstrahl, dann wird das eine nicht die Antwort auf alle Dinge sein und das andere nicht das Ende. Wir werden Erben haben, die vielleicht die tierischen Triebe ihrer Natur besser kennen werden als wir.

II Ein Tiger, ein Hügel

Die verspätete Anerkennung des territorialen Verhaltens durch die Wissenschaft bestätigt in vieler Hinsicht den ungetrübten Blick von Dichtern und Bauern. Ein und ein halbes Jahrhundert vor Eliot Howard überlegte der englische Dichter Oliver Goldsmith, warum man so selten zwei Vogelmännchen einer Art auf derselben Hecke sähe. »Ein Tiger, ein Hügel« ist ein Sprichwort von ebensolcher Klarsichtigkeit. Aber während Dichter und Bauern die Wahrheit intuitiv erfassen, ist es die Pflicht der Wissenschaft, sie zu definieren, zu beweisen, den Erkenntnissen des wissenschaftlichen Gedankengutes einzuverleiben und ihre Folgerungen der Gesellschaft, deren Bestandteil die Wissenschaft schließlich ist, sowohl zugänglich wie verständlich zu machen. Es ist dies eine Verpflichtung, welche die Wissenschaften höchst gewissenhaft erfüllen, wenn es sich um neue Zerstörungsmittel handelt. Aber dort, wo es um das Verständnis des Mitmenschen geht, besteht die Tendenz, etwas weniger verantwortungsbewußt zu sein.

Ob hinter dem menschlichen Verhalten ein mächtiger Trieb nach territorialem Besitz steht oder nicht ist eine Frage, die man nicht auf Eis legen darf. In keiner Bibliothek der Welt findet der interessierte Leser oder der Wissenschaftler eine Abhandlung über dieses Thema. Keine Enzyklopädie weist auch nur die kürzeste Abhandlung unter dem Titel »Territorium« auf; das Wort erscheint nicht in seiner biologischen Bedeutung. Nur Quellen aus erster Hand, wie wir sie in diesem Kapitel untersuchen werden, erlauben uns, Definition, Verständnis und Bewertung einer der bedeutungsvollsten Entdeckungen der Wissenschaft zu erarbeiten. Bevor wir uns ganz an die Welt des Tieres verlieren, wollen wir den Preis betrachten, den wir dann zahlen müssen, wenn die Wissenschaft darauf verzichtet, ihre eigenen Früchte zu verwerten.

Sir Solly Zuckerman ist einer der hervorragendsten Wissenschaftler unserer Zeit. Wie Raymond Dart ist er ein Anatom, der den größten Teil seiner Karriere als Vorstand eines anatomischen Institutes, und zwar an der Universität von Birmingham, zugebracht hat. Wie Darts Interessen, so waren auch die seinen äußerst vielfältig, und er begründete seinen Ruhm auf einem außerhalb seines Gebietes liegenden Feld. In jungen Jahren veröffentlichte Zuckerman eine Untersuchung über das tierische Verhalten, in der er den Geschlechtstrieb zur Basis tierischer Gemeinschaften machte. Wenige Bücher dieses Jahrhunderts hinterließen einen so nachhaltigen Eindruck. Aber Zuckermans Schlußfolgerungen fußten zum größten Teil auf Beobachtungen im Zoo.

Es gibt eine köstliche Geschichte – fast zu gut, um wahr zu sein –, die sich Zuckermans Kollegen damals erzählten. Der junge Wissenschaftler war Südafrikaner und wußte um die mannigfaltigen Nuancen, welche die ehrwürdigen englischen Institutionen wie Schleier umgeben, noch nicht genau Bescheid. Als seine entsetzten Freunde erfuhren, daß sein neues Buch den Titel »The Sexual Life of the Primates« (Das Sexualleben der Primaten) tragen sollte, flüsterten sie ihm eine nicht unwesentliche Tatsache zu: In England heißen ausschließlich die Würdenträger der Church of England »Primates«. Das Buch erschien unter dem Titel »The Social Life of Monkeys and Apes« (Das soziale Leben der Affen und Menschenaffen).

Ob die Geschichte nun den Tatsachen entspricht oder nicht, jedenfalls enthält sie eine bittere Wahrheit. Der ursprüngliche Titel kennzeichnete präzis den Inhalt des Buches, das ein Meisterwerk der Beobachtung des Sexualverhaltens der Primaten, allerdings unter den unnatürlichen Verhältnissen der Gefangenschaft, darstellt. Lesen wir es aber als Analyse der Primatengesellschaft, dann liegt dem Buch ein wesentlicher Irrtum zugrunde: Im Londoner Zoo gibt es nur künstliche Tiersozietäten.

Das Buch wurde 1932, bevor der Unterschied zwischen dem Tierverhalten in Gefangenschaft und dem in freier Natur bekannt war, geschrieben. Man kann den berühmten Anatomen nicht ob seiner Annahme tadeln, die sexbesessenen Paviane des Londoner Zoos wären ein echtes Spiegelbild des wirklichen Verhaltens der Primaten, noch für seine logische Schlußfolgerung, der mächtige Magnet sexueller Anziehung müsse diejenige Kraft sein, welche die Gesellschaft der Primaten zusammenschweißt. Wieder und wieder werden wir in unserer Erzählung auf die katastrophalen Folgen stoßen, welche das Ziehen logischer Schlüsse aus falschen Voraussetzungen mit sich bringt. Und Zuckermans Voraussetzung war falsch. Dem Tier, das wir im Zoo beobachten, ist infolge seiner Gefangenschaft der normale Fluß seiner instinktiven Energien versagt. Weder der Hunger noch die Angst vor dem Feind unterbrechen die Trägheit seiner Stunden. Weder die Gebote der normalen Gemeinschaft noch die Forderung nach Verteidigung des Territoriums beanspruchen die Energien, mit denen es von der Natur ausgestattet ist. Wenn das Tier von Sexualität besessen scheint, so deshalb, weil die Gefangenschaft ihm nur das Ausleben dieses einzigen Triebes gestattet.

Die philosophischen Auswirkungen von Zuckermans Schlußfolgerungen waren verheerend. Die Anthropologie, die Wissenschaft vom Menschen, akzeptierte das Diktum des Zoologen, die Gesellschaft der Primaten basiere ausschließlich auf dem Geschlechtstrieb, und folgerte sehr logisch, da dies in der menschlichen Gesellschaft nicht der Fall sei, müsse die Gesellschaft, wie wir sie kennen, eine menschliche Erfindung sein, ohne den geringsten Zusammenhang mit der biologischen Evolution. Hierauf akzeptierte die Soziologie, die Wissenschaft von der Gesellschaft, die

Feststellung der Anthropologen, unsere Gesellschaft sei eine Erfindung des Menschen, und folgerte mit scharfer Logik, die weniger erfreulichen Aspekte unseres Lebens wie Krieg, Verbrechen und eine allgemein zu beobachtende Abneigung, seinen Nachbarn zu lieben, müßten auf besondere Umstände des menschlichen Zusammenlebens zurückzuführen sein. Und so kamen wir – du und ich –, indem wir die Ansichten von Autoritäten übernahmen, die wissen sollten, wovon sie sprechen, zu der Überzeugung, daß wir, könnte man zum Beispiel den ökonomischen Notstand auf der ganzen Welt beseitigen, eine beachtliche Abnahme der Kriminalität, ein Nachlassen der kriegerischen Stimmung und ein Freiwerden der sozialen Kräfte für milde Wohltätigkeit erleben würden. Die Höllenhunde unserer Ängste bellen auf alten erkalteten Spuren, während sich die Natur ins Fäustchen lacht.

Diese romantische Illusion, die wir noch genauer untersuchen werden, ist so alt wie Rousseau. Man darf für sie nicht ein paar englische Paviane verantwortlich machen. Aber die geringe Bereitwilligkeit der Wissenschaft, die entwicklungsgeschichtliche Basis der menschlichen Gesellschaft im Lichte späterer und realistischerer Beobachtungen als derjenigen von Zuckerman neuerlich zu untersuchen, hat viel dazu beigetragen, die Doktrin der menschlichen Einzigartigkeit bis zum heutigen Tage aufrechtzuerhalten. Für dich und mich ist dies äußerst bedauerlich, denn Zuckermans Behauptungen wurden bereits zwei Jahre nach ihrer Veröffentlichung ad absurdum geführt.

Im Jahre 1934 veröffentlichte die John Hopkins University die klassische Monographie des amerikanischen Zoologen C. R. Carpenter »The Behavior and Social Relations of Howling Monkeys« (Das Verhalten und die sozialen Beziehungen der Brüllaffen). Während einer Periode von zwei Jahren hatte Dr. Carpenter acht Monate lang die Aktivitäten von 23 Brüllaffengruppen auf einer Insel des Gatumsees in Panama systematisch beobachtet. Während seiner Untersuchungen erfand und verbesserte er Methoden der Beobachtung des Tierverhaltens in freier Natur, die heute zur Standardpraxis der modernen Zoologie gehören. Aber er tat viel mehr als das. Er entdeckte die Bedeutung des Territoriums in der Gesellschaft der Primaten.

Jeder Leser von Dr. Carpenters Monographie muß einen alles andere überschattenden Eindruck gewinnen: daß sich die Wissenschaft niemals wieder mit ausschließlich im Zoo gewonnenen Erkenntnissen zufriedengeben kann. Aber die Wissenschaft gab sich zufrieden. Wie erstaunlich lange sie sich damit begnügte, geht aus einem Artikel hervor, der im September 1960 im »Scientific American« erschien. Der Artikel stammt aus der Feder des amerikanischen Anthropologen Dr. Marshall B. Sahlins und betrifft den Ursprung der menschlichen Gesellschaft. Er erschien als Beitrag zu einer allgemeinen Übersicht der Menschheitsgeschichte, welche die in den letzten Jahren über dieses Thema veröffentlichten wichtigsten Ansichten und Informationen zusammenfaßte.

»Der Vergleich zwischen den Grundlagen der Primatensoziologie und der anthropologischen Forschung«, so schreibt Dr. Sahlins, »erlaubt eine verblüffende Feststellung. Zwischen der primitivsten menschlichen Gesellschaft und der fortgeschrittensten subhumanen Primatensozietät ist ein fundamentaler Unterschied, manchmal sogar ein direkter Gegensatz. Diese Diskontinuität weist darauf hin, daß die Entstehung der menschlichen Gesellschaft die Unterdrückung, nicht die Entfaltung der Primatennatur der Menschen voraussetzte. Das menschliche Sozialleben ist kulturell und nicht biologisch bestimmt.«

»Die entscheidende Schlacht zwischen früher Kultur und menschlicher Veranlagung«, fährt Dr. Sahlins fort, »muß auf dem Feld der Primatensexualität ausgetragen worden sein. Der mächtige Magnet des Geschlechtstriebes war der wesentliche Ansporn der subhumanen Primatengemeinschaft. Dies ist seit langem bekannt. Aber es war Sir Solly Zuckerman, dessen Aufmerksamkeit durch die Beobachtung des fast lasterhaften Verhaltens von Pavianen im Zoo auf das Problem gelenkt wurde, der der Sexualität die Schlüsselstellung in der Primatengesellschaft zuwies.«

Dr. Sahlins Behauptungen sind nur für ihn selbst verblüffend. Tatsächlich sind sie eine in wissenschaftliche Worte gekleidete Wiederholung der philosophischen Folgerungen eines neapolitanischen Mönches aus dem 18. Jahrhundert: Die Gesellschaft ist das Werk des Menschen. Es ist nur eine neue Krücke, in der Werkstatt orthodoxer Wissenschaften aus Zuckermans Mythen gezimmert, um den Aberglauben der menschlichen Einzigartigkeit zu unterstützen. Und wenn wir jetzt zu einer Untersuchung des territorialen Instinktes übergehen, wird es gut sein, im Auge zu behalten, daß das Material, mit dem wir uns beschäftigen, ein sehr heißes Eisen ist. Ebenso wird es empfehlenswert sein, bei einem Problem, das sich im Zoo nicht beobachten läßt, andere, nicht vom Zoo inspirierte Autoritäten zu Wort kommen zu lassen.

1940 erschien eine weitere Monographie von Carpenter: »A Field Study in Siam of the Behavior and Social Relationships of the Gibbon« (Eine Untersuchung des Verhaltens und der sozialen Beziehungen der Gibbons in Siam). Heute existiert von der Arbeit nicht einmal in der immensen Bibliothek des Britischen Museums eine Kopie. In dieser kaum beachteten Studie konnte der amerikanische Zoologe, von seinen eigenen und anderen Beobachtungen ausgehend, bereits in einem ganz frühen Stadium der gegenwärtigen Revolution feststellen: »Es scheint, daß der Besitz und die Verteidigung des Territoriums, die unter den Wirbeltieren einschließlich der humanen und subhumanen Primaten so weit verbreitet sind, einer fundamentalen biologischen Notwendigkeit entspringen. Es steht fest, daß der Besitz des Territoriums das Verhalten der Primaten sehr weitgehend motiviert.«

Das war eine rein wissenschaftliche Bestätigung von Walter Heapes genialer Vermutung in seinem klassischen Buch »Emigration, Migration and Nomadism« (Emigration, Migration und Nomadentum) aus dem Jahre 1931. Damals gab es noch kaum Beweise, aber Heape hatte den Mut, festzustellen: »Ich glaube, es kann keinen Zweifel darüber geben, daß bei der Mehrzahl der Tierarten territoriale Rechte festverankerte Rechte darstellen ... Ja man darf annehmen, daß die Anerkennung territorialer Rechte, eine der wichtigsten Begleiterscheinungen unserer Zivilisation, nicht vom Menschen entwickelt wurde, sondern seit jeher ein integrierender Bestandteil der Lebensweise aller Tiere war.« Der Berechtigung derartiger Feststellungen wollen wir jetzt unsere Aufmerksamkeit zuwenden.

Wie stark ist der territoriale Instinkt im Leben der Tiere? Welchen Zwecken der Natur dient er? Wie wird das Territorium erworben? Verteidigt? Gegen wen? Und was bedeutet überhaupt Territorium?

Mrs. Margaret Morse Nice gab 1941 in »The Midland Naturalist« eine Definition des Territoriums, der bis heute Gültigkeit zukommt. Die Theorie der Territorialität im Vogelleben bedeutet kurz gesagt: »Die Verteilung der Paare wird durch den Kampfgeist des Männchens, der sich gegen alle Männchen der eigenen Art richtet, bestimmt. Gesang und Aufplustern des Gefieders bedeuten sowohl Warnung für andere Männchen als auch Einladung für das Weibchen. Die Männchen kämpfen in erster Linie um das Territorium, nicht um das Weibchen. Der Besitzer eines Territoriums ist in seinem Gebiet fast unbesiegbar. Männchen, denen es nicht gelingt, ein Territorium zu erwerben, bilden eine Art Reserve, aus der im Todesfall eines Besitzenden Ersatz kommt.«

Was auf die Vögel zutrifft, hat im großen und ganzen für alle jene Wirbeltiere Gültigkeit, bei denen der Wettstreit um ein Territorium auf individueller Basis vor sich geht. Bei diesen Arten fällt es manchmal schwer, die territoriale von der sexuellen Rivalität zu unterscheiden. Aber wenn wir zu den gesellig lebenden Arten kommen, bei denen eine Gruppe das Territorium gegen eine andere Gruppe verteidigt, dann kann die Sexualität keine Rolle mehr spielen. Hier steht der territoriale Trieb klar erkennbar für sich selbst da. Warum gibt es ihn überhaupt?

Als Eliot Howard seine Beobachtungen über die Beziehung des Vogellebens zum Territorium veröffentlichte und damit eine neue Auffassung des Tierverhaltens in die Naturwissenschaft einführte, glaubte er, das einzige Motiv des Vogelmännchens bei der Eroberung und Verteidigung eines Gebietes sei der Schutz der Nahrungsversorgung seiner Jungen. Aber bald tauchten Fragen auf. Eine seltene Art wie der Schilfrohrsänger, dem für seine jeweils kleinen Populationen hinreichend Nahrung zur Verfügung steht, kämpft ebenso verbissen wie irgendein anderer Vogel um die Alleinherrschaft in seinem Gebiet. Oder nehmen wir den Kuckuck. Das Kuckucksweibchen legt seine Eier in fremde Nester. Mit dieser einfachen, fröhlichen Tat entledigt sich der Kuckuck ein für allemal aller elterlichen Sorgen. Trotzdem macht der nestlose Kuckuck seinen Territorialanspruch geltend. Warum legt das Männchen einen derartigen Wert auf ein eigenes Gebiet?

Man hat der Vermutung Ausdruck gegeben, daß ein Instinkt, der die richtige Verteilung der Individuen sichert, nicht nur die Nahrungsversorgung sicherstellt, sondern auch die Verbreitung von Krankheiten verhindert. Aber gewisse Fischarten verteidigen ihre Territorien auch in verseuchten Gewässern. Manche Krabben, von denselben unparteiischen Gezeiten ernährt und bedroht, zieren den Ufersand mit ihren Löchern, deren jedes inmitten eines kleinen Sandreiches von 2 Metern Ausmaß liegt.

Daß der Territorialtrieb Vorteile für das Aufziehen und die Sicherheit der Jungen mit sich bringt, ist klar. Paul Erringtons Untersuchungen von Bisamrattenkolonien im amerikanischen Mittelwesten haben ergeben, daß die Anzahl der auf einem bestimmten Gebiet geduldeten Paare Jahr um Jahr mehr oder weniger konstant ist. Trockenperioden, harte Winter, Seuchen oder der Zustrom von Füchsen können die Lebensfreude der Bisamratte sehr wesentlich einschränken. Aber es ist, als ob für ein bestimmtes Gebiet eine Sicherheitsschwelle bestünde, und hinter dieser Schwelle geht das Leben weiter. Die Gesetze des Territoriums tragen Sorge, daß die Rattenfamilien ein Gebiet nicht in allzu großer Zahl besiedeln können.

Kommen gute Zeiten für die Rattenkolonie, dann ist die Zukunft durch Übervölkerung bedroht. Die Füchse mögen erlahmen, die Forderung nach Territorium niemals. Überzählige Ratten werden aus dem gemeinsamen Gebiet vertrieben, um in der Fremde neue Territorien zu gründen. Einige sind erfolgreich. Aber die meisten ziehen als heimatlose, allen Gefahren preisgegebene Wanderer umher. Von ihnen entwirft Errington das folgende traurige Bild: »Dieses geplagte, geschlagene Trüpplein drängt sich an den Grenzen der Gebiete zusammen, die von residierenden Ratten beherrscht werden. Als wurzellose Geschöpfe bilden sie einen biologischen Überschuß, der zumeist dem Untergang geweiht ist.«

Indem die Natur dem Individuum das Verlangen nach einem eigenen Lebensraum eingepflanzt hat, erreichte sie zweierlei: Erstens wird einer minimalen Anzahl von Individuen aus jeder Population die Vermehrung in relativer Sicherheit und damit wahrscheinlich eine Weitergabe der Merkmale der Art ermöglicht. Zweitens geht der Überschuß meistens zugrunde – an den Eulen und Füchsen, an Krankheiten und Hunger, an der Einsamkeit der fremden Plätze. Wer diese Gefahren nicht übersteht, wird sterben.

Das, was man als die ökonomischen Vorteile des Territoriums bezeichnen könnte, liegt auf der Hand. Ebenso klar erkenntlich sind die Vorteile, welche einem schmackhaften Tier, das sich gegen hungrige Räuber wehren muß, aus einem vertrauten Platz erwachsen. Es gibt ein altes Axiom: Je mehr Katzen, desto weniger Mäuse. Wie manche anderen Axiome ist auch dieses nicht ganz richtig. Sowjetische Ökologen haben uns eine quantitative, statistische Bestimmung des Territorialfaktors in der Beziehung von Räuber und Beutetier gegeben.

Eine russische Untersuchung wurde in Sibirien, eine andere im Kaukasus vorgenommen. Die erstere beschäftigte sich mit dem

Ausmaß, in dem neu angekommene Geier und Eulen ansässige Maulwürfe und Hamster töteten. Die Untersuchung ergab, daß die Nagerpopulation eines sibirischen Feldes von achtundfünfzig auf neun pro halbem Hektar dezimiert wurde. Aber dann geschah etwas Merkwürdiges. Trotz eifriger Anstrengungen seitens der Geier und Eulen wurde die Anzahl der Nager kaum mehr reduziert.

Die zweite Untersuchung betraf das Schicksal von Feldmäusen; sie gelangte zu ähnlichen Ergebnissen. Obwohl die Mäusepopulation zunächst in dem alarmierenden Ausmaß von eineinhalb Prozent pro Tag von den Raubvögeln dezimiert wurde, kam eine Zeit, in der die Jagd mager wurde. Immer seltener wurde die Beute, und allmählich blieb die Mäusepopulation praktisch konstant. Die natürliche Deckung hatte sich als ausreichend erwiesen, um die Überlebenden zu schützen. Die tiefsten Löcher und die geheimsten Gänge hatten denjenigen, die ihr Gebiet am besten kannten, eine Freistatt gewährt. Das Territorium schützte einige wenige Auserwählte, und die Geier blieben hungrig.

Regeln, die für den Gejagten gelten, sollten ebenso für den Jäger Gültigkeit haben. Das Raubtier im Besitz eines Jagdterritoriums müßte die beste Chance für eine Mahlzeit haben. Aber das Fehlen verläßlicher wissenschaftlicher Literatur über das Verhalten von Raubtieren ist ebenso erstaunlich wie vollständig. Die Lebensgewohnheiten der Leoparden, Löwen und Wölfe haben die Phantasie der Menschen seit uralten Zeiten beschäftigt. Seltsamerweise vermochten sie nicht die Aufmerksamkeit der zeitgenössischen Wissenschaftler auf sich zu ziehen. Da dem Verhalten gefangener Raubtiere kaum eine Bedeutung zukommt und den zahllosen Erzählungen über wilde Tiere wenig Verläßlichkeit, habe ich die Feststellungen der Wissenschaft durch einige eigene Beobachtungen ergänzt. Aber wenn der Leser hier auf die große Bedeutung des Raubtierverhaltens für die Frage unseres Raubtierursprunges hingewiesen wird, muß er auch gewarnt werden, daß das im folgenden besprochene Material aus einer höchst zweifelhaften Quelle stammt, nämlich vom Verfasser selbst.

Südafrikas berühmtes Tierreservat, der Krüger-Nationalpark, ist eine an Portugiesisch-Ostafrika grenzende, 9000 Quadratmeilen umfassende Gras- und Steppenlandschaft. Im südlichen Teil des Parkes um den Lower Sabie River ist das Wild bereits so an die Autos der Touristen gewöhnt, daß sein Verhalten nicht als natürlich bezeichnet werden kann. Aber nördlich des Olifants River, in dem weniger besuchten Gebiet vom Camp Shingwidzi bis zum Limpopofluß, sind die Verhältnisse, ebenso wie in den großen zentralafrikanischen Reservaten, kaum anders als in der unberührten Wildnis.

Wildhüter im Krüger-Park schätzen, daß ein ausgewachsener Löwe im Durchschnitt eine mittelgroße Antilope pro Woche braucht. Aber die Zahl der Antilopen im Reservat übersteigt kaum eine halbe Million, während die Löwenpopulation mehr als zweitausend Tiere umfaßt. Eine einfache Rechnung zeigt, daß der Kampf um Nahrung das Leben eines Löwen keineswegs so geruhsam macht, wie es den Anschein hat, und ein Jagdterritorium der wertvollste Besitz sein muß. Jede Löwengruppe, im allgemeinen eine einzige Familie, besitzt und verteidigt solch ein Gebiet. In den nördlichen Regionen des Krüger-Parkes beträgt es durchschnittlich 6 Meilen im Radius, je nach der Größe der Gruppe etwas variierend. Beim Einbruch einer fremden Gruppe wird das Territorium von allen ausgewachsenen Tieren, unabhängig vom Geschlecht, verteidigt; der territoriale Konflikt steht als Todesursache der Löwen an zweiter Stelle. Ob aber der nervenzerreißendste aller Laute, das nächtliche Gebrüll des afrikanischen Löwen, ebenso wie der Vogelgesang eine territoriale Warnung bedeutet, vermag ich nicht zu sagen. Er mag teilweise diesem Zweck dienen, obwohl seine Funktion wahrscheinlich eher zu der überaus geschickten Taktik des Tötens gehört, die wir noch näher besprechen werden.

Das Territorium des Löwen, wohl das abstrakteste, das wir kennen, umfaßt kein festes Gebiet. In Südwestafrika zieht der Springbock und in Tanganjika das Gnu mit dem Regen und dem frischen, grünen Gras über enorme Landstrecken. Jede Antilopenherde besitzt und verteidigt ein wechselndes Territorium, dessen Größe von dem vorhandenen Gras und dem Druck rivalisierender Löwen bestimmt wird. Die veränderlichen Territorien mögen dem Grundstücksmakler als etwas komplizierte Wertobjekte erscheinen; soviel ich weiß, finden sich die Löwen gut damit ab.

Ein anderer Typus des Jagdterritoriums, kreisförmig und weniger komplex, soll im westlichen Uganda existieren. Dort liegt am Fuße der Mondberge, direkt am Äquator, der flache, weite Queen Elizabeth Park: Meilen und Meilen von Gras, Busch und Euphorbienbäumen – wie eine überstilisierte Landschaft zur Symbolisierung der Einsamkeit. In derartigen äquatorialen Verhältnissen bleibt die Löwennahrung mehr oder weniger konstant. Hier erzählte mir ein Wildhüter des Parkes folgende seltsame Geschichte. Vor einigen Jahren erschien eine lange Zeit hindurch regelmäßig jede dritte Woche eine Löwengruppe in der Nähe der Mweya Lodge. Geheimnisvoll tauchte sie auf, blieb ein paar Tage und verschwand ebenso geheimnisvoll. So regelmäßig war ihr Erscheinen, daß Beobachter, begierig, einen Löwen zu sehen, ihre Besuche der Lodge im voraus planen konnten und mit größter Wahrscheinlichkeit die Löwen zu Gesicht bekamen. Der Wildhüter wußte keine Erklärung.

Ich erinnerte mich einer von Frank Illingworth durchgeführten Raubtieruntersuchung. Wolfsrudel bewegen sich in einem kreisförmigen Territorium von 20 bis 100 Meilen im Umfang. Das Rudel legt bei Tag einige Meilen zurück, ruht in der Nacht und verläßt die Kreisbahn nur, um Beute zu schlagen. Die Fortbewegung ist so regelmäßig, daß ein Jäger, der um die Gewohnheiten des Rudels weiß, dessen Ankunft an einem bestimmten Punkt auf die halbe Stunde genau vorherbestimmen kann. Haben die Löwen des Queen Elizabeth Park solch ein kreisförmiges Territorium patrouilliert, dann wäre ihr regelmäßiges Erscheinen bei der Jagdhütte erklärt.

Ein merkwürdiger Typus tierischer Besitzung ist das Doppelterritorium des Nilpferdes. Keine Tiergesellschaft ist so anhänglich und an seinen Platz gebunden wie das Nilpferd bei Tag. Eine Nilpferdherde an einem afrikanischen Fluß besteht aus einer eng zusammengepferchten Masse Fleisch von kaum 20 Metern Durchmesser, die zwischen 20 und 30 Dickhäuter umfassen kann. Ich weiß nicht, warum die Berührung seines Kollegen das Nilpferd so beglückt, noch, warum die ganze Herde eine derartige Anhänglichkeit an seinen schlammigen Heimatort an den Tag legt. In den Naturparks von Südafrika, wo das Nilpferd zu den Seltenheiten gehört, findet man Herden im Crocodile- oder im Luvuvhufluß. Oberhalb der Herden kann die Parkverwaltung beruhigt eine kilometerlange Straße zu einem Beobachtungspunkt anlegen. Die Nilpferde werden sich nicht von der Stelle rühren, weder dieses noch nächstes Jahr. Sie bleiben, wo sie sind.

Aber das Nilpferd muß grasen und braucht enorme Mengen, um seine gewaltigen Körpermassen zu erhalten. So verläßt es des Nachts den Fluß, um zu fressen. In Südafrika macht das keine Schwierigkeiten. Aber in der Gegend der Seen Zentralafrikas, wie etwa des Edward- und Georgsees und des Verbindungskanals Kazinga in Uganda sowie um die Kongoflüsse Rutshuru und Ruindi müssen Zehntausende von Nilpferden jede Nacht viele Meilen zurücklegen, um genügend Nahrung zu finden. Daher errichtet und verteidigt das Nilpferd ein zweites Territorium beweglicher Natur, gleich dem der Antilope, und seine Lage wird von dem vorhandenen Gras und den rivalisierenden Nilpferden bestimmt.

Der territoriale Instinkt kann, je nach dem Charakter der Art, auf verschiedenste Weise befriedigt werden. In jedem Fall bringt der Alleinbesitz eines Territoriums dem Eigentümer zahlreiche Vorteile: Sicherstellung der Nahrung im Biotop; Trennung der Tauglichen von den Untauglichen; Anziehung des Geschlechtspartners; Schutz vor dem Feind. Aber obwohl wir von Vorteilen und Nutzen sprechen, beansprucht das Tier ein Gebiet einzig um des Anspruchs willen. Wenn sich der Mensch nur selten der eigentlichen Motive seiner Handlungen bewußt ist, um wieviel unwahrscheinlicher wäre es, wüßte das Tier besser Bescheid. Untersuchungen erbrachten das verblüffende Resultat, daß das Tier seinen territorialen Instinkt erfüllt, ganz gleich, ob ihm daraus ein Vorteil erwächst oder nicht.

Während seiner Studien an Primatengesellschaften brachte Dr. C. R. Carpenter 350 Rhesusaffen von Indien auf eine kleine Insel bei Puerto Rico. Dieses berühmte Experiment vereinte auf das glücklichste das Tierverhalten in freier Natur mit Laboratoriumsbedingungen zur Untersuchung und Kontrolle. Viele neue Erkenntnisse wurden gewonnen, auf die wir noch zu sprechen kommen werden, aber im Augenblick beschäftigen uns die erstaunlichen Ergebnisse in bezug auf das Territorium.

Die Affen waren von den verschiedensten Plätzen Indiens gekommen. Sie überlebten die Unbilden einer stürmischen Überfahrt, während der Zustände herrschten, die man nur als totale Tieranarchie bezeichnen kann. Doch bei ihrer Ankunft auf der Santiagoinsel betraten sie ein wahres Affenparadies. Es gab hinreichend Platz, 15 Hektar für ein paar hundert Affen. Keine Leoparden belauerten sie in nächtlichen Stunden, keine Pythons störten ihre täglichen Ausflüge. Von den Aufsehern der Insel wurde regelmäßig und reichlich Nahrung ausgeteilt. Trotzdem hatte sich die Affengemeinschaft innerhalb eines Jahres in zwei soziale Gruppen geteilt, deren jede ein festes Territorium besaß und verteidigte und in ständiger Feindschaft mit der Nachbargruppe lebte.

Als Eliot Howard in den zwanziger Jahren seinen Kritikern mit der radikalen Beobachtung entgegentrat, Vogelmännchen trügen ihre Kämpfe nicht wegen reizvoller Weibchen, sondern wegen reizvoller Besitzungen aus, gaben sich die Romantiker noch nicht geschlagen. Howard führte die Zugvögel als Beispiel an. Bei diesen kehrt das Männchen vor dem Weibchen zurück. In einer vom Weibchen nicht gestörten Atmosphäre werden Ansprüche geltend gemacht, Kämpfe ausgetragen, Siege verkündet und Schwächlinge vertrieben. Wenn die Weibchen ankommen, sind die Kämpfe vorüber.

Darauf erhielt Howard die folgende Entgegnung: Das Männchen trage seine territorialen Konflikte mit dem Bild des Weibchens vor Augen aus.

Die Antwort war nicht besonders gut, aber wir dürfen nicht vergessen, welch wichtiges Prinzip auf dem Spiel stand. Jedenfalls hielt Howard dem Einwand das Beispiel des heimischen Vogels entgegen. Im Winter findet man die Kiebitzscharen fröhlich vereint auf einem neutralen Futterplatz. Nähert sich die Paarungszeit, so verläßt das Männchen die Schar, um in dem Nistgebiet sein Territorium festzulegen. Hier wird die Stimmung sofort kriegerisch. Solange nicht jeder siegreiche Kiebitz seinen Anspruch durchgesetzt hat, gibt es dauernd Konflikte. Aber wenn einige Männchen inmitten der Kämpfe zu der Schar auf dem Futterplatz zurückkehren, *in der Weibchen vorhanden sind*, so kehrt auch der Frieden zurück. In Gegenwart der Weibchen herrscht unter Kiebitzen nur Freundlichkeit. In Abwesenheit der Weibchen, auf dem territorialen Schlachtfeld, herrscht der Krieg.

Darauf gab es keine Antwort, nicht einmal eine schlechte.

Der Drang, in den ausschließlichen Besitz eines Territoriums zu gelangen, ist, wie ich schon sagte, eine Sache für sich. Er mag oder mag nicht mit jahreszeitlich bedingten Regungen der sexuellen Kräfte zusammenhängen, er mag oder mag nicht in direkter Verbindung mit der Sicherstellung der Nahrung und dem Schutz der Brut stehen, er mag oder mag nicht die instinktive Abwehr des immer gegenwärtigen Alptraumes vom Raubvogel reflektieren. Der Drang, zu besitzen und den Besitz zu verteidigen, ist ein Instinkt für sich.

Die Rohrammer ist ein relativ vernünftiger Vogel. Howard konnte ein solches Rohrammerpaar im Zustand höchster Erregung beobachten. Es besaß ein Nest und Junge darin; der Anlaß der Aufregung war ein Wiesel. Im Chor gaben die Ammern ihrer hysterischen Abneigung gegen den Eindringling Ausdruck, flogen ihn an, suchten ihn vom Nest abzulenken. Das Wiesel ließ sich weder von den Beleidigungen noch von den Flügelschlägen abschrecken. Es wartete. Die Aufregung wuchs. Weibchen und Männchen suchten ihr Heil in allen möglichen Ablenkungsmanövern, für welche Vögel berühmt sind. Aber dreimal während des Vorfalles geschah es, daß das Männchen von seiner Attacke gegen das Wiesel abließ, um eine dritte Rohrammer zu vertreiben, die in sein Territorium eingeflogen war. Dem territorialen Instinkt, dessen Forderung im Gegensatz zu dem Instinkt der Verteidigung der Jungen stand, wurde der Vorzug gegeben.

Bevor wir die Methoden untersuchen, die Vögel zur Errichtung ihrer Territorien verwenden, wollen wir einen Blick auf die Robben werfen. Die Bullen kommen, ebenso wie die Vogelmännchen, vor den Weibchen in der auserwählten Kolonie an. Nun beginnt ein Schieben und Stoßen, ein Brüllen und Sichbrüsten; die Territorien werden festgelegt. Erst dann erscheinen die Weibchen, und die Bullen erwerben ihren Harem, dessen Größe sich nach ihrem Grundbesitz richtet. Dieser wurde bereits durch die Stärke und den Kampfgeist des einzelnen Bullen festgelegt.

Die polygame Veranlagung beschert der Robbe häusliche Sorgen, die dem anständigen, monogamen Vogel erspart bleiben. Sofort wird der Bulle von zänkischen Weibchen umringt. Weder für seinen Besitzerwerb noch für seine Tüchtigkeit wird er in irgendeiner Weise belohnt. Bedauerlicherweise sind die ankommenden Weibchen bereits trächtig. Während der Trächtigkeit, der Geburt und dem Aufziehen der Robbenkinder muß sich der Bulle damit begnügen, Rivalen anzubellen und Junggesellen zu vertreiben, deren Invasion des Territoriums kaum von dem Wunsch, seine väterlichen Ärgernisse zu teilen, diktiert sein kann. Erst wenn die Kolonie aufhört, ein Kindergarten zu sein, und alle Jungen seetüchtig sind, wird das Weibchen wieder zugänglich. Erst jetzt kann der Harem erproben, ob der Großgrundbesitz zu Recht erworben wurde!

Zugvögel erwerben ihre Territorien kaum anders als die Robben. Den Männchen bleiben im allgemeinen vor der Ankunft des Weibchens zwei Wochen, in denen sie ihre Zwistigkeiten austragen und ihre Heimstätten gründen können. Dann erscheinen die Weibchen. Das besitzlose Männchen wird ignoriert. Das begüterte Männchen rühmt seine Vorzüge und sucht sich eine seines Besitzes würdige Partnerin. Das Familienleben kann beginnen.

Beim Standvogel spielt sich der gleiche Vorgang etwas langsamer und etwas komplizierter ab und ist bei weitem aufschlußreicher. Die Rohrammer zum Beispiel überwintert auf kahlen Äckern, Saatfeldern oder nahe einem Wasserlauf. Die Scharen sind klein und kümmern sich nicht um Geschlechtsunterschiede. Sie führen ein monotones Leben, das sich auf ständige Futtersuche beschränkt und gefahrvoll wird, wenn der Frost zu lange anhält. Raubvögel entwickeln einen ebenso großen Appetit wie ihre Beutetiere. Man sollte meinen, daß der nackte Daseinskampf alle anderen Instinkte bis zum Frühling unterdrücken würde, aber schon Mitte Februar verlassen die Männchen ihre Schar und ziehen sich in eine vielleicht noch hartgefrorene Sumpfgegend zurück. Hier wählt das Männchen eine Weide oder eine Erle, läßt sein Lied ertönen und putzt sein Gefieder. Hin und wieder kehrt es zu den Futterplätzen zurück. Aber allmählich verbringt es mehr und mehr Zeit in dem von ihm gewählten Territorium, bis dieses schließlich zu seinem Heim wird.

Ganz ähnlich verhält sich die Goldammer. An Winterabenden kann man manchmal eine Goldammerschar halb verborgen in einer Hecke kauernd entdecken. Mit Beginn des Februars, noch vor der Rohrammer, verläßt das Männchen die Schar. Es sucht seine Heimstätte und einen Nistplatz – ein Gitter, einen Busch, eine Stange –, der allmählich zum Mittelpunkt seiner Welt wird. Mit unermüdlichem Gesang verkündet es den übrigen Goldammern, daß dieser Platz sein eigen ist. Mit unermüdlichem, pfeilschnellem Auffliegen vertreibt es alle Eindringlinge.

Auch der Buchfink muß, sobald sich der Instinkt regt, seine Schar verlassen, gleichgültig ob es stürmt oder schneit. Seine Zeit kommt später, Ende Februar, aber auch dann ist die Kälte selten vorüber. Der Buchfink ist ein freundliches, geselliges Geschöpf. Den ganzen Winter hindurch kann man die Vögel nach Einbruch der Dämmerung auf bestimmten Bäumen in fröhlicher Gemeinschaft beisammen finden. In den letzten Februarwochen beginnt

es etwas später zu dunkeln, der Wind ist etwas weniger eisig, die Nahrung etwas reichlicher. Noch liegt die Nistzeit in weiter Ferne, aber aus keinem ersichtlichen Grund verläßt das Männchen die fröhliche Schar, um seinen Platz und seinen Baum zu suchen. In den vielen dunklen Tagen, die vor ihm liegen, und während das Futter noch rar ist, wird es seine ganze ihm verbleibende Energie darauf verwenden, seine Einsamkeit zu behaupten.

Noch 1923 konnte ein angesehener Naturforscher schreiben: »Der Vogelgesang ist ein Ausdruck der Lebensfreude, und die Nachtigall ist der fröhlichste aller Vögel.« Genau 14 Jahre später machte die antiromantische Revolution die Feststellung eines anderen angesehenen Naturforschers möglich: »Vogelgesang ist selten oder niemals der Ausdruck des Friedens oder der Freude; meistens oder immer dient er praktischen Zwecken.«

Der Gesang wird angestimmt, wenn das Männchen sein Territorium in Besitz nimmt. Solange die Ammern in Scharen auf den neutralen Futterplätzen wohnen, singt das Männchen nicht. Erst dann, wenn es seinen Nistplatz gefunden hat – seine Erle, sein Tor, seinen Weidenast –, der das Schild seiner territorialen Existenz ist, überkommt es der Wunsch, zu singen. Kiebitzmännchen kämpfen und singen, singen und kämpfen, während sie fern von der Schar ihre Heimstätten gründen. Kehren die Vögel zu dem neutralen Gebiet der Gemeinschaft zurück, werden, wie wir gesehen haben, die Feindseligkeiten eingestellt. Und ebenso der Gesang. Eliot Howard beobachtete einmal eine Schar von über hundert Turteltauben. Sie suchten ihre Nahrung auf einem 4 Hektar großen Feldstreifen, auf dem es reichlich Samen gab, und von Zeit zu Zeit flogen sie zu einem nahe gelegenen Gebiet, um ihre Territorien zu errichten. Nur auf diesem territorialen Gebiet konnte Howard das charakteristische Gurren der Tauben hören.

Der Gesang des Weibchens ist ohne Zweifel eine Ankündigung der sexuellen Bereitschaft. Aber er wird erst als Antwort auf die Ankündigung der territorialen Bereitschaft des Männchens angestimmt. Außerdem stellt es einen Irrtum in der Beobachtung dar, den Vogelgesang ausschließlich mit der Paarungszeit in Verbindung zu bringen, denn er beginnt, wenn das Männchen die Schar verläßt, um sein Glück zu suchen. Dann ertönt eine Zeit hindurch der Gesang, der ebenso wie das Krähen des Hahnes nur für die Ohren der Männchen bestimmt ist. Gewöhnlich, sei es vor oder nach der Ankunft des Weibchens, läßt der Vogel sein Lied von dem bestimmten Platz erschallen, den er zu seinem Thron erkoren hat und von dem aus er seine Herrschaft proklamiert. Verläßt das Männchen sein Reich, sei es vor oder nach der Paarung, so singt es kaum. Aber sofort nach seiner Rückkehr erfliegt es den Thron und verkündet, der König sei wieder in Amt und Würden.

Mrs. Nice gibt uns eine sorgfältige Beschreibung eines territorialen Konfliktes zwischen zwei Singsperlingsmännchen, den sie in Ohio beobachten konnte. Ein Vogel war der Besitzer, der andere der Angreifer. Mrs. Nice hatte zur Erleichterung ihrer Beobachtungen 343 Singspatzen beringt, die auf einem Überschwemmungsgebiet von 20 Hektar nahe der Stadt Columbus ihre Territorien etabliert hatten. Nach Beendigung der Kämpfe um den Lebensraum hatte jeder erfolgreiche Sperling ein Reich von ungefähr 300 Quadratmeter erworben. Eine beträchtliche Anzahl besitzloser Habenichtse blieb übrig. Es war einer dieser Proletarier, der sich erdreistete, ein Mitglied der privilegierten Klasse herauszufordern.

In wachsamer Stille näherte sich der Angreifer. Der Besitzer, auf wachsamer Hut, begann sein Lied anzustimmen. Der Herausforderer hüpfte von Busch zu Busch, um alle Annäherungsrouten zu erkunden, während der Champion, ebenso herumhüpfend, jeden Zugang blockierte. Von Zeit zu Zeit versuchte der Angreifer einen Einbruch in die begehrte Stätte; er wurde abgewiesen. Wieder und wieder griff er an; wieder und wieder wurde er zurückgeschlagen. Endlich fand er sich mit der Niederlage ab und begab sich zu seinen partner- und besitzlosen, dem Verhängnis preisgegebenen Leidensgenossen, der Sieger hingegen kehrte auf seinen Thron zurück. Während des ganzen Zwischenfalles hatte der Besitzer nicht aufgehört, acht- bis zehnmal in der Minute seinen Ruf anzustimmen, der Angreifer aber brach kein einziges Mal sein Schweigen.

Das Männchen singt von seinen Besitztümern. Sein Ruf ist von dem aller anderen Arten klar unterscheidbar, da er sich nur an den Artgenossen richtet. Er verkündet allen anderen Männchen, daß hier ein begüterter Vogel bereit ist, seine Besitztümer zu verteidigen. Wendet sich der Gesang an das Weibchen, so nicht, um ihm sexuelle Bereitschaft anzuzeigen – von einem Männchen darf man sie voraussetzen –, sondern um ihm kundzutun, daß der begüterte Sänger ihrer Aufmerksamkeit wert sei. Dies ist eine wichtige Information für das weibliche Ohr.

Eliot Howard stieß während seiner langjährigen Beobachtungen niemals auf ein Vogelmännchen mit Territorium, das sein Weibchen verlor, noch auf ein Vogelmännchen ohne Besitz, das ein Weibchen bekam.

Wie werden die Grenzen eines Territoriums verteidigt? Warum ist der Besitzer dem Eindringling fast immer überlegen?

Die natürliche Auslese hat in ihrer langen Geschichte eine erstaunliche Großzügigkeit gegenüber jeder brauchbaren Idee gezeigt. Zufällige Mutationen mögen dem Kudu Hörner wie überdimensionierte Korkenzieher bescheren, dem Impala Hörner wie eine nach innen gebogene Leier, dem Wasserbock solche, die wie eine Heugabel en miniature aussehen, und dem Steinbock Hörner wie Lanzen; alle erfüllen die ihnen zugedachte Funktion und werden daher geduldet. Ebensowenig dogmatisch zeigt sich die natürliche Auslese in bezug auf Art, Größe und Verteidigungsmittel eines Territoriums.

Wir haben das bewegliche Territorium des Löwen, das kreisförmige des Wolfes und das Doppelterritorium des Nilpferdes kennengelernt. Der äußerst territorial betonte Haushund verteidigt ein Gebiet, dessen Größe identisch mit dem Besitz des Herrn ist. Das Territorium des Elches verändert sich mit den Jahreszeiten. Im Winter beschränkt er sich auf einen kleinen »Elchhof«, im Sommer dehnt er sein Territorium auf 3 bis 10 Quadratmeilen aus. Auf den Bäumen lebende Tiere, wie Vögel und Affen, bestimmen ihr dreidimensionales Territorium nach dem Volumen. Je nach Höhe der Bäume verteidigt der Gibbon 15 bis 50 Hektar. Ein Eichhörnchen hütet drei große oder fünf kleine Bäume. Jede Variation in bezug auf Größe und Charakter des Territoriums wird von der natürlichen Auslese geduldet, sofern sie den Lebensinteressen der Art dient. Auch die Errichtung neutraler Territorien wird gefördert, wenn diese das Überleben erleichtern.

Die Antilopen respektieren die Neutralität der Wasserstelle. Die meisten heimischen Vögel errichten nur während der Nistzeit individuelle Territorien und halten sich während des Winters an die Neutralität des Futterplatzes. Der Hund muß zwei verschiedene Persönlichkeiten in sich vereinen: auf dem Territorium seines Herrn eine feindlich angriffslustige, auf der neutralen Straße eine freundlich schweifwedelnde. Die Überfüllung der Robbenkolonien hat neutrale Territorien ganz besonderer Art hervorgebracht. Schmale Durchgänge führen vom Meer zu den einzelnen Grundstücken, von denen keines Anspruch auf das Ufer hat. Das Vorhandensein derartiger Korridore liegt im Interesse der Art, und ihre Neutralität wird daher auch von dem dreistesten Bullen anerkannt.

Ebenso wie alles möglich ist, was sich in bezug auf das Territorium bewährt, so ist auch alles erlaubt, was zu dessen Verteidigung beiträgt. Zum Beispiel ist fast immer das Männchen der Träger des territorialen Instinktes, obwohl ihm das Weibchen bei der Verteidigung des Heimes beistehen kann. Aber die natürliche Auslese duldet auch bei diesem praktisch universellen Gesetz einige Ausnahmen.

Der Phalarope ist ein mit dem Wasserläufer entfernt verwandter Wasservogel, der im Sommer die Arktis besiedelt. Er stellt eine Rarität dar, denn eine zufällige Mutation in seiner Stammesgeschichte hatte zur Folge, daß bestimmte sexuelle Merkmale umgekehrt wurden. Das Männchen ist unscheinbar grau, das Weibchen bunt gefiedert. Das Weibchen erreicht zuerst den Paarungsplatz und erkämpft das Territorium. Das Männchen erscheint später und brütet die Eier aus, während seine Frau das Heim verteidigt. Das System bewährt sich, und die Evolution läßt es gelten.

Die Kubanische Eidechse ist eine andere Ausnahme der universellen Regel, die das Männchen zur territorialen Verteidigung bestimmt. Anders als beim Phalarope hat hier das Männchen alles zu seinem eigenen Besten geordnet. Die Kubanische Eidechse ist Herr über ein Territorium von 10 bis 12 Quadratmetern. Wie bei den Robben ist das Männchen polygam und versammelt auf seinem Territorium einen Harem von drei bis vier Weibchen. Aber das kleine Eidechsenmännchen verschwendet keinerlei Energie auf den Kampf gegen Eindringlinge. Mit Hilfe des findigsten Systems, das die Natur kennt, weist es dem Weibchen die Rolle des territorialen Verteidigers zu und versichert sich auf die denkbar einfachste Art seiner Hilfe: Es zeigt einen ungeheuren Appetit auf jedes vorüberziehende Weibchen. Der Harem reagiert auf diese ausschweifenden Gelüste, indem er das Terrain mit einer in der Natur sonst unbekannten Wachsamkeit behütet.

Zu einer Untersuchung weniger bizarrer Mittel territorialer Verteidigung werden wir uns den Arbeiten des österreichischen Naturforschers Konrad Lorenz zuwenden, dessen Beobachtungen vielen Lesern durch sein bezauberndes Buch »Er redete mit dem Vieh, den Vögeln und den Fischen« bekannt sind. So beschreibt Lorenz etwa die Errichtung und Verteidigung einer territorialen Grenze durch einen höchst beachtlichen Fisch, den Europäischen Stichling. Er entwirft ein reizvolles Porträt, das auf viele kriegerische Männchen der Tierwelt zutrifft.

Der Stichling gehört, ebenso wie der Siamesische Kampffisch, zu den Arten, bei denen das Männchen und nicht das Weibchen das Nest baut und die Jungen betreut. In der Vogelwelt stempelt ein derartiges Verhalten die Art zur Rarität; nicht so bei den Fischen. Trotzdem mag man sich fragen, ob nicht sowohl der Siamesische Kampffisch wie der Europäische Stichling besser daran täten, derartige Aufgaben den Damen zu überlassen, denn die Männchen beider Arten hegen nicht nur ihre Jungen, sondern auch recht verwerfliche Neigungen.

Der Stichling ist ein gefährlich aussehendes Geschöpf, offensichtlich für tödliche Kämpfe ausgerüstet. Seinen Rücken ziert ein mörderischer Stachel, seine Angriffslust scheint unstillbar. Über familiäre Verantwortung hat er strenge Ansichten und unterdrückt jede romantische Regung, bis er in den sandigen Boden ein Loch gegraben, darin aus Pflanzenfasern und Nierensekret ein Nest gebaut und in der Umgebung ein unangreifbares Territorium errichtet hat. Aber zwischen der Kampfbereitschaft des Europäischen Stichlings und der seines östlichen Kollegen besteht ein wesentlicher Unterschied. Bei einem Duell Siamesischer Kampffische bleibt am Ende zumeist einer der beiden Gegner als durchbohrte Leiche zurück, während der Stichling Kompromisse machen kann. Dieses Merkmal ist sehr typisch für die aggressive Männlichkeit der Tierwelt. Lorenz kannte keinen Stichling, der bis zum bitteren Ende gekämpft hätte.

Lorenz schreibt: »Das seinem Kampf zugrunde liegende Prinzip lautet ›My home is my castle‹.« Die Kampfbereitschaft läßt sich mit mathematischer Genauigkeit voraussagen; sie steht im genau umgekehrten Verhältnis zu der jeweiligen Entfernung von dem Nest. Nachdem der Stichling sein Schloß gebaut hat, patrouilliert er in den umliegenden Gewässern auf der Suche nach einem Rivalen. Er begegnet einem solchen; es ist ein Stichlingmännchen, das sein Schloß auf einem angrenzenden Terrain errichtet hat. Die nicht ganz tödliche Schlacht beginnt.

Der eindringende Stichling hat sich zu weit von seinem Heim fortgewagt. Er flieht. Unser Stichling verfolgt ihn mit der deutlich erkennbaren Absicht, seinen Stachel durch den Feind zu bohren und den lästigen Nachbarn ein für allemal zu erledigen. Aber jetzt geschieht etwas Seltsames. Wenn sich der verzweifelte Nachbar seinem eigenen Nest nähert, kehrt sein Mut zurück, und im gleichen Maße sinkt der Mut unseres Stichlings. Es ist, als würde er sich auf einmal fragen, was eigentlich bei ihm zu Hause los sei. Plötzlich sind die Rollen vertauscht. Der verfolgte Nachbar wird zum Verfolger. Unser Stichling flieht. Jetzt schwimmen sie weit in das Terrain unseres Stichlings ein, bis die Rollen von neuem vertauscht werden. Der Mut steigt bei dem einen und schwindet bei dem andern. Wieder wendet sich der Kampf.

Es ist ein fast endloser Prozeß. Aber mit jedem todesmutigen Ausfall in das Gebiet des Feindes kehrt der Mut des verfolgten Stichlings merkbar schneller zurück, ebenso setzt das Zögern des Verfolgers früher ein. Die Ausschläge des Pendels werden kleiner; die Fische wenden schneller. Schließlich erschöpfen sich Flucht und Verfolgung. Die Stichlinge stehen einander in Drohstellung gegenüber, als trennte sie eine unsichtbare Wand. Dies ist ihre territoriale Grenze. Ein Gleichgewicht des Mutes – oder der Feigheit – wurde hergestellt.

Dr. Carpenter berichtet in seiner 1934 veröffentlichten revolutionären Monographie über den Brüllaffen von ähnlichen Beobachtungen. Wie wir schon gehört haben, verbrachte er acht einsame Monate auf der Barro-Colorado-Insel in Panama, um etwa 20 Affengemeinschaften zu beobachten. Waren die Monate auch einsam, so waren sie doch sicherlich nicht langweilig, denn der bedeutende amerikanische Zoologe hatte ein Tier gefunden, das sich seiner Geduld würdig erwies.

Wie ein guter Komiker erregt der Brüllaffe die größte Heiterkeit, wenn er am ernstesten ist, und macht den traurigsten Eindruck, wenn er sich unterhält. Er ist ein fast schwarzes Geschöpf mit einem nackten Clowngesicht und Backenbart. Obwohl er fast die Größe eines Pavians erreicht, lebt er zumeist in den Bäumen. Wie der Großteil der Affen der Neuen Welt benützt auch er seinen Greifschwanz als Anker, wenn er in der Nacht schläft, zum Verjagen der Insekten bei Tag und gelegentlich, um seine eigenen oder die Genitalien seines Nachbarn zu manipulieren. Sein ganz allgemein schamloses und liederliches Benehmen ist einzigartig in der Tierwelt.

Seinen Namen verdankt er der rücksichtslosen Gewohnheit, jeden neuen Tag mit einem ebenso ohrenbetäubenden wie klagenden Geschrei zu begrüßen. Die spanischen Eroberer waren die ersten, deren Stimmung infolge dieses täglichen Konzertes auf den Nullpunkt sank. Bereits im 17. Jahrhundert finden wir Berichte von Verwaltungsbeamten, die es nicht nur tief bedauerten, Spanien verlassen zu haben, sondern die auch alle Hoffnungen aufgegeben hatten, diese unerträglichen, melancholischen Nachbarn jemals ausrotten zu können. Das war natürlich in jenen Tagen, als die Vögel noch aus überquellender Lebensfreude sangen, während das Gebrüll der Affen scheinbar tiefste Trauer ausdrückte.

Aber der Brüllaffe verbreitet von seinem Heim in den Baumwipfeln noch schlimmere Dinge als Trübsinn. Die unglückseligen ersten Spanier hinterließen hierüber genaue Aufzeichnungen; so wurde ein zweites Merkmal der Brüllaffentradition festgehalten. Es war dies die lästige Gewohnheit des Affen, auf Eindringlinge in sein Baumreich zu urinieren oder zu defäkieren. Carpenter konnte selbst feststellen, daß dies kein leeres Märchen war. Die Objekte seiner Beobachtung benützten ihn recht häufig als Zielscheibe. Verteidiger der Brüllaffen haben die Hypothese entwickelt, daß die Gegenwart des Menschen in dem Tier Furcht hervorrufe, und diese entleere die Blase. Carpenter war anderer Meinung. Nur allzuoft entdeckte er ein Männchen, das seinerseits gerade auf ihn aufmerksam geworden war. Er beobachtete das skrupellose Tier auf dessen Weg durch die Zweige – gelegentlich tarnte es seine Bewegung durch das Abreißen von Blättern, die es zu fressen vorgab –, bis es sich dem Zoologen auf geringe Entfernung genähert hatte. Carpenter konnte die Vorsätzlichkeit des Manövers, die hierzu benötigte Zeit und manchmal, zu seinem Leidwesen, auch die Präzision der Geschosse feststellen. Mit einer unter diesen Umständen bewunderungswürdigen Objektivität schloß Carpenter, daß die durchschnittliche Zeit von 60 Sekunden zwischen Wahrnehmung des Feindes und der physiologischen Konsequenz etwas zu lange sei, um sie auf eine Angstreaktion zurückzuführen. Der Brüllaffe richtet sich bei der Vertreibung eines Eindringlings einfach und schamlos nach dem Grundsatz »Der Zweck heiligt die Mittel« und gebraucht daher die hinterhältigste Waffe, mit der ihn die Natur ausgestattet hat.

Aber nicht alle Gewohnheiten der Brüllaffen sind verabscheuungswürdig; einige von ihnen müssen wir sogar bewundern. Die Tiere leben in geselligen Gruppen von 20 bis 30 Mitgliedern, deren jede ein Territorium von ungefähr 150 Hektar verteidigt. Das morgendliche und abendliche Klagelied informiert alle benachbarten Gruppen über die Lage des Territoriums und dient gleichzeitig als Warnung; ist der Chor sehr lautstark, so ist das Territorium groß. Und wenn die Töne dem menschlichen Ohr unendlich trübsinnig erscheinen, so muß dies wahrscheinlich mehr der Veranlagung des Menschen als der des Affen zugeschrieben werden. Der Brüllaffe ist in Wahrheit ein freundlicher Kerl. Seine Tage werden nur ganz selten vom Mißton der Gewalttätigkeit gestört. Er hat mittels seiner stimmlichen Möglichkeiten sogar einen Weg gefunden, sein Territorium ohne Krieg zu verteidigen.

Im Gegensatz zur Pavianherde, die sich nach allen Richtungen hin zerstreut, um Nahrung zu suchen, bleibt die Brüllaffengesellschaft den ganzen Tag eng beisammen und ernährt sich von ein bis zwei Bäumen. Im Laufe eines Monats bewegt sich die Gruppe von einem Baumlager zum andern durch ihr ganzes Territorium. Carpenter zeichnete die Bewegungen auf und stellte fest, daß die

Gruppe um so sicherer in der Richtung ihrer Bewegungen ist, je näher sie sich dem territorialen Zentrum befindet. Erreicht die Gruppe die Grenzen des Territoriums, so weist die Aufzeichnung Zickzackbewegungen auf; bekannte Wege sind einladend, fremde sind abweisend. Im Laufe des Ausfluges werden die Auseinandersetzungen innerhalb des Clans immer lautstärker, die Führung zögernder und unsicherer. Erreicht die Gruppe das angrenzende Territorium, dann dreht sie unter allen Umständen sofort um. Wie der Stichling aus der Nähe seiner Burg Mut schöpft, so gibt das Herzland seines Gebietes dem Brüllaffen Selbstvertrauen.

Als Carpenter die Gesellschaft der Brüllaffen studierte, gab es auf der Barro-Colorado-Insel 23 Gruppen, und jede von ihnen besaß ein fest umrissenes Gebiet. Wenn einerseits das Gefühl der Fremde die Grenzen kenntlich machte, so waren sie andererseits durch den Kontakt mit den benachbarten Gruppen festgelegt worden.

Bei all seinen Beobachtungen der Primatengesellschaften fand Carpenter niemals zwei benachbarte Gruppen, die anders als in bitterer Feindschaft lebten. Der Brüllaffe ist keine Ausnahme. Aber während der Pavian zum Beispiel seinen Kampfgelüsten durch tätliche Handlungen Luft machen muß, hat der Brüllaffe ebenso wie der Stichling einen Weg gefunden, einen gewaltlosen Kompromiß zu schließen, ohne auf den kriegerischen Triumph verzichten zu müssen. Er verwendet seine Stimme als Waffe!

Keine vom Menschen erdachte Schmährede – wie sie von den Diplomaten und im Sicherheitsrat der Vereinten Nationen so prächtig zu hören sind – kann sich mit des Brüllaffen raffinierterer und älterer Ersatzhandlung für den Krieg vergleichen. Wenn zwei Gruppen an der Grenze ihrer Territorien aufeinandertreffen, brechen sie in unbeschreibliche Wut aus. Männchen, Weibchen, Jugendliche und Kinder gleichen einem aufgescheuchten Ameisenhaufen, hüpfen über die Äste, rasen in den Wipfeln umher, toben und schreien in schriller Hysterie. Der Wald wird zu einer grünbelaubten Irrenanstalt für seine wahnsinnigen Bewohner, das scheinbar melancholische Rufen zum gellenden Schrei des Irrsinns. Dreißig Minuten lang tobt die Wut; dann ziehen sich beide Parteien von dem Feld des Ruhmes zurück. Keine Verluste, keine Verletzung des Terrains; die Erbitterung war großartig, die Befriedigung auf beiden Seiten ist vollständig. Carpenter stellt fest, daß, wäre tatsächlich ein Überfall unternommen worden, das beheimatete Team sicherlich gewonnen hätte.

Stichling und Brüllaffe haben im Laufe ihrer Entwicklungsgeschichte Methoden der territorialen Verteidigung gefunden, welche das größtmögliche Vergnügen für den Geist mit der geringsten Gefahr für den Körper vereinen. Dies kann nicht von allen Tierarten gesagt werden. Aber im allgemeinen sind die tätlichen Konflikte zwischen Besitzern benachbarter Territorien während der Errichtung der Gebiete am heftigsten. Mit Ausnahme jener Arten, deren Territoriengründung nur für die Paarungszeit erfolgt, bleiben einmal errichtete Territorien zumeist erhalten. Als Carpenter im zweiten Jahr auf die Barro-Colorado-Insel zurückkehrte, ließen sich keine nennenswerten Unterschiede in der Lokalisation der

Territorien feststellen. Vielleicht hält jener südafrikanische Farmer den Rekord, dessen Obstgarten 35 Jahre lang von demselben Paviantrupp geplündert wurde.

Die Unveränderlichkeit des Territoriums ist ein den Konflikt reduzierender Faktor. Auch herrscht bei allen territorialen Tieren ein gewisser, mehr oder weniger großer Respekt vor den Rechten des Nachbarn. Dieser Respekt findet sich trotz des universellen Gesetzes, wonach territoriale Nachbarn in ewiger und unversöhnlicher Feindschaft miteinander leben. Der Vogel attackiert einen Eindringling nicht in der Absicht, ihn zu töten oder als Vergeltung seinen Besitz zu erobern. Der Sieg ist errungen, sobald der Eindringling vertrieben wurde.

Ein Reiher fischt an einem bestimmten Platz. Sein Nachbar fischt an einem andern Platz. Aber der erste Reiher wird das Gelände des andern auch dann nicht betreten, wenn der Nachbar abwesend ist. Manche Raubvögel, darunter der Goldadler, besitzen Jagdterritorien. Dieser mächtige Jäger läßt sich gelegentlich herab, sein Reich mit dem Raben zu teilen. Aber dieser respektiert die Hoheitsrechte des Adlers und wird niemals jagen, wenn der Gebieter jagt.

Die vermenschlichende Bezeichnung »Respekt« zu verwenden, ist natürlich nicht korrekt. Wenn eine Herde Hartebeests (Kuhantilopen) in Kenia bis zu einer bestimmten Linie und nicht weiter grast, so tut sie dies aus der instinktiven Gewißheit, daß die beheimatete Partei in jedem Konflikt, der auf den Territorien einer gegnerischen Herde ausgetragen wird, überlegen ist – genau wie dies Carpenter für seine Brüllaffen feststellte. In den Tagen vor dem Aufkommen des Terminus »Territorium« berichtete ein südafrikanischer Naturforscher namens Fitzsimons, daß auf den Futterplätzen der blauen Wildebeests jede Herde ihr eigenes, scharf umgrenztes Areal habe, daß Eindringlinge vertrieben würden, daß die Schnelligkeit, mit welcher der Rückzug erfolgt, auf eine Art Bewußtsein, sich nicht am rechten Ort zu befinden, hinweise. Es ist wieder die gleiche Geschichte, die wir bereits vom Stichling kennen. Der Mut sinkt in fremden Gefilden, der Kamm schwillt in bekannter Umgebung.

Der mächtige, unerklärliche Einfluß der Anziehungskraft des

Heimes auf das Tierverhalten ist das Thema zahlreicher Erzählungen. Vielleicht kennen manche von uns die beschleunigte Gangart des Pferdes, wenn es, um die Ecke biegend, den Weg zum Stall vor sich sieht. Vielleicht haben wir Geschichten von dem Hund gehört, der, in ein 1000 Kilometer entferntes Haus verbannt, eines schönen Morgens wieder schweifwedelnd vor der Tür seines ehemaligen Heimes auftaucht. Wir zerbrechen uns den Kopf über die unerklärliche Fähigkeit des Lachses, Jahre im Meer zu verbringen, um dann unfehlbar zum heimatlichen Bach zurückzukehren, dort zu laichen und zu sterben. Vielleicht beschäftigt uns manchmal sogar der schwer definierbare, oft unbemerkte Einfluß jener Kraft, die wir Sehnsucht nennen, auf das menschliche Verhalten.

Eugène Marais, ein südafrikanischer Naturforscher ohne besondere Ausbildung, machte ein einfaches Experiment, das durch sorgfältige Erweiterung im Laboratorium einen quantitativen Maßstab für die Kraft der tierischen Sehnsucht liefern könnte. Marais beobachtete zwei Kolonnen roter Ameisen auf ihrem Weg entlang einer afrikanischen Straße. Sie bewegten sich, wie Ameisen dies zu tun pflegen, in entgegengesetzten Richtungen, eine Kolonne dem Nest zustrebend, die andere vom Nest weg. Die das Nest verlassende Kolonne war unbeladen, jede der zurückkehrenden Ameisen schleppte von einem nahen Feld ein gewaltiges Samenkorn.

Marais begann sein Experiment, indem er quer über den Weg der Ameisen einen schmalen Graben anlegte und diesen mit Wasser füllte. Sofort versammelte sich auf jeder Seite des Grabens eine hin und her wogende Masse erbitterter Ameisen, so verstört, wie nur Ameisen es sein können, wenn sie auf ein unerwartetes Hindernis stoßen. Marais gab ihnen eine Chance. Er legte einen Strohhalm als Brücke über den Graben. Dann trat er zurück, um ein erstaunliches Schauspiel zu beobachten.

Die vom Nest wegziehenden, unbeladenen Ameisen betraten die Brücke, zögerten, versuchten es nochmals, wichen zurück und gaben das Wagnis schließlich auf. Aber die Kolonne der mit gewaltigen Körnern beladenen Ameisen zögerte keinen Augenblick, sondern marschierte geschickt und vertrauensvoll über den schwankenden Halm; sie kehrte heim.

Territorialität ist ein Instinkt, der allen Wirbeltieren eigen ist, sowohl den Fischen und Amphibien als auch den Reptilien, Säugetieren und Vögeln. Obwohl er daher einige hundert Millionen Jahre alt sein muß, kann er doch erst nach der entwicklungsgeschichtlichen Trennung der uralten Insektenlinie von der unseren entstanden sein. Weder die rote Ameise noch irgendein anderes Insekt gründet oder verteidigt ein Territorium. Aber die Anziehung der Heimstätte ist eine Kraft, die uns allen innewohnt. Es kann kein Zweifel bestehen, daß die überlegene Stärke des Grundbesitzers nicht nur auf die bessere Kenntnis des vertrauten Terrains zurückzuführen ist, sondern letztlich aus den uralten, geheimnisvollen, vielleicht für immer unerforschlichen Quellen tierischer Sehnsucht gespeist wird.

Die Welt des Tieres ist voll der Angst. Es gibt einen alten Spruch, der besagt, in der Wildnis sei es das Daseinsziel, seine Mahlzeit zu finden, ohne einem andern Tier als solche zu dienen. In einer so beschaffenen Welt ist ein vertrautes Territorium der beste Verbündete. Diese Allianz kann dem Tier auf die verschiedenste Weise nützen, je nach den besonderen Problemen der Art; sie kann seine Nahrungsversorgung sicherstellen; sie kann seine Jungen schützen; sie kann ihm einen kleinen Vorteil gegenüber den Leoparden gewähren, der seine Nächte terrorisiert. Das Territorium macht den Besitzer in den Augen des Weibchens, das naturgemäß vorausplanen muß, begehrenswert; so wird er eine bessere Partnerin und tauglichere Nachkommen haben. Was immer der Vorteil sein mag, den der mächtige Territorialtrieb einem einzelnen Tier oder einer bestimmten Tiergesellschaft verleiht, es ist jedenfalls klar, daß die Überlebenschancen verbessert werden. Und die natürliche Auslese, blind wie ein Grottenolm in bezug auf fernliegende Ziele, aber schlau wie ein Fuchs in bezug auf die augenblickliche Situation, teilt die rote Karte des Überlebens an jene aus, in denen sich der Trieb am mächtigsten regt, die schwarze des Todes an die übrigen. So gedeiht und blüht der Instinkt.

III Die Tiergesellschaften

Eugène Marais, jener unbekannte, tragikumwitterte Naturforscher Südafrikas, über dessen kleines Experiment mit den roten Ameisen ich im zweiten Kapitel berichtet habe, war das größte Genie, das den Naturwissenschaftlern dieses Jahrhunderts beschert wurde. Jede Besprechung der Tiergesellschaften muß damit beginnen, seinem Namen die gebührende Ehre zu erweisen.

Marais begann seine Arbeit um die Jahrhundertwende und wurde zu einem echten Pionier alles dessen, was in unserer Suche nach einer neuen Selbsterkenntnis noch vor uns liegen mag. Er war der erste, der mit klarem Blick und nur selten von Anthropomorphismen beeinflußt, das Verhalten des Menschen im Verhalten des Tieres erkannte. Er begann mit dem Studium der Insekten- und Primatensozietäten in bezug auf ihre Bedeutung für unsere Abstammung. Er war der erste, der sich ohne Scheu an das heikle Thema der Entwicklung der menschlichen Natur heranwagte. Er war auch der erste, der konsequente Beobachtungen des Primatenverhaltens in der freien Natur durchführte. Daß ich seine Arbeiten in meinem Bericht über die Geschichte der gegenwärtigen Revolution bisher nicht erwähnt habe, hat einen sehr einfachen Grund. Mit einer einzigen bemerkenswerten Ausnahme blieben sie der Wissenschaft unbekannt, denn sie waren in Afrikaans geschrieben!

Marais war nicht nur Naturforscher. Er war auch Dichter, Advokat und Journalist; er war ein teilweise ausgebildeter Arzt, ein Morphinist und ein Selbstmörder. Aus einer der ältesten Afrikaander Familien stammend, studierte er bei Ausbruch des Burenkrieges in London Rechtswissenschaften. Er wurde interniert. Irgendwie gelang es ihm, nach Abschluß seines Studiums aus England herauszukommen. Das Kriegsende überraschte ihn in Rhodesien, als er damit beschäftigt war, für die erschöpften Buren Waffen und Munition zu schmuggeln.

Die Niederlage seines Volkes hinterließ nicht nur in Marais' Heimat, sondern auch in seinem Herzen eine tiefe Narbe. Obwohl er die englische Sprache meisterhaft beherrschte – ich habe viele seiner Briefe gelesen –, veröffentlichte er, von wenigen Ausnahmen abgesehen, nie mehr eine Arbeit in einer anderen Sprache als in Afrikaans. Und so tief war seine Trauer, daß er nach dem Krieg der Gesellschaft der Menschen den Rücken wandte und sich auf den Waterberg – eine Bergfestung im nördlichen Transvaal – zurückzog, um die Gesellschaft der Tiere zu suchen. Vom Standpunkt des Dramatikers aus gesehen ist es die Ironie von Marais' tragischem Schicksal, daß eine einzelne Handlung aus einem empfindsamen Menschen den größten Naturforscher des Jahrhunderts machte und ihn gleichzeitig zu lebenslänglicher Anonymität verdammte.

Marais suchte sich eine Farm nahe Doornhoek in einem einsamen Hochtal für seinen Aufenthalt aus. Man schrieb 1903. Das Tal war eine verlassene Wildnis. In einer verborgenen Kluft entlang den Riffen einer riesigen Felswand hatten sich dreihundert Paviane einen von einem dichten wilden Feigenbaum geschützten Schlafplatz eingerichtet. Noch einmal bestimmten die Folgen des Burenkrieges Marais' Leben. Die örtlichen Farmer waren noch Kriegsgefangene. Jahre hindurch hatten die Paviane keinen Gewehrschuß gehört und daher bis zu einem gewissen Grad die Furcht vor dem Menschen verloren. Marais gelang es, sich ihnen zu nähern und am Eingang zur Kluft eine Hütte zu bauen.

Drei Jahre lang – die längste ununterbrochene Periode, während der jemals Tiersozietäten in freier Natur beobachtet wurden – lebte Marais mit seiner Herde. Allmählich kehrten die Farmer aus den Gefangenenlagern zurück, und er hatte keine andere Wahl, als zum Verteidiger von dreihundert kleinen Banditen zu werden, die von der Natur für dieses Handwerk prädestiniert sind. Aus seiner eigenen Tasche entschädigte er die Farmer für jeden Schaden, der ihrem Besitz zugefügt wurde. Die Gewehre ruhten. Nach drei Jahren endlich begann das Ausmaß der Paviandiebstähle seine finanziellen Mittel zu übersteigen, und er mußte seine Arbeit beenden.

Marais veröffentlichte über seine Beobachtungen einen kurzen Essay in einer in Afrikaans erscheinenden Zeitung. Die Abhandlung blieb unübersetzt, bis ein Teil seiner Studien schließlich 1939 in einem schmalen, aber unvergeßlichen Band »My Friends the Baboons« (Meine Freunde, die Paviane) erschien. Seine Beobachtungen, die um die Jahrhundertwende revolutionär waren, waren es auch 35 Jahre später noch. Aber zu diesem Zeitpunkt war Marais bereits tot.

Die frühen Tierbeobachtungen Marais' müssen allerdings mit großer Vorsicht aufgenommen werden. Er kann zu diesem Zeitpunkt nicht einmal als Autodidakt der Naturforschung bezeichnet werden, denn seine Selbsterziehung hatte damals gerade erst begonnen. Ohne Zweifel färben Vermenschlichungen einige seiner Schlußfolgerungen. Aber sein durch das Rechtsstudium disziplinierter Geist war kritisch und seine Intuition genial. Die von einem einsamen, depressiven, morphiumsüchtigen Anwalt auf der Waterbergeinöde durchgeführten Beobachtungen des sozialen Verhaltens der Paviane haben den Prüfungen der Zeit fast besser standgehalten als die Studien, welche ein anderer Südafrikaner, glänzend ausgebildet und weltberühmt, in einem Londoner Zoo gemacht hat.

Es war nach seinen Jahren mit den Pavianen, als Eugène Marais mit den einwandfreiesten, subtilsten wissenschaftlichen Methoden zu experimentieren begann. Das Leben der Insekten faszinierte ihn, und er verbrachte Jahre mit der Beobachtung der Geheimnisse von Termitengesellschaften. Seine Gedanken, die vielleicht tiefer in die Mysterien einer uns völlig fremden Tiergemeinschaft eindringen als irgendeine andere von Forschern unseres Jahrhunderts entwickelte Theorie, sind auf der ganzen Welt bekannt. Aber mag es nun Zufall sein oder nicht, jedenfalls verbinden wir sie nicht mit dem Namen Marais. Erst als in demselben Jahr wie »My Friends the Baboons« in London »The Soul of the White Ant« (Die Seele der Weißen Ameise) erschien, wurde dieser merkwürdige Umstand außerhalb Südafrikas bekannt. In dem Vorwort zu letztgenanntem Buch schreibt die Übersetzerin, Dr. Winifred de Kok:

»Viele Jahre ununterbrochener Arbeit auf dem Hochland ließen Eugène Marais die Theorie formulieren, wonach das individuelle Termitennest in jeder Hinsicht dem Organismus eines Tieres entspricht, wobei Arbeiter und Soldaten die roten und weißen Blutkörperchen darstellen, der Fungusgarten den Verdauungsapparat und die Königin das Gehirn, während der sexuelle Flug in jeder Hinsicht dem Austreten von Spermien und Eiern analog ist.«

Ungefähr sechs Jahre nachdem diese Artikel erschienen waren, veröffentlichte Maurice Maeterlinck sein Buch »Das Leben der Weißen Ameise«, in welchem er diese organische Einheit des Termitenbaus beschreibt und sie mit dem menschlichen Körper vergleicht. Damals erregte die Theorie allenthalben größtes Interesse und wurde allgemein als von Maeterlinck stammend angesehen. Die Tatsache, daß ein unbekannter südafrikanischer Beobachter die Theorie nach Jahren mühevollster Arbeit entwickelt hatte, blieb in Europa unbekannt. Es waren aber Auszüge aus Marais' Arbeiten zum Zeitpunkt ihrer Veröffentlichung in Südafrika sowohl in belgischen wie in französischen Zeitungen erschienen. Außerdem wären die Artikel auch im Original für einen Flamen verständlich gewesen, denn Flämisch und Afrikaans sind einander sehr ähnlich.

Marais hatte den Nobelpreisträger auch tatsächlich verklagt und angegeben, daß Seite um Seite wörtlich seinen Schriften entnommen sei. Maeterlincks wissenschaftliche Naivität ging so weit, daß er, in der Meinung, es handle sich um allgemein gebräuchliche wissenschaftliche Ausdrücke, sogar die von Marais erfundene Terminologie benutzte. Aber es stand nicht in Marais' Kräften, einen derartigen internationalen Prozeß auszufechten, und so können wir heute den Fall nicht mehr beurteilen. Wir können nur feststellen, daß sich der Südafrikaner immer mehr in den Schatten zurückzog.

Nach 1915 leistete Marais kaum mehr wissenschaftliche Arbeit. Gelegentlich betätigte er sich als Journalist und schrieb einige der besten Gedichte, die in Afrikaans existieren. Aber jetzt begann der böse Zauber des Morphiums sein Leben einzuhüllen. 1935 unternahm Dr. de Kok in London endlich die englische Übersetzung seiner frühen Primatengeschichten.

Ich habe Marais' Briefe an seine Übersetzerin gelesen. Der zeitliche Zusammenhang ist hier wichtig. Sie wurden ungefähr zu der Zeit geschrieben, als Dr. Carpenters Studien der Primaten erstmals die Voraussetzung für ein entwicklungsgeschichtliches Verständnis der menschlichen Natur boten. Sie wurden von einem Mann geschrieben, der bereits 30 Jahre früher Wahrheiten geahnt hatte, die vielleicht heute noch nicht voll erfaßt sind; und sie wurden von einem Mann geschrieben, der wenige Monate später schon tot war.

Die Briefe sind fröhlich, witzig und stilistisch vorzüglich. Zum Beispiel erwähnt er einen gewissen südafrikanischen Verleger: »... er denkt, ich sei ein zu großer Narr, als daß man mir eine Transaktion finanzieller Natur zutrauen könne. Nun, er muß es wissen, da er in dieser Richtung die geheimsten Bereiche meiner Seele erforscht hat – und immer zu seinem pekuniären Vorteil!« Oder er stellt kritische Betrachtungen über seine Essays an, welche zwei Jahre später als »My Friends the Baboons« herauskommen werden: »Ich habe mich dieser Erzählungen eigentlich immer geschämt, denn sie liegen so weit entfernt von dem, was ich als mein wahres Arbeitsgebiet betrachtet habe. Sie erschienen und waren niemals dazu bestimmt, etwas Bleibendes darzustellen.«

Ohne Bitternis spricht er in seinen Briefen über das Plagiat von Maeterlinck und ohne Bedauern über seine verhängnisvolle Vorliebe für das Afrikaans. In diesem Zusammenhang erinnert er sich seines ersten Lehrers, eines Missionars der Church of England, seines Lebens in London und seiner Berufung an den Gerichtshof des »Inner Temple«, nachdem er ein vierjähriges Medizinstudium aufgegeben hatte: »Sie werden sich vielleicht über meine psychologische Reaktion auf dieses Hin und Her wundern. Das wesentlichste Resultat war, daß ich über diesen Krieg verbitterter wurde als Männer, die in einem fortgeschritteneren Alter an ihm teilnahmen und weniger mit den Engländern zu tun hatten. Nur aus ohnmächtiger Trauer habe ich mich geweigert, in irgendeiner anderen Sprache als in Afrikaans zu schreiben, obwohl ich mich in Englisch wesentlich leichter und besser ausdrücken kann.«

Sein englischer Prosastil, den zu schreiben er sich unglückseligerweise weigerte, läßt die Elaborate englischer und amerikanischer Wissenschaftler wie Schulaufsätze erscheinen. Aber obwohl Marais in seiner Zeit zu den Pionieren der modernen Zoologie gehörte und allein, ohne jegliche Hilfe irgendwelcher Vorgänger, die fernen Horizonte künftiger Erkenntnisse erforschte, war er doch, wie jeder Bure, vor allem ein territoriales Geschöpf. Und keine vernünftige Überlegung, keine rationale Forderung konnten gegen die Macht eines derart mächtigen Instinktes ankommen.

In den späteren Seiten seiner Korrespondenz spüren wir atemlos, wie Eugène Marais sich noch einmal von dem Feuer der Wissenschaft entflammen läßt. Pläne für die Übersetzung und Veröffentlichung eines zweiten Buches, »The Soul of the White Ant«, die Dr. de Kok tatsächlich später realisierte, erfüllen ihn. Dieses Werk sollte seine vor Maeterlinck durchgeführten Studien über Termiten enthalten. Der Übersetzerin vertraut er auch seine Hoffnung an, aus alten Aufzeichnungen und unveröffentlichten Arbeiten das Material für ein weiteres Buch zusammenstellen zu können, für ein Buch, das sein bedeutendstes Werk werden sollte: »The Soul of the Ape« (Die Seele des Menschenaffen). In einem Ende 1935 datierten Brief bedauert er seinen schlechten Gesundheitszustand und seine Arbeitsunfähigkeit: »Dies schreibe ich im Bett liegend, geplagt und beflügelt von Schmerzen.« Im nächsten Brief ist er wie verzaubert, und niemand, der den Brief ein Vierteljahrhundert später liest, kann sich dieser Verzauberung entziehen:

»Sie sehen, daß mich Ihr Enthusiasmus angesteckt hat! . . . Sie müssen wissen, daß ein großer Teil meiner Arbeit und meiner Interpretation der Resultate für die Wissenschaft neu sein wird. Kein anderer Forscher auf diesem Gebiet hatte wie ich Gelegenheit, die Primaten unter vollkommen natürlichen Bedingungen zu studieren. In anderen Ländern kann man von Glück sprechen, wenn man denselben Trupp zweimal am Tag erspäht. Ich habe drei Jahre lang inmitten einer Herde wilder Paviane gelebt. Ich bin ihnen auf ihren täglichen Ausflügen gefolgt; ich schlief unter ihnen, fütterte sie, lernte jeden einzelnen von ihnen kennen. Ich habe sie gelehrt, mir zu vertrauen und mich zu lieben – auch mich so heftig zu hassen, daß mein Leben manchmal in Gefahr war. So ungewiß war ihre Zuneigung, daß ich, wie ein amerikanischer Gangster, immer mit einer automatischen Mauser unter dem Arm umhergehen mußte! Aber ich habe die behütetsten Geheimnisse ihres Lebens erfahren. Sie werden über die vagen, fernen Regionen des Geistes verwundert sein, in die ich geführt wurde. Ich glaube, ich habe in der Natur das wahre Zentrum des hypnotischen Zustandes bei niederen Tieren und beim Menschen gefunden; eine vollkommen neue Erklärung des sogenannten Unbewußten und den Grund seines Fortdauerns bei den Menschen. Ich glaube, beweisen zu können, daß Freuds gesamte Auffassung auf einer Reihe von Irrtümern basiert. Niemand kann auch nur in die Nähe einer echten Vorstellung des Unbewußten im Menschen kommen, der nicht die Primaten in ihrer natürlichen Umwelt kennt ... Bitte machen Sie sich keine Sorgen über meine Gesundheit. Es war dumm von mir, in diesem Zustand zu schreiben – nur eine Periode tiefer Schwermut, die mich manchmal überfällt. Empfangen Sie meinen Dank und meine Grüße – E. M.«

Es war der letzte Brief. Der nächste, einige Monate später datiert, stammt von einem Freund in Pretoria, der Dr. de Kok über Eugène Marais' Selbstmord informierte. Er erwähnt einige Einzelheiten aus seinem stürmischen, von Drogen zerstörten Leben und schließt mit den Worten: »Ich bedauere, daß Sie niemals den Vorzug hatten, ihn persönlich kennenzulernen. Er war ein gutaussehender Mann von bestrickender Herzlichkeit. Wir, die wir ihn unseren Freund nennen durften, werden ihn niemals vergessen.«

Ebenso wie heute hinter den Bildern jeder modernen Ausstellung die brennenden Augen Vincent van Goghs zu spüren sind, wird hinter den Seiten künftiger Bücher der modernen Wissenschaft die einsame, grüblerische Gestalt Eugène Marais' gegenwärtig sein. Er war der erste Geist, der in die Geheimnisse der wunderbaren Welt der Tiere eindrang und die wahren Mysterien der wunderbaren Welt des Menschen ahnte.

Die bekannteste aller Tiergemeinschaften ist die der Insekten. Über das Leben der Bienen, Ameisen und Termiten wurde mehr geschrieben als über alle andern vormenschlichen Gesellschaften zusammen. Es ist kein Wunder, daß das Verhalten der Insekten Marais in den frühen Stadien seiner Karriere derart faszinierte. Auch wir wollen in unserer Untersuchung jener Tiergemeinschaften, die vielleicht für unsere entwicklungsgeschichtlichen Wurzeln von Bedeutung sind, mit den Insekten beginnen – um sie möglichst schnell erledigen zu können, denn sie sind für unsere Untersuchung praktisch ohne Bedeutung.

Die Studien und Theorien über Insektensozietäten, welche der Welt durch Maeterlinck bekannt wurden, bildeten zu Beginn unseres Jahrhunderts die Grundlage für die erstaunlichsten Tierverhaltensbeobachtungen, die jemals stattgefunden haben. Hierher gehören zum Beispiel die verblüffenden Forschungsergebnisse Dr. Karl von Frischs über die Honigbienen, die sich mittels bestimmter Tänze verständigen. Aber meine Begegnung mit einem viel weniger bekannten Insekt in Kenia versetzte mich nicht nur in fassungsloses Erstaunen, sondern verhalf mir auch zu der Überzeugung, daß die Insekten mit unserem Bericht nichts zu tun haben können.

In Kenia gibt es ein zur lokalen Fauna gehörendes Tier mit dem Namen *flattid bug* (eine Blattzikade), das ich vor einigen Jahren in Nairobi durch den großartigen Dr. L. S. B. Leakey kennenlernte, der heute scheffelweise prähumane Überreste aus der Olduvaischlucht ausgräbt. Was Dr. Leakey mir zeigte, war, um präziser zu sein, eine korallenfarbene Blume, wie die Aloe oder die Hyazinthe aus vielen kleinen Blüten bestehend. Jede Blüte ist von länglicher Form, ungefähr einen Zentimeter lang, und entpuppt sich bei näherer Betrachtung als die Flügel eines Insekts.

Die auf einem toten Zweig sitzende Kolonie sieht einer wirklichen Blume so täuschend ähnlich, daß man erwartet, den Duft des Frühlings zu verspüren.

Aber meine Verblüffung sollte noch viel größer werden. Ich hatte niemals etwas dieser Insektenblume Vergleichbares gesehen, doch sind derartige Schutzformen in der Natur weit verbreitet. Die *Stabheuschrecke* zum Beispiel bildet eine so perfekte Imitation eines Zweiges, daß sie sogar auf dem Rücken Dornen aufweist. Es gibt eine zwischen den Blättern lebende Motte, deren Flügel von einem Blattadernmuster durchzogen sind. Manche Motten haben eine ganz unglaubliche Mimikry entwickelt. Die Flügelornamentik bestimmter Motten, deren Geschmack die Vögel lieben, ist eine genaue Nachahmung der Flügel jener bitter schmeckenden Motten, welche die Vögel nicht schätzen. Wie derartige Nachbildungen durch zufällige Mutationen zu erklären sind, überlassen wir gerne den Genetikern. Jedenfalls existieren Nachahmungen in der Natur, und um meine Kenntnisse zu beweisen, bewunderte ich zwar gebührend den *flattid bug*, zitierte aber einige andere vergleichbare Beispiele.

Leakey hörte mir amüsiert zu, um dann ganz nebenbei zu erwähnen, daß die korallenfarbene Blume, welche der *flattid bug* imitiert, gar nicht existiert. Jetzt war ich sprachlos. Die *Flattid-bug*-Sozietät hatte die Form erschaffen.

Während ich noch damit beschäftigt war, diese außerordentliche Feststellung zu verdauen, begann Kenyan, der zwei Jahre später das Geschöpf der Morgendämmerung, den *Zinjanthropus*, entdecken und damit der Wissenschaft neue Rätsel aufgeben sollte, mein Erstaunen über diesen Käfer noch zu vergrößern. Er erzählte mir, man habe in seinem Coryndon Museum Generationen dieser kleinen Tiere gezüchtet, und aus jedem neuen Gelege habe sich mindestens ein Tier mit grünen, nicht mit roten Flügeln entwickelt und einige mit grünrot schattierten Flügeln.

Ich sah genauer hin. An der Spitze der Insektenblume war eine einzige grüne Knospe zu sehen, dahinter ein halbes Dutzend teilweise gereifter Blüten, die bereits etwas Rot erkennen ließen. Darauf folgte die ganze Käfergesellschaft, eng an den Zweig geklammert, mit Flügeln von reinstem Korallenrot, um die Schöpfung der

Kolonie zu vollenden und das Auge auch des hungrigsten Vogels zu täuschen.

Es gibt Augenblicke, in denen unsere einzige Reaktion auf die Leistungen der Entwicklungsgeschichte in einem prickelnden Gefühl der Kopfhaut besteht. Aber meine Sprachlosigkeit hatte noch immer nicht ihren Höhepunkt erreicht. Leakey schüttelte den Zweig. Die aufgeschreckte Kolonie erhob sich, und die Luft war mit schwirrenden Käfern erfüllt. Im Flug schienen sie sich durch nichts von irgendeinem anderen Mottenschwarm zu unterscheiden, wie man ihm im afrikanischen Busch häufig begegnet. Dann kehrten sie zu ihrem Zweig zurück. Keine besondere Ordnung schien vorzuherrschen, und einen Augenblick lang wimmelte es auf dem Zweig von kleinen Geschöpfen, die scheinbar planlos übereinanderkletterten. Aber die Bewegungen waren nicht zufällig. Sehr bald herrschte Ruhe, und die Blume war wieder vorhanden. Der grüne Führer hatte seine Position als Knospe bezogen, seine zweifarbigen Kollegen kauerten eng dahinter. Die ganze Kolonie hatte ihre gewohnte Lage eingenommen. Eine zauberhafte rote Blume, die es in der Natur nicht gibt, war soeben vor meinen Augen erschaffen worden.

Ungefähr ein Jahr später verbrachte ich mit einer Gruppe von Wissenschaftlern eine Nacht in einem südafrikanischen Dorf. Zu der Gruppe gehörte auch Dr. C. K. Brain, ein erstaunlicher junger Mann vom Transvaal-Museum. Brain ist der Inbegriff eines Wissenschaftlers, und ich kenne keinen andern jungen Forscher, der sich durch so verschiedenartige Leistungen einen so weithin bekannten Namen gemacht hätte. Er ist Rhodesier und stammt aus einer mit Eugène Marais verwandten Familie. Er besitzt ein schmales, gut geschnittenes Gesicht, und seine Art sich auszudrükken besteht, im Gegensatz zu der meinen, gewöhnlich in einem langen, eindrucksvollen Schweigen. Brain war damals 27 Jahre alt. Er hatte sein Doktorat in Geologie gemacht. Darauf waren drei fruchtbare Jahre auf dem Gebiet der Anthropologie gefolgt, in welchen er der Paläontologie die erste umfassende Übersicht über die fünf Fundstätten des *Australopithecus* lieferte. Er hatte Methoden zur Altersbestimmung von Funden entwickelt, an die niemand vor ihm gedacht hatte, und seine Entdeckung primitiver

Steinäxte bei Sterkfontein war eine Tat, die von Dr. Kenneth P. Oakley vom Britischen Museum als einer der anthropologischen Meilensteine dieses Jahrhunderts bezeichnet wurde. Jetzt, mit 27 Jahren, wandte Brain, sehr zum Leidwesen der Anthropologen, sein Interesse der Zoologie zu. Er ziehe lebende Dinge den toten vor, erklärte er.

Mitternacht in Potgietersrus war lange vorüber, und wir saßen noch immer, vertieft in unsere Gespräche, bei einem späten Trunk beisammen. Ich erzählte von dem *flattid bug*, der mir in seiner Rätselhaftigkeit ein geeignetes Thema für eine so späte Stunde schien. Niemand hatte davon gehört. Ich beschrieb in allen Einzelheiten, was ich gesehen hatte, und erzählte von meiner grenzenlosen Verblüffung. Wie waren derartige Wunder möglich? Alle schwiegen. Endlich unterbrach Brain die Stille: »Wir müssen uns vor Augen halten, daß die Insekten gut dreihundert Millionen Jahre älter sind als wir.«

Die Geschichte der Säugetiere geht kaum mehr als hundert Millionen Jahre zurück; die der Insekten vierhundert Millionen Jahre.

Die Entwicklungsgeschichte hatte dreihundert Millionen Jahre mehr zur Verfügung, um Instinkte, Kommunikationen und soziales Leben der Insekten zu perfektionieren. Wenn wir die Sozietäten der Käfer oder Bienen bewundern, so tun wir dies als eine junge Rasse von überlegener Ausstattung, die voll des Staunens die Leistungen inferiorer Lebewesen bewundert, dabei aber gerne vergißt, daß diese ohne Zweifel die Ahnen der jungen Rasse sind.

Die Insekten begannen ihre entwicklungsgeschichtliche Laufbahn in einem weit zurückliegenden Augenblick der Geschichte des Lebens. Wir können das individuelle Verhalten der Insekten studieren, ihre kollektive Psyche und ihre als ein einziger Organismus funktionierende Gesellschaft, in welcher das Individuum nur als Teil einer Ganzheit existiert. Diese Betrachtungen werden in uns ein großes Staunen darüber auslösen, was die Natur – verfügt sie nur über genügend Zeit – aus so wenig aufbauen kann. Wenn wir aber die Welt der Natur auf der Suche nach jenen Horizonten tierischen Verhaltens durchstreifen, die genetisch den unseren verwandt sind, dürfen wir die Insektensozietäten außer acht lassen. Ihr Weg hat sich von dem unseren vor allzulanger Zeit getrennt und seine einzigartige Richtung durch Äonen jenseits unserer Vorstellungskraft weiterverfolgt.

Das Alter der Insektensozietäten ist ein Faktor, der in den Betrachtungen politischer Geister gerne vernachlässigt wird. Einige unter uns mögen in den Termitenhaufen das perfekte Modell eines modernen Staates sehen und im sozialen Verhalten der Insekten das ideale Vorbild für den Menschen. Auch ohne darüber streiten zu wollen, ob ein derartiges Ideal überhaupt erstrebenswert sei, muß jedenfalls das Ausmaß der menschlichen Geduld in Betracht gezogen werden. Um eine so subtile Verflechtung der Instinkte zu erreichen, wie sie eine Insektensozietät voraussetzt, benötigte die Natur zusätzliche dreihundert Millionen Jahre.

Der Mensch ist ein Wirbeltier. Das bedeutet, daß er ein ausgeprägtes Rückgrat besitzt, eine Entwicklung, die zu spät erfolgte, um den Strom der Insekten zu berühren. Sie kam auch zu spät, um das Geschick des Tintenfisches, des Hummers und der Muschel zu beeinflussen. Wir dürfen daher behaupten, daß das Verhalten zum Beispiel der Muschel, welche kein Rückgrat hat, für den Menschen von geringerer Bedeutung ist als das des Goldfisches, der ein solches besitzt. Und wenn wir ein bei allen Zweigen der Wirbeltiere vorherrschendes Merkmal finden wie den Instinkt, ein Territorium zu erobern und zu verteidigen, dann müssen wir es wahrlich als einen signifikanten Instinkt bezeichnen.

Der Mensch ist im besonderen ein Säugetier. Wir legen keine Eier, und unser Körper ist warm. Das Alter der Säuger kann mit hundert Millionen Jahren angesetzt werden, und das Verhalten der Säugetiere muß für den Untersuchenden von größerer Bedeutung sein als das Verhalten der Wirbeltiere im allgemeinen. So wirft die Lebensweise des Löwen und des Wolfes, der Antilope und der Maus mehr Licht auf das Verhalten des Menschen als die des Stockfisches.

Aber der Mensch ist vor allem ein Primat. Und so müssen wir uns besonders mit jener auf den Bäumen lebenden Familie von Geschöpfen befassen, die vor siebzig Millionen Jahren aus der breiten Masse der Säugetiere hervortrat und deren Entwicklungsgeschichte über dieselbe Zeitspanne hin auch die unsere ist. Wenn wir das soziale Verhalten von Affen und Menschenaffen betrachten, sehen wir etwas recht Vertrautes. Und wenn wir in einem späteren Stadium dieser Erzählung das Verhalten des jagenden Primaten – jener beutejagenden Unterfamilie, deren einziges lebendes Exemplar der Mensch ist – betrachten werden, dann stehen wir, abgesehen von einem sehr wichtigen Unterschied, dem Menschen selbst gegenüber.

Was ist ein Primat? Es ist das von allen am schwersten zu definierende Tier. In verschiedenen Stadien der Primatenentwicklung traten verschiedene Zweige der Familie besonders hervor. Einmal war es das Spitzhörnchen, ein andermal die Tarsier und Lemuren. Gelegentlich standen Affen und Menschenaffen im ruhelosen Scheinwerferlicht der Evolution; heute der Mensch. Wenn wir das Auftreten des Menschen besprechen, werden wir versuchen, Charakter und Geschichte der Primatenfamilie genauer zu definieren. Im Augenblick genügt es, festzuhalten, daß die Primaten als Gruppe durch das Fehlen jeglicher Spezialisation gekennzeichnet sind. Sie haben nur ein einziges anatomisches Merkmal stärker entwickelt als die übrigen Tierordnungen: das Gehirn. Vom Tupaja bis zum Menschen scheint es das Geheimnis des Primaten gewesen zu sein, daß er ein außerordentliches, überdimensioniertes Gehirn mit einem gewöhnlichen, unterdimensionierten Körper vereint. Aber es ist ein Körper, der jeder Aufgabe gewachsen ist, unbehindert von allzu großer Schwerfälligkeit oder besonderen Bedürfnissen, unbeschwert von Hufen, Hörnern oder übergroßem Appetit. So unspezialisiert sind wir als Familie, daß man, sucht man eine einfache Unterscheidung zwischen Affen und Menschenaffen, nur sagen kann, der Menschenaffe schwingt sich von den Zweigen, auf denen der Affe läuft; Affen besitzen Schwänze, Menschenaffen nicht.

Abgesehen von dem vergrößerten Gehirn besitzen wir Primaten noch ein anderes physiologisches Merkmal, das in der Tierwelt einzigartig ist: die Unabhängigkeit von dem sexuellen Zwang der Brunst und Hitze. Die Periodizität des Weibchens ist ein Charakteristikum aller lebenden Primaten; nicht nur das, es ist auch die Menstruationsperiode bei allen Arten von ungefähr gleicher Dauer: beim Schimpansen 34 bis 36, beim Rhesusaffen 28, beim Pavian 30 bis 40 Tage. Und während man früher nach bester Du-Chaillu-Tradition der Meinung war, das brutale, hemmungslose Affenmännchen nehme das Weibchen auch während des Tabus der Menstruation, haben wir heute eine höhere Meinung von seinem Taktgefühl. Es ist richtig, daß es das Weibchen besteigt, aber es versucht nicht einzudringen; nur eine »freundschaftliche Geste«, wie Carpenter es ausdrückte.

Wie wir schon wissen, war es üblich, in der ständig vorhandenen Möglichkeit der geschlechtlichen Befriedigung das einzige Merkmal der Primatengemeinschaft zu sehen. Aber andere einzigartige Faktoren sind von ähnlicher Bedeutung. Da ist das vergrößerte Gehirn mit seiner überlegenen Lernfähigkeit. Da ist der unspezialisierte Körper, den Raubtieren so hilflos ausgeliefert, daß ihm sogar die Krallen fehlen, um sich zur Wehr zu setzen. Da ist der Territorialinstinkt, vielleicht der bedeutsamste von allen Trieben. Jede bisher untersuchte Art der Primaten, mit der signifikanten Ausnahme des Gorillas, besitzt und verteidigt ihr Territorium.

Alle vier Faktoren – Sexualität, Territorialität, vergrößertes Gehirn und verletzlicher Körper – haben in der Entwicklung der komplexen Primatensozietät eine Rolle gespielt. Den fünften Faktor, die Rangordnung, werden wir im nächsten Kapitel betrachten. Aber mit der Besprechung des letzten wichtigen Faktors, der Entwicklung zum Raubtier, dem Beitrag des *Australopithecus*, wollen wir noch warten.

Die Gelegenheit des Männchens, sich jahrein, jahraus der Gunst des Weibchens erfreuen zu können, hat ohne Zweifel zu der Entwicklung der für alle Affen charakteristischen, stabilen Primatenfamilie beigetragen. Aber auch bei vielen Vogelarten nimmt das Männchen, trotz geringerer Aussicht auf sexuelle Befriedigung, eine Gefährtin fürs Leben. Der Löwe erfreut sich eines ständigen Harems, doch sein Vergnügen ist, wenn auch abwechslungsreich, an bestimmte Zeiten gebunden. Es müssen also andere Faktoren, und nicht nur die sexuelle Befriedigung, vorhanden sein, die Männchen vieler Arten, Primaten und Nichtprimaten, dazu veranlassen, eine lebenslängliche geschlechtliche Bindung einzugehen. Bei Affen und Menschenaffen sind diese Bindungen so verschiedenartig und manchmal so komplex, daß man nicht mit Bestimmtheit behaupten kann, die beständige Familie der Primaten und gar erst ihre stabile Gesellschaftsordnung beruhten zur Gänze auf einer sexuellen Basis.

In Südostasien leben die aktivsten und zahlenmäßig stärksten Menschenaffen, die Gibbons. Der Gibbon nimmt sich ein Weibchen, und dabei bleibt es auch; er ist monogam. Über das Verhalten seines indonesischen Nachbarn, des Orang-Utan, ist nur wenig bekannt; er mag oder mag nicht monogam sein. Im Gegensatz zum Gibbon findet er jedenfalls die Begleitumstände weiblicher Gesellschaft keineswegs verlockend. Obwohl er eine feste Familie gründet, geht er ihr, soweit er kann, aus dem Weg, und brütet, auf einem einsamen Baum sitzend, still vor sich hin. Die beiden afrikanischen Menschenaffen, Schimpanse und Gorilla, haben sich nicht der Monogamie verschrieben. Jeder nimmt sich einen Harem, so groß, daß er gerade damit fertig werden kann, im allgemeinen aber nicht mehr als zwei oder drei Weibchen. Im Frühjahr 1960 erfuhr unsere Einschätzung des Gorillas eine allerdings abrupte Aufwertung. Einige Wochen bevor ich nach Uganda kam, starb auf den Hängen des Mount Muhavura ein gewaltiges Gorillamännchen. Es hinterließ einen halbwüchsigen Sohn und fünf Witwen. Der Sohn klammerte sich noch an den toten Riesen; heute ist er im Londoner Zoo. Die fünf Witwen hatten Kind und sterbenden Gatten verlassen, um sich gemeinsam auf eine wilde, zehn Tage währende Suche nach einem andern Mann zu begeben. Sie fanden ihn in einem ältlichen, mit Weib und Kind behafteten Geschöpf. So befinden sich die Witwen heute irgendwo auf den Hängen eines Ugandavulkans, einen Harem von nun sechs Weibchen bevölkernd. Man darf mit Recht annehmen, daß in der Primatenwelt die Größe eines Harems nicht unbedingt vom Männchen bestimmt wird.

Die Primatenfamilie beginnt, insbesondere bei den Affen, mit der dauernden geschlechtlichen Verbindung eines Männchens mit einem oder mehreren Weibchen. Aber das ist nicht alles. Die Größe der Gruppe wird durch eine Eigenheit der Primatenkinder bestimmt: sie reifen nur langsam heran. In den Tropen wächst der Menschenaffe ungefähr in dem gleichen Tempo heran wie der Mensch. Und diese Langsamkeit der physischen Entwicklung wird durch einen andern Faktor kompliziert, der das Kind sehr lange bei der Familie bleiben läßt: einige seiner Instinkte sind schwach ausgebildet. Es muß durch Erfahrung lernen.

Um die Stärke von Instinkt und Erfahrung bei niederen und höheren Tieren zu erproben, führte Marais ein aufschlußreiches Experiment durch. Er nahm ein Otterbaby aus dem mütterlichen Nest und ein Pavianbaby aus den Armen seiner toten Mutter. Der Otter ist, wie der Hund, eines der intelligentesten Geschöpfe unter den Nichtprimaten. Der Pavian, der größte aller Affen (abgesehen von den Menschenaffen), ist der einzige Primat, der mit Erfolg ein erdgebundenes Leben führt. Obwohl der Menschenaffe physisch der humanen Linie etwas näher verwandt ist als der Affe, ist der Pavian der interessanteste aller Primaten. Sein Leben auf dem Boden stellt ihn vor Überlebensprobleme, die den unseren sehr ähnlich sind.

Marais' Tierkinder waren Neugeborene. Er zog beide weit entfernt von ihrer natürlichen Umgebung auf. Niemals sah der Otter Wasser, außer zum Trinken, niemals sah der Pavian die Berge, seine natürliche Umwelt. Keines der beiden Tierkinder kam in

Kontakt mit Tieren seiner Art, keines kannte die Nahrung, die es normalerweise haben sollte. Nach drei Jahren brachte Marais die Tiere in ihre natürliche Umwelt zurück, den Otter an ein Flußufer, den Pavian zu seiner Herde. Beide wurden hungrig entlassen.

Zum ersten Male stand der Otter seinem natürlichen Lebensbereich, dem Wasser, gegenüber. Kaum 30 Sekunden zögerte er, dann wagte er den Sprung und hatte innerhalb weniger Minuten einen Fisch gefangen. Der Instinkt war Sieger. Dem armen Pavian erging es weniger gut. Er irrte umher. Die üblichen Ingredienzen der Paviandiät – Wurzeln, Stechbirnen, Maiskolben, Gartenobst – bedeuteten ihm nicht mehr als Kieselsteine und Holzstücke. Der Anblick eines Skorpions, die größte Delikatesse in jedem Pavianmenü, löste bei ihm nur den Wunsch nach sofortiger Flucht aus. Das unglückselige, hungernde Geschöpf, sein Leben durch eine vergeudete Jugend verdorben, beendete das traurige Experiment damit, daß es giftige Beeren aß, die ein anderer Pavian niemals berührt hätte, und von Marais aus den Klauen der Natur gerettet werden mußte.

Ein anderes Beispiel ist die berühmte Geschichte der jungen Löwin Elsa, die Joy Adamson in ihrem Buch »Frei geboren« so herrlich schildert. Bevor Elsa zu ihrem natürlichen Leben zurückkehren konnte, mußte sie lernen zu töten. Das ist allerdings alles, was eine junge Löwin lernen muß, den Rest besorgt der Instinkt. Die Löwenfamilie oder das Löwenrudel ist eine Jagdgemeinschaft. Die Älteren sind für die Ausbildung der Jungen verantwortlich; diese besteht aber nur in der Erlernung des Beuteschlagens, dem einzigen sozialen Zweck des Rudels. Eine andere Funktion ist nicht vorhanden. Im Krüger-Park steht der Kampf um die Nahrung zwischen erwachsenen jugendlichen Mitgliedern des Rudels an erster Stelle der Todesursachen des Löwen. Ist das Löwenjunge abgestillt, so erhält es von der Mutter keine weitere Hilfe und keinen Schutz mehr. Es ist allein auf sich angewiesen und muß dies oft mit dem Tod bezahlen.

Bei den Primaten liegt der Fall anders. Elsa war drei Jahre, als sie in die freie Wildbahn entlassen wurde. Ein in den Tropen aufwachsender Schimpanse erreicht erst mit acht bis zehn Jahren die Reife, und hier beginnt nun das vergrößerte Gehirn eine entscheidende Rolle in der Entwicklung zu spielen. Während es dem Primaten ungeheure Möglichkeiten des Lernens bietet, schwächt dieses selbe Gehirn die Instinkte. Bevor seine Erziehung vollendet ist, kann der junge Primat nicht in der Welt bestehen. So wird die Familie, jener Eckpfeiler der Primatengemeinschaft, von einer Schar größerer und kleinerer Kinder in verschiedenen Stadien der Hilflosigkeit und Dummheit bereichert. Das auf seinem einsamen Baum vor sich hin sinnende Orang-Utan-Männchen hat vielleicht nur die Dauerverbindung mit dem Weibchen, nicht aber deren katastrophale Folgen akzeptiert. Der Orang hat noch andere deprimierende Umstände zu betrauern: das Kleinerwerden seines Reiches, das sich einst bis China erstreckte und heute auf einige Inseln Indonesiens beschränkt ist; das Seltenwerden seiner Art und den Mangel an männlicher Gesellschaft; die dauernde Knappheit ausreichender Obstmengen, die er benötigt, um seinen überentwickelten Körper zu ernähren, und die damit verbundene Notwendigkeit, landeinwärts zu ziehen und die heimatlichen, sumpfigen Flußufer zu verlassen. Es macht nicht glücklich, ein entwicklungsgeschichtlicher Fehlschlag und außerdem noch ein Vater zu sein.

Aber wie immer sich der Orang zu der Familie als soziale Institution stellen mag, die übrige Primatenwelt ist mit ihr höchst zufrieden. So gut erscheint die Lösung für die Lebensnotwendigkeiten, daß nur wenige Primaten sich mit Frauen und Kindern begnügen. Aus der kleinen Gruppe wird eine lärmende Horde, eine dauernde und oft sich vermischende Verbindung einiger oder vieler Familien – die echte Primatengesellschaft.

Noch 1927 konnte der berühmte Anthropologe Malinowski erklären, »die Familie sei der einzige Gruppentypus, den der Mensch vom Tier übernommen habe«. Seine Feststellung leugnet nicht den geselligen Charakter der Primaten. Aber sie besagt, daß alle prähumanen sozialen Bindungen und Konflikte auf der Sexualität oder ihren Konsequenzen basieren. Seine Behauptungen und ähnliche frühere Feststellungen hatten einen starken Einfluß auf die moderne Psychiatrie. Leider ist diese Behauptung aber absolut falsch.

Der seltene Orang-Utan lebt im allgemeinen nur mit seiner Familie. Aber die Evolution hat ihn auch nicht zum Champion bestimmt. Der erfolgreichere Gibbon, der beste aller Akrobaten, lebt ebenfalls im engsten Familienkreis. Aber abgesehen von diesen beiden Exemplaren läßt sich in der ganzen Affenwelt kein Tier finden, das in der Freiheit eine so einfache Sozietät wie die Einfamilieneinheit unterhält.

Eine Gruppe von Brüllaffen besteht im Durchschnitt aus 3 erwachsenen Männchen und 6 bis 8 erwachsenen Weibchen. Spinnaffen in Panama leben in einer festen Gruppe von ungefähr 8 Männchen und 15 Weibchen. Eine von Carpenter in Siam beobachtete Herde von Rhesusaffen bestand aus 6 Männchen und 32 Weibchen. Ich selbst habe in Afrika niemals eine Meerkatzenherde mit weniger als 40 Mitgliedern angetroffen.

Der Schimpanse ist schwer zu beobachten, und seine Gewohnheiten scheinen variabel zu sein. Niels Bolwig erzählte mir in Kampala, daß seine Beobachtungen im westlichen Uganda auf Einfamiliengemeinschaften hinwiesen. Aber von 20 Gruppen, die Nissen in Französisch-Guinea untersuchte, enthielten 6 zwei oder mehr Männchen. Die Beobachtungen, die man bisher über den Gorilla angestellt hat, sind so oberflächlich, daß die vorgefaßte Meinung, der Gorilla sei ein Einfamiliengeschöpf, unangefochten blieb. Aber zu George Schallers Studium von Berggorillas in der Vulkankette des Kongo wird auch eine ausgedehnte Beobachtung fester Gruppen mit bis zu 27 Mitgliedern gehören.

Der Hamadryaspavian des Sudan lebt in Herden von 300 Tieren. Auch Marais' Herde von Chacmapavianen zählte 300 Köpfe. Fitzsimons beobachtete einmal eine 500 Mitglieder zählende Herde von Chacmapavianen. Ich habe schon angedeutet, daß der Pavian, da er kein Baumleben führt, dem Menschen in seiner Lebensweise ähnlicher ist als irgendein anderer Primatenverwandter. Aber wir müssen uns gar nicht auf diese Umweltähnlichkeit stützen, um von den Affen auf den Menschen zu schließen. Mit Ausnahme von Gibbon und Orang-Utan zeigen alle höheren Primaten die Tendenz, sich zu größeren und komplexeren Sozietäten als der einfachen Familie zusammenzuschließen.

Malinowskis (und auch Freuds) Generation der Naturwissenschaftler begriff nicht, daß die Primatengesellschaft nur selten auf eine einzige Familie beschränkt ist. Obwohl Zuckerman und seine Zeitgenossen diesen Irrtum richtigstellten und das Vorhandensein eines größeren sozialen Gefüges unter subhumanen Primatenarten anerkannten, behielten auch sie die irrige Meinung über dessen sexuelle Grundlage bei, weil sie ihre Beobachtungen auf die geschützten Käfige des Zoos beschränkten. Sie ließen die wesentliche Rolle des Raubtieres im Leben eines Geschöpfes mit verletzlichem Körper außer acht, ebenso wie das nur außerhalb des Zoos erkennbare territoriale Verhalten. Die Gegebenheiten und Aufgaben des Geschlechtslebens mögen in der freien Natur die Entstehung der überall vorhandenen Primatenfamilie gefördert haben, aber territoriale Vorteile, Möglichkeiten und Notwendigkeiten haben zur Bildung der größeren Primatengesellschaft geführt.

Das Gibbonmännchen ist durch seine leicht zu verteidigende Baumwelt begünstigt und braucht keine Bundesgenossen, um sein Territorium gegen andere Gibbons oder seine Familie gegen Feinde zu schützen. Ein in der schwindelnden Höhe von 30 Meter über dem Boden gelegener Kampfplatz ist ein mächtiger Verbündeter für das von Ast zu Ast schwingende Tier, das seine Zweige am besten kennt. Carpenter sah siamesische Gibbons auf ihrem eigenen Territorium 10 bis 15 Meter in die Tiefe springen; ein gefährliches Leben, und ein hoher Prozentsatz der gefundenen Gibbonexemplare weist geheilte Knochenbrüche auf. Die Überlebensrate derjenigen, die ein Territorium verteidigen, muß wesentlich höher sein als die der Angreifer.

Das Gibbonmännchen besitzt eine noch erstaunlichere Eigenheit als die Monogamie: Sein Geschlechtstrieb ist schwach entwikkelt. Es kopuliert selten, zeugt nur wenige Kinder und kann es sich mit seiner kleinen Familie leisten, allein zu bleiben. In seiner Verachtung sowohl für zahlreichen Nachwuchs wie für Polygamie gleicht der schlanke graue Akrobat der luftigen grünen Welt mehr den Vögeln als den übrigen Primaten; und ebenso wie der Vogel teilt auch er sein Territorium ausschließlich mit der Familie. Trotzdem kennt der Gibbon den Vorteil der größeren Zahl bei der Verteidigung. Carpenter konnte einmal feststellen, daß seine Anwe-

senheit gleichzeitig drei Gibbongruppen störte. Sofort schlossen sich die drei Männchen zu einem gemeinsamen Ablenkungsmanöver zusammen. Als sich Carpenter zurückzog, wandten sie sich wieder ihren gewohnten Territorien und ihrer gewohnten Tätigkeit zu.

Erfreut sich der Gibbon von allen Primaten der günstigsten Umwelt und der besten körperlichen Voraussetzungen, so liegt der Fall des Pavians genau umgekehrt. Er bewohnt die erbarmungslose Erde, auf der nur spezialisierte Geschöpfe Gnade finden. Doch der Pavian ist nur in einer einzigen Richtung spezialisiert: im Stehlen. Das Zebra läuft schneller als seine Feinde; nicht der Pavian. Der Dachs gräbt tiefer als seine Feinde; der Pavian kann höchstens seine Lieblingswurzel ausgraben. Durch Millionen Jahre durfte der Leopard seine Vorliebe für den Geschmack des Pavianfleisches entwickeln; der Pavian kann sich mit ihm weder in bezug auf Kraft noch in bezug auf Zähigkeit oder Schnelligkeit messen. Seit uralten Zeiten hat die Pythonschlange einen besonderen Appetit auf Pavianbabies; aber die Natur hat dem Pavian kaum einen Zufluchtsort gegönnt, der seinen Feinden nicht zugänglich wäre. Um seine Schwierigkeiten noch zu vergrößern, hat ihn die Natur mit einem äußerst heftigen Geschlechtstrieb bedacht. Der geplagte Pavian muß nicht nur selbst zu überleben trachten, sondern auch noch eine Horde von Frauen und Kindern beschützen.

Natürlich ist der Pavian nicht ganz so hilflos. Er ist recht kräftig. Wie allen Primaten fehlen ihm die Krallen, doch besitzt er außerordentlich gut entwickelte Nägel. Seine Eckzähne sind scharf wie Dolche. Und er ist klug. Tritt ein Mann aus dem Haus, während er den Garten plündert, so flieht er. Kommt eine Frau, so ignoriert er sie. Verkleidet sich aber ein erbitterter Mann als Frau, so verschwindet er blitzartig im Wald. Die Farmer Südafrikas sind überzeugt, daß der Pavian bis drei zählen kann. Überfällt eine Herde Chacmapaviane einen Obstgarten und es erscheint der wütende Farmer, so flieht die Herde, um sofort wiederzukehren, wenn er weggeht. Kommen drei Farmer in den Obstgarten und zwei ziehen sich zurück, lassen sich die Paviane nicht täuschen; sie verharren in entsprechender Entfernung. Nur wenn vier Farmer den Garten betreten und drei wieder verschwinden, verläßt den Pavian seine Rechenkunst. Er kehrt in den Garten zurück und geht in die Falle.

Diese Klugheit erhöht aber in Wahrheit kaum seine Sicherheit, denn sie bedeutet nur, daß er den Menschen zu der bereits stattlichen Liste seiner natürlichen Feinde, denen er nicht ebenbürtig ist, hinzugefügt hat. Man mag sich fragen, wieso unter diesen Umständen überhaupt noch Paviane irgendwo in der Welt vorhanden sind. Nun, der Pavian ist trotz allem ein entwicklungsgeschichtlicher Erfolg, der seinesgleichen sucht. Er gedeiht. Er paßt sich an die extremsten Bedingungen von Klima und Terrain an. Dieser kleine afrikanische Bandit ist, wie jeder Farmer bestätigen kann, praktisch unausrottbar. Wie hat er überlebt? Er ist das wehrloseste aller Tiere, ein zum Bodenleben verurteilter Primat, und dennoch hat sich der Pavian erhalten, indem er der Natur bestes Verteidigungsmittel entwickelt hat: die Gesellschaft.

Es ist kein entwicklungsgeschichtlicher Zufall, daß der gesichert lebende Gibbon sich eine der kleinsten Gemeinschaften der Primatenwelt leisten kann, während der gefährlich lebende Pavian eine der größten Gesellschaften unterhält. Eine Pavianherde kann Dutzende oder Hunderte Individuen umfassen. Im allgemeinen sind es etwa ein Dutzend erwachsene Männchen, von denen jedes seinen Harem und seine Kinderschar besitzt. Meistens ist auch eine unterschiedlich große Zahl von Junggesellen vorhanden, vergeblich nach romantischer Erfüllung suchend, nur geduldet, um beim Plündern und Verteidigen zu helfen. Der ranghöchste Pavian ist ein praktisch orientierter Geselle, der bereit ist, zugunsten einer größeren Stärke seiner Herde ein gewisses Risiko hinsichtlich der Ungestörtheit seines Familienlebens in Kauf zu nehmen.

Die Herde nützt jeden Vorteil, den ihr das Territorium bietet, und verteidigt dieses Gebiet gegen andere Artgenossen. Als Gesellschaft läßt sie die gleichen feindlichen Merkmale erkennen, die jeden territorialen Besitzer auszeichnen. Damit ist eine scharfe Trennung von der übrigen Pavianbevölkerung gegeben. Aber eine Herde von Pavianen ist eine Gesellschaft von Individuen, nicht eine Kolonie von Insekten. Der Pavian kann sich nicht auf eine vierhundert Millionen Jahre alte Fülle sozialer Instinkte stützen, um sein kollektives Verhalten zu regulieren. Trotzdem muß die Gesellschaft überleben, wenn der einzelne Pavian überleben soll. Manch ein Instinkt individueller Natur muß zugunsten des Wohles der Gruppe unterdrückt werden.

Die Vielfältigkeit ihrer sozialen Institutionen basiert bei den Pavianen, wie bei allen andern Primaten, auf der Einfachheit des uralten Territorialinstinktes. Wie die Mitglieder einer Gruppe durch die territoriale Feindschaft von allen andern Artgenossen getrennt werden, so werden sie durch die territoriale Verteidigung aneinandergekettet. Der Fremde muß gehaßt, der Freund geschützt werden. Für den Fremden darf es weder Mitleid noch Duldung geben, für den »Landsmann« muß zumindest eine gewisse Loyalität und Verbundenheit vorhanden sein. Das Individuum hat die Gruppe zu beschützen, die Gruppe das Individuum.

Die berühmte Autorität auf dem Gebiet der Verhaltensforschung von Anthropoïden in Gefangenschaft, W. Köhler, experimentierte viele Jahre in seiner Station auf Teneriffa auf den Kanarischen Inseln mit Schimpansen. Zu seinen ersten Beobachtungen gehörte die Feststellung, daß der Tierwärter, mußte er ein Tier bestrafen, die Vergeltung der ganzen Gruppe zu fürchten hatte. Zukkerman stieß im Londoner Zoo auf das gleiche Problem. Eine Gruppe von Hamadryaspavianen wurde dort einige Jahre hindurch in einem Teil des Tiergartens gehalten, den man – nicht sehr originell – den »Affenhügel« nannte. Die Entfernung eines toten Pavians aus diesem Gebiet war für die Wärter stets mit beachtlichen Schwierigkeiten verbunden: Die Paviane verteidigten sogar eine Leiche.

Die Gruppenbildung in der Gefangenschaft ist immer nur oberflächlich, dennoch verteidigen die Tiere das Individuum. In der Freiheit tun sie es sogar unter Lebensgefahr. Einer der bekanntesten afrikanischen Wildhüter, Stevenson-Hamilton, überraschte einmal eine Pavianherde im Busch. Die Herde verschwand sofort, aber ein Tier blieb auf einem Baum zurück. Der verlassene, angsterfüllte Pavian rief um Hilfe. Ein Teil der Herde erschien wieder und wich nicht von der Stelle. Stevenson-Hamilton fing den isolierten Pavian, aber noch immer rührten sich die anderen nicht. Erst als einer der Ihren erschossen wurde, ergriffen sie endlich die Flucht.

Afrikanische Jäger wissen von zahlreichen Beispielen altruistischen Verhaltens zu erzählen. Jemand sah eine flüchtende Pavianherde, die ein verletztes Mitglied mitschleppte. Ein Jäger, der einen Pavian erschossen hatte, fand sich plötzlich der ganzen Herde gegenüber. Sie hatte die Leiche umringt und war nicht bereit, sich zurückzuziehen. Man erzählt sich auch die Geschichte von einer in die Enge getriebenen Herde, die einige Tote auf der Flucht zurücklassen mußte. Einer davon war eine Mutter, an deren Leiche sich das Junge klammerte. Ein anderer Pavian kehrte zurück, packte das Junge und floh. Wieviel von diesen Geschichten wahr ist, läßt sich schwer beurteilen. Sicherlich sind die Beispiele reiner Selbstaufopferung oder von wahrem Heroismus sehr selten. Und ein derartiges Verhalten mit dem vermenschlichenden Ausdruck Altruismus zu bezeichnen, wäre gefährlich. Dennoch läßt sich nicht leugnen, daß alle einer Gruppe zugehörigen Individuen mit unterschiedlicher Stärke eine Gruppenüberlebensreaktion als Antwort auf eine Bedrohung von außen zeigen. Manchmal kann diese Reaktion außergewöhnliche Ausmaße annehmen.

Eugène Marais berichtet über einen Vorfall, den zu bezweifeln wir keinen Anlaß haben. Bei seinen ersten Beobachtungen hat man, wie schon angedeutet, gelegentlich das Gefühl, er habe der Versuchung, zu vermenschlichen, nicht widerstehen können. Aber in seinem Bericht über einen schreckerfüllten Abend auf dem Waterberg läßt sich keine Spur menschlicher Identifikation finden. Er hütet sich vor jeder Interpretation. Die Dinge geschahen; sie geschahen in einer bestimmten Reihenfolge. Das ist alles.

Der Pavian fürchtet den Menschen als den jüngsten Beitrag zu seiner langen Liste natürlicher Bedrohungen. Es ist bedauerlich für den Pavian, daß seine Vorliebe für Früchte und Maiskolben im Verein mit einer Veranlagung, die man nicht gerade als die Gesetze respektierend bezeichnen kann, ihn so oft in Konflikt mit den ansässigen Farmern bringt. Wieder und wieder wurde er offiziell als

Landplage deklariert. Auf seinen Kopf wurden Prämien ausgesetzt. In Zeiten der Not wurde das Erlegen von Pavianen zu einer Art patriotischer Tat, vollbracht für Heim und Vaterland. Aber die wahre Angst des Pavians gilt nicht dem Menschen, sondern einem viel älteren Todfeind: dem Leoparden bei Einbruch der Nacht.

Der Waterberg war um die Jahrhundertwende eine einsame Gegend und ist es auch heute noch. Wie ein lautloser Expreßzug bricht die Nacht herein, und das Dunkel wird still, erfüllt von dem Lauschen der Tiere. Eine Stunde vor der Dämmerung pflegten die Pavianherden des ganzen Gebietes von ihren verstreuten Futterplätzen in die Geborgenheit des Heimes und der Gemeinschaft zurückzukehren. Eine dieser Herden schlief in einer fast unzugänglichen, 200 Meter hoch im Fels gelegenen Höhle. Ein ungefähr 700 Meter langer, an manchen Stellen nur 15 Zentimeter breiter Felsvorsprung über einem todbringenden Abgrund diente als Zugang. In der Stunde der Abenddämmerung drängte sich die ganze Herde über diesen Pfad zur Sicherheit der Höhle. Marais pflegte zuzusehen und den geordneten Zug zu bewundern. Der gefährliche Weg brachte sogar die Geschwätzigkeit der Paviane zum Schweigen. Die erwachsenen Männchen gingen voran, hierauf folgten die kinderlosen Weibchen, dann die Weibchen, an deren Rücken oder Bauch sich die Jungen klammerten. Marais stellte fest, daß die Gefahr zwar den Stimmaufwand der erwachsenen Paviane lähmte, nicht aber die Spiellust der Jungen. Auch an den gefährlichsten Stellen konnten die Kinder nicht der Versuchung widerstehen, an den baumelnden Schwänzen ihrer Nachbarn zu ziehen. Endlich hatten alle den Weg überstanden; die Höhle nahm ihre Bewohner auf. Die Nacht brach herein, und der Tod schlich lautlos durch den Busch. Das mitleidlose Licht der kalten Sterne erfüllte die Leere des Himmels. Aber wenigstens eine Tiergesellschaft war in Sicherheit und konnte in Ruhe schlafen.

Andere Herden auf dem Waterberg besaßen keine so unzugängliche Festung. Allen aber brachte die Nacht, wo immer sie sich verbargen, die gleiche Angst. Marais konnte stets erkennen, wenn sich ein Leopard in der Nähe seiner Herde befand. Nur von den Felsen geschützt, nur durch die Zweige des großen Feigenbaumes verborgen, schreckte die Herde auf. Er konnte die Unruhe spüren und gelegentlich einen Laut der Angst vernehmen. Hilflos wartete die Herde, daß der unsichtbare Tod vorüberziehen würde, ohne die Beute zu sehen. Aber eines Abends kam der Leopard früh.

Noch dämmerte es. Die Herde war gerade von ihren Futterplätzen zurückgekehrt und hatte kaum Zeit, die verschiedenen Schlafstätten inmitten der Felsen hinter dem Feigenbaum zu erreichen. Jetzt schrien die Tiere auf. Und Marais sah den Leoparden. Er schlich aus dem Busch und ließ sich unverschämt viel Zeit. So wehrlos waren die Paviane, daß der Leopard keinen Anlaß zur Eile hatte. Er duckte sich hinter einen Felsbrocken, um in Ruhe seine Beute und das Terrain zu studieren. Da sah Marais zwei Pavianmännchen, die sich auf einem Felsvorsprung gerade über der Raubkatze vorwärtsbewegten.

Vorsichtig schoben sich die beiden Männchen weiter. Der Leopard, so er sie überhaupt sah, ignorierte sie. Seine Aufmerksamkeit galt der drängenden, schreienden, wehrlosen Herde in den Felsen. Und dann ließen sich die beiden Männchen fallen. Sie fielen aus einer Höhe von 4 Meter auf ihn herab. Einer verbiß sich in das Rückgrat des Leoparden, während der andere, um seinen Hals geklammert, nach seiner Kehle zielte. In einem Augenblick hatte der Leopard den an seinem Hals hängenden Pavian mit den Krallen zerfleischt, und der auf seinem Rücken gelandete Pavian zappelte zwischen seinen Zähnen. Aber es war zu spät. Der sterbende Pavian hatte sich gerade lange genug verbissen, um mit seinen Eckzähnen die Schlagader des Leoparden zu öffnen.

Marais sah zu, während die Bewegungen hinter dem Felsbrokken zur Ruhe kamen. Es dunkelte. Im kalten Licht der ungerührten Sterne umfing der Tod gleichermaßen Räuber und Beute. Und in den Vertiefungen der Felsen begab sich eine Tiergesellschaft zur Ruhe.

Das Geschlechtsleben steht in der Welt der Tiere an zweiter Stelle, der vorherrschende Aspekt ist die Angst. Nur hinter den Gittern und Gräben der Tiergärten wird die Sexualität zum Mittelpunkt. Denn im Zoo gibt es keine Territorien, keine Feinde, keine Angst. Alle jene Instinkthandlungen, welche die natürliche Auslese entwickelte, um das Überleben der Art zu gewährleisten, setzen aus. Nur das Geschlecht und ein herzhafter Appetit bleiben übrig. Wie fein verwoben die instinktiven sozialen Reaktionen in der freien Natur sein können, wurde aber von vielen Beobachtern festgestellt. Einige lassen sich sogar noch im Zoo erkennen.

Als Köhler die Wahrscheinlichkeit der Vergeltungsmaßnahmen einer Schimpansengruppe untersuchte, stellte er fest, daß nur dann zur Verteidigung geschritten wurde, wenn der bestrafte Schimpanse einen bestimmten charakteristischen Schrei ausstieß. Zukkerman beobachtete das gleiche merkwürdige Verhalten bei den Pavianen auf dem »Affenhügel«. Die Gruppe eilte einem Tier zu Hilfe, aber nur nachdem ein bestimmter Schrei ertönt war. Stevenson-Hamilton bemerkte das gleiche Verhalten bei wilden Pavianen. In einer Primatengesellschaft wird eine Gruppenreaktion nicht durch die Notlage eines Individuums, sondern durch ein bestimmtes vokales Signal ausgelöst.

Zuckerman konnte feststellen, daß, wenn immer ein Wärter den Versuch machte, ein totes Tier wegzuschaffen – sei es die Leiche eines Kindes aus den Armen seiner Mutter oder die eines alten Tieres, sei es einfach das Opfer von Pavianzwistigkeiten –, der Verteidigung der Leiche ein Chorus tiefen, deutlich unterscheidbaren Gebells voranging. Zuckerman erschien es äußerst unwahrscheinlich, daß der Pavian einer besonderen Erkenntnis des Todes fähig sein sollte, und ich bin, glaube ich, seiner Meinung. Die Gruppe verteidigt eine Leiche, wie sie ein lebendes Geschöpf verteidigen würde, ohne Erkenntnis seines besonderen Zustandes. Der Tod ist nicht eine greifbare Sache, sondern etwas Allgemeines, eine Ableitung, ein Name, den der Mensch einem bestimmten Zustand des Nichtseins gibt, und es scheint mir unglaubhaft, daß das Tier fähig sein sollte, auf einen derart begrifflichen Zustand zu reagieren. Aber all dies hat einen Haken. Vor einem halben Jahrhundert hörte und beschrieb Marais in der Wildnis des Waterberggebietes das gleiche tiefe, deutlich unterscheidbare Paviangeheul. Von weither klang der dunkle Chorus an sein Ohr, wenn er nachts im Bett lag. Dann wußte er mit Sicherheit, daß er am Morgen die Leiche eines dahingegangenen Freundes finden würde.

Es gibt noch viel, was wir vom Tier nicht wissen, viel, was wir binnen kurzem erforschen, und viel, was wir niemals erfahren werden. Wenn ich mit Zuckerman hinsichtlich der Unwahrscheinlichkeit einer vokalen Reaktion der Tiergesellschaft auf die Gegenwart des Todes in ihrer Mitte übereinstimme, so tue ich dies aus prinzipiellen Gründen, weil bisher nicht genügend Beweise gefunden wurden, um die Meinung zu widerlegen. Aber ich tue es in dem sicheren Wissen, daß die Geschichte jenen Tierverhaltensforschern, die sich am lautesten zu den Dogmen der Beschränktheit des Tieres bekennen, ein trauriges Schicksal bereiten wird.

Eine Gesellschaft von zentralafrikanischen Brüllaffen besitzt, soweit ich weiß, keine vokale Reaktion auf den Tod. Aber der Brüllaffe teilt seine Reaktion auf neun verschiedene Situationen durch neun bestimmte, unterschiedliche Schreie mit, von denen jeder für die Sozietät eine Bedeutung hat. Es ist genau dieselbe Anzahl von Schreien, deren sich auch der Gibbon und der Siamang im Fernen Osten bedienen. Der für den Brüllaffen kennzeichnendste Schrei ist ein Signal, daß das Territorium von einer Invasion bedroht wird, und es hat auf die Brüllaffengruppe ungefähr die gleiche Wirkung, die der Ruf »Remember Alamo«* einmal auf die Texaner ausübte. Ein vollkommen anderer Schrei bedeutet nur einen Verdacht. Er ist ein Warnruf, der die Gruppe auf eine mögliche Störung aufmerksam macht. Die emotionelle Folge dieses Signals besteht, im Gegensatz zu der des Kriegsschreies, in vollkommener Stille. Ein anderer, weniger dramatischer Ruf ließe sich einfach als »Gehen wir in diese Richtung« übersetzen. Er wird laut, wenn ein Männchen aus der enggedrängten, fressenden Herde Wanderlust verspürt. Wird der Ruf von der Gruppe aufgenommen, so folgt sie ihm. Oft aber geschieht es, daß ein anderes Männchen den Ruf wiederholt, um seine eigenen Ansichten über das »Wohin« der Gruppe zu verkünden. Der nachfolgende Streit wird, nach bester Brüllaffentradition, mit einem Minimum an Gewaltanwendung und einem Maximum an Geschrei ausgetragen. Früher oder später kommt es zu einer vokalen Übereinstimmung der Gruppe mit dem Sieger, und alle ziehen fort.

* Rache- bzw. Schlachtruf der Texaner, nachdem ihre Festung Alamo 1836 von den Spaniern gestürmt und eingenommen worden war. (Anm. d. Übers.)

Lorenz war mit einer Gesellschaft von Dohlen, einer kleinen, intelligenten Abart der europäischen Krähe, gut bekannt. Er fand bei ihnen einen in seiner Bedeutung und auch in dem nachfolgenden Streit dem Brüllaffenruf »Laßt uns in diese Richtung gehen« ähnlichen Schrei. Die Dohlen besitzen aber auch einen andern, in Klang und Bedeutung ganz verschiedenen Schrei: »Laßt uns nach Hause fliegen.« Ein weiterer für die Dohlen charakteristischer Schrei ergibt sich aus einer ganz bestimmten Eigenheit dieser Vögel: Das Dohlenjunge erkennt seine Feinde nicht instinktmäßig. Mit der Unschuld eines Engels wird es die sich nähernde Katze ansehen. Nur ein bestimmter Schrei seiner Artgenossen kann seine Sorglosigkeit stören. Es ist dieser Schrei, nicht der Anblick des Feindes, der es lehrt, wer ihm in der Welt böse und wer ihm freundlich gesinnt ist.

Vögel besitzen, ebenso wie Primaten, die Fähigkeit, durch Erfahrung zu lernen. Die Natur hat von dieser Fähigkeit Gebrauch gemacht, indem sie in der Dohlengesellschaft, nicht in der einzelnen Dohle, die Erkenntnis der Gefahr verankert hat. Jede Dohlengeneration vermittelt der nächsten durch den Warnruf die gesammelte Erfahrung der Dohlenstammesgeschichte. Taucht eine neue Gefahr im Leben der Dohlen auf, so zeigt sich deutlich, um wieviel selektiver und anpassungsfähiger der Mechanismus der sozialen Erfahrung ist als der unabänderliche Ablauf einer individuellen Instinktreaktion.

Die Dohle besitzt zum Beispiel einen bestimmten Schnarrlaut, der sich von dem allgemein benützten Warnlaut deutlich unterscheidet. Man kann ihn ungefähr übersetzen: »Es naht ein Geschöpf, welches eine tote Dohle trägt.« Das Schnarren ertönt, wenn ein Mensch irgend etwas Schwarzes, Kleines in der Hand hält. Als Lorenz einmal eine schwarze Badehose aufhängte, wurde er von seinen eigenen Dohlen wütend angegriffen. Die Reaktion war unmittelbar und heftig. Nur wenige Wiederholungen genügten, um die Gedankenverbindung zu einer dauernden zu machen. Lorenz ist der Überzeugung – gestützt auf die Erfahrung eines Freundes –, daß er, hätte er seine schwarze Badehose einige Tage länger benützt, als Dohlenzüchter erledigt gewesen wäre.

Lorenz' österreichischer Freund besaß eine zahme Dohle, und

wilde Dohlen haben einen ähnlichen Schrei. Er erschien, seine zahme Dohle auf der Hand tragend, gelegentlich im Freien. Diese wenigen Male genügten, um jede freundschaftliche Beziehung zwischen ihm und den Dohlen der Umgebung zu beenden. Von diesem Zeitpunkt an wurde der Freund, gleichgültig, wohin er ging, gleichgültig, wie weit er ging, und egal, was er anzog, stets zum Angriffsziel einer schnarrenden, wütenden Dohlenschar.

Nicht durch das Gewehr an der Schulter, sondern durch den schwarzen, toten Vogel in der Hand unterscheidet die Dohle den Jäger von weniger gefährlichen Gesellen. Das Erkennen seiner Person hat sich im Bewußtsein jedes einzelnen Mitglieds der Schar durch den Schnarrlaut eingeprägt. Andere Scharen, die selbst niemals den Mord an einem der ihren mit angesehen haben, hören das Signal und nehmen es auf. So verbreitet sich der schlechte Ruf des Jägers schnell in der ganzen Gegend. Mag er seine Jagdgewohnheiten verändern oder sein Gewehr beim Kartenspiel verlieren, die noch ungeborenen Generationen von Dohlen werden trotzdem lernen, daß dieser bestimmte Mann etwas auf dem Kerbholz hat und zeit seines Lebens als Feind der Dohlen anzusehen ist. So wird die Tiergesellschaft zu einem Sammelbecken für die den Tod des einzelnen Mitglieds überdauernden Erfahrungen der Art.

Zum Sprachschatz der Brüllaffen gehört auch der ängstliche Schrei des Affenkindes, der die Aufmerksamkeit der Mutter auf sich lenkt, und ein anderer Gruppenruf, der sich mit »Kind vom Baum gefallen« übersetzen läßt. Dieser bestimmte Ruf, der von der Mutter oder einem andern Mitglied der Gesellschaft ausgestoßen werden kann, elektrisiert jedes erwachsene Tier der Gruppe. Für den Brüllaffen ist die Erde kein besonders attraktiver Ort. Nur die Reaktion zur territorialen Verteidigung läßt sich mit der sofortigen, einmütigen, zwanghaften Aktion zur Rettung eines vom Baum gefallenen Kindes vergleichen.

In Primatengesellschaften kommt der einzelne der Gruppe oder die Gruppe dem einzelnen mittels sprachlicher Verständigung zu Hilfe. Der Schrei löst eine Antwort der Sozietät aus. Aber es besteht ein entscheidender Unterschied zwischen der menschlichen und der tierischen Sprache. Obwohl der Ruf des Tieres so spezialisiert sein kann wie des Brüllaffen »Kind vom Baum gefallen«, ist er niemals zweckbedingt. Das Tier ruft nicht in der Absicht, Hilfe zu erheischen. Der Schrei ist nur ein Ausdruck der Stimmung, und die Stimmung pflanzt sich fort.

Das Gähnen des Menschen ist ein der Tiersprache vergleichbarer Stimmungsausdruck, und es ist ebenso ansteckend. Ich bin schläfrig; ich gähne. Hierauf gähnst du und wirst ebenfalls schläfrig. Schriebe ein Dramatiker eine Szene, in welcher ein Darsteller wiederholt zu gähnen hat, es wäre ein künstlerischer Selbstmord: Das ganze Publikum würde einschlafen. Auch das Husten ist ein Ausdruck menschlicher Stimmung, wie jeder Schauspieler und Theatermann weiß. Das Publikum hustet nicht, weil das Wetter schlecht und jedermann erkältet ist. Es hustet, weil es sich langweilt, und der Husten ist übersetzbar mit dem Wunsch, zu Hause im Bett zu liegen. Ein Huster beginnt das Publikum zu animieren, und bald hustet das ganze Haus, bis die Schauspieler verzweifeln und der Autor sich in die nächste Bar begibt. Wird die Handlung besser, spannender, dann wird dasselbe Publikum in einer von keinem Hustenlaut unterbrochenen Stille verharren.

Die Tiersprache ist ein ansteckender Stimmungsausdruck, der die Verständigung zwischen den Gruppenmitgliedern ermöglicht. Etwas geschieht: eine Unruhe im Busch, der Fall eines Kindes, der Anblick von etwas Schwarzem in der Hand eines Menschen. In dem beobachtenden Tier kommt eine Stimmung auf: Angst, Besorgnis, Wut. Die Stimmung wird durch einen bestimmten Schrei ausgedrückt. Der Schrei ist ansteckend. Sofort wird er von allen aufgenommen. Und wie die Stimmung des einzelnen den Schrei ausgelöst hat, so löst der von der Gruppe aufgenommene Schrei die gleiche Stimmung bei den Mitgliedern aus. Jetzt reagieren alle gemeinsam, und zwar in der Art und Weise, welche die Stammesgeschichte als die für das Überleben der Art vorteilhafteste entwikkelt hat.

Die Gesellschaft ist des Primaten bester Freund. In der Gruppenreaktion hat er eine Waffe gefunden, die seine Augen, die Stärke seiner Muskeln, die Anzahl seiner Zähne vervielfacht hat. Die Mechanismen seiner Gesellschaft gewähren ihm die beste Ausnützung seines wertvollsten Besitzes, des Gehirns, und schützen ihn vor den Nachteilen der angeborenen Verletzlichkeit seines schwachen Körpers.

In der gesamten freien Tierwelt herrscht Ordnung. Stehen wir vor den Käfigen des Zoos, so sehen wir eine Art glückseliger oder auch gelangweilter Anarchie. Jedenfalls ist es ein Leben ohne Regeln, und vielleicht gehen wir deshalb so gerne in den Zoo. In der freien Natur aber verläuft das Leben der Tiere anders. Es richtet sich nach den Forderungen und Regeln des territorialen Verhaltens. Ist es ein geselliges Tier, so befolgt es die Forderungen und Regeln der Gemeinschaft, und seine persönlichen Neigungen müssen gelegentlich hinter den Geboten der Gesellschaft zurückstehen. Damit unterwirft sich das Tier einer Art von moralischer Bindung.

Das freilebende Tier ist nicht frei. Ob es sich um Affen oder Menschenaffen handelt, das Verhalten wird durch das Überleben der Jungen bestimmt, die gefüttert, erzogen und verteidigt werden müssen; durch die Forderungen der territorialen Verteidigung und durch die Gesetze der Rangordnung, die wir bald untersuchen werden. Vor allem aber regeln die Ansprüche der Gemeinschaft seine persönlichen Neigungen, denn das Überleben des Tieres wird nur durch die Mechanismen der Gesellschaft gesichert. Der Primat lebt in einer geordneten Welt. Aber fehlt nur ein einziger Faktor – die Territorialität – in seinem Leben, dann sind der Anarchie Tür und Tor geöffnet.

Ich habe bereits von C. R. Carpenters Übersiedlung von ungefähr 350 Indischen Rhesusaffen auf die Insel Santiago bei Puerto Rico gesprochen. Dieses lange währende, sorgfältig überwachte Experiment war vielleicht das aufschlußreichste, das jemals über das Primatenverhalten durchgeführt wurde. Doch eine Phase der Beobachtungen verlief nicht ganz so, wie man es geplant hatte.

Die Tiere wurden auf dem Seeweg transportiert. Ihre Übersiedlung in eine neue Umgebung bedeutete, daß sie an eine neue Diät gewöhnt werden mußten. Um sie zu zwingen, diesen neuen Speisenzettel anzunehmen, war es nötig, sie höchst sparsam zu füttern und von Zeit zu Zeit hungern zu lassen. Diese Stadien der Gewöhnung sollten während der Seereise vor sich gehen. Aber auf dem Schiff besaßen die Affen unglückseligerweise keine Territorien. Territoriales Verhalten hatte in Indien zu ihrer entwicklungsgeschichtlichen Tradition gehört, und auf der Insel Santiago sollten sie neue Territorien errichten und neue Gemeinschaften bilden. Auf dem Schiff aber gab es dazu keine Möglichkeit. Und ohne die Mechanismen ihres sozialen Lebens verfielen die hungrigen Affen in vollkommene Anarchie und verloren die primitivsten Reflexe ihrer moralischen Ordnung.

Man möchte meinen, daß die mütterliche Verteidigung des Kindes ein so tief verwurzelter Instinkt sei, daß er auch unter vom normalen Leben abweichenden Bedingungen wirksam sein müsse. Nichts ist falscher. Als die Disziplin des Territoriums und der Gesellschaft fehlte, stürzten sich die Mütter auf die Nahrung, ohne die Kinder auch nur zu beachten. Immer wieder kämpften Mütter mit ihren eigenen Jungen um einen Bissen. Überflüssig zu erwähnen, daß kein Männchen an die Verteidigung von Weib und Kind dachte. Am Ende der Reise waren zehn Kinder tot.

Wie ich schon sagte, dauerte es ein Jahr, bis die Rhesusaffen die 17 Hektar der Insel Santiago in Territorien, deren jedes einer neugebildeten Gemeinschaft gehörte, aufgeteilt hatten. Während dieses Jahres gab es genügend Nahrung, da sie von den Wärtern täglich verteilt wurde. Nichts fehlte, außer einer Gesellschaftsordnung. Aber das genügte. Am Ende des ersten Jahres auf der Insel Santiago waren mehr Affenkinder durch die Gewalttätigkeit der erwachsenen Tiere gestorben als aus allen anderen Gründen zusammengenommen. Dann begannen sich die Verhältnisse zu stabilisieren. Territorien wurden anerkannt, Gesellschaften schlossen sich zusammen und sonderten sich ab. Die Weibchen empfanden wieder mütterliche Liebe, und die Männchen respektierten Gebote und Regeln. Die Kindersterblichkeit hörte auf, das Überleben der Rhesusaffen zu bedrohen.

Vögel wie die Schwalbe und die Dohle, Fische wie der Hering und der Dorsch bilden Gesellschaften, die nicht auf dem territorialen Trieb beruhen. Aber in der Familie der Primaten, zu der unser menschlicher Strom seit siebzig Millionen Jahren gehört, bedeutet der Verlust des Territoriums den Verlust der Gesellschaft, und der Verlust der Gesellschaft bedeutet praktisch das Ende.

IV Wer hackt wen?

Jede organisierte Tiergesellschaft besitzt ihr Rangordnungssystem. Ob es sich nun um eine Schule Fische, um einen Schwarm Vögel oder um eine Herde grasender Gnus handelt – in jeder dieser Gesellschaften besteht irgendeine Art von Rangordnung, in die das Individuum eingestuft ist. Diese Ordnung beruht auf der Angst. Jedes Individuum weiß, wen es zu fürchten und wem es sich daher zu unterwerfen hat, und kennt alle jene, die sich ihm zu beugen haben. Selbstbewußtsein in dem eingeschränkten Sinn des Rangbewußtseins scheint schon in einem sehr frühen Entwicklungsstadium der Lebewesen aufgetreten zu sein.

Die Forschungen sind noch nicht weit genug gediehen, um sagen zu können, ob in allen Tiersozietäten jedes Individuum einen eigenen Rang einnimmt oder nicht. In manchen Gesellschaften mag es eine Stufenleiter von Klassen geben, in die das Einzelwesen aufgenommen oder verwiesen wird. Daß der Rang schon bei der Geburt festgelegt ist, kommt nur bei Insekten vor. Bei den Wirbeltieren von den Fischen bis zu den Affen bestimmen Rivalenkämpfe in einer ziemlich frühen Lebensphase des Individuums über den Rang.

Zur Rangordnung kommt es, wenn zwei oder mehrere Tiere in einer Tätigkeit wetteifern. Das Rangordnungsverhalten wurde schon seit langem beobachtet, da es bei allen Tieren vorkommt, ob sie nun in Freiheit, in Gefangenschaft oder als Haustiere leben. Aber erst seit die Zoologie ihr Augenmerk den freilebenden Tieren zugewendet hat, beginnen wir zu verstehen, welche Rolle die Rangordnung im gesellschaftlichen Gefüge der Tierwelt spielt. Das soziale Tier versucht nicht einfach, seine Artgenossen zu beherrschen, sondern es hat Erfolg, und weil es Erfolg hat, erwirbt es in den Augen der andern einen höheren Rang. Ist die Rangordnung einmal hergestellt, so bleibt sie dauernd bestehen, und merkwürdigerweise sind alle Mitglieder der Gruppe mit der getroffenen Regelung zufrieden.

In den Hallen der Wissenschaft gibt es viele Türen, und die mit der Aufschrift *Rangordnung der Tiere* ist noch kaum einen Spaltbreit geöffnet worden. Aber wir haben bereits erkannt, daß das Rangordnungsverhalten ebenso alt ist wie das territoriale Verhalten; daß die Rangordnung ebenso wie das Territorium die Paarung begünstigt, ohne jedoch ausdrücklich in ihrem Dienst zu stehen; daß sie unter sozialen Tieren allgemein verbreitet ist; daß sie bei der Familie der Primaten die Quelle raffiniert ausgeklügelter Feinheiten in den Beziehungen zwischen den Individuen darstellt und daß sich unter allen menschlichen Verhaltensweisen tierischen Ursprungs der Trieb zur Rangordnung letzten Endes als der wichtigste erweisen dürfte. Aber obwohl wir das alles festgestellt haben, können wir es doch noch nicht wirklich verstehen. Daher kommt es, daß jede neue Untersuchung über die Rangordnung selbst gutinformierte Leser verblüfft.

Die Dohle ist ein außerordentlich intelligenter Vogel, der sich, wie wir gesehen haben, eines gutorganisierten Gemeinschaftslebens erfreut. Daß ein Tier, das so viel Nutzen aus der über das Einzelwesen hinausreichenden Weisheit der Gesellschaft zieht, alles mögliche tut, damit sein Gemeinschaftsleben mit einem Mindestmaß an Reibungen funktioniere, erscheint logisch und entspricht den Gesetzen der natürlichen Auslese. Meine Bereitschaft zu glauben, wird jedoch von den Spitzfindigkeiten in der sozialen Ordnung der Dohlen immer wieder überfordert; und wäre Konrad Lorenz ein weniger erfahrener Beobachter, so würde ich ihm wahrscheinlich zutiefst mißtrauen.

Jede männliche Dohle hat, wie es scheint, ihre Nummer. Die Stellung jedes einzelnen männlichen Vogels von der ersten bis zur letzten Nummer ist in der Schar auf das genaueste festgelegt. Das geschieht bereits in einer frühen Lebensphase. Schon bei den Küken beginnt das Gezänk um den Rang. Auch wenn Nahrung im Überfluß vorhanden ist, gibt es dauernd Streitigkeiten. Ein kleiner Vogel hackt auf den andern ein; der hackt zurück oder er ergreift die Flucht. Allmählich fallen die Schüchternen, die Schwachen, die Unentschlossenen zurück, und die Starken und Entschlossenen steigen auf. Binnen kurzem ist durch diesen körperlichen und charakterlichen Wettstreit die Stellung jedes einzelnen männlichen Vogels in der Gemeinschaft exakt festgelegt, und diese Stellung wird der Vogel aller Voraussicht nach lebenslänglich behalten. Lorenz hat keinen einzigen Fall von Rangänderung durch Unzufriedenheit von unten beobachtet.

Wie der Bauer weiß, hat jeder Hühnerhof seine Hackordnung, denn bei den Hühnern gibt es ebenso wie bei den Dohlen eine Hierarchie, und der Rang des jeweiligen Huhnes entscheidet über das Hackrecht. Wer darf wen hacken? Kein Huhn darf ein anderes hacken, das einen höheren Rang einnimmt. Das bezeichnet man in der Zoologie als eine geradlinige Rangordnung. Das ranghohe Huhn darf an der Futterschüssel nach rechts und links hacken; aber überall gibt es auch das armselige Geschöpf, nach dem alle hacken, ohne daß es sich wehren darf.

Verglichen mit der Dohle ist das Huhn ein primitives Tier, und die Hühnerhofgesellschaft ist eine künstliche Sache. Die Dohle stellt ihre Rangordnung nicht auf, um Streitigkeiten zu nähren, sondern um sie zu verhindern. Der unvernünftige Autokrat des Hühnerhofs mag bei jeder Gelegenheit mit seinem Rang auftrumpfen und seinen Zorn an den Schwachen auslassen. Die ranghohe Dohle läßt sich selten zu solchem Benehmen herab. Wenn sie in einen Streit unter dem niedrigen Volk eingreift, dann meist nur, um ihn zu schlichten.

Es scheint zu den Anstandsregeln der Dohlen zu gehören, daß man zwar mit rangähnlichen Artgenossen streiten kann, nicht aber mit viel tieferstehenden. Nummer vier mag mit Nummer fünf oder Nummer sechs streiten, keinesfalls aber mit Nummer zehn. Es ist bemerkenswert, daß ranghohe Dohlen, unmittelbar nachdem sie ihre gehobene Stellung erreicht haben, ein Gefühl für soziale Verantwortung entwickeln. Carpenter hat das gleiche bei Rhesusaffen beobachtet. Die ranghohe Dohle ist über das Gezänk der Masse erhaben. Zwischen Nummer eins, zwei und drei mag es gewisse Unstimmigkeiten geben; auf Streitigkeiten mit den niederen Rängen lassen sie sich nicht ein. Wohl greift ein solcher Aristokrat gelegentlich in einen Streit zwischen Tieferstehenden ein, aber unweigerlich nimmt er Partei für jenen der beiden Gegner, der den niedrigeren Rang innehat. Es ist, als bediene er sich seiner Stellung intuitiv zum Ausgleich der Machtverhältnisse. Lorenz kann für dieses Verhalten keine Erklärung finden. Aber da es sich meist um Streitigkeiten wegen eines Nistplatzes handelt, nimmt er an, die ranghohe Dohle sorge dafür, daß alle Mitglieder der Gemeinschaft zu halbwegs befriedigenden Nistplätzen gelangen, indem sie für die auf der Rangliste am tiefsten stehenden Vögel Partei ergreift.

Dohlen paaren sich für das ganze Leben, und sie verloben sich wie die meisten Vögel, die dieser Sitte huldigen, schon vor der Geschlechtsreife. Wildgänse paaren sich im ersten Frühling nach ihrer Geburt, obwohl sie erst ein Jahr später geschlechtsreif werden. Ebenso halten es die Dohlen. Die jungen Männchen haben ihre Rangordnungskämpfe hinter sich, wenn sie sich zu paaren beginnen, und das erkorene Weibchen nimmt sogleich die soziale Stellung seines Gefährten an. Die Rechte, die er besitzt, und die Schranken, die ihm gesetzt sind, werden auch von seiner Partnerin übernommen. Ihr ganzes Leben lang werden die beiden ihre soziale Stellung gemeinsam gegen jeden Angriff, der selten genug vorkommt, verteidigen. Findet ein Weibchen jedoch keinen Mann, so ist das eine traurige Geschichte. Es bleibt als ein armseliger Niemand am äußersten Rande der Gesellschaft. Zur Nahrung und zum Nest wird es als letztes zugelassen; jeder hackt nach ihm, jeder verachtet es; kein Aristokrat läßt sich dazu herab, es zu verteidigen, denn es kann nicht die geringste Macht in die Waagschale werfen. Niemand ist da, der tiefer stünde, an dem es Enttäuschung und Verbitterung auslassen könnte. Man kann den Kampf der Dohlen um einen Rang, und sei er auch noch so niedrig, verstehen, wenn man das Los solcher rangloser Parias betrachtet. Die alte Dohlenjungfer hat nichts, worauf sie sich freuen könnte, nicht einmal darauf, vielleicht eines Tages auf der Couch eines Dohlenpsychoanalytikers liegen zu dürfen.

Eines dieser armen überzähligen Weibchen bildete den Anlaß, daß sich Konrad Lorenz der ganzen Strenge des sozialen Kodex der Dohlen bewußt wurde.

Lorenz zog eine Gruppe von Dohlen vom Ei an auf. In dem Monat vor der Paarung, als die Rangordnung noch nicht völlig etabliert war, verschwand eines der stärksten Männchen. Zuerst dachte Lorenz, der Vogel sei auf ein Abenteuer ausgegangen und werde zurückkehren. Aber als Wochen vergingen, ohne daß er auftauchte, nahm Lorenz an, er sei einem Habicht zum Opfer gefallen, und schrieb ihn ab.

Die Gruppe setzte ihren Wettstreit um die Rangordnung fort, und die Hierarchie wurde festgelegt. Ein starkes, schönes Männchen sicherte sich den ersten Rang. Nummer zwei stritt noch eine Weile mit ihm und fand sich dann mit der Rolle des Vizepräsidenten ab. Die restliche Rangverteilung ging nun rasch vonstatten, bis jedes Männchen seinen Platz hatte. Dann begann die Paarung. Ebenso wie sich ehrbare weibliche Wesen einer individualistischen Spezies bei der Wahl des Gatten von dem Territorium des Zukünftigen beeindrucken lassen, so trachten ehrbare weibliche Wesen einer sozialen Spezies, einen Gefährten von hohem Rang zu erobern. Nummer eins tat sich mit einem kräftigen jungen Weibchen zusammen, und die beiden waren ein schönes Paar. Die rangniedrigeren Männchen wählten der Reihe nach die ihrer Stellung am besten entsprechenden Partnerinnen, und als die Paarbildung beendet war, blieben zwei kümmerliche Weibchen übrig.

Das geschah im Frühling; die Begattung würde erst im nächsten Jahr stattfinden. Die junge Dohlensozietät widmete sich dem Geschäft des Heranreifens, das darin bestand, Nahrung zu suchen, das Gefieder zu glätten, sich zu sonnen, zu wachsen, die Lebensgefährtin zu lobpreisen und die Feinde zu beschimpfen. Die ranghohen Dohlen hielten sich, ihrer aristokratischen Stellung entsprechend, fern von der Masse. Der Mittelstand hackte die kleinen Leute, und die kleinen Leute hackten die unseligen alten Jungfern. Dann kehrte der verschwundene Vogel zurück. Er war keinem Habicht zum Opfer gefallen, sondern bloß seiner Wanderlust gefolgt. Wo er sich herumgetrieben hatte, ahnte Lorenz nicht. Aber da war er nach sechs Monaten zurückgekehrt in eine Gemeinschaft, in der die soziale Ordnung hergestellt und die Paarung vollzogen war. Zuerst trieb der Instinkt den Heimkehrer zur Lösung des Rangproblems. Er fixierte Nummer eins mit hartem, metallischem Blick.

Es kam nur zu wenigen offenen Kämpfen zwischen den beiden Vögeln. Sie fraßen gemeinsam; sie saßen nebeneinander auf demselben Zweig; sie fixierten einander. Lorenz ist der Ansicht, daß bei der Herstellung des Rangordnungsverhältnisses zwischen zwei Tieren Energie, Mut und Selbstsicherheit eine ebenso große Rolle spielen wie Körperkraft. Vielleicht verliehen dem Heimkehrer die Abenteuer, die er in fernen Gegenden bestanden hatte, eine Selbstsicherheit, mit der der Daheimgebliebene nicht wetteifern konnte. Was in diesem mit Würde geführten Kampf den Ausschlag gab, war nicht festzustellen. Aber am zweiten Tag war alles entschieden: Nummer eins war Nummer zwei geworden und der Heimkehrer Nummer eins.

Das Rangordnungsproblem war gelöst. Blieb noch das Paarungsproblem. Das neue Oberhaupt nahm im Moment seines Aufstiegs die ganze aristokratische Würde an, die seine Stellung erforderte. Aber es fehlte ihm eine First Lady. Keines der Weibchen, die bereits einen Gefährten hatten, kam in Frage, denn Dohlen sind treu. Dem neuen Herrscher blieb nur ein Ausweg, und er beschritt ihn mit Würde: Er paarte sich mit einem der beiden Mauerblümchen.

Das Weibchen nimmt, wie wir wissen, den Rang seines Lebensgefährten an. In einem einzigen märchenhaften Augenblick wurde die kümmerliche alte Jungfer zur Fürstin, stieg das verachtete Nichts vom untersten Ende der Hackordnung zur Spitze auf. Der gläserne Pantoffel paßte. Die goldene Hochzeitskutsche wartete. Und noch viele Generationen werden sich vielleicht das Märchen vom armen Aschenbrödel erzählen, das der Prinz heimgeführt hat. Vorbei die Zeit, da es von allen gehackt werden durfte, zuallerletzt zum Futter und zum Nest zugelassen, verachtet, verhöhnt, umhergestoßen, von niemandem geliebt oder verteidigt, von keinem gefürchtet und von allen abgelehnt wurde. Diese Zeit konnte nun für immer vergessen werden. Aber vergaß das Weibchen sie? Keineswegs!

In der Wirklichkeit geht es anders zu als im Märchen. Die Gattin von Nummer eins wurde die schlimmste aller Neureichen, die es in der Geschichte der Dohlengesellschaft jemals gab. Sie behandelte alle andern mit Verachtung, stieß sie umher, zankte, schalt, spreizte ihr kümmerliches Gefieder, schlug mit den knochigen Flügeln und hackte, hackte, hackte. Ihr Gatte hatte sich im Moment seines Aufstiegs in die Rolle des Aristokraten hineingefunden. Sie pochte vom Augenblick ihrer Rangerhöhung an ausschließlich auf ihre Rechte, entschlossen, sich kein einziges entgehen zu lassen. Es dauerte ein Jahr, bis sie halbwegs zur Ruhe kam.

Nur ein Faktor des sozialen Verhaltens war nach Ansicht von Konrad Lorenz noch bemerkenswerter als der Anspruch, den das bisher zurückgesetzte Weibchen sofort und intuitiv auf alle ihm durch seine neue Stellung zustehenden Rechte erhob, und zwar die augenblickliche und ebenfalls intuitive Anpassung der andern Dohlen an die neue soziale Situation, der sie sich gegenübersahen. Das Geschöpf, das von allen gehackt worden war, durfte nun von niemandem gehackt werden. Das Getue des Weibchens war völlig überflüssig. Vielleicht diente das Hacken und Sichspreizen dazu, die Enttäuschung und Verbitterung des früheren unglücklichen Lebens zu kompensieren; um den anderen die Großartigkeit der neuen Stellung vor Augen zu führen, war das alles unnötig. Denn jedes Mitglied der Dohlengemeinschaft kannte aus uraltem Instinkt seinen neuen Platz und wußte, was es der Gattin von Nummer eins schuldig war.

Bei den Präriehühnern im Westen Amerikas gibt es eine merkwürdige Einrichtung, den sogenannten Paradeplatz. Ein Gebiet von etwa 800 Meter Länge und einigen hundert Metern Breite dient den Männchen dazu, die hierarchische Ordnung festzulegen und ihren Rang zur Schau zu stellen. Der Kampf der Rivalen weist große Ähnlichkeit mit dem Balztanz der Birkhähne auf, wie er von englischen Ornithologen beschrieben wurde. Ein Bericht von W. C. Allee über die Balz der Präriehähne zeigt, mit welcher Exaktheit die natürliche Auslese dafür sorgt, daß nur bestimmte männliche Gene an die nächste Generation weitergegeben werden. Allees Beobachtungen erstreckten sich auf ungefähr 800 Vögel. Nachdem die Männchen auf dem Paradeplatz die Rangeinstufung vorgenommen hatten, versammelten sich die Hennen an fünf Paarungsplätzen, deren jeder die Größe eines Zimmers hatte. Aus der Rangeinstufung waren 1 Prozent der Männchen als Hähne erster Klasse (wie Allee sie nennt) und 2 Prozent als Hähne zweiter Klasse hervorgegangen. Die Begattung fand *ausschließlich* über Aufforderung der Henne statt. Mit andern Worten: Der nächste Schritt der natürlichen Auslese bestand im Recht des Weibchens auf die Gattenwahl. Und das Ergebnis dieser Wahl war, daß 74 Prozent aller Paarungen mit Hähnen erster Klasse vor sich gingen, also mit einem Prozent der Gesamtzahl der Männchen, und 13 Prozent mit Hähnen zweiter Klasse, die 2 Prozent der vorhandenen Männchen repräsentierten. Die Rangordnung hatte dafür gesorgt, daß 87 Prozent der nächsten Generation von nur 3 Prozent der Männchen gezeugt wurden.

Die Ugandaantilope gehört zu den schönsten afrikanischen Antilopenarten und zu den wenigen, die zumindest oberflächlich erforscht sind. Auf den weiten Ebenen des Queen Elizabeth Park tauchen überall die langen, graziösen Hälse dieser Tiere aus dem hohen Gras auf, wie Periskope von Unterseebooten. Die Auslesewirkung der Rangordnung kann man an der Ugandaantilope ebensogut studieren, wie es Allee an den Präriehühnern in Wyoming gelungen ist.

Eine große, über ein weites Gebiet verstreute Herde von Ugandaantilopen ist in mehrere Familiengruppen unterteilt, deren jede ein Territorium besitzt. Daneben gibt es Gruppen von überzähligen rangniedrigen Männchen, zu denen sowohl junge und ehrgeizige wie erwachsene, im Rangwettstreit unterlegene Böcke gehören. Die Familiengruppe besteht immer aus einem Leitbock und 12 bis 15 Tieren. In sexueller Beziehung besitzt der Leitbock das ausschließliche Privileg, während er in bezug auf die Verteidigung der Herde seine Verantwortlichkeit mit drei oder vier Unterführern teilt. Diese zweitrangigen Böcke halten an den äußersten Enden des Territoriums Wache. Im Gegensatz zu den zweitrangigen Präriehähnen haben sie keinerlei sexuelle Rechte. Aber sobald sich der Leitbock in seiner Eigenschaft als oberster Führer den geringsten Fehler zuschulden kommen läßt, wird er von einem der Unterführer angegriffen. Gelingt es ihm nicht, den Angriff erfolgreich abzuwehren, so sieht er sich in die Gruppe der überzähligen Männchen verwiesen, und der siegreiche Unterführer tritt an seine Stelle. Gleichzeitig beginnt unter den jungen und ehrgeizigen Männchen ein Wettstreit um die frei gewordene Unterführerstelle. Die natürliche Auslese hat den Territoriums- und den Rangordnungsinstinkt zu einer hierarchisch geordneten Gesellschaft verwoben, was zur Folge hat, daß sowohl die bestmögliche Verteidigung gegen den Löwen als auch die bestmögliche Erbmasse für die Nachkommenschaft gesichert sind.

In seinen Folgen für die Fortpflanzung unterscheidet sich der durch die Rangordnung zustande kommende Ausleseprozeß nur wenig von der durch das Territorium bewirkten Auslese. Eine Herde männlicher Seehunde landet auf einer entlegenen Felseninsel im Pazifik, zu der sich außer Seehunden kein Lebewesen hingezogen fühlt. Der Kampf um das Territorium beginnt. Auf Kraft, Kampflust, Mut und Entschlossenheit stehen als Preis die besten Territorien. Wenn die Weibchen landen, ist der Kampf bereits entschieden. Die Größe des Harems, den sich ein Männchen zulegt, steht in direktem Verhältnis zu seinem Landbesitz.

Eine Horde Paviane besitzt ein gemeinsames Territorium. Aber innerhalb der Gruppe sorgt der Rangordnungstrieb für die Auslese zwischen den Männchen. Kraft, Kampflust, Mut und Entschlossenheit werden durch die höchsten Ränge belohnt, und der Harem jedes Männchens entspricht an Umfang der Anziehungskraft seines Ranges.

Aber der Rang entscheidet keineswegs bloß über das Glück bei Frauen. Als das Dohlenmännchen von seiner Reise zurückkehrte, richtete es seine Aufmerksamkeit zuerst auf die soziale Stellung und dann erst auf die Wahl einer Gefährtin. Das war keine durch den Mangel an verfügbarer Weiblichkeit bedingte persönliche Entscheidung. Bei jedem sozialen Tier spielt der Rang die Hauptrolle, denn der Rang bedeutet alles. Wer hat als erster Zutritt zur Nahrung? Auf wen hört man, wen ignoriert man? Wer darf andere hacken, wer wird gehackt? All dies hängt davon ab, welchen Rang man zu erwerben vermag.

Als der »Affenhügel« im Londoner Zoo eingerichtet wurde, waren seine Bewohner hauptsächlich Männchen. Es handelte sich um die Hamadryasart aus Abessinien und aus dem Sudan. Diese Tiere sehen mit ihren langen Mähnen und dem durchdringenden Blick so würdevoll aus wie gewisse altmodische Provinzpolitiker, die bei öffentlichen Anlässen einige abgedroschene Phrasen von sich geben. Sie haben nur wenig Ähnlichkeit mit den kleinen, südafrikanischen Chacmapavianen, die mit ihren wie kahlgeschoren wirkenden Schädeln an eben entsprungene Sträflinge erinnern. Aber Pavian bleibt Pavian. Mag er sich auch mit Hilfe einer wehenden Mähne ein achtbares Aussehen zulegen – sobald die sexuelle Verlockung an ihn herantritt, ist es mit seiner Würde zu Ende.

Zuckerman hat beobachtet, was geschah, als 30 erwachsene Weibchen in die Kolonie der würdevollen Pavianmännchen eingebracht wurden. Der Aufruhr erschütterte den ganzen Zoo. Innerhalb von vier Wochen hatte die Hälfte der Weibchen in dem Tumult das Leben eingebüßt. Der künstlich organisierten Sozietät der Männchen fehlte die strenge Rangordnung, die eine solche Sterblichkeitsziffer in freier Wildbahn unmöglich gemacht hätte. Aber es ist bezeichnend für den unerschütterlich praktischen Sinn des männlichen Tieres, daß bei dem wilden Zusammenprall erbitterter Paviane, die nach guter alter Tradition um weibliche Gunst kämpften, die Weibchen den Preis zu zahlen hatten und nicht die Männchen. Während 15 von 30 Weibchen im Kampf der Geschlechter getötet wurden, bezahlten von 56 Männchen nur 3 oder 4 mit dem Leben.

Mit der Zeit setzte sich im Affengehege eine bessere Organisation durch, und eine strengere Rangordnung rettete den übriggebliebenen Weibchen das Leben. Einige Männchen stiegen zu so hohem Ansehen empor, daß sie sich einen Harem zulegen konnten. Aber natürlich stand ihnen dauernd eine Horde von Junggesellen feindlich gegenüber. Sexuelle Rivalenkämpfe waren nicht selten. Zuckerman hat einen solchen Kampf in allen Einzelheiten beschrieben, und wenn wir seinen Bericht heute aufmerksam lesen, erkennen wir, daß der Pascha nicht um das Weibchen kämpfte, sondern um seinen Rang.

In einen Sexualkampf zwischen in Gefangenschaft lebenden Pavianen sind alle Männchen verwickelt. In der Regel kündigt sich ein solcher Konflikt schon einige Tage vor seinem tatsächlichen Ausbruch an. Einer der Junggesellen beginnt ein Weibchen zu verfolgen, wobei er nicht versäumt, ein wachsames Auge auf dessen Herrn und Gebieter zu richten. Das Weibchen bleibt passiv. Früher oder später wird die Sache dem Pascha zu dumm, und er schlägt den Junggesellen in die Flucht. Damit ist die erste Phase beendet. Aber wenn tatsächlich ein Sexualkampf in der Luft liegt, erfaßt alle Männchen ein gewisser Hang zur Rebellion. Die Spannung wächst von Tag zu Tag. Junggesellen, die sich bisher an ihre Plätze hielten, fangen an, sich den Weibchen des Paschas zu nähern. Die Weibchen versuchen sie zu ignorieren; nicht so der Pascha. Die Erregung steigert sich. Und eines Tages bemächtigt sich ein Junggeselle eines Weibchens. Der Aufruhr ist da; die Junggesellen fallen über den Harem her. Von da an konzentriert der Pascha seine Aufmerksamkeit ausschließlich auf die Männchen. Es ist ihm völlig gleichgültig, ob sich ein Junggeselle eines der Weibchen bemächtigt und es begattet oder ob mehrere Junggesellen um ein Weibchen, das sie vom Harem abgedrängt haben, kämpfen. (In einem solchen Kampf wird das Weibchen meist getötet.) Das alles interessiert den Pascha nicht im geringsten. Er kämpft einzig und allein um seinen Rang.

Die Macht der Rangordnung ist so enorm, daß ein einziger ranghoher Pavian imstande ist, den Attacken der vereinten Junggesellen tagelang standzuhalten, die ihn im Nu töten könnten, wenn das Bewußtsein ihres niedrigen Ranges sie nicht zurückhielte. Schließlich siegt der Pascha und behält dadurch seine Stellung und die überlebenden Mitglieder seines Harems. Oder er unterliegt und verliert damit alles. Er tritt in die Reihen der rechtlosen Junggesellen ein. Selten, ja fast nie, verliert der abgesetzte Despot sein Leben.

Zuckerman kam auf Grund der geschilderten Beobachtungen zu dem Schluß, daß der Geschlechtstrieb der Hauptbeweggrund für die Errichtung der Primatensozietäten sei. Aber unsere heutigen Erkenntnisse über das Verhalten der Primaten in ihrer natürlichen Umgebung führen zu einer ganz andern Deutung der im Londoner Zoo gemachten Beobachtungen. Selbst unter den anormalen Bedingungen der Gefangenschaft, die dem mit einem starken Sexualtrieb ausgestatteten Pavian die natürliche Abreaktion für alle sein Verhalten lenkenden komplexen Instinkte versagen, wird er eher um seinen Rang kämpfen als um sexuelle Befriedigung. Unter natürlichen Bedingungen machen Nahrungssuche,

Verteidigung gegen Feinde, Aufzucht und Schutz der Jungen sowie Bewachung des Territoriums Sexualkämpfe wie die von Zukkerman geschilderten selbstverständlich völlig unmöglich.

Eugène Marais hat drei Jahre lang in der Einsamkeit des Waterberggebiets in Transvaal Paviane studiert und keinen einzigen Kampf beobachtet, der sexuelle Ursachen hatte. Seine Herde von 300 Pavianen hatte mehr für Monogamie übrig, als dies bei Pavianen für gewöhnlich der Fall ist. (Bolwig ist der Ansicht, daß die sozialen Gewohnheiten der Paviane von Horde zu Horde verschieden seien, ebenso wie menschliche Sitten und Gebräuche von Stamm zu Stamm variieren.) Die von Marais beobachteten Paviane hatten daher einen besseren Ausgleich zwischen ranghohen Haremsbesitzern und rangniedrigeren Junggesellen zustande gebracht als die Kolonie im Londoner Zoo. Nichtsdestoweniger gab es viele weibchenlose Junggesellen, und es kam auch gelegentlich zu Meinungsverschiedenheiten. Aber ein Aufstand der sexuell Unterprivilegierten gegen ein ranghohes Tier, in dessen Verlauf Weibchen getötet werden, wäre undenkbar gewesen.

Meines Wissens gibt es keinen Bericht über das sexuelle Verhalten von in Freiheit lebenden Pavianen, in dem etwas den Vorgängen im Londoner Zoo auch nur annähernd Vergleichbares geschildert würde. Unter normalen Verhältnissen legt das Pavianmännchen nicht einmal besonders großen Wert auf ausschließliche sexuelle Herrschaft. Bolwig konnte den ganz außergewöhnlichen Fall beobachten, daß sich ein Weibchen innerhalb einer Stunde mit sechs verschiedenen Männchen dreißigmal paarte und dann mit dem jüngsten der sechs im Busch verschwand. Der Herr und Gebieter des Weibchens hatte sich ebenfalls an den Vergnügungen beteiligt, ansonsten aber ungerührt zugeschaut. Er betrachtete die munteren Vorgänge offenbar nicht als Beeinträchtigung seiner Autorität. Dieselbe Gleichgültigkeit ist bei den äußerst herrschsüchtigen Berggorillas anzutreffen.

Bei Tieren, die unter natürlichen Bedingungen leben, wird der höchste Gebieter, auch wenn ihm seine dominierende Stellung streitig gemacht wird, fast nie gestürzt. Der Inhaber eines hohen Ranges verfügt über geheimnisvolle Kräfte, ebenso wie der Besitzer eines Territoriums, und da fast jeder Streit zugunsten des Ranghöchsten entschieden werden muß, sind Streitigkeiten selten und meist eher geringfügiger Natur.

Das junge heranreifende Männchen in der Einfamiliengesellschaft der Gibbons zum Beispiel wird niemals versuchen, seinen Vater der Vorherrschaft zu berauben. Sobald die Zeit herankommt, da derartiges in den Bereich der Möglichkeit rücken könnte, verläßt der junge Gibbon die Gruppe, um sein Glück in der weiten Welt zu suchen. Entweder wird er ein Weibchen finden und eine Familie gründen oder als Einzelgänger leben.

Was die Primaten betrifft, so ist die Geschichte vom gestürzten und ins Exil verbannten Tyrannen ein Märchen. In Zentralafrika kann man allein lebenden jungen Schimpansen begegnen, aber selten einem alten Einzelgänger. Bei den Brüllaffen in Mittelamerika kommt es vor, daß ein Einzelgänger am Rande des Territoriums einer Sozietät auftaucht. Er wird beschimpft oder tätlich angegriffen und wieder und wieder verjagt. Aber wenn er genügend entschlossen ist, erscheint er eben von neuem, und manchmal wird er vielleicht nach Monaten in die Herde aufgenommen. Es ist jedoch stets ein junger Brüllaffe, der so allein durch die Wälder zieht; die alten mögen wohl um einige Stufen im Rang sinken, aber sie bleiben in der Gemeinschaft, der sie ihr Leben lang angehört haben.

Bei den Pavianen sind die Alten aus irgendwelchen Gründen besonders angesehen. Die von Marais beobachtete Gruppe erkannte ihren Alten besondere Autorität zu. Tiere, die weit über die Blüte der Jahre hinaus waren, besaßen offensichtlich großen Einfluß auf das Verhalten der Horde und hatten manchmal Entscheidungen delikatester Natur zu treffen.

Bei den Pavianen ist es üblich, daß sich ein schwangeres Weibchen, wenn es seine Stunde herannahen fühlt, in die Verborgenheit zurückzieht, ein Brauch, der von der Gruppe streng respektiert wird. Noch nie wurde ein in Freiheit lebendes Pavianweibchen beim Werfen beobachtet, so gut gelingt es ihm, sich zu verstecken. Nur der Lebensgefährte begleitet es, aber ob er andere als moralische Hilfe leistet, wissen wir nicht. Die beiden verbergen sich vor den Augen der Artgenossen ebenso sorgfältig wie vor den Augen der Menschen. Aber durch eine Verkettung unglücklicher Zufälle hätte ein Weibchen in der von Marais beobachteten Herde beinahe alle Gesetze umgestoßen.

Ob dieses Weibchen zu plötzlich von Wehen überfallen wurde oder ob seine Suche nach einem verborgenen Plätzchen infolge angeborener Unentschlossenheit allzulange gedauert hatte, wußte Marais natürlich nicht. Aber eines Morgens, gerade zu der Zeit, da die Herde ihre Futterplätze aufzusuchen pflegte, war der Augenblick plötzlich da. Das Weibchen rannte, gefolgt von seinem Gefährten, ein Stück bergauf, bis ein kleiner Felsblock es den Blicken der Herde entzog. Aber hinter dem Felsblock blieb ihm keine Zeit mehr. Es vermochte gerade noch unter ein spärlich belaubtes Gebüsch zu schlüpfen, das Männchen folgte nach, und schon kam die Herde die Anhöhe herauf.

Das Gebüsch, unter dem das Weibchen lag, stand mitten auf dem Weg zum Futterplatz. Marais beobachtete die Szene durch den Feldstecher. Die Herde wußte nicht, was sie tun sollte. Das Gebüsch war so spärlich belaubt, daß ein Weitergehen eine nicht wiedergutzumachende Verletzung des Rechtes auf Verborgenheit bedeutet hätte. 300 Paviane – ranghohe Männchen, rangniedrige Junggesellen, Weibchen, Halbwüchsige, Junge und Alte – traten verstört und unschlüssig auf der Stelle. Im sozialen Verhaltenskodex der Paviane gab es nichts, das dem einzelnen Tier hätte sagen können, was in dieser unerwarteten Situation zu tun sei.

Dann sah Marais, daß sich die Ältesten von der Herde absonderten. Dergleichen hatte er schon oft beobachtet. Eine Zeitlang hockten die alten Männchen beisammen, liefen hin und her, kratzten sich. Plötzlich setzten sie sich als geschlossene Gruppe in Bewegung und schlugen eine Richtung ein, die nicht dem normalen Weg zum Futterplatz entsprach. Die Alten mit ihrem unverminderten Ansehen hatten die Führung übernommen, und ihr Einfluß war so groß, daß ihnen die hungrige Herde ohne den geringsten Protest auf dem ungewohnten Weg folgte. Er führte wohl zum Futterplatz, aber über eine schwierige Steigung und mit einem Umweg von ungefähr zwei Stunden.

Die Löwensozietät ist so fest verbunden wie nur irgendeine in der Natur. Aber sie kann keinesfalls auf Sexualität gegründet sein, denn die Löwin kommt nur zu bestimmten Zeiten in Hitze. Sie kann nicht auf der Verteidigung gegen Feinde beruhen, denn der Löwe fürchtet kein Geschöpf außer dem Menschen. Sie kann nicht der Pflege und Erziehung der Jungen gewidmet sein, denn die jungen Löwen werden wohl im Töten der Beutetiere unterwiesen, ansonsten sind sie jedoch vom Augenblick der Entwöhnung an auf sich selbst gestellt. Schließlich wird die Löwensozietät meiner Ansicht nach auch nicht durch das Territorium zusammengehalten. Der Löwe ist zwar ein soziales Tier und läßt im Gegensatz zu den Nichtraubtieren häufig sein Leben im Kampf um das Territorium. Aber das Jagdrevier des Rudels, seinem Wesen nach eine eher abstrakte Sache, scheint mehr der Ausdruck des sozialen Zusammenhalts zu sein als dessen Ursache.

Ein Löwenrudel ist eine Jagdgemeinschaft, und in dieser Tatsache allein liegt der Grund für sein Bestehen. Sein Zusammenhalt wird hauptsächlich durch die außerordentlich stark ausgeprägte Vorherrschaft des Männchens bewirkt.

Als Jäger hat der Löwe eine Schwäche. Zwar übertrifft er an Kraft und Geschwindigkeit des Zuschlagens jedes andere Raubtier, doch vermag er weder sehr schnell noch besonders ausdauernd zu laufen. Der Gepard läuft schneller als jedes andere Tier der Welt, und deshalb jagt er zu zweit oder höchstens zu dritt. Der Löwe jedoch kann sich an Schnelligkeit mit keinem seiner liebsten Beutetiere messen, weder mit dem Zebra noch mit dem Impala, dem Gnu oder dem Wasserbock. Daher muß er seine Beute überlisten und sich vor allem einer klugen Taktik bedienen. Ein Löwenrudel ist eine ebensolche taktische Einheit wie eine Schlachtflotte, und sein Anführer muß daher über die gleiche unbestrittene Autorität verfügen wie ein Admiral.

Der männliche Löwe tötet selten selbst. Dieses Vergnügen überläßt er der Löwin. Bei einem Jagdzug hält sich das Männchen in der Mitte, zu beiden Seiten flankiert von Weibchen, die ein gutes Stück vor ihm gehen. Dem Männchen obliegt es, das Wild aufzuscheuchen und es in die Reichweite des nächst befindlichen Weibchens zu treiben. Ich habe in anderem Zusammenhang erwähnt, daß das Brüllen des Löwen meiner Ansicht nach nicht dazu dient, einen territorialen Anspruch geltend zu machen. Das furchterregende, markerschütternde Gebrüll hat vielmehr, wie ich glaube, einen doppelten Zweck: Einerseits erschreckt und verwirrt es das Beutetier, und anderseits verrät es den lautlos schleichenden Löwinnen, wo sich das Männchen befindet.

Wer da meinen sollte, daß dem Löwen mit dieser Deutung ein taktisches Raffinement zugeschrieben werde, das über tierische Fähigkeiten hinausgeht, der unterschätzt den König der Tiere. Entlang der Lower-Sabie-Straße wird der Krüger-Park seit einer Generation tagtäglich von zahllosen Touristenautos durchquert. Die Löwen haben nicht lange gebraucht, um das Auto in ihre Jagdtaktik einzubeziehen. Oft genug sehen die Insassen mit staunender Bewunderung, wie geschickt die Löwin am Straßenrand das Auto als Deckung benützt, um sich an die Beute anzuschleichen. So manche besonders gelungene Aufnahme, die der Tourist nach Hause bringt, ist eher der Klugheit der Löwin zu verdanken als der Geschicklichkeit des Fotografen.

In welch erstaunlichem Maß der Löwe seine Jagdtaktik den gegebenen Umständen anzupassen versteht, hat sich gezeigt, als die südafrikanische Regierung im Jahre 1960 einen 300 Kilometer langen Zaun an der Westgrenze des Krüger-Parks errichten ließ, um das Vieh auf den Weiden der angrenzenden Farmen zu schützen. Innerhalb von drei Monaten hatten die Löwen gelernt, die Gnus an den Zaun zu treiben.

Die Wildhüter der Reservation hatten sich den Kopf zerbrochen, wie sie die Antilopenherden davon abhalten könnten, den Zaun zu zertrümmern. Jetzt verlassen sie sich darauf, daß die Löwen die Antilopen lehren werden, den Zaun zu meiden.

Die taktische Kühnheit, Geschicklichkeit und Schlauheit des jagenden Löwenrudels wurde, wie wir annehmen dürfen, von der Kühnheit, Geschicklichkeit und Schlauheit der Jägerhorden des *Australopithecus* übertroffen. Aber in der heutigen Raubtierwelt ist dem Löwen kein Geschöpf überlegen, außer natürlich der Mensch. Und deshalb ist der Löwe von so enormer Bedeutung für den Forscher, der sich mit den im Tierreich wurzelnden menschlichen Verhaltensweisen befaßt.

Wie bereits bemerkt, haben wir in der Dominanz des Männchens jene Kraft zu sehen, von der das Jagdrudel zusammengeschweißt wird. Die Vorherrschaft des Männchens ist derart überragend, daß das Weibchen, obwohl ihm das Töten überlassen ist, unweigerlich von der Beute zurücktritt, auch wenn es noch so hungrig ist. Erst stillt das Männchen in Ruhe seinen Hunger, während das Rudel geduldig wartet. Dann kommen die Weibchen, die den zweiten Rang einnehmen, an die Reihe. Die jungen Löwen, die in der Hackordnung an letzter Stelle stehen, müssen immer noch warten.

Die Dominanz ist der einzige unter den mächtigen Naturtrieben, der vom Standpunkt der natürlichen Auslese über sein Ziel hinausschießen kann. Während das Territorium stets einen die Interessen des Individuums und der Spezies fördernden Faktor bildet und während für im Naturzustand lebende Geschöpfe die Gesellschaft das wirksamste Instrument des Überlebens darstellt, kann eine überentwickelte Dominanz Schaden anrichten, indem sie eben jenes natürliche Gleichgewicht stört, auf dessen Aufrechterhaltung andererseits so große Sorgfalt verwendet wird. Die bestürzend hohe Sterblichkeitsziffer junger Löwen zum Beispiel, die im Krüger-Park beobachtet wurde, liegt weder im langfristigen Interesse der natürlichen Auslese noch im kurzfristigen Interesse des Rudels. Und doch liegt die Ursache für diese hohe Sterblichkeitsziffer in dem Konflikt zwischen dem Appetit der Junglöwen und dem strengen Gebot der Rangordnung, das die Jungen als letzte zum Futter läßt.

Daß für das Sterben der Jungtiere sowohl Löwen wie Löwinnen verantwortlich sind, ist ein Beweis für die hohe Bedeutung, die der Rangordnung im Jagdleben zukommt. Doch darf man nicht vergessen, daß die Natur bei weniger mörderischen Arten intuitive Schutzmaßnahmen entwickelt hat, um einen an sich wertvollen Trieb in Schach zu halten.

Der Löwe bietet uns noch ein weiteres Beispiel für ein die Interessen der Art schädigendes soziales Verhalten, das ebenfalls auf die übertriebene Strenge der Rangordnung zurückzuführen sein dürfte. Es handelt sich um den Umfang der jagenden Gruppe. Wir wissen so wenig von der Lebensweise des Löwen, daß wir noch immer annehmen, ein Jagdrudel sei auf die Familieneinheit beschränkt. Aber dem ist nicht so. Wie groß ein Löwenrudel sein kann, kam mir eines Morgens im Rutshurutal des Kongo auf erschreckende Art zum Bewußtsein.

Es war noch sehr früh. In der ersten Morgendämmerung tanzten Nebelschwaden wie nächtliche Gespenster über dem Fluß, zwischen den Bäumen an seinen Ufern und über der halbkreisförmigen grasbewachsenen Ebene, die von einer Schleife des Flusses begrenzt wurde. Meine Frau und ich standen auf einer Anhöhe und blickten auf das natürliche Amphitheater hinunter. Ein einzelnes Flußpferd graste friedlich in der Ebene. Ein Dutzend Elefanten wanderte, Zweige von den Bäumen rupfend, langsam das Flußufer entlang.

Und dann tauchte aus dem Dickicht, keine 200 Meter von uns entfernt, ein Rudel von 14 Löwen auf. Lautlos traten sie hervor, Schulter an Schulter, zwei oder drei an der Spitze, die Augen auf das Flußpferd gerichtet.

Es war ein Jagdrudel. Nur zwei oder drei Junge waren dabei, die von ihrer Mutter sogleich weggeführt wurden. Die übrigen elf erwachsenen oder fast erwachsenen Tiere kauerten sich ins Gras. Aber die Mörderbande flößte den menschlichen Beobachtern offenbar größeren Schrecken ein als dem Flußpferd. Das grasende Monstrum hob kurz den Kopf, warf aus seinen Periskopaugen einen Blick auf die Löwen und widmete sich wieder seinem späten

Frühstück. Während der nächsten zehn Minuten wanderte das Flußpferd, ohne auf einen Bissen Gras zu verzichten, langsam zum Fluß hinab und verschwand. Das Löwenrudel sah regungslos im Gras kauernd zu, wie ihm sein Festmahl entschwand. Selbst elf Löwen sind hilflos, sobald sie einmal erspäht wurden.

Auf den grasbewachsenen Ebenen oberhalb des Rutshuruflusses bleichen die fahlen Knochen getöteter Flußpferde wie die Wracks einer urzeitlichen Armada. Entgegen anderen Behauptungen greift der Löwe erwachsene Flußpferde an, und zwar regelmäßig und erfolgreich. Es ist verständlich, daß sich in von Flußpferden bewohnten Gegenden solche starken Rudel bilden wie das von uns beobachtete, denn sie können es wagen, ein so mächtiges Beutetier mit einem Minimum an Risiko anzugehen. Unter normalen Umständen jedoch wird sich ein Rudel dieses Umfanges einer stets spärlicher werdenden Beute gegenübersehen. Ein totes Gnu reicht nicht lange, wenn so viele Mäuler zu stopfen sind.

In der Krüger-Reservation liegen solche normalen Umstände vor. Der Büffel ist dort das gefährlichste Tier, auf das ein Löwenrudel Jagd machen kann. Es gibt jedoch nicht viele Büffel. Die üblichen Beutetiere sind Gnus und Impalas, und für diese Jagd erweist sich die normale Gruppe von einem Männchen und zwei bis drei Weibchen als ideal. Aber die im Krüger-Park beschäftigten Wissenschaftler und Wildhüter halten die Beobachtung, die ich im Kongo machte, durchaus nicht für ungewöhnlich. Rudel von 35 Tieren kommen häufig vor, und eines, das aus nicht weniger als 45 Löwen bestand, hat den Wildhütern in der Reservation graue Haare eingetragen, denn es vernichtete, einfach um leben zu können, alles Wild in dem von ihm beherrschten Revier und gefährdete dadurch das natürliche Gleichgewicht der verschiedenen Arten. Und da das Rudel fast nie voll gesättigt war, schien auch die Möglichkeit nicht ausgeschlossen, daß ihm ein unachtsamer Tourist zum Opfer fallen könnte. Zur Erleichterung der verantwortlichen Männer verschwand das betreffende Rudel vor kurzem, vermutlich nach Mozambique, so daß sich jetzt die Portugiesen mit diesem Problem zu beschäftigen haben.

Welche Kraft führt zur Bildung solch erschreckend großer, organisierter, taktisch geeinigter Raubtiergesellschaften, die allen

Gesetzen des Gleichgewichts in der Natur widersprechen? Ich kann, auf die Gefahr hin, der Vermenschlichung beschuldigt zu werden, nur annehmen, daß bei hochentwickelten Spezies von Beutejägern, wie beim Löwen oder beim frühen Menschen, der Rangordnungsinstinkt zu einer Kraft werden kann, die über das Ziel hinausschießt. Der Zufall einer außerordentlichen Herrscherbegabung eines bestimmten Löwenmännchens kann das Zusammenschweißen mehrerer Rudel zu einem Superrudel zur Folge haben und eine Jagdeinheit entstehen lassen, deren übersteigerte Leistungsfähigkeit letzten Endes zur Selbstvernichtung führt.

Ein Beispiel dafür, wie ein so übertrieben begabtes Männchen das Funktionieren einer Tiersozietät beeinflussen kann – in diesem Fall handelt es sich allerdings nicht um Raubtiere –, finden wir, wenn wir uns noch einmal dem Bericht von C. R. Carpenter über die Rhesusaffen zuwenden, die von Indien nach der Insel Santiago verpflanzt wurden.

Von allen Verallgemeinerungen, die man in bezug auf Verhaltenstendenzen bei Tieren vorbringen kann, beruht keine auf so umfassenden Beobachtungen wie Carpenters Schlußfolgerung, daß das einheimische Team fast immer siegt, wenn es von einer Invasion bedroht wird. Entlang den Grenzen des Territoriums kann und muß ständig gekämpft werden. In der Aggression gegen den Nachbarn darf es kein Nachlassen geben, und wenn man ihm an der Grenze begegnet, muß man ihm mit Raub, Plünderung und blutiger Invasion drohen. Aber wenn der Aufruhr vorüber ist und vielleicht hier und dort ein Schädel eingeschlagen wurde, ziehen sich beide Seiten dorthin zurück, woher sie gekommen sind.

Wir können nicht sagen, daß es in der Tierwelt keine Eroberungen gibt. Unsere Forschungen sind weder weit genug fortgeschritten noch systematisch genug betrieben worden, daß wir behaupten könnten, dauernde Unterwerfung anderer sei eine Verhaltensweise, die sich ausschließlich auf die derzeit das Weltgeschehen beherrschende Spezies beschränkt.

Wir wissen, daß eine Gibbonfamilie gelegentlich in das Baumrevier der Nachbarn einbricht, um Früchte zu rauben, und daß der Habicht, wenn es sich machen läßt, eine Maus von dem Feld stiehlt, das einem andern Habicht gehört. Aber solche gesetzwidrigen Handlungen sind mit wenigen Ausnahmen auf ein unmittelbares Ziel gerichtet, wobei schnellstes Verschwinden vom Schauplatz der Tat von Anfang an einkalkuliert ist. Das grundlegende Recht auf den Besitz des Territoriums wird auch dort geachtet, wo es übertreten wird. Trotz unserem unvollständigen Wissen um das Verhalten der Tiere wäre man ernstlich versucht zu behaupten, die Gebietseroberung sei in der Tierwelt so selten, daß ihr entwicklungsgeschichtlich keine Bedeutung zukomme. Es gibt jedoch eine Ausnahme, die auf Grund genauer Beobachtungen und sorgfältiger Analyse der zugrunde liegenden Ursachen zu dem Schluß zwingt, daß Eroberung in dem Sinn, wie wir Menschen sie kennen, in der Tierwelt vorkommt, wenn verschiedene Umstände in der richtigen Weise zusammentreffen.

Wir erinnern uns, daß bei den 350 Rhesusaffen, die von Indien nach Puerto Rico verpflanzt wurden, auf der Schiffsreise ein moralischer Verfall eintrat; daß die Affen, nachdem sie auf der kleinen Insel Santiago neu angesiedelt worden waren, das vorhandene Gebiet von 15 Hektar innerhalb eines Jahres in Territorien einteilten, Sozietäten gründeten und ihr moralisches Gleichgewicht wiederfanden. Um zu verstehen, was später geschah, muß man bedenken, daß diese Territorien neu waren und vielleicht noch nicht einen so bestimmenden Einfluß auf das Verhalten auszuüben vermochten wie ältere Territorien. Sollte das der Fall gewesen sein, so war davon im Anfang nichts zu bemerken. Jede Gruppe entwickelte rasch die geziemende Feindseligkeit gegen benachbarte Gruppen und verschmolz zu einer braven, fremdenfeindlichen Gemeinschaft.

Zu Carpenters Studienobjekten gehörte unter anderem die Dominanz. Im Laufe früherer Forschungen an Primaten hatte er gewisse Kriterien für das Rangordnungsverhalten festgelegt: Wie oft tritt ein Männchen als Führer zu einem neuen Futterplatz auf und wie oft ein anderes? Welches Männchen tut am Morgen den ersten Schritt zum Futter und welches geht am Abend als erstes zur Ruhe? Welches übernimmt bei territorialen Streitigkeiten die Führung und welches stößt bei Gefahr den ersten Warnruf aus? Aus der Gesamtheit solcher Kriterien, die für jedes einzelne Männchen in einem Protokoll festgehalten wurden, ergab sich dessen Stellung in der Hierarchie. Aber ein solches Protokoll verriet noch mehr. Es ergab einen Index für die relative Dominanz, der auf eine ganze Spezies angewendet werden konnte.

Primaten sind anders als Dohlen. Bei ihnen gibt es keine strenge Rangordnung, in der jedes Individuum immer die gleiche Stellung zu jedem andern einnehmen muß. In einer Primatensozietät hat einfach ein Männchen eher als ein anderes die Tendenz, in bestimmten Situationen die Führung zu übernehmen. Bei den Gorillas ist diese Tendenz am stärksten ausgeprägt, so daß ein Männchen unumstritten herrscht. Bei den Pavianen ist die Tendenz ebenfalls stark; einige wenige Männchen aus der Herde treffen fast alle Entscheidungen, und die Rangabstufung zwischen den einzelnen Männchen ist deutlich ausgeprägt. Der Brüllaffe legt trotz seinem lautstarken Gehaben der Rangordnung den geringsten Wert bei. Unter allen Primaten liegt ihm eine gemeinschaftlich handelnde, auf »leben und leben lassen« gegründete, ranglose Gesellschaft am nächsten.

Der Rhesusaffe steht in dieser Hinsicht ungefähr zwischen dem Pavian und dem Brüllaffen. In einer normalen Sozietät, in der es ein halbes Dutzend Männchen gibt, wird Nummer eins etwa vier- bis fünfmal so oft die Führung übernehmen oder bei Meinungsverschiedenheiten die Oberhand behalten als Nummer sechs. Und dieses Rangverhältnis fand Carpenter auch bei seinen nach der Insel Santiago verpflanzten Rhesusaffen vor. Sie unterschieden sich darin nicht von den Rhesussozietäten, die er vorher in Indien und Siam studiert hatte. Aber während er seine verschiedenen Gruppen beobachtete und seine Berechnungen über die Dominanz anstellte, ereignete sich etwas Erstaunliches: Die Gruppe eins ging auf Eroberungen aus.

Die Gruppe eins unterschied sich in keiner Weise von irgendeiner andern Herde auf der Insel. Sie war von durchschnittlicher Größe und enthielt die normale Verteilung von Männchen, Weibchen, Halbwüchsigen und Jungen. Ihr Territorium war von gleicher Größenordnung, und die Nahrung, die, wie bereits erwähnt, täglich von einem Wärter verteilt wurde, war allen Mitgliedern in gleicher Weise zugänglich. Zuerst ließ sich kein Grund für systematische Aggression entdecken.

Nichtsdestoweniger übertrat die Gruppe die Grenzen ihres Territoriums, und zwar ungestraft. Tagtäglich, regelmäßig, drang die Gruppe in fünf benachbarte Territorien ein, um Futter zu rauben. Natürlich wurde ihr von seiten der geschädigten Gesellschaften ein Widerstand entgegengesetzt, der an Heftigkeit nichts zu wünschen übrigließ. Aber aus irgendeinem geheimnisvollen Grund gelang es der Gruppe eins, eines der fundamentalsten Gesetze des Tierreichs – daß die bodenständige Streitmacht immer gewinnt – zu durchbrechen. In diesem Fall unterlagen alle fünf bodenständigen Streitkräfte. Die Gruppe eins brach weiterhin nach Belieben in feindliches Gebiet ein. Das Rätsel wurde jedoch bald gelöst.

In der Gruppe eins gab es ein Männchen, das geradezu unvorstellbare Macht besaß. Es war natürlich Nummer eins und hatte im Vergleich zum letztrangigen Männchen ungefähr den Rangindex fünfzig, während dieser Index bei den Rhesusaffen normalerweise fünf beträgt! Bei der Zeugung hatte die Natur in die Gene dieses bemerkenswerten Affen eine derartige Fülle an Kraft, Energie, Mut und Sicherheit gelegt, daß er zu einer unvergleichlichen Herrscherpersönlichkeit wurde. Und erstaunlicherweise übertrugen sich seine hervorragenden Eigenschaften auf die Gemeinschaft, der er angehörte. Die Gruppe eins war von der Ausstrahlung der Persönlichkeit ihres Führers so durchdrungen, daß sie, entgegen allen Gesetzen des territorialen Verhaltens, die Fähigkeit erwarb, als Sozietät ihre Nachbarn zu beherrschen.

Carpenter entfernte den Herrscheraffen aus der dominierenden Gesellschaft, die sich daraufhin auf ihr eigenes Territorium zurückzog, ohne es auch nur ein einziges Mal zu überschreiten. Aber kaum hatte Carpenter den Führer zu seiner Gruppe zurückkehren lassen, als diese ohne Zögern ihre Eroberungszüge wiederaufnahm.

Carpenters Bericht läßt einen unwillkürlich an gewisse Rätsel im Verhalten der Löwen und der Menschen denken.

Nirgends in dem unerforschten Dschungel des tierischen Verhaltens kann der Beobachter eher plötzliche Einblicke gewinnen und Erkenntnisse aufblitzen sehen als auf den schattenumwobenen Pfaden des Rangordnungsinstinkts. Wir wissen davon in Wahrheit so wenig, daß es sich bei den Beobachtungen häufig um kaum mehr als Ahnungen handelt. Eine Bewegung spiegelt sich in einer ruhigen Wasserfläche; aber wenn wir aufschauen, ist nichts da. Ein Gesicht scheint uns aus der Tiefe des Gesträuchs anzublicken; aber wenn wir die Zweige teilen, ist es verschwunden.

Mit Sicherheit können wir sagen, daß der Rangordnungsinstinkt vielen Tiergesellschaften zum Vorteil gereicht. Wildgänse auf der Flucht vor dem Winter können auf ihrer langen Reise nach dem Süden sicher sein, daß die Keilform der Schar intakt bleibt, weil die Starken als Windbrecher voranfliegen. Eine Herde von wandernden Elefanten kann sich darauf verlassen, daß die Schwachen und Unerfahrenen geschützt sind, weil die Starken und Erfahrenen den Weg weisen.

Mit gleicher Sicherheit können wir aufgrund zahlloser Beobachtungen behaupten, daß der Rangordnungsinstinkt für so manche Tiersozietät Unannehmlichkeiten mit sich bringt. So besteht eine Tendenz, Strafen nach der Rangordnung auszuteilen, das heißt, es wird nicht jenes Tier gehackt, das Strafe verdient hat, sondern das nächstniedrige auf der Rangstufenleiter. Einen hohen Rang innehaben, bedeutet in jeder Hinsicht privilegiert zu sein, während der Rangniedrige nur die eine Befriedigung hat, daß es vielleicht einen gibt, der noch schlechter dran ist als er. Doch kommt Unzufriedenheit mit der eigenen Stellung unter natürlichen Lebensbedingungen selten vor. Die Rangordnung bedeutet für die natürliche Auslese eine viel zu wertvolle Kraft, als daß sie solche Unzufriedenheit zulassen könnte.

Gewisse Dinge können wir behaupten, weil sie logisch und offenkundig sind und eingehend beobachtet wurden. Aber die schattenhaften Gesichter im Gebüsch und die geheimnisvollen Spiegelungen im dunklen Wasser tauchen immer wieder auf. Unsicher stellen wir Fragen und erinnern uns an seltsame Geschichten.

Warum finden sich rangniedrige Männchen großer Antilopenarten so vollständig mit einem Leben ohne Geschlechtsverkehr ab? Man erinnert sich an eine von Fraser Darling berichtete Beobachtung aus Asien, die allerdings die Frage keineswegs beantwortet, sondern neue Fragen aufwirft.

Es ist eine sehr einfache Geschichte. Der Besitzer einer kleinen Herde von Wasserbüffeln hatte einen Bullen, der nicht imstande war, alle Kühe zu befriedigen. Der Besitzer kaufte zwei Bullen dazu. Sofort begann ein Streit um die Rangordnung. Dem Bullen, der zuerst dagewesen war, gelang es, vielleicht auf Grund seines höheren Alters, die beiden neuen Bullen so gründlich zu beherrschen, daß sie impotent wurden, während er nun plötzlich imstande war, alle Kühe zu befriedigen.

Kann die Tatsache der Verweisung in eine niedrige Rangstufe zu psychischer Impotenz führen? Wir wissen es nicht; es fehlen uns die Beweise. Kann Rangerhöhung die sexuelle Potenz erhöhen? Carpenter berichtet von einem biologischen Phänomen bei Rhesusaffen. Bei weiblichen Primaten besteht die Brunst aus jenem Teil ihres Monatszyklus, in dem sie zum Geschlechtsverkehr bereit sind. In ihrem achtundzwanzigtägigen Menstruationszyklus ist das normale Rhesusweibchen genau acht Tage lang in Hitze. Aber auf der Insel Santiago zeigten die Gefährtinnen ranghoher Männchen deutlich verlängerte Brunstperioden.

Welche Beziehung besteht zwischen sozialer Stellung und sexueller Potenz? Welche physischen Kräfte werden durch Rangerhöhung freigesetzt? Wir wissen es nicht. Wir besitzen nur diese flüchtigen Einblicke. Und wieder fällt einem eine mysteriöse Beobachtung in bezug auf die Rangordnung ein, die ebenfalls keine dieser Fragen beantwortet, sondern nur neue aufwirft.

Kühe halten sich an eine Stoßordnung, die fast ebenso streng ist wie die Hackordnung im Hühnerhof. Sie bringt ihnen nichts ein, weder leichteren Zugang zur Nahrung noch zum Stier oder zum Stall. Es treten auch keine physiologischen Folgen ein. Sorgfältige Beobachtungen auf einer Versuchsfarm in Louisiana ergaben, daß rangniedrige Kühe dasselbe Quantum Milch lieferten wie ranghohe. Aber überlegen wir doch einmal: Eine Stoßordnung entwikkelt sich sogar bei Kühen, die durch künstliche Befruchtung gezeugt sind und nie im Leben einen Stier zu Gesicht bekommen haben!

Welchem geheimnisvollen Zweck dient der Rangordnungsinstinkt der Tiere?

Alex Forbes, der Leiter der École Internationale in Genf, hat mir von einem kleinen Waldsee in seiner Heimat Neuseeland erzählt. Die in diesem See lebenden Forellen warten auf Besucher, die ihnen Futter zuwerfen. Sie warten in Reihen. Jede Reihe hat ihr Territorium, und jede Forelle hat ihren Platz in der Reihe. Das Wasser ist so klar, die Muster, welche die Kiesel auf dem Seegrund bilden, sind so verschiedenartig und die Tupfen auf den Fischleibern so deutlich sichtbar, daß der Beobachter sich die Position jeder einzelnen Forelle merken kann. Das Futter wird ins Wasser geworfen; ein wilder Aufruhr entsteht. Aber wenn er vorüber ist und das Wasser sich wieder beruhigt hat, findet sich jede Reihe in ihrem Territorium und jede Forelle an ihrem Platz in der Reihe, über denselben Kieseln wie zuvor.

Welchen Vorteil zieht eine Gesellschaft von Fischen aus einer so strengen Rangordnung? Hoher Rang bringt keine größere Nahrungsmenge ein. Wir wissen nicht, was bei diesen Fischen die Rangordnung für die Fortpflanzung bedeutet, möchten jedoch bezweifeln, daß sie in dieser Hinsicht besondere Vorteile bietet. Auch der Schutz der Gesellschaft wird durch die Rangordnung kaum gefördert, und daß die Forellen durch ihr diszipliniertes Verhalten die Besucher veranlassen, ihnen mehr Futter zuzuwerfen, dürfte schwerlich in der Absicht der Natur gelegen sein.

Man könnte annehmen, daß sich im Verlauf der natürlichen Auslese ein Instinkt für Ordnung dem Hang zur Unordnung als überlegen erwiesen hat. Vielleicht gibt es in der Natur neben dem *horror vacui* auch einen Abscheu vor der Anarchie. Der Territoriumsinstinkt kann der Bisamratte bei der Aufteilung des vorhandenen Nahrungspotentials zum Vorteil gereichen. Er kann die Feldmaus befähigen, sich besser vor Raubvögeln zu schützen; er kann dem Pavian die Schaffung einer festgefügten Gesellschaft erleichtern, aber welchen Vorteil hat der seltene Schilfrohrsänger davon, daß er sein Territorium, das ihm niemand streitig macht, erbittert verteidigt? Ebenso kann die Rangordnung der einen Sozietät eine starke Führung sichern, die andere vor sozialen Reibungen bewahren, einer dritten den genetischen Vorteil verschaffen, daß nur die Tauglichsten Nachkommen haben. Für eine Schule von Fischen in einem neuseeländischen Waldsee hat sie jedoch keinen anderen als dekorativen Wert. Aber die Dauer einer bestimmten Spezies ist in der Geschichte der Lebewesen begrenzt, und was der Evolution für irgendwelche ihrer uralten Schöpfungen tauglich erschien, das tragen wir in der Eigenart unserer flüchtigen Lebensstunde in uns, seien wir Löwe oder Forelle, Kuh oder Antilope.

Ich kann den schönen und einleuchtenden Schluß ziehen, daß die Natur eine Vorliebe für Ordnung hat, die sich auf alle Lebewesen erstreckt. Und es besteht zumindest eine gewisse Wahrscheinlichkeit, daß ich damit recht habe. Aber ich habe damit diese Vorliebe der Natur nicht erklärt, ich habe sie bloß festgestellt. Und da befällt mich ein Unbehagen. So wie sich im Territoriumsinstinkt irgendeine Urkraft äußert, die ich als Heimweh der Tiere bezeichnen, aber nicht begreifen kann, so mag sich im Rangordnungsinstinkt eine Urkraft äußern, für die ich nicht einmal die Andeutung eines Namens habe. Ich wandere über die weite Savanne und sehe einen Stern aufblitzen, der verschwindet, wenn ich ihn näher ins Auge fassen will. War es vielleicht ein dunkler Stern? Ich gehe wieder auf dem schmalen Dschungelpfad – in der Wildnis nicht nur meines unendlich fernen Ursprungs, sondern auch meines eigenen unauslotbaren Wesens –, und Bilder, die mit der Rangordnung zusammenhängen, huschen wie Fledermäuse durch mein Bewußtsein: die grinsende Maske eines zahnlosen Despoten; tote Löwenkinder; Rauchschwaden mit dem Geruch verbrannten Judenfleisches aus einem fernen Krematorium; ein besiegter Hahn, entthront und seiner Männlichkeit beraubt; ein Gast, der gedemütigt eine illustre Einladung verläßt; eine Eidechse, die ihren Kopf viermal vor ihrem Herrn und Gebieter neigt; ein prahlender Schuljunge; eine Dohle, die eine andere mit kalt glitzerndem Blick anstarrt; das Trompeten eines Elefantenbullen in irgendeinem namenlosen Tal – oder ist es Trompetenschall, der aus den verborgenen Tiefen meiner uralten Seele aufsteigt?

Was war es, das am Uranfang des Lebens eine Kraft hervorgebracht hat, die so allgegenwärtig, so qualvoll, so kostbar ist? Ich weiß es nicht. Ich ahne es nicht einmal. Irgendwo in der dunklen Wildnis meiner frühesten Anfänge liegen mondbeschienene Weiden, die ich nie sehen werde. Aber wie hoch das Leben selbst diese Kraft bewertet, das kann ich nicht nur aus dem Sterben einzelner Geschöpfe, sondern aus dem Sterben ganzer Arten schließen.

Vor ein paar Jahren stieß ich in einer Zeitschrift namens »Physiological Zoology« auf eine ausführliche wissenschaftliche Arbeit von Smith und Ross mit dem Titel »Soziale Rangordnung bei Mäusen«. Die trockene wissenschaftliche Sprache des Artikels war mir damals total unverständlich. Ich machte mir jedoch Notizen, und als ich sie ein Jahr später wieder durchsah, ging mir blitzartig ihr Sinn auf. Bei meinem nächsten Besuch im Britischen Museum las ich die Arbeit noch einmal durch.

Die beiden Zoologen hatten 30 männliche Mäuse je zu dritt in Käfige gesperrt. Innerhalb jeder Dreiergruppe äußerte sich Überlegenheit durch In-den-Schwanz-Beißen und direkte Angriffe, Unterordnung durch Quieken und unterwürfige Gesten. Nach drei Tagen war das ranghöchste Männchen in jedem der zehn Käfige nicht nur für den Zoologen, sondern auch für die unterworfenen Männchen deutlich erkennbar. Da die Rangordnung hergestellt war, hörte am vierten Tag jeder Kampf auf. Nun wurden die Mäuse gewogen und untersucht. Alle 30 waren gesund. Die ranghohen Mäuse hatten ein etwas höheres Gewicht als die rangniedrigen, doch war der Unterschied gering.

Nun begann der wesentliche Teil des Experiments. Die Männchen erhielten eine reichliche, aber vitaminlose Nahrung. Der Vitaminmangel hatte zur Folge, daß nach 17 Tagen sämtliche Tiere bis auf zwei eingegangen waren. Alle hatten die gleiche Ernährung erhalten und waren den gleichen Entbehrungen ausgesetzt gewesen. Und doch hatte in jedem der zehn Käfige die ranghöchste Maus ihre beiden Artgenossen überlebt.

Die Dominanz steht also – unbegreiflicherweise – in Zusammenhang mit dem Geheimnis der fundamentalen Lebenskraft.

Ein letztes spukhaftes Beispiel für die ursprüngliche hohe Bewertung der Rangordnung bietet uns heute eine aussterbende Spezies, der Berggorilla. Wie viele Exemplare dieser Tiere es noch gibt, wissen wir nicht; die einen Zoologen schätzen ihre Zahl auf 1000, die andern auf 5000. Sie alle leben in der Gegend, wo der Kongo, Uganda und Ruanda-Urundi aneinandergrenzen. Oberhalb von Waalter Baumgartels »Traveller's Rest« auf den steilen Hängen der Vulkankette des Virunga gibt es Bambuswälder in 3000 Meter Höhe. In diesen Wäldern, aus denen sie ihre Nahrung beziehen, hausen fast alle heute noch lebenden Berggorillas.

Der Waldaffe ist im großen und ganzen ein evolutiver Fehlschlag. Er wurde zu sehr spezialisiert, so daß er sowohl in bezug auf seine Ernährung als auch in bezug auf seine Bewegungsart gänzlich vom Wald abhängt. Seine Art, sich von Ast zu Ast zu schwingen, hat zu anatomischen Spezialisierungen geführt, die ihn auf das Leben im Wald beschränken. Als dann vor fünf oder zehn Millionen Jahren eine Klimaänderung zur Verringerung des Waldbestandes führte (wir werden auf dieses Geschehen noch zurückkommen, wenn vom Auftreten des Menschen die Rede ist), begann sein evolutiver Abstieg. Und seine Größe wurde zum entscheidenden Faktor. Der einzige der vier großen Affen, von dem man behaupten kann, daß er heute noch, wenn auch in einem begrenzten Gebiet, gedeiht, ist der Gibbon – der kleinste von ihnen. Dem nächstgrößeren, dem Schimpansen, gelingt es gerade noch, sich in gewissen Gegenden Zentralafrikas durchzuschlagen. Die beiden größten, der Orang-Utan und der Gorilla, sahen sich dem gleichen Problem gegenüber: Riesenwuchs und immer geringer werdende Ernährungsmöglichkeiten im Wald. Der Orang-Utan blieb in den Bäumen; er stirbt heute sozusagen im Geäst. Aber der Gorilla stieg von den Bäumen herab, um den Weg zum Aussterben auf dramatischere Weise zu gehen.

Der Gorilla ist heute ein Stengelfresser. In jenem eng begrenzten Gebiet der hohen, unerreichbaren, wolkenverhangenen Bambus-

wälder findet er auf endlosen Wanderungen gerade genug Schößlinge, um seinen viel zu großen Körper am Leben zu erhalten. Dieser mit Ausnahme des *Homo sapiens* am höchsten entwickelte Primat bietet den traurigen Anblick einer körperlichen Fehlkonstruktion. Ursprünglich dazu bestimmt, in den Bäumen zu leben und sich von Ast zu Ast zu schwingen, muß er seine Nahrung heute mühsam auf dem Waldboden zusammensuchen. Sein majestätischer Brustkorb und seine mächtigen Arme nützen ihm für seine heutige Lebensweise ebensoviel wie einem Adeligen die Erinnerung an bessere Zeiten. Mit seinen kurzen, unterentwickelten Beinen muß er auf der Suche nach Bambusschößlingen oder den Stengeln des Riesenselleries die nebelverhangenen Berghänge auf und nieder klettern. Das Männchen steigt nur mehr selten auf Bäume. George Schaller, der die Berggorillas ein ganzes Jahr lang beobachtete, hat niemals einen gesehen, der sich von Ast zu Ast geschwungen hätte.

Der Gorilla ist in unabwendbarer Folge von Geschehnissen, die jenseits jeder Erinnerung liegen, zum Tod verurteilt. Weiß eine Spezies, daß ihre Tage gezählt sind? Spürt sie den Sog der Vernichtung? Die Frage ist nicht so absurd, wie sie klingt. Denn in der Weise, wie ein Tier alles weiß – nämlich auf dem Wege über die Ausgewogenheit der Instinkte, die sein Verhalten lenken –, hat der Gorilla auf die Hoffnungslosigkeit seiner Lage reagiert. Dafür gibt es Beweise.

Als C. R. Carpenter im Jahre 1942 schrieb, daß jede Primatengesellschaft, die je beobachtet wurde, ein Territorium besitzt und verteidigt, hatte man den Gorilla noch nicht richtig studiert. Inzwischen hat Schaller durch Beobachtung von mindestens elf Sozietäten entdeckt, daß der Gorilla die einzige Ausnahme von dieser Regel darstellt. Ob es sich um eine Familiengruppe handelt, die aus einem Männchen und zwei oder drei Weibchen besteht, oder um eine große Herde mit vielen männlichen und weiblichen erwachsenen Mitgliedern – die Gorillasozietät verteidigt kein Territorium. Jede Herde bleibt für sich und zeigt eine gewisse Feindseligkeit gegen andere Herden. Wenn es im Walddickicht zu einer Begegnung kommt, wird ein wenig auf die Brust getrommelt, aber das ist bald zu Ende, und jede Gruppe zieht ihres Weges. Der Konflikt hat keine territoriale Ursache.

Es ist völlig unwahrscheinlich, daß unter allen Primaten einzig und allein der Gorilla keine territoriale Vergangenheit haben sollte. Vielleicht hat er diese Epoche seiner Geschichte hinter sich gelassen, als er von den Bäumen herabstieg, vielleicht auch erst vor relativ kurzer Zeit. In »Traveller's Rest« verfügt man über Beweise, daß eine gewisse Art von territorialen Konflikten noch immer möglich ist, vorausgesetzt, daß außergewöhnlich vitale Männchen im Spiel sind. Im Jahre 1958 haben zwei solche Männchen hoch oben auf den bröckeligen, zerfurchten Hängen des Mount Muhavura einen Kampf ausgefochten. Die zwei Riesen, deren jeder eine Vierteltonne wog, gehörten verschiedenen Gruppen an. Im Bambusdickicht und höher oben zwischen den moosbehangenen Baumgruppen knapp unterhalb des Kraters kämpften sie zwölf Tage lang, bis endlich einer auf der Strecke blieb. Worum ging der Kampf? Sexuelle Rivalität war nicht die Ursache. Der Sieger, der zwei Jahre später an Gastroenteritis starb und einen Sohn und fünf Witwen hinterließ, hatte sich keines von den Weibchen des Besiegten angeeignet. Und ein bloßes Zusammentreffen zweier Gruppen konnte wohl auch schwerlich einen so erbitterten Kampf auf Leben und Tod auslösen. Es spricht also alles dafür, daß es sich um einen territorialen Konflikt handelte, da eine andere Ursache nicht zu finden ist.

Man hat gute Gründe, anzunehmen, daß Mangel an Lebensmut den Territorialinstinkt bei den meisten Gorillas – mit Ausnahme einiger überdurchschnittlicher Exemplare – geschwächt hat. Das Verhalten eines zum Untergang verurteilten Lebewesens zeigt noch andere tragische und groteske Aspekte. Der Gorilla besitzt keine Heimstätte, von der aus er seine Wanderungen unternimmt. Wo immer er sich bei Einbruch der Nacht gerade befindet, baut er sich ein Nest auf dem Boden. Der Schimpanse baut sein Nest immer noch auf den Bäumen. Vielleicht baut der Gorilla seinen Rastplatz in sentimentaler Erinnerung an seine Vergangenheit in den Wipfeln. Jedenfalls verläßt er ihn nachts unter keinen Umständen, nicht einmal, um zu defäkieren. Er gehört also zu den ganz seltenen Lebewesen, die ihr eigenes Nest beschmutzen.

Aber der dunkelste Schatten, der auf das Leben dieses zum Tode verurteilten Geschöpfes fällt, ist die Schwäche des Geschlechtstriebes. Der Gorilla kopuliert selten. Schaller folgte einer aus sechs Männchen und neun Weibchen bestehenden Herde 25 Tage lang und hatte während dieser Zeit 41 Stunden Gelegenheit zu direkter Beobachtung; er konnte nur zwei Fälle von Kopulation mit ansehen. Das ranghöchste Männchen war daran nicht beteiligt, obwohl seine Weibchen in seiner Gegenwart mit andern Männchen verkehrten.

Ein hochgewachsener, würdevoller Halbwatussi namens Reuben, der oberhalb von Kisoro lebt, ist unter den Forschern und Tierbeobachtern der ganzen Welt als Führer berühmt, so berühmt, daß man dem jungen Gorilla im Londoner Zoo seinen Namen gegeben hat. 19 Jahre lang trugen ihn seine dünnen Beine fast täglich bis zu den Kratern der Vulkane hinauf, um Gorillas aufzuspüren und zu beobachten, und doch ist er in all den Jahren nur dreimal Zeuge einer Kopulation geworden. Man hat die Ansicht vertreten, daß der Gorilla sich nur nachts sexuell betätige. Ein Wärter im Krüger-Park hat im Laufe von 15 Jahren keine einzige Kopulation zwischen Impalas beobachten können, da bei diesen Tieren die sexuelle Betätigung ausschließlich auf die Nachtstunden beschränkt ist. Aber wie der Gorilla seine Nächte verbringt, ist ganz genau bekannt: Er begibt sich nach Sonnenuntergang allein in sein Nest und verläßt es unter keinen wie immer gearteten Umständen vor der Morgendämmerung.

Der Berggorilla ist vom Artentod überschattet, und auf seine Weise »weiß« er, was ihm bevorsteht. Die lebenswichtigen Instinkte verlieren ihre Kraft. Die allen Primaten gemeinsamen Triebe, die häufig in sehr stürmischer Art zum Ausdruck kommen, schwinden wie die Farben des Lebens von der Haut eines Sterbenden. Die Sexualität hat keinen Reiz mehr für ihn. Er bringt nicht die Kraft auf, sein Territorium zu verteidigen, er gibt sich nicht einmal mehr die Mühe, sein Nest reinzuhalten. Aber während sich die letzte, lange Dämmerung über seine Zukunft herabsenkt und Dinge, die seinen Vorfahren siebzig Millionen Jahre lang von Wichtigkeit waren, ihn nicht mehr berühren, gibt es noch eines, das für sein Leben Bedeutung hat. Die tragische Figur, die durch die wolkenverhangenen Wälder geheimnisvoller Vulkanberge Afrikas wandert, hat sich noch einen Schatz bewahrt – die Rangordnung. Und von diesem kostbaren Besitztum der Tierwelt wird der Berggorilla bis an das Grab seiner Spezies nicht lassen.

V Die uralte Herrschaft der Liebe

In unserem Jahrhundert ist es Mode geworden, dem Tier nur die allereinfachsten Instinkte zuzuschreiben. Der erste und am wenigsten wegzuleugnende dieser Instinkte ist der Selbsterhaltungstrieb des Individuums, der Wille, auch unter den widrigsten Umständen zu überleben und selbst die entschlossensten Feinde zu überlisten. Mit andern Worten: der unbeugsame, unüberlegte, fundamentale Trieb alles Lebenden, den Tod abzuwehren und seinen Vorboten, den Schmerz, nach Möglichkeit zu vermeiden. Andere grundlegende Triebe – Nahrungstrieb, Sexualtrieb, Sorge für das Wohl der Nachkommenschaft – können bei oberflächlicher Betrachtung als Unterabteilungen des Selbsterhaltungstriebes ausgelegt werden.

Um zu leben, muß man essen. Aber manchmal kann der Hunger nur unter Lebensgefahr gestillt werden. In einer Welt, in der es von Geschöpfen wimmelt, die alle essen wollen, muß ein Tier nur allzuhäufig sein Leben aufs Spiel setzen, um sich die Nahrung zu erkämpfen. Hier geraten also deutlich sichtbar zwei Instinkte in

Konflikt. Auch der Widerstreit zwischen den Forderungen des Geschlechtstriebes und dem Trieb zum Überleben kann das Tier oft vor ein schwer zu lösendes Dilemma stellen, und falls es zu jenen Lebewesen gehört, die für das Wohl ihrer Nachkommenschaft sorgen, so erhält die Sphäre der Instinktkonflikte eine vierte Dimension.

Selbst gewissenhafte Beobachter glaubten bisher, daß das Tier in seinem täglichen Leben bloß diese wenigen grundlegenden Triebe aufeinander abzustimmen habe, um mit Hilfe der seiner Spezies zur Verfügung stehenden Mittel ständig alle Möglichkeiten der Umwelt auszunützen und die meisten Gefahren abzuwenden. Aber die Revolution, die seit einigen Jahren in den Naturwissenschaften vor sich geht, bedroht so manche wissenschaftliche und philosophische Position und zwingt uns, unsere allzu vereinfachten Ansichten über das Verhalten der Tiere zu revidieren.

Drei grundlegende Triebe – der Territorialinstinkt, der Rangordnungsinstinkt und der Instinkt zur Errichtung organisierter Gesellschaften – traten bei den Primaten, den uns nächststehenden Lebewesen, zutage, und hinter ihnen zeigt sich in verschwommenen Umrissen eine tief verwurzelte, unerklärliche und vielleicht unbeweisbare Kraft, ein geheimnisvolles Bedürfnis nach Ordnung. Was noch vorhanden sein mag, wissen wir nicht.

Keine dieser Kräfte ist uns als eine speziell dem Menschen eigene Gabe verliehen worden. Alle haben ihre Wurzeln in den fernsten Tiefen unserer tierischen Vergangenheit. Ernährungs-, Sexual- und Selbsterhaltungstrieb, Sorge für die Familie, Streben nach Besitz, Herrschaft, Rang und gesellschaftlicher Organisation – vielleicht sogar nach Ordnung –, sie alle zusammen oder einige von ihnen müssen als ineinandergreifende Bedürfnisse anerkannt werden, welche die Persönlichkeit jedes lebenden Wesens formen und sein Verhalten beeinflussen. Möglich, daß die Kompliziertheit des Lebens durch den Menschen zu neuen Höhen geführt wurde; erfunden hat er sie nicht.

Kein menschlicher Trieb veranschaulicht diese Kompliziertheit besser als die Liebe. Im Lauf der menschlichen Geschichte sind Männer, Frauen, Kinder und Dramatiker immer wieder von den inneren Konflikten und tragischen Erlebnissen fasziniert worden, welche die Liebe mit sich bringt. Welch schwierige Entscheidungen zwischen Liebe und Pflicht, Liebe und Ehre, Liebe und Gott, Liebe und Ehrgeiz, Liebe und Vaterland – es gibt kein Ende der Konflikte und Komplikationen, die der Sexualtrieb selbst im ruhigsten Menschenleben verursachen kann. Und das Tier hat es auf seine Art nicht leichter.

Die Forderungen des Geschlechtstriebes müssen befriedigt werden, aber sowohl das wild lebende Tier wie der zivilisierte Mensch geraten dabei mit vielen andern Forderungen in Konflikt. Das liederliche Geschlechtsleben der Hauskatze hat kein Gegenstück im afrikanischen Busch; der Löwe ist ein treuer Ehemann und Familienvater; auch die liebenswürdige Promiskuität des Haushundes ist bei seinen in freier Natur lebenden Verwandten nur selten anzutreffen: Der männliche Wolf ist verantwortungsbewußt und treu. Wir machen uns – vielleicht nicht ohne geheimen Neid – über das hemmungslose sexuelle Verhalten der Tiere im Zoo lustig. Aber sie alle haben die harten Gesetze der Natur mit der milderen Herrschaft des Menschen vertauscht. In ihrer natürlichen Umgebung stellt sie die Liebe – ebenso wie das übrige Leben – vor eine ganze Reihe von Problemen.

Wir wollen nun das Gebot zu lieben, so wie es sich in der Natur auswirkt, untersuchen, und je tiefere Einsichten wir gewinnen, desto deutlicher wird sich uns die Vielfalt der rivalisierenden Instinkte enthüllen; wir werden die Mittel erkennen, mit denen die Tiere ihre Triebkonflikte lösen.

Miß Len Howard lebt allein in einem Landhaus in Sussex und widmet sich der Beobachtung der Vögel. An ihrer Gartentür hängen Tafeln mit Inschriften wie »Besucher unerwünscht« oder »Hier wird niemand eingelassen«. Miß Howard ist zu der Überzeugung gelangt, daß man Vögel nur beobachten kann, wenn man ihnen jede Scheu nimmt. Sie müssen den menschlichen Beobachter, so wie es die Paviane Eugène Marais' taten, als Teil der natürlichen Umgebung betrachten; nur dann ist ihr Verhalten unbeeinflußt durch die Angst vor dem Menschen. Marais widmete diesem Ziel in der Wildnis des Waterberggebietes drei Jahre. Miß Howard hat in der Einsamkeit ihres Gartens in Sussex einen viel größeren Teil ihres Lebens damit verbracht, sich selbst auszulöschen, um Jahr für Jahr ihren geflügelten Freunden zuzusehen, deren Lebensgeschichten sie in ihrem bewundernswerten Buch »Vögel als Individuen« erzählt.

Eine dieser Biographien ist die Geschichte eines Weibchens, dem Miß Howard den Namen Jane gab und das ungefähr sechs Jahre im Garten lebte. Jane war ein hübscher, kluger Vogel, der eine bei Kohlmeisen seltene Gewohnheit besaß – sie sang während des Nestbaus. Außerdem wählte sie mit Vorliebe große, starke Männchen zu Ehegatten. Die Meise gehört zu den monogamen Vögeln und paart sich für das ganze Leben. Aber Jane wurde zweimal Witwe.

In ihrem vierten Jahr erlag ihr Partner einer Beinverletzung, und sie nahm einen zweiten Gatten. Er war ein junger, starker Bursche, aber irgend etwas mit ihm stimmte nicht. Jane hatte mit ihrem ersten Gatten ein Territorium im Garten besessen, das der zweite nicht zu halten vermochte. Das Ehepaar wurde vertrieben und mußte sich einen andern Baum suchen, während sich ein kampflustigeres Pärchen des alten Reviers bemächtigte. Auf dem neuen Nistplatz zog Jane ihre Brut auf, aber das Schicksal schlug noch einmal zu. Der zweite Partner fiel einer Katze zum Opfer, und die Witwe mußte all ihre Erfahrung und Tüchtigkeit zusammennehmen, um die Nestlinge ohne Hilfe am Leben zu erhalten. Manchmal kam das kampflustige Männchen, welches das Paar vom alten Platz vertrieben hatte, vorbei und half mit einer Raupe aus. Irgendwie gelang es Jane, ihre Jungen großzuziehen.

Im folgenden Jahr nahm Jane einen dritten Gatten, und zwar einen Sohn des kampflustigen Paares, der natürlich groß, hübsch und stark war. Wenn es dem zweiten Partner an Männlichkeit gefehlt hatte, so bewiesen die folgenden Ereignisse, daß dies bei dem dritten nicht der Fall war. Denn nach sehr kurzer Zeit trat ein zweites Weibchen in Janes und ihres Gatten Leben. Es erhielt von Miß Howard den Namen Grey.

Grey hatte keinen Gatten. Sie war scheu und unentschlossen, also ganz anders als Jane. Greys Eintritt in die Welt von Miß Howards Landhaus begann damit, daß Jane ihr im Obstgarten begegnete und mit ihr wegen eines Nistkastens in Streit geriet. Schließlich fingen beide Vögel an, den Nistkasten mit Moos auszupolstern. Jane warf das von Grey gebrachte Moos regelmäßig hinaus, Grey tat das mit dem von Jane gebrachten niemals. Irgendwie trat der seltene Fall ein, daß die beiden Weibchen schließlich zu einem Übereinkommen gelangten, denn bald fand Miß Howard beide in dem Nistkasten nebeneinander sitzend und die beim Nestbau üblichen glucksenden Laute ausstoßend.

In der Zwischenzeit erwies sich Janes dritter Gatte als ebenso kampflustig wie seine Eltern. Hin und wieder warf er einen neugierigen Blick auf die mit dem Nestbau beschäftigten Weibchen. In der Hauptsache aber verteidigte er sein Territorium – den Baum im Obstgarten – mit solchem Eifer, daß er im Lauf der Kämpfe alle Federn auf seinem Scheitel einbüßte. Von da an hieß er Kahlkopf. Wäre er etwas älter gewesen, so hätten ihn die Vorgänge in seiner Häuslichkeit vielleicht beunruhigt; aber da seine Gefährtin Erfahrung besaß, während er selbst seine erste Paarungszeit erlebte, gab er sich sorglos den ruhmreichen Kämpfen in den Bäumen hin.

Tiefer unten festigte sich inzwischen die Freundschaft zwischen Jane und Grey. Der Nestbau machte Fortschritte. Jane sang auf ihre besondere Art, während sie mit Baumaterial angeflogen kam, während ihr Grey klein und stumm wie ein Schatten folgte. Dann legte Jane eines Tages ihr erstes Ei. Damit war die Freundschaft zu Ende. Grey wurde aus Janes Nest verbannt.

Verstört machte sich Grey daran, in großer Hast ein eigenes Nest in einem benachbarten Baum zu bauen. Sie brachte Moos herbei, sie stahl bunte Wollfäden aus dem Landhaus. Ihre Eile schien so groß zu sein, daß Miß Howard nicht das Herz hatte, ihr Einhalt zu tun. Rasch nahm das Nest Form an. Es sah aus wie ein vielfarbig leuchtender Altar, auf dem eine arme alte Jungfer nichts anderes niederlegen würde als ihre Hoffnungen. So schien es zumindest bis zu dem Tag, da Miß Howard entdeckte, daß Kahlkopf beide Bäume verteidigte. Nun war der Grund für Greys Eile klar. Sie hatte einen Partner gefunden – Janes Gatten. Der energische junge Kahlkopf hatte auf diese Weise nicht nur sein Territorium verdoppelt, sondern auch seine Verantwortlichkeiten. Und mehr als verdoppelt hatte sich auch in der wohlgeordneten, auf Monogamie gegründeten Welt der Vögel die Möglichkeit künftigen Unheils.

Binnen kurzem legte Grey ihr erstes Ei. Von nun an war Kahlkopf das meistbeschäftigte junge Meisenmännchen in ganz Sussex. Er fütterte Grey, er fütterte Jane. Er verteidigte Greys Baum, er verteidigte Janes Baum. Wenn er Grey in ihrem Nest fütterte, starrte Jane vom Nachbarbaum herüber und plusterte die Federn auf. Aber mochte Jane auch irgend etwas nicht ganz richtig vorkommen – für Kahlkopf schien alles in Ordnung zu gehen. Er tat einfach sein möglichstes für die beiden Weibchen, die gemeinsam an einem Nest gebaut hatten. Auf Janes Erbitterung reagierte er, indem er sie fütterte.

Aber nun zogen sich die Maschen des in der Tierwelt herrschenden Gesetzes langsam enger zusammen. Am 8. Mai begannen Janes Junge auszuschlüpfen, und von diesem Tag an komplizierten sich die Dinge für den jungen Gatten. Er sah die Nestlinge; er fütterte sie. Er fütterte seine legale Gefährtin; aber nie mehr fütterte er Grey. Sie rief ihn von ihrem Baum aus; er kümmerte sich nicht darum. Sie kam aus ihrem Nest heraus, ließ die Flügel flattern, stieß kleine Schreie aus; er ging ihr aus dem Weg. Sie wagte sich bis vor das Nest ihrer früheren Freundin, jammerte und flatterte; Jane und Kahlkopf vertrieben sie gemeinsam.

Am 11. Mai begannen Greys Junge auszuschlüpfen. Die Mutter saß in ihrem Nest am Nachbarbaum und stieß merkwürdig klagende Laute aus, aber Kahlkopf kam nicht zu ihr. Immer wieder verließ Grey ihr Nest und folgte Kahlkopf mit zitternden Flügelschlägen; er beachtete sie nicht. Immer wieder kam sie bis vor Janes Nest und wurde verjagt. Ohne rechte Lust machte sich Grey daran, ihre Jungen zu füttern. Das war an sich keine unmögliche Aufgabe für ein alleinstehendes Weibchen, wie Jane bewiesen hatte, als die Katze sie ihres zweiten Gatten beraubte. Aber Witwenschaft ist leichter zu ertragen als Verlassensein. Die letzte Begegnung zwischen Grey und Kahlkopf fand in einem Zimmer des Landhauses statt. Die Fenster standen immer offen. Das Landhaus und seine Besitzerin waren den Vögeln ebenso vertraut wie die Bäume im Garten. An diesem Tag hatte Miß Howard Futter ausgelegt, und Grey war unter den Vögeln, die sich davon holen kamen. Dann erschien Kahlkopf. Sofort kam Grey, mit den Flügeln flatternd, demütig auf ihn zu. Das junge Männchen, das seiner Anlage nach allem gewachsen schien und dessen Familienleben sich doch so kompliziert gestaltet hatte, sah sie mit einem sonderbaren Blick an und versuchte dann, sich mit ihr zu paaren. Erzürnt wehrte sie ihn ab und flog davon. Soviel Miß Howard beobachten konnte, sah keiner den andern jemals mehr an.

Grey kehrte zu ihren Jungen ins Nest zurück. Sie verließ es nur noch selten. Und eines Nachmittags war sie tot. Die Jungen überlebten sie nur um wenige Stunden.

Janes Nestlinge gediehen ausgezeichnet. Das hübsche Weibchen mit der merkwürdigen Gewohnheit, beim Nestbau zu singen, erlebte eine weitere Brut. Es fing jedoch an, alt und ein wenig müde zu werden. Den harten Winter 1947 überlebte es noch und starb im darauffolgenden April.

Miß Howards schlichte Erzählung von den drei Kohlmeisen in Sussex wäre früher von der orthodoxen Wissenschaft als haarsträubende Vermenschlichung abgelehnt worden. Heute wissen wir genug, um zu verstehen, daß solche Ereignisse in der Lebensgeschichte eines Tieres möglich sind. Der Sexualtrieb kann bei der

Objektwahl Verwirrung stiften. Hat die sexuelle Neigung einmal einen falschen Weg eingeschlagen, dann wird sich ihr früher oder später das Gesetz der Tierwelt entgegenstellen, in Form von einander widerstreitenden Geboten, deren Vielfältigkeit und Kompliziertheit wir erst allmählich zu begreifen beginnen.

Wie weit die Verwirrung eines Tieres bei der Wahl eines passenden Partners gehen kann, beweisen zahlreiche rührende Geschichten. Vögel neigen am meisten zu solcher Verwirrung, und bei ihnen dauert sie auch oft lange Zeit an. So gab es zum Beispiel im Schönbrunner Tiergarten in Wien einen weißen Pfau, dessen Zuneigung so sehr in die Irre ging, daß er jahrelang allgemeines Mitleid erweckte. Er war der einzige Überlebende einer Brut, die während einer Kältewelle zugrunde ging. Einem Wärter gelang es, das Tier am Leben zu erhalten, indem er es in das wärmste Gebäude steckte, das es im Zoo gab – ins Reptilienhaus. Dort wuchs der Pfau auf.

Im Reptilienhaus des Schönbrunner Tiergartens lebten wie üblich allerlei Schlangen und Eidechsen hinter Glaswänden. Der Pfau kümmerte sich nicht um sie. Aber draußen im Freien gab es eine Gruppe jener Riesenschildkröten, die wie Überreste aus einer längst vergangenen Märchenzeit wirken, als selbst die Felsblöcke Leben hatten. Ihre langsamen Bewegungen faszinierten den unschuldigen Pfau; er folgte ihnen überallhin. Und als die Zeit gekommen war, da er reif für solche Gefühle wurde, verliebte er sich in eine Schildkröte. Der Vogel verweigerte die Nahrungsaufnahme, wenn er aus dem Reptilienhaus entfernt wurde. Er hatte kein Auge für die hübsche Pfauenhenne, die ihm der Wärter zuführte. Er hatte seine Treue ein für allemal verpfändet, wie es ihm der auf Monogamie gegründete Vogelinstinkt eingab. Sein ganzes, ziemlich langes Leben hindurch blieb er im Reptilienhaus und folgte seiner Schildkröte auf Schritt und Tritt.

Konrad Lorenz hatte eine Gans, die mit Hühnern aufgewachsen war und nie eine andere Gans zu sehen bekommen hatte. Sie verliebte sich in einen roten Rhodeländerhahn und wollte sich nicht von ihm trennen. In einem normalen Geflügelhof würde ein solches Ereignis höchstens belächelt werden. Trägt es sich jedoch im Geflügelhof eines berühmten Naturwissenschaftlers zu, so wird alle Welt glauben, er habe ein grausames Experiment angestellt. In seiner Verlegenheit ging Lorenz selbst auf den Markt und kaufte den weißesten, fettesten und temperamentvollsten Ganter, den er auftreiben konnte. Aber der Ganter erreichte nichts; die Gans wies seine leidenschaftlichen Anträge zurück. Ihr Herz gehörte dem großen roten Hahn.

Die traurige Neigung der Vögel, sich ohne Rücksicht auf die Spezies in Lebewesen zu verlieben, mit denen sie aufwachsen, brachte für Lorenz noch andere Schwierigkeiten mit sich. Eines von den Dohlenmännchen, die er vom Ei an aufgezogen hatte, wandte ihm seine sexuellen Gefühle zu, was ebensowenig zum gewünschten Ziel führen konnte wie die Liebe des Pfaus zu der Schildkröte. Aber Dohlen verstehen, wie wir gesehen haben, ihren Willen durchzusetzen. Die Liebe einer Dohle drückt sich nicht bloß darin aus, daß sie jemandem auf Schritt und Tritt folgt und ihn traurig ansieht. Dohlen sind beharrlich; sie sind erfinderisch; und sie haben ihre Traditionen.

Die Liebe des Weibchens drückt sich darin aus, daß es dem Männchen das Gefieder glättet. Das geschieht nicht nur während der Paarungszeit, sondern das ganze Jahr hindurch. Das Weibchen wird nicht müde, neben seinem Gefährten zu sitzen und mit dem Schnabel seine schwarzen Federn, besonders die am Hals, zu streicheln, was er sich mit halb geschlossenen Augen in einer Art seliger Betäubung gefallen läßt. Das Männchen seinerseits bringt seine Liebe zum Ausdruck, indem es das Weibchen füttert. Auch das ist nicht auf die Brutzeit beschränkt. Die Dohlen beginnen mit derartigen Liebesbezeugungen, wenn sie sich vor Eintritt der Reife paaren, ein Jahr vor der Kopulation.

Die Dohle, die sich in Lorenz verliebt hatte, brachte, da sie ein Männchen war, ihre Zuneigung auf die für sie natürliche Art zum Ausdruck – sie versuchte ihn zu füttern. Der Versuch wurde zurückgewiesen, aber die Dohle ließ sich nicht so leicht abschrecken. Sie ging umher und tat, als sei sie mit andern Dingen beschäftigt, während sie in Wirklichkeit jede Bewegung des Naturforschers aus den Augenwinkeln beobachtete. Lorenz hatte keine Lust, sich zur Dohlennahrung zu bekehren, und so behielt er den verliebten Vogel ebenfalls dauernd im Auge. Was als Zeichen der Zuneigung gedacht gewesen war, wurde zur unbarmherzigen Verfolgung. Natürlich siegte die Dohle. Als Lorenz eines Nachmittags in ein Buch vertieft war, bekam er eine volle Schnabelladung von mit Dohlenspeichel vermischten kleingehackten Würmern in den Mund.

Die Heftigkeit, mit der diese Aufmerksamkeit abgelehnt wurde, hätte, so sollte man meinen, selbst den verliebtesten Vogel entmutigen müssen. Die Dohle schien auch begriffen zu haben, daß irgend etwas schiefgegangen war; der Mund schien nicht der richtige Platz zu sein. Von nun an mußte Lorenz ständig auf der Hut sein, um nicht ein feuchtwarmes Liebespfand ins Ohr praktiziert zu bekommen.

Irrtümer in der Wahl des Sexualobjektes kommen bei gezähmten oder in Gefangenschaft lebenden Tieren weit öfter vor als bei frei lebenden. Aber alle Lebewesen, deren Verhalten zum Teil von der assoziativen Fähigkeit zum Lernen gelenkt wird, neigen, gleichgültig ob sie in Freiheit oder in Gefangenschaft leben, dazu, sich hin und wieder zu irren. Marais' jungem Otter machte es wahrscheinlich ebensowenig Schwierigkeiten, ein Otterweibchen zu erkennen, als zu schwimmen oder sich von Fischen zu nähren.

Marais' junger Pavian dagegen mußte lernen. Er mußte lernen, wohin er gehen und was er essen, ja bis zu einem gewissen Grad sogar, wen er lieben solle. Erwachsene Pavianmännchen stehen unverdienterweise in dem Ruf, homosexuell zu sein, weil sie sich so hemmungslos und vergnügt mit Geschlechtsgenossen paaren. Es handelt sich dabei aber bloß um ein Versehen. Sobald der Pavian seinen Irrtum erkannt hat, gibt er sofort auf und paart sich mit jemandem, der besser reagiert. Die Geschichten vom weißen Pfau und von der Dohle sind nicht deshalb so bemerkenswert, weil die Tiere in der Wahl ihres Sexualpartners irrten, sondern weil sie ihr Liebeswerben trotz dem völligen Mangel an Reaktion von seiten der Schildkröte beziehungsweise des Naturforschers fortsetzten.

In der Regel wird die Aufmerksamkeit des Männchens durch die Reaktion des Weibchens erregt und gelenkt. Auf je höherer Stufe ein Tier steht, desto größer wird die Macht des weiblichen Geschlechts. Das Weibchen entwickelt sich zur Sexualspezialistin. Die ständig wachsende Rolle, die es spielt, beruht auf drei fortschreitend zunehmenden männlichen Schwächen: erstens auf der Abhängigkeit vom Lernen, die zu einer allgemeinen Unsicherheit in bezug auf das Objekt führt, dem sich der männliche Sexualtrieb zuwenden soll; zweitens auf der zunehmenden Vielfalt der Instinkte, die eine natürliche Neigung erzeugt, auch andere Dinge im Kopf zu haben als sexuelle; und drittens – bei den Primaten – auf dem Aufkommen einer sich über das ganze Jahr erstreckenden, periodisch auftretenden sexuellen Aktivität, die zwar das Vergnügen des Männchens erweitert, aber nichts anderes zur Folge haben kann als eine Abschwächung der einmal im Jahr auftretenden wütenden Brunst.

Die männliche Verwirrtheit ist schon seit sehr langer Zeit eine Quelle der weiblichen Macht. Der Waldfrosch gehört zu den Amphibien und ist daher entwicklungsgeschichtlich ziemlich alt. Man kann kaum annehmen, daß die in seinem Verhalten zum Ausdruck kommende Verwirrtheit auf ein Übermaß an Lernen zurückzuführen sei. Der Waldfrosch versucht sich mit allem, was sich bewegt, zu paaren, sei es ein anderes Männchen oder ein im Bach treibendes Blatt. Ein bewegungslos auf dem Wasser liegendes Weibchen kann an einer Gruppe von Männchen vorbeitreiben, ohne daß auch nur ein einziges von ihnen aufmerksam wird. Aber sobald sich das Weibchen nur ein klein wenig schlängelt, kommen sofort sämtliche Männchen auf den gleichen Gedanken.

Man hat mit den üblichen Versuchstieren – Mäusen, Ratten, Meerschweinchen – Experimente angestellt, um herauszufinden, welcher Sinn beim Männchen am unfehlbarsten sexuelle Erregung auslöst. Man hat den Männchen den Geruchssinn genommen; solange sie sehen konnten, reagierten sie auf das Weibchen. Man hat sie geblendet; solange sie den Tastsinn besaßen, reagierten sie. Es ist die Bewegung des Weibchens, die, sobald sie mit irgendeinem Sinn wahrgenommen wird, sexuelle Erregung hervorruft.

Die Zoologen haben aus solchen Experimenten den Schluß gezogen, daß nicht die bloße Anwesenheit des Weibchens, sondern dessen Verhalten den entscheidenden Faktor für die Erkennung seines Geschlechts bildet. Ein so konservativer Beobachter wie Zuckerman hat unter Berücksichtigung der Gefahr der Verallgemeinerung erklärt, es sei »möglich«, daß bei allen niederen Tieren das Verhalten des Weibchens auf die eine oder andere Weise einen notwendigen Faktor für die Auslösung der vollen sexuellen Reaktion des Männchens darstellt.

Ob wir uns darüber im klaren sind oder nicht, eine solche Behauptung enthält Explosivstoffe. Wenn das Weibchen tatsächlich durch sein Verhalten einem bestimmten Männchen gegenüber dessen volle sexuelle Reaktion hervorrufen kann, so ergibt sich daraus zwingend der Schluß, daß das Recht der sexuellen Wahl größtenteils beim Weibchen liegt und daß sexuelle Rivalität sich weniger zwischen den Männchen um das Weibchen ihrer Wahl abspielt, sondern eher zwischen den Weibchen um das erwählte Männchen. Damit wird das Männchen zum sexuell anziehenden und das Weibchen in seiner Reaktion zum sexuell aggressiven Teil.

Zyniker mögen ähnliches beim Menschen beobachtet haben, aber Tradition und Moral haben der Frau eine ganz andere Rolle zugewiesen. Unsere Anschauungen wurden durch Jahrhunderte von der Überzeugung geformt, daß die sexuelle Anziehung von der Frau ausgehe, die selbst passiv bleibe, während die Männer um ihre Gunst rivalisierten und sexuell aggressiv seien. Von diesem unserem Vorurteil haben wir uns auch bei der Beobachtung der Tiere leiten lassen, obwohl wir wissen, daß man in der gesamten Tierwelt das bunte Gefieder, die üppige Mähne, die schöne Zeichnung bei den Männchen findet, während die Weibchen stets unscheinbar sind. Hätte die natürliche Auslese die anziehende Kraft im Weiblichen gesehen, dann wären fast alle Entscheidungen irrig, die im Laufe der letzten halben Jahrmilliarde vom Tribunal der Natur erlassen wurden.

Es ist logisch, daß selbst Darwin der traditionellen Ansicht nicht widersprach, obwohl man sich oft wundert, warum er es nicht tat. Bei den Männchen mancher Arten, zum Beispiel beim Elefanten, kommt es während der Brunstzeit zu einer gesteigerten Tätigkeit der Duftdrüsen. Eine Intensivierung des männlichen Geruchs kann natürlich nur den Zweck haben, die Anziehungskraft des Männchens auf das Weibchen zu erhöhen. Aber jedesmal, wenn ein solcher Fall Darwin zur Kenntnis kam, enthielt er sich der Deutung, denn sie hätte der herrschenden Ansicht widersprochen, daß die Anziehung vom Weibchen und nicht vom Männchen ausgehe. Deshalb reihte er solche Fälle unter die Rätsel ein, die noch der Aufklärung harrten.

Wir können den inneren Widerstand begreifen, der Darwin hinderte, auch nur eine einzige Ausnahme von der Regel, daß die Anziehung vom Weibchen ausgehe, anzuerkennen. Zu seiner Zeit wußte man noch nichts von den Kämpfen um Rang oder Territorium. Und so war der Vater der Lehre von der natürlichen Auslese mangels eines anderen einleuchtenden Motivs gezwungen, die Selektionsdynamik auf die Rivalität der Männchen um die Gunst des sie anziehenden Weibchens zu gründen. Aber seit Darwin »Die Entstehung der Arten« schrieb, ist ein Jahrhundert vergangen, und Beispiel auf Beispiel hat uns gezeigt, daß das Männchen in der freien Natur selten um die Gunst des Weibchens kämpft, sondern weit öfter um ein Territorium oder um seinen Rang. Einem Männchen, das ein Territorium besitzt oder einen hohen Rang innehat, wendet sich die Gunst der Weibchen zu. Wir müssen noch einmal auf Zuckerman zurückkommen, der glatt behauptet, die Ansicht, daß Männchen in der Brunstzeit um das Weibchen kämpfen, beruhe in fast allen Fällen auf Vermenschlichung.

Die Idee, daß das männliche Tier vom Sexualkampf um das Weibchen förmlich besessen sei, lieferte eine passende Erklärung für das Wirken der natürlichen Auslese, entsprach den moralischen Vorurteilen der Zeit und hatte den weiteren Vorteil, sowohl dem männlichen wie dem weiblichen Selbstbewußtsein zu schmeicheln. Aber sie ist nicht wahr. George Gaylord Simpson hat mit Bezug auf das beständige Emporfluten und Zurückebben der Evolution gesagt: »In der Natur gibt es keine Geradlinigkeit; sie existiert nur in den Köpfen der Naturforscher.« So entspringt auch die Ansicht, die sexuelle Anziehung gehe vom Weibchen aus, während die Männchen um die weibliche Gunst rivalisieren, nicht der Beobachtung der Natur, sondern der Natur der Beobachter.

Sehen wir uns zum Beispiel den Finken an. Die ersten Frühlingsregungen seines sexuellen Zyklus überkommen ihn schon im Februar, wenn der Winter noch sein strenges Zepter schwingt, das Futter rar ist und die Räuber, die kleinen Vögeln nach dem Leben trachten, ganz besonders hungrig sind. Im Schutz des Holunderbaumes haben Männchen und Weibchen gemeinsam den Winter überstanden. Jetzt veranlassen sexuelle Regungen das Männchen zu einer Zeit, da noch nicht einmal eine Ahnung des Frühlings in der Luft liegt, die Schar zu verlassen, sich von den Weibchen zu trennen und im Kampf mit seinen Rivalen einen Platz zu erobern, den es sich zu eigen machen kann. Sexualität bedeutet für das Männchen Kampf um den Besitz eines Territoriums. Sexualität bedeutet für das Weibchen Auswahl: Auswahl des Männchens aus den Reihen der Besitzenden. Es ist das Männchen, das Anziehung ausübt, und das Weibchen, das wählt.

Denken wir an die Dohle. Die erste Aufgabe der heranreifenden Männchen besteht darin, die Rangordnung für alle Zeiten festzulegen. Erst wenn dieses Geschäft erledigt und jedes Männchen entsprechend der Wertskala der Dohlentugenden eingestuft ist, kann die Paarung stattfinden. Dem Anschein nach trifft das Männchen seine Wahl unter den Weibchen. In Wirklichkeit aber ist der Rang des Männchens ausschlaggebend, und das Weibchen besitzt das Vorrecht zu wählen. Mag der Dohlenmann mit dem höchsten Rang auch die beste Frau bekommen haben und sich in seiner Dohleneitelkeit zu seinem guten Geschmack beglückwünschen –

er hat nicht selbst gewählt, sondern das erfolgreichste Weibchen hat sich ihn ausgesucht. Hätte er einen anderen Rang, so wäre ihm eine andere Gefährtin zugefallen.

C. R. Carpenter hat berichtet, daß in Primatensozietäten in der Regel die Frau die sexuell aggressive Rolle spielt, eine Wahrheit, die den gläubigen Anhängern der romantischen Illusion nicht angenehm ist. Und doch werden sie sich eines Tages mit ihr abfinden müssen. Die natürliche Auslese hat die Frau viel eher als den Mann mit der Bereitschaft bedacht, ihre Aufmerksamkeit dauernd auf sexuelle Ziele zu richten. Besser als irgend etwas anderes kann uns der Ehebruch vor Augen führen, welche Verheerungen im komplexen Zusammenspiel der Instinkte des Männchens angerichtet werden können, wenn es den primitiven Zielsetzungen eines aggressiven Weibchens unterliegt.

Bei den Vögeln kommt Ehebruch, wie wir gesehen haben, selten vor. Die Geschichte von den drei Kohlmeisen schloß mit dem Sieg der Ehe. Aber Konrad Lorenz war Zeuge eines Ereignisses, das ein anderes Ende nahm. Es war der einzige Fall von Ehebruch, den er jemals bei Dohlen beobachten konnte, und wir müssen, um der Dohlenmoral Gerechtigkeit widerfahren zu lassen, gleich hinzufügen, daß das Ereignis nicht nach der Paarung, sondern während des Verlobungsjahres stattfand. Immerhin führte die Sache zu einem richtigen Skandal in der Dohlengesellschaft.

Wie wir wissen, kam es zwischen der nach langer Abwesenheit heimgekehrten Dohle und dem inzwischen auf den ersten Platz aufgerückten Männchen sogleich zu einem Machtkampf. Den Platz Nummer zwei hatte danach ein gutaussehender Vogel von nicht allzu kämpferischer Wesensart inne. Im Anfang hatte es natürlich Meinungsverschiedenheiten mit Nummer eins gegeben. Auch gelegentliche Aufstände von Nummer drei mußten unterdrückt werden. Aber das ging vorüber; Nummer zwei setzte sich zur Ruhe und widmete sich dem hübschen Dohlenweibchen, mit dem er sich verlobt hatte. Er fütterte es nach alter Dohlentradition eifrig mit jenem Brei aus fein zerrupftem Wurmfleisch und Speichel, den Lorenz unbegreiflicherweise so gar nicht zu schätzen wußte, und das Weibchen kraulte ihm das Gefieder.

Nummer zwei hatte ein geradezu unersättliches Verlangen danach, sich die Nackenfedern kraulen zu lassen. Stundenlang saß seine Verlobte in der milden Luft des Vorfrühlings neben ihm und streichelte zärtlich die Federn am Hals ihres Liebsten. Er konnte nicht genug bekommen. Erst starrte er geradeaus. Dann schloß er die Augen und versank in selige Betäubung.

So saß er eines Nachmittags da, als die kommenden Ereignisse ihre ersten Schatten vorauszuwerfen begannen. Die Paarung in der Kolonie war noch nicht völlig zum Abschluß gelangt. Ein Weibchen, das noch keinen Partner besaß, hatte ein Auge auf Nummer zwei geworfen. Tagelang beobachtete es das Paar in dessen romantischer Verliebtheit, rückte unauffällig immer näher und ließ die Avancen anderer Männchen unbeachtet. Lorenz fragte sich, wie die Sache wohl weitergehen würde, und er hatte das Glück, Zeuge des ersten Schrittes zu sein.

Seine Braut zur Linken, saß Nummer zwei in seliger Betäubung da und gab sich mit geschlossenen Augen dem sanften Kitzeln an seiner linken Halsseite hin. Plötzlich kitzelte es rechts. Nummer zwei hielt die Augen geschlossen. Daß seine Braut ihre Zärtlichkeiten auch auf die rechte Seite seines Nackens ausdehnte, erschien ihm weiter nicht verwunderlich, sondern bloß als ein weiterer Beweis ihres liebevollen Wesens. Es dauerte ziemlich lange, bis ihm die Wahrheit aufdämmerte: Er wurde von beiden Seiten gleichzeitig gekrault.

Mit einem Ruck öffnete er die Augen, warf einen Blick nach rechts und sah das fremde Weibchen, das den Schnabel in seine Nackenfedern steckte. Mit weit offenen Augen starrte er geradeaus. Es war eine Situation, die über Dohlenbegriffe hinausging. Kein entrüsteter Aufschrei der Gesellschaft sagte ihm, daß Gefahr im Anzug sei. Er starrte vor sich hin und wartete, was geschehen würde. Aber vorläufig geschah nichts. Sein Körper mit dem aufgeplusterten Gefieder verstellte seiner Braut den Ausblick auf das andere Weibchen. Sie fuhr mit unermüdlicher Hingabe fort, Nummer zwei von links zu kraulen, während die freche Rivalin von rechts das gleiche tat.

Wir müssen uns bemühen, in unseren Herzen genügend Verständnis aufzubringen, um Nummer zwei zu verzeihen, daß er sich nun wie ein Feigling benahm. Er war schließlich, ebenso wie das

Meisenmännchen Kahlkopf, das uns Miß Howard schildert, jung und unerfahren, seit kurzem verlobt mit einem hingebungsvollen Weibchen, mit dem er erst im folgenden Jahr die Ehe vollziehen würde. Der Instinkt dürfte ihm wohl gesagt haben, daß die Dohlentradition unverbrüchliche Treue fordere. Wir müssen jedoch bedenken, daß er als Vogel sehr stark jener Verwirrung der Instinkte ausgesetzt war, die das Lernen mit sich bringt, und daß er als Dohle besonders abhängig war von der Beratung durch die Gesellschaft, die ihn jedoch nicht warnte. Am unverzeihlichsten erscheint es uns wohl, daß ein Aristokrat sich so feige benahm, ein privilegierter Vogel, der als zweiter auf der Rangstufenleiter seine Verantwortung gegenüber der Dohlengesellschaft zu übernehmen und ein gutes Beispiel zu geben hatte. Aber mit viel Phantasie können wir vielleicht verstehen, wie berauschend es für ein Dohlenmännchen sein muß, von beiden Seiten gleichzeitig am Hals gekrault zu werden.

Wie dem auch immer sei – Nummer zwei wartete ab. Es geschah nichts. Und so tat er den ersten Schritt über die Schwelle der Verdammnis. Er wehrte sich nicht gegen das Kraulen von beiden Seiten, er nahm die Liebesbezeigungen beider Anbeterinnen an, er ließ sich in das Meer verdoppelter Seligkeit sinken. Er schloß die Augen. Natürlich dauerte es nicht lange, bis die rechtmäßige Braut merkte, daß irgend etwas nicht in Ordnung war. Sie senkte den Kopf, blickte unter dem Bauch ihres Verlobten hindurch und sah – die andere! Ein kurzes Gefecht mit wilden Flügelschlägen; die Rivalin floh. Doch für Nummer zwei war das friedliche Leben zu Ende.

Der Kampf dauerte lange. Die Liebe der rechtmäßigen Verlobten wurde immer feuriger, je mehr sie gezwungen war, das, was ihr gehörte, zu verteidigen. Aber die Rivalin war von ungeahnter Ausdauer. Sie nützte jede Gelegenheit, ihrem Angebeteten, wenn auch nur für kurze Zeit, die Nackenfedern zu kraulen. Ungezählte Male mußte die legitime Braut annehmen, den endgültigen Sieg errungen zu haben, aber immer wieder tauchte die zudringliche Rivalin auf.

Was geht in der Seele eines Dohlenmännchens vor, um das zwei Weibchen kämpfen? Welche neuen perversen Genüsse treten an die Stelle des von den Liebesbezeigungen der treuen Gefährtin ausgelösten seligen Dämmerzustandes? Welche Abwege des Instinkts beschritt Nummer zwei? Welche Hemmungen, geschaffen durch das Gesetz der Monogamie, durch vom hohen Rang bedingte Verantwortlichkeit, durch gesellschaftliche Konvention, standen einer illegitimen Dohlenliebe im Wege? Wir wissen es nicht. Wir wissen nur, daß Nummer zwei eine Entscheidung getroffen haben mußte, denn eines Tages beschenkte er seine hartnäckige Anbeterin mit einem Schnabel voll eingespeicheltem Wurmbrei.

Damals, als Nummer zwei die Augen schloß, um in die nie zuvor betretenen Gefilde des doppelten Dohlengenusses einzugehen, beschritt er den Pfad des Verderbens. Mit dem Leckerbissen, den er der Hartnäckigen in den Schnabel schob, besiegelte er das Schicksal dreier Dohlen, das nun unabänderlich seinen Lauf nahm. Die rechtmäßige Braut kämpfte noch immer, aber mit zunehmender Mutlosigkeit. Ihre verzweifelten Angriffe vermochten die Rivalin nur noch für wenige Minuten zu vertreiben. Nummer zwei sonnte sich weiter im Bewußtsein seiner Unwiderstehlichkeit. Aber in der Tierwelt kann man sich nicht einfach nehmen, was einem beliebt. Eine letzte Instinktschranke war noch da, eine Schranke, so stark, daß selbst eine ranghohe Dohle sie nicht ohne weiteres durchbrechen konnte. Daß die Rivalin die Schlacht gewonnen hatte, war klar; ebenso klar war, daß Nummer zwei unwiderruflich in die Hände einer Dirne gefallen war. Aber nur ein sehr, sehr erfahrener Kenner des tierischen Gemeinschaftslebens hätte den wirklichen Schluß des Dramas voraussehen können.

Eines Tages waren die beiden fort. Nummer zwei und die »andere« hatten die Kolonie verlassen. Sie kehrten nie mehr zurück.

Die illegitime Liebe hatte alles besiegt. Sie hatte alle jene Dohleninstinkte als Opfer gefordert, deren Kern die Einrichtung der Ehe ist. Sie hatte alle Traditionen des aristokratischen Distanzhaltens und der Verantwortlichkeit unterminiert, die das ranghohe Männchen instinktiv als mit seiner privilegierten Stellung zusammenhängende Pflichten übernimmt. Sie hatte vor allem ein entschlossenes Weibchen dazu getrieben, sexuelle Konventionen, die in erster Linie die Interessen des weiblichen Geschlechts begünstigen, über Bord zu werfen. Und schließlich hatte sie ein Dohlenmännchen, das seiner Veranlagung nach zu einem behaglichen Leben geschaffen war, zum letzten radikalen Schritt bedrängt.

Die illegitime Liebe hatte alles besiegt. Oder doch nicht alles? Das Liebespaar hatte sich durch seine Flucht von der Gesellschaft losgesagt, in der es aufgewachsen war, es hatte sich losgesagt von der Kolonie, jenem sozialen Instrument, das zur Übermittlung der Dohlenerfahrung von einer Generation zur andern dient. Wenn die Herde der beste Freund des Pavians ist, so ist die Kolonie für die Dohle noch viel mehr, denn sie gewährleistet, wie wir gesehen haben, die Weitergabe gewisser Instinkte, zum Beispiel des Erkennens natürlicher Feinde. Flucht aus der Kolonie bedeutet gewissermaßen die Aufgabe eines Teils des Dohlenichs. Und selbst wenn das Paar mit der Zeit in eine andere Kolonie aufgenommen worden sein sollte, dann nur mit einem niedrigen Rang. In einer fremden Gemeinschaft rangierte Nummer zwei sicherlich an letzter Stelle.

Warum sind die beiden geflohen? Welche unwiderstehliche Kraft befahl dem Instinkt diktatorisch: Tut, was ihr nicht lassen könnt, aber geht! Angst vor gesellschaftlicher Ächtung kann es nicht gewesen sein, denn Nummer zwei war von der Dohlensozietät niemals auf eine herannahende Gefahr aufmerksam gemacht worden, ja die Gesellschaft hatte sich um seine Angelegenheiten, selbst in einer so außergewöhnlichen Situation, nicht im geringsten gekümmert. Und doch flohen die beiden. Aus Urtiefen, aus denen die tierischen Wertmaßstäbe erwuchsen, ist ein geheimnisvolles dunkles Antlitz aufgetaucht und hat dem Sexualtrieb stumm den einsamen Weg ins Ungewisse gewiesen.

Wessen Antlitz war es? Wie sah es aus? Wir ahnen es nicht.

Mit allerhand Einschränkungen und Vorbehalten, mit einigem Zögern und nicht ohne gewisse Zweifel können wir sagen, daß alle

Tiere von ihren Instinkten in zwei verschiedene Richtungen gedrängt werden. Hunger und Selbsterhaltungstrieb fordern zur Anarchie heraus. Dasselbe gilt für den Geschlechtstrieb, wenn wir ihn, wie es richtig ist, als einen Zwang zu einem bestimmten Verhalten betrachten und nicht mit dem Hintergedanken an seine biologischen Folgen. Andere Instinkte jedoch rufen gebieterisch nach Ordnung: die Sorge für die Jungen, die Besetzung und Verteidigung eines Territoriums, das Wirken für das Überleben der Gesellschaft, die Rangordnung. Wir können daher die Hypothese aufstellen, daß der natürlichen Auslese in einem frühen Stadium der Evolution dieser Dualismus der Antriebe als förderlich für die von ihr gelenkten Lebewesen erschienen sei. Das Individuum muß überleben; aber auch die Gruppe, die Population, die Rasse, die Spezies, der das Individuum angehört, müssen überleben, und daher fördert der anarchische Instinkt die Interessen des Individuums, der Ordnungsinstinkt hingegen die Interessen der Art.

Früher hat man bei der Erforschung des tierischen Verhaltens nur jenen Instinktkomplex beachtet, der die Anarchie begünstigt. Die Sorge für die Nachkommenschaft bildete die einzige Ausnahme. Erst heute, im Zuge der Revolution des naturwissenschaftlichen Denkens, beginnt man jene Instinkte zu erkennen, welche die Ordnung fördern: den Territorialinstinkt, den Rangordnungsinstinkt und den Trieb zur Erhaltung der Gesellschaft. Wir haben das Verhalten der Tiere bisher von einem höchst einseitigen Standpunkt betrachtet. Wir haben ausschließlich die Kämpfe gesehen und nicht das friedliche Zusammenleben; wir haben den heißen Atem des Dschungels gespürt und nicht den süßen Duft grüner Weiden; wir haben Kriege und Schlachten verzeichnet, aber die Friedensverträge übergangen. Vor allem haben wir – vielleicht weil wir falsch beobachteten, vielleicht weil wir dem Drang zur Vermenschlichung nachgaben, vielleicht weil unser Denken auf den Menschen zentriert war oder vielleicht einfach aus Beschränktheit – das Verhalten der Tiere nicht anders zu sehen vermocht denn als Ergebnis äußerer Konflikte. Erst seit wir die Kräfte der Natur von einem neuen Gesichtspunkt aus betrachten, beginnen wir die inneren Konflikte zu erkennen, die sich aus der Dualität des tierischen Wesens ergeben müssen: die

Triebkonflikte, das Gegeneinander der Interessen und die allmähliche Entwicklung einer Wertskala.

Es ist bemerkenswert, daß die meisten auf Ordnung gerichteten Triebe männlich sind. Es gibt zwar Ausnahmen, aber nur sehr wenige. Bei den zur Gruppe der Phalaropen gehörenden Schwimmvögeln verteidigt das Weibchen das Territorium. Bei der Kubanischen Eidechse trägt der Harem die Verantwortung nicht nur für die Aufrechterhaltung der Ordnung im Territorium, sondern auch für die sexuellen Abenteuer des Herrn und Gebieters. Nur zögernd vergleicht man den König des Tierreichs mit der Kubanischen Eidechse; und doch überläßt das Löwenmännchen trotz seinem dominierenden Rang gewisse sexuelle Vorrechte seinem Harem. Wenn eine Löwin, die durch die Kugel eines Jägers zur Witwe gemacht wurde, sich um Aufnahme in ein Rudel bewirbt, so entscheidet nicht der Pascha darüber, wie vielen Löwinnen er gewachsen ist, sondern sein Harem. Im Belieben der Weibchen steht es, die Bewerberin anzunehmen, abzulehnen oder einen blutigen Kampf mit ihr auszufechten. Der Pascha beobachtet die Sache aus der Ferne mit königlicher Ruhe und nimmt die Entscheidung ohne Widerspruch an.

Es kommt jedoch, wie gesagt, sehr selten vor, daß die Aufrechterhaltung der Ordnung den weiblichen Tieren obliegt. Das Weibchen mag an der Verteidigung des Territoriums und am Schutz der Sozietät mitwirken; es mag – und wird wahrscheinlich meist – an dem Rang seines Partners teilhaben. Aber ihrem Wesen nach sind diese drei Fundamente der tierischen Ordnungskräfte ebenso Männersache, wie das vierte – die Sorge für die Jungen – wesentlich Frauensache ist. Diese vierte Kraft könnte völlig genügen, das Weibchen von anarchischen Strebungen abzuhalten und es zu veranlassen, für eine stabile Gesellschaft und für so konservative Einrichtungen wie die Paarung mit einem begüterten Männchen einzutreten. Außerdem gerät der mächtige anarchische Sexualtrieb beim Weibchen nicht so leicht mit andern Instinkten in Konflikt wie bei seinem viel eher zur Verwirrung neigenden Gefährten.

Das männliche Tier muß bei jeder Entscheidung über das richtige Verhalten aus einer viel größeren Zahl einander widersprechender Gebote seine Wahl treffen als das weibliche. Bei einem

Tier kann eine solche Wahl natürlich nur darin bestehen, daß es dem wesentlicheren dieser gegensätzlichen Instinkte nachgibt. Aber immer wieder können wir beobachten, daß Männchen jenem Ordnungsinstinkt gehorchen, der nicht ihnen selbst, sondern der Gemeinschaft nützt. Die beiden Pavianmännchen im Waterberggebiet wählten den sicheren Tod, um ihre Gemeinschaft vor dem im Schatten lauernden Leoparden zu schützen. Eine solche Handlungsweise ist selten. Das Pavianmännchen im Londoner Zoo zog es vor, seinen Rang zu verteidigen statt seinen Harem. Das ist nichts Seltenes. Das Kohlmeisenmännchen mit Namen Kahlkopf gelangte im Laufe seines bigamistischen Treibens an einen Punkt, an dem ihm eine innere Macht befahl, sich dem Gebot der Monogamie zu fügen. Das Seltene an diesem Fall besteht darin, daß der Vogel überhaupt in eine solche Klemme geriet. Eliot Howards Rohrammermännchen stand dreimal vor dem Dilemma, ob es sein Nest gegen ein Wiesel oder sein Revier gegen ein anderes Männchen verteidigen solle, und fällte jedesmal die empörende Entscheidung, den Artgenossen abzuwehren. Diese Entscheidung ist weder verwunderlich noch dumm. Die Rohrammer gehorchte einfach dem männlichen Instinkt für Ordnung, der für die Erhaltung der Art sogar noch wichtiger ist als die Verteidigung der Nachkommenschaft.

Die Durchführung der mit der Erhaltung der Art zusammenhängenden Gebote obliegt hauptsächlich dem Männchen. In der Welt der höheren Primaten sind diese Gebote äußerst vielfältig und drückend. Bei den Brüllaffen und Gibbons, den Rhesusaffen und Pavianen muß das Männchen die Herde anführen, wenn es gilt, die Heimstatt zu verteidigen; es muß für die Aufrechterhaltung der Gesellschaft sorgen, die ja das mächtigste Instrument zum Schutz der Art darstellt; es muß dafür sorgen, daß dem sozialen Mechanismus mit Hilfe der Rangordnung bei einem Mindestmaß an Reibung ein Höchstmaß an starker Führung gesichert werde. All dies hat Vorrang vor dem Sexualtrieb.

Bei den höheren Primaten wird das Weibchen zum sexuell aggressiven Teil. Es ist bei der Verfolgung sexueller Ziele weniger durch andere Dinge abgelenkt als das Männchen. Jemand muß in der Liebe die Initiative ergreifen; meistens tut dies das Weibchen.

Jemand muß durch seinen unersättlichen Appetit dafür sorgen, daß die Kräfte des Männchens nicht gänzlich für höhere Zwecke aufgewendet werden; dieser Jemand ist für gewöhnlich das Weibchen. Es hat sich in der Primatengesellschaft zur Sexualspezialistin entwickelt und wurde von der natürlichen Auslese, der Beschützerin aller Spielarten der Mutation, für seine Aufgabe mit einem neuen, äußerst nützlichen Werkzeug ausgerüstet, mit der sexuellen Periodizität. Als ob das noch nicht genug wäre, hat die natürliche Auslese, um zu gewährleisten, daß das Weibchen den Sexualtrieb in Gang hält, auch noch mit Zahlen gearbeitet. Sie hat bei den Primaten jenes Kollektiv weiblicher Sexualaktivität begünstigt, das unter dem Namen Polygamie bekannt ist.

Natürlich hat auch das Weibchen seine Triebkonflikte. Es ist die Hüterin der Nachkommenschaft, obwohl das Primatenmännchen in der Regel bei dieser Aufgabe in erstaunlich hohem Maße mithilft. Das Weibchen muß sich aber, um überleben zu können, auch ernähren. Und oft muß es seinen Hunger im Wettstreit mit dem Männchen stillen, das die Herrschaft innehat und dessen Selbstaufopferungstrieb sich bei den Primaten nur selten auf das Weibchen erstreckt. Das Weibchen muß also seine Nahrung unter harten Bedingungen suchen und dabei vermeiden, das Mißfallen des Männchens zu erregen, da es sich sonst der Gefahr aussetzt, tätlich angegriffen zu werden. Aber solche Anforderungen müssen nicht unbedingt mit dem Sexualtrieb in Konflikt geraten.

Vor 40 Jahren hat Kempf die Prostitution bei den Primaten als die Gewährung sexueller Gunst im Austausch gegen wirtschaftliche Vorteile oder physischen Schutz definiert. Diese Definition wurde vielfach kritisiert, denn sie schien dem Primatenweibchen ein für ein Tier zu hohes Maß an Voraussicht und Urteilsfähigkeit zuzuschreiben. Und doch ist die Gewährung sexueller Gunst im Austausch gegen wirtschaftliche Vorteile oder physischen Schutz in den Sozietäten der Affen und Menschenaffen gang und gäbe. Schließlich hat man diese Tatsache als Reaktion auf das Rangordnungssystem erklärt. Das Weibchen, das bei allen Primaten einen niedrigen Rang einnimmt, hat entdeckt, daß Sexualtrieb und Selbsterhaltungstrieb kombiniert werden können.

Eine Äffin, die sich eben einer Frucht bemächtigt hat, sieht ein wütendes Männchen auf sich zustürzen, dem die Frucht nach den Gesetzen der Affengesellschaft gebührt, da es höher im Rang steht. Sofort wendet die Äffin dem Männchen das Hinterteil zu, damit es anderweitig beschäftigt oder zumindest abgelenkt sei, während sie die Frucht verspeist.

Hin und wieder verspürt ein Weibchen aus dem Harem eines Pavians Lust, die Familie zum Futterplatz, zur Tränke oder einfach zum Spaß auf eine Wanderung zu führen. Die Führung kommt jedoch in jedem Fall dem Pascha zu. Es kann sein, daß er sich die Laune des Weibchens gefallen läßt, es kann aber auch sein, daß er eine solche Anmaßung als tödliche Beleidigung empfindet. Auf jeden Fall präsentiert das Weibchen sein Hinterteil.

Das Primatenweibchen ergibt sich der Prostitution nur dann, wenn Brauch und Sitte oder die Verhältnisse es gestatten. Im Zoo ist das selten der Fall. Der Pascha, der sich aus Mangel an Beschäftigung langweilt, beaufsichtigt das Weibchen mit der Strenge eines Polizisten, weshalb es meist unverbrüchlich treu ist. Aber wenn ein in Gefangenschaft lebendes Primatenweibchen vom Pfad der Tugend abweicht, dann tut es das gründlich.

Ein solches Ereignis fand unter den Hamadryaspavianen im Londoner Zoo statt und nahm ein geradezu ungeheures Ausmaß an. Ein Weibchen des Harems begann aus unerfindlichen Gründen plötzlich zu kokettieren. Diese Abweichung von dem im Zoo gebräuchlichen Verhalten hielt den Pascha dauernd beschäftigt. Das Weibchen mußte sich darüber klar sein, daß sein Herr und Gebieter die Macht besaß, es empfindlich zu bestrafen, und daß er das Recht auf seiner Seite hatte. Dennoch kokettierte es nach allen Richtungen.

Solches Gehaben erregte natürlich die Lüsternheit der sexuell ausgehungerten Junggesellen, aber der Pascha besaß große Autorität, und keiner wagte es, seinen Zorn herauszufordern. Dennoch kam es eines Tages ganz plötzlich zu einer Explosion, an der der Pascha bis zu einem gewissen Grad selbst schuld war, denn er beging einen groben taktischen Fehler. Es war ihm bereits zur Gewohnheit geworden, die Junggesellen zu verjagen. An jenem Tag ging er in dieser Beziehung im wahrsten Sinn des Wortes zu weit, das heißt, er verfolgte einen der Junggesellen bis an eine Stelle, von der aus er das Tun seines Weibchens nicht mehr beobachten konnte. Er ließ es genau 40 Sekunden aus den Augen. Diese Gelegenheit, auf die es vermutlich schon sehr lange gewartet hatte, benützte das Weibchen, um sich mit zwei verschiedenen Junggesellen zu paaren.

Als der Pascha voller Argwohn und wutentbrannt zurückkehrte, ahnte das Weibchen, daß ihm Strafe bevorstehe. Es duckte sich, kroch auf seinen Herrn zu und deutete durch Gesten an, daß die Junggesellen an allem schuld seien. Und als der Pascha weiterhin drohend näher kam, zeigte es ihm demütig auffordernd sein Hinterteil.

Woraus sich ergibt, daß der Kampf der Instinkte beim Primatenweibchen, das auf Sexualität spezialisiert ist, oft nicht lange dauert.

Aus der undurchdringlichen Tiefe der Zeiten tauchen Bilder tierischer Verhaltensweisen auf, die vielleicht – aber vielleicht auch nicht – zum Verhalten des menschlichen Primaten beigetragen haben. Eine Spezies gibt Anlaß zu gewissen Vermutungen, aber man weiß zuwenig über sie. Von einer anderen weiß man viel, aber die Beobachtungen wurden an gefangenen Tieren gemacht. Wer Fakten über eine noch im Gang befindliche Revolution sammeln will, wird immer wieder durch den Gedanken entmutigt, daß die Natur niemals geradlinig vorgeht. Wie in einen Morgennebel, der sich erst spät oder vielleicht niemals heben wird, sind alle Schlußfolgerungen in das Geheimnis der unendlichen Vielfalt eingehüllt, womit die natürliche Auslese ihre Strategie tarnt.

Immerhin kann man auf der Bühne schattenhafte Gestalten sich bewegen sehen. Es sind die Schatten von Kräften, die, wenn sie sich auch nicht unmittelbar beobachten lassen, doch immer wieder auf dem oder jenem Teil der Szene erscheinen. Allmählich erkennen wir sie und geben ihnen Namen: Rangordnung, Territorium, Überleben der Gruppe. Einige haben wir noch nicht richtig erkannt. Der Schatten, den wir Sexualität nennen, scheint nicht das zu sein, wofür wir ihn gehalten haben. Und dann gibt es Schatten, denen wir noch keinen Namen geben können, weil wir bisher bei ihrem Kommen und Gehen nur einen flüchtigen Schimmer von ihnen erhaschen konnten. Aber allmählich müssen wir uns darüber klarwerden, daß gerade sie die Schatten des Lebens selbst sind; daß sie uns berühren, ob wir wollen oder nicht, und daß ihre Anwesenheit auf der Bühne dem Drama des Lebens seine Einheit gibt.

Man durchstreift die Steppen, die Wälder, die Wüsten, die Meeresküsten. Und schließlich nimmt eine Überzeugung Form an; eine Schlußfolgerung, die über jeden Zweifel erhaben ist, bietet sich an, und erleichtert schwenkt man sie wie eine Trophäe.

Durch die Originalität, mit der sie mit jenen Schatten verfährt, sticht eine Spezies unter allen andern hervor. Keine andere Art vermag Instinkte so gut voneinander zu sondern und jeden einzelnen ins Vorteilhafte zu wenden, keine andere versteht es so ausgezeichnet, Nachteil in Vorteil, Schmerz in Lust, Risiko in Sicherheit, schwächende Kämpfe in allgemeine Zufriedenheit zu verwandeln.

Man kann den triumphalen Erfolg dieses Wesens auch nicht einfach dem überlegenen Primatengehirn zuschreiben, denn auch andere waren damit begnadet und sind doch zugrunde gegangen. Dieses Geschöpf, und es allein besitzt in der Zusammensetzung seines Wesens einen Faktor, den wir bisher nicht einwandfrei zu erkennen vermögen, und den wir am besten als Erfindungsgabe bezeichnen könnten. Es ist schöpferisch; es löst Probleme; es schließt Verträge zwischen den Instinkten, die so kühn und raffiniert ausgedacht sind, daß sie gewaltige Zeiträume überdauern werden. Welches Geschöpf ich meine? Natürlich den ungehemmten, prinzipienlosen, unüberwindlichen Brüllaffen.

Es gibt nichts, wozu sich der Brüllaffe nicht herabließe. Er wird sich bei seinen Entscheidungen durch keinerlei Rücksicht auf Ehre, Sittsamkeit, Zurückhaltung oder Konvention beirren lassen. Wenn er beschließt, einen Eindringling zu vertreiben, indem er ihm auf den Kopf defäkiert, dann wird er das ohne jede Hemmung tun. Und durch eine solche Verteidigungsart vertreibt er nicht nur den Eindringling, sondern schreckt auch alle potentiellen Angreifer ab, weil sich herumspricht, was geschehen ist. Seine völlige Gleichgültigkeit gegen den sogenannten guten Ruf gibt ihm eine Freiheit in der Wahl der Verteidigungsmittel, die sonst nur das Stinktier besitzt.

Der Brüllaffe denkt auch nicht daran, seine gesellschaftlichen Einrichtungen durch Egoismus, rücksichtslosen Ehrgeiz oder Starrsinn unterminieren zu lassen. Er hat eine Leidenschaft für das Praktische, er ist ein Meister der halben Entscheidungen und totalen Lösungen. Was die Grenzkämpfe betrifft, die bei allen Lebewesen vorkommen, so erfüllt der Brüllaffe seine Verpflichtungen mit Begeisterung und Hingabe, aber niemals über den Punkt hinaus, an dem der Krieg aufhört, ein Vergnügen zu sein. Sein schöpferischer Beitrag zum Verteidigungsproblem ist, wie wir gesehen haben, einzigartig. Er hat sich alles zu eigen gemacht, was Befriedigung schafft, und allem abgeschworen, was gefährlich ist.

Am erstaunlichsten hat sich die Erfindungsgabe des Brüllaffen jedoch auf dem minengeladenen Schlachtfeld der Liebe ausgewirkt. Er ist an das Sexualproblem mit dem gleichen Spürsinn für die beste Lösung herangegangen, mit dem er die Probleme des Territorialinstinkts bewältigt hat. Er hat sich auch hier an den schöpferischen Grundsatz gehalten, alles zu nehmen, was Befriedigung gibt, und alles zu vermeiden, was gefährlich ist; und er hat in seiner Lösung in gerechter und praktischer Weise alle gegebenen Faktoren berücksichtigt: den männlichen Trieb, der heftig, aber von kurzer Dauer ist; die weiblichen Möglichkeiten, die in ihrer ganzen Fülle selten begriffen werden; die Auswirkungen der Sexualität auf die Gesellschaft. Ja er hat sogar dafür gesorgt, den Jungen die größtmögliche Zahl aufopfernder Väter zur Verfügung zu stellen. Ich kenne keine andere Spezies, die dem anarchischen Sexualtrieb ein so weitreichendes Ordnungsprogramm entgegengesetzt hätte.

Rotierende Begattung ist der wissenschaftliche Ausdruck für die vom Brüllaffen erfundene Lösung. Der Name sagt wenig. Er verrät nicht, daß sich in der Brüllaffensozietät das zärtliche Verlangen aller Weibchen auf alle Männchen erstreckt, daß kein Männchen mit einem andern rivalisiert, sondern es eher als Freund und Helfer betrachtet, daß Sexualnot ein unbekannter Begriff ist, daß die Solidarität der Männchen an die Gebräuche in einem englischen Klub erinnert und daß die gesamte Gemeinschaft die Segnungen einer tief verwurzelten, alle umspannenden Demokratie genießt. Jedes erwachsene Mitglied bekommt so viel Liebe, wie es braucht oder wünscht, und jedes Kind bekommt ein Sortiment von Vätern.

Dieser erstaunlich glückliche Zustand wurde durch die dem Brüllaffen eigene Schamlosigkeit erreicht. Das Weibchen, das ungefähr so zurückhaltend ist wie eine Schnellzuglokomotive, hat jede bei Primaten übliche Passivität über Bord geworfen und handelt in sexuellen Angelegenheiten unbarmherzig im Sinne seines eigenen Interesses. Die Reaktion des Männchens auf dieses Verhalten besteht darin, daß es nach guter alter Brüllaffentradition keinen Versuch macht, so etwas wie einen guten Ruf aufrechtzuerhalten. Dadurch wird es ihm möglich, zuzugeben, daß es den Anforderungen des Liebesspiels nicht immer gewachsen und daher auf die Mitarbeit seiner Freunde angewiesen ist. Die Ausschweifungen, die sich aus einer solchen Einstellung ergeben, verhüllt der wissenschaftliche Ausdruck »rotierende Begattung« vor den neidvollen Blicken der Menschen.

Wir wissen, daß eine Brüllaffenhorde gewöhnlich aus drei

Männchen und ungefähr sieben Weibchen besteht. Der Menstruationszyklus des Weibchens dauert 28 Tage. Während das Weibchen menstruiert, ist sein Sexualtrieb zum Glück ausgeschaltet; auch in den Tagen vor und nach der Menstruation ist es sexuell nicht aggressiv, während es in der sich über ungefähr ein Drittel des Zyklus erstreckenden Brunstperiode von fast unstillbarer sexueller Gier ergriffen wird. Das ist an sich eine kurze Zeitspanne, aber vom Standpunkt der drei Männchen bedeutet es, daß aller Wahrscheinlichkeit nach an jedem Tag zwei Weibchen gleichzeitig in Hitze sind.

Das Brüllaffenweibchen zeigt seine Bereitschaft zur Liebe durch bestimmte Zungenbewegungen an. Das Männchen hat meist andere Dinge im Kopf. Es muß beispielsweise die morgendliche Stille durch Gebrüll stören, es muß die Horde auf Futtersuche führen, muß mit großem Stimmaufwand sein Territorium verteidigen oder ein Junges aufheben, das vom Baum gefallen ist. Aber natürlich reagiert es zwischendurch auch auf die Zungensignale. Der Tag geht weiter. Nach einiger Zeit erlahmt das Männchen, und während es Kräfte für neue Taten sammelt, richtet das Weibchen seine Signale an ein zweites Männchen. Es kommt der Augenblick, da auch das zweite Männchen sich zu wünschen beginnt, daß ein Junges vom Baum fallen möge. Jetzt wird das Liebesspiel in den Wipfeln kompliziert. Das erste Männchen, das sich inzwischen erholt hat, ist nicht imstande, das zweite abzulösen, denn mittlerweile bemüht sich das dritte Männchen, sich den unvermindert heftigen Liebesbezeigungen des zweiten Weibchens zu entziehen, und das erste Männchen ist ihm zu Hilfe geeilt. Das zweite Männchen muß durchhalten, so gut es kann, bis das dritte sich erholt hat. Hält es nicht mehr durch und ergreift die Flucht, dann entfaltet sich die Liebe der Primaten zur Höchstform. Schamlos, ohne Rücksicht auf traditionelle Anstandsregeln, ohne Furcht, öffentliches Ärgernis zu erregen, schwingen sich fröhliche, zu allem entschlossene Weibchen durch die schwankenden Wipfel auf der Jagd nach Männchen, die jetzt alle nur den einen Wunsch haben, daß die Nacht sie in ihrem dunklen Mantel verbergen möge.

Aber für gewöhnlich ist solche Rettung nicht vonnöten. Am späten Nachmittag zieht Ruhe in die Herzen der Weibchen ein. Ihre

Liebessehnsucht ist reichlich gestillt, und sie wenden sich den einfacheren Freuden des Daseins zu, dem Gesellschaftsklatsch oder dem Träumen in der späten Wärme der sinkenden Sonne. Sollte eines der Weibchen jedoch noch ein letztes Aufflackern von Verlangen spüren, so wird es schwerlich einen Partner finden. Denn um diese Zeit haben sich die drei Männchen in der tiefsten Tiefe des Reviers in einem dichtbelaubten Wipfel versteckt, wo sie sich Seite an Seite dem Genuß der süßen Früchte, den letzten Sonnenstrahlen und ihrer Freundschaft hingeben, zufrieden, daß dieser schöne, arbeitsreiche Tag ein so schönes, friedliches Ende hat.

Durch seine realistische Einstellung zu den Instinkten der höheren Primaten hat der Brüllaffe eine Gesellschaft geschaffen, in der es weder männliche Rivalität noch weibliches Unbefriedigtsein gibt; in der die Rangordnung sich in gemäßigten Formen bloß auf Führung und Nahrungssuche erstreckt; in der das Prinzip der Gleichheit aller besser als in jeder anderen Primatensozietät verwirklicht erscheint; in der die Vaterschaft eine kollektive Verantwortlichkeit darstellt, so daß auf den Ruf »Ein Junges ist vom Baum gefallen« alle Männchen pflichtgemäß reagieren; in der die Geburtenziffer gesichert ist und in der soziale Gegensätze und Vergeudung sozialer Energien praktisch auf Null reduziert sind.

Diese Errungenschaften wurden dem Brüllaffen durch seine Gleichgültigkeit gegen Ruhm und Ehre einerseits und gegen starre Überzeugungen andererseits ermöglicht. Aber natürlich auch durch das Leben in einer Umwelt, die verhältnismäßig frei von Feinden und überreich an Nahrung ist. Es ist mehr als zweifelhaft, ob es sich der von Feinden bedrohte Pavian auf seinem kargen Boden jemals hätte leisten können, sich so uneingeschränkt den Freuden der Liebe hinzugeben.

Der Brüllaffe lebt in einem Tal des Glücks am fernen Horizont des tierischen Verhaltens. Die Evolution billigt seine Errungenschaften, aber sie geht irgendwie an ihm vorbei. Neue Kräfte sammeln sich in der Primatenwelt. Das Glücksspiel der Evolution wird mit neuen Instinktkombinationen weitergeführt. Die Affen hatten ihre Zeit und waren innerhalb ihrer Grenzen erfolgreich. Die Menschenaffen hatten ihre Zeit und haben weitgehend versagt. Das Experiment mit der Vergrößerung des Gehirns und dem Verzicht auf die Spezialisierung des Körpers läuft Gefahr, so wie andere Fehlgriffe des Lebens aufgegeben zu werden. In den Dschungeln des Amazonas, auf den Hochflächen des Himalaja, in den weiten, glühendheißen Steppen Afrikas setzt die natürliche Auslese ihre Versuche fort.

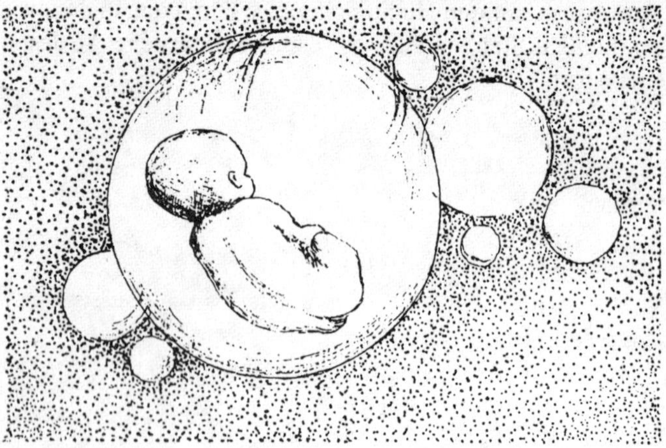

VI Die romantische Illusion

Gegen Ende der dreißiger Jahre und zu Beginn des Zweiten Weltkrieges hatten die Vereinigten Staaten einen jener Anfälle von schöpferischer Originalität, wie sie in meiner Heimat gelegentlich aufzutreten pflegen. Zu solchen Zeiten liegen Unmengen von Ideen in der Luft, und eine Reise nach New York lohnt sich. Theaterbesucher werden sich an Thornton Wilders Dramen »Unsere kleine Stadt« und »Wir sind noch einmal davongekommen« erinnern, Leser an William Saroyan, und anderen fällt vielleicht die Atombombe ein. Alles mögliche kann aus einem solchen Trancezustand entstehen, sogar die Illusion, daß der Mensch der Mittelpunkt der Welt sei.

Ich habe vergessen, wer der Urheber dieser Theorie von der zentralen Position des Menschen in der Welt war. Jedenfalls wurde sie in meiner Anwesenheit bei einem Diner aufs Tapet gebracht, das ein berühmter New Yorker Anwalt gab, der von der neuen Lehre gehört hatte. Wie ein bunter Kinderballon schwebte die Theorie eine Zeitlang über unseren Köpfen und flog dann zum Fenster hinaus. Ich sah sie nie wieder. Vielleicht war es keine wohlfundierte Theorie, vielleicht fehlte ihr, da es sich um eine amerikanische Idee handelte, die richtige Mischung aus Scharlatanerie und Pragmatismus. Jedenfalls war sie weniger neuartig als verblüffend, weniger beweiskräftig als zum Nachdenken anregend. Und da wir in diesem Kapitel jenes einzigartige menschliche Denkgebilde behandeln wollen, das ich als romantische Illusion bezeichne, könnte uns eine kurze Betrachtung der Theorie, die durch das Fenster einer New Yorker Wohnung entschwebte, während sich die Welt zum Krieg rüstete, einen guten Ausgangspunkt liefern.

Die Illusion, der Mittelpunkt der Welt zu sein, ist, so besagt jene Theorie, das Geburtsrecht jedes neugeborenen Kindes. Es betritt eine unbekannte Welt. Es liegt in einem Korb, in einer Wiege oder auf einem Bündel Stroh. Sein Gesichtssinn vermittelt ihm nur undeutliche Bilder. Glänzende Gegenstände tauchen vor ihm auf, um es zu belustigen, Fläschchen und Brüste, um seinen Hunger zu stillen. Sein tastendes Bewußtsein findet keinen Grund, daran zu zweifeln, daß alles ringsumher nur dazu da sei, seine Bedürfnisse zu befriedigen. Die Illusion, der Mittelpunkt der Welt zu sein, ist vollkommen.

Doch mit der Entwicklung kommt Erfahrung und mit der Erfahrung Enttäuschung. Das Baby erwacht nachts in tiefer Finsternis, es wimmert, weil es Gesellschaft haben will. Doch die Eltern schlafen und hören es nicht. Das Kind hat das Gefühl des Verlassenseins erlebt. Oder es wird an einem hellen, freundlichen Morgen von der Katze, diesem unerklärlichen Wesen, gekratzt. Das Kind hat Feindseligkeit erlebt. Oder – das Ärgste von allem – nach ungefähr einem Jahr erscheint ein Geschwisterchen. Die glänzenden Dinge, die weichen Brüste – all das wendet sich jetzt einem anderen Wesen zu. Das Kind erlebt die Falschheit und Unzuverlässigkeit der Welt.

Das Ichbewußtsein ist eine nur dem Menschen gegebene Eigenschaft, und seine Grundvoraussetzung – sagt die Theorie – ist das Gefühl, der Mittelpunkt der Welt zu sein. Aber jeder Mensch hat im Laufe seines Lebens eine unendliche Kette von Erlebnissen, die mit der Grundvoraussetzung im Widerspruch stehen. Wir können die Enttäuschungen hinnehmen, sie in unsere Persönlichkeit integrieren und mit der nur leicht angeschlagenen Illusion, der Mittelpunkt der Welt zu sein, weiterleben. In diesem Fall gelangen wir zur Reife. Oder wir können die Erlebnisse mit Hilfe aller möglichen Ausflüchte ablehnen, auf diese Art den Enttäuschungen ausweichen und mit der intakten Illusion weiterleben. In diesem Fall gelangen wir natürlich nicht zur Reife.

Der Mensch hat viele Möglichkeiten, den Enttäuschungen auszuweichen und sich seine Illusion zu bewahren. Wir können weitgehend darauf verzichten, uns den Erfahrungen zu stellen, und uns schon in früher Jugend hinter die schützenden Röcke einer verständnisvollen Mutter verkriechen. Oder wir können sogar darauf verzichten und uns in Melancholie und Masturbation flüchten. Oder wir können den entgegengesetzten Weg einschlagen, nämlich alle Schläge hinnehmen, ja sie sogar suchen und jedes unangenehme Erlebnis als Beweis dafür auslegen, daß eine gewaltige Verschwörung gegen uns im Gange ist. Durch diese schlaue Maßnahme erhalten wir die Illusion, der Mittelpunkt der Welt zu sein, nicht nur intakt, wir verstärken sie sogar und finden in der Feindseligkeit der Welt die Bestätigung für unsere Sonderstellung.

Die Überzeugung, daß man moralisch überlegen ist, die Zwangsvorstellung, daß man moralisch minderwertig ist, der Drang, schneller zu laufen, höher zu steigen, weiter zu schwimmen oder schwerer zu leiden als alle anderen Menschen – all das kann dazu dienen, vor aller Öffentlichkeit den Beweis für unsere privateste Illusion zu erbringen. Und so manches menschliche Tun, so manche Einrichtung wären unhaltbar, wenn der erwachsene Mensch nicht seinen infantilen Vorstellungen verhaftet bliebe: die Hochstimmung der Trunkenheit; der Glaube an einen persönlichen Gott, der unsere Gebete erhört und unsere Wünsche wenn nicht in dieser, dann doch in einer anderen Welt erfüllen wird; Lotterien, Pferderennen und ähnliche Formen einträglicher Unterhaltung, die auf der Überzeugung des Menschen beruhen, daß gerade er dazu ausersehen sei, Glück zu haben.

In unserer Untersuchung über die tierischen Wurzeln des

menschlichen Verhaltens brauchen wir glücklicherweise denjenigen unserer Eigenschaften, die ausschließlich menschlich sind, keine kritische Aufmerksamkeit zuzuwenden. Zu ihnen dürfte vielleicht auch die Illusion, der Mittelpunkt der Welt zu sein, gehören. Aber bevor wir zu einem Gegenstand übergehen, der besser zu unserer Untersuchung paßt, wollen wir unserer kleinen Beschreibung der großen Illusion des Menschen noch eine etwas bizarre Fußnote anfügen. Eine Theorie besagt, daß der Mensch zur Reife gelangt, indem er die Wirklichkeit akzeptiert und sich durch Enttäuschungen nicht davon abhalten läßt, seinen Weg zu gehen. Die Theorie sagt uns auch, wie ein Mensch beschaffen wäre, der den Zustand der totalen Reife erreicht hat: Er wäre imstande, sich selbst in der richtigen mathematischen Relation zu den zweieinhalb Milliarden seiner Artgenossen zu sehen und diese Artgenossen in der richtigen mathematischen Relation zu der ungeheuren Flut von Lebewesen, die sich über die Erde ergossen hat und in der wir nur eine einzige Welle sind; er wäre imstande, unsere Erde zu begreifen als einen mit günstigen Bedingungen für die Entwicklung organischen Lebens ausgestatteten Stern unter den ungezählten Millionen Sternen unserer Milchstraße und unsere Milchstraße als nichts weiter denn eine statistische Unwahrscheinlichkeit in der stummen Mathematik aller Dinge. Ein solcher Mensch, der die Illusion, der Mittelpunkt der Welt zu sein, gänzlich und endgültig aufgegeben hätte, würde höchstwahrscheinlich seinen Weg nicht weitergehen, sondern sich dort, wo er gerade steht, niederlegen und mit einem tiefen Seufzer in das Dunkel zurücksinken, aus dem er kam.

Die romantische Illusion steht zu der gesamten menschlichen Spezies in der gleichen Beziehung wie die Illusion, der Mittelpunkt der Welt zu sein, zum einzelnen Menschen. Beide beruhen auf der Voraussetzung, besonders erschaffen und besonders begnadet zu sein, ein einzigartiges Schicksal und eine angeborene Souveränität zu besitzen. Und beide sind falsch. Aber während die Illusion, der Mittelpunkt der Welt zu sein, vielleicht einen für die individuelle Existenz unbedingt nötigen Mechanismus darstellt, eine Energiequelle, ohne die wir nicht bestehen könnten, ist die romantische Illusion etwas ganz anderes. Sie ist eine Erfindung des menschlichen Geistes, die ungefähr gleichzeitig mit der Dampfmaschine und dem Wasserklosett gemacht wurde und so verschiedenartige Schreckgespenster hervorgebracht hat wie die neurotische Frau, den kommunistischen Staat und den Kulturpessimismus.

Die romantische Illusion ist am ehesten einem aus Vernunft und Gefühl raffiniert gewebten durchsichtigen Schleier zu vergleichen, der zwischen uns und der Wirklichkeit hängt. Hinter diesem hauchzarten Schleier erscheinen uns Dinge und Menschen in so klaren Farben, daß wir nicht daran zweifeln, sie so zu sehen, wie sie wirklich sind. Und doch sind die Farben alle verfälscht. Es gibt kaum eine unter diesem Blickpunkt zustande gekommene Schlußfolgerung, die nicht der Revision bedürfte, wenn der Schleier einmal fiele.

Die romantische Illusion besteht in der Grundüberzeugung des modernen Denkens, daß alles menschliche Verhalten, mit wenigen feststehenden Ausnahmen, Ursachen entspringe, die im Bereich der menschlichen Erfahrung liegen. Selbsterhaltungstrieb und Sexualtrieb werden allgemein als Kräfte angesehen, die mächtiger sind als wir, und manche von uns rechnen zu diesen Kräften auch noch die Familienbande. Alle übrigen menschlichen Verhaltensweisen müssen jedoch logischerweise, da ihre Wurzeln im Bereich der menschlichen Erfahrung liegen, in die Kompetenz des aufgeklärten Menschen fallen.

Unsere zeitgenössischen Denker sind zwar weitgehend uneins, wenn es sich darum handelt, der Menschheit Rezepte zu ihrer Rettung anzubieten; in den falschen Voraussetzungen ihrer Denksysteme sind sie sich jedoch vollkommen einig. Ob wir die Abschaffung der Klassenkämpfe von der Abschaffung der Ungerechtigkeit erhoffen oder die Abschaffung des Krieges von der Abschaffung der Nationen; ob wir die Quelle des Schöpferischen im Menschen in der Ablehnung der Mutter sehen oder im Eiweißmangel die Ursache für den Kannibalismus; ob wir das Verbrechen durch Armut zu erklären suchen oder die Jugendkriminalität durch Mangel an Liebe; ob wir überzeugt sind, daß die Großstadt eine Brutstätte des Lasters und das einfache Landleben eine

Schule der Tugenden sei – in allen diesen Fällen betrachtet das rationale Denken das Menschenleben durch den Schleier der romantischen Illusion und verschreibt seine Rezepte aus ehrlicher Überzeugung, mit unanfechtbarer Logik und mit völlig reinen Händen, nicht ahnend, wie verderblich sie für den Patienten sein können.

Wir werden im Verlauf unserer Untersuchung der gegenwärtigen naturwissenschaftlichen Revolution über Forschungen berichten, die zu der Annahme geführt haben, daß die Menschheit auf dem afrikanischen Hochland entstanden ist, daß unsere von den Bäumen herabgestiegenen Primatenahnen zur Fleischnahrung übergegangen sind, daß sie Waffen erfunden haben, weil deren Gebrauch für einen nicht mit natürlichen Waffen ausgestatteten Jäger wahrscheinlich zur Lebensnotwendigkeit wurde, und daß sich das große Gehirn vor einer halben Million Jahren um die Mitte des an Veränderungen so reichen afrikanischen Pleistozäns entwickelt hat. Aber auch das bisher vorgelegte Material läßt ernste Zweifel an der Grundvoraussetzung des rationalen Denkens berechtigt erscheinen. Das menschliche Verhalten kann keineswegs mit Sicherheit auf Ursachen, die im Bereich der menschlichen Erfahrung liegen, zurückgeführt werden.

Zu folgern, daß das besessene Streben der Menschen nach sozialer Stellung und materiellem Besitz nichts mit dem Rangordnungs- und Territorialinstinkt der Tiere zu tun habe, heißt den Glauben, daß der Mensch ein Sonderfall der Schöpfung sei, bis zur Zerreißprobe anspannen; zu leugnen, daß Vaterlandsliebe einerseits und Feindschaft zwischen Stämmen oder Nationen anderseits der menschliche Ausdruck des uralten Territorialinstinkts seien, heißt die Vernunft über Bord werfen; zu behaupten, daß die Anziehungskraft, die Reichtum und soziale Stellung auf Frauen ausüben, oder das Streben der Männer nach Vermögen, Macht und Ruhm menschliche Verirrungen seien und ihren Ursprung in sexueller Unsicherheit, verborgenen Körperdefekten, aus der Kindheit stammenden Schuldgefühlen, Umweltmängeln, dem Klassenkampf oder dem wachsenden moralischen Niedergang einer hochzivilisierten Gesellschaft hätten, bedeutet im Licht unseres heutigen Wissens um das tierische Verhalten nichts Geringeres, als das Geschenk der Vernunft unbesehen an das Pleistozän zurückzugeben.

»Alles ist gut, wenn es aus den Händen des Schöpfers hervorgeht«, schrieb Jean-Jacques Rousseau, »aber unter den Händen des Menschen wird es schlecht.« Indem er eine metaphysische Annahme in einen rationalen Kontext brachte, ist Rousseau durch diesen einen Satz zum Vater der romantischen Illusion geworden. Es schaudert den modernen Geist, die Illusion vom ursprünglichen Gutsein so ungeschminkt ausgedrückt zu sehen. Und doch hat dieser Satz Rousseaus eine ganze Kette von Schlußfolgerungen nach sich gezogen – alle durchaus logisch und alle durchaus magisch: daß der Mensch von Geburt aus gut sei; daß der Einfalt Tugend innewohne; daß primitiven Völkern eine Moral eigen sei, die mit höherer Zivilisation verlorengehe; daß sich der moralische Wert des Menschen in dem Maß vermindere, in dem dieser sich von der Scholle entfernt; daß die Zivilisation für die lange Reihe der menschlichen Laster verantwortlich sei und daß also die Mängel des Menschen aus menschlichen Einrichtungen, Beziehungen und Umwelteinflüssen hervorgingen. Je größer der Abstand von Rousseaus sentimentaler Prämisse wurde, desto gründlicher vergaß man, daß es eine solche Prämisse gab.

Als Jean-Jacques Rousseau 1742 nach Paris kam, brachte er ein Bild von der Natur mit, das sich in der sanften, fruchtbaren Hügellandschaft an den Ufern des heimatlichen Genfer Sees geformt hatte. Für seine Vorstellung von primitiven Völkern dürften die wilden Sitten der Dörfler im furchterregenden Schweizer Jura maßgebend gewesen sein. Und doch hat die auf solchen Grundlagen aufgebaute Philosophie merkwürdigerweise den Ruhm ihres Schöpfers überlebt. Heute wird Rousseau selbst von denen, die am meisten an seinen wirren Ideen festhalten, als ein unklarer Denker abgelehnt. Sein edler Wilder wird von denselben Intellektuellen als ein liebenswürdiges Märchen belächelt, deren Denkgebäude ohne dessen Stütze zusammenbräche. Wir werden noch sehen, daß die Bürde der romantischen Illusion von späteren, allgemein geachteten und keineswegs als überholt geltenden Denkern weitergetragen wurde.

Unter den berühmten Gründern der amerikanischen Republik

wird Thomas Jefferson heute am meisten bewundert. Und doch hat Jefferson einen großen Teil seiner Geisteskraft dem Ausbau der zweifelhaften Idee gewidmet, daß die Seele des der Scholle verhafteten Menschen um Grade reiner sei als die des Stadtbewohners und daß sich eine Nation, um sich vor Verderbnis zu bewahren, auf die Landbevölkerung und nicht auf die städtische Gesellschaft stützen müsse. Welche politischen Kräfte auch immer Jeffersons Denken geformt haben mögen – seine philosophischen Ansichten sind reinster Rousseau. Ihnen entsprangen die amerikanischen Mythen vom ehrlichen, barfüßigen Bauernjungen; vom Hinterwäldler mit den rauhen Sitten und dem goldenen Herzen; vom schlichten, einfältigen Cowboy. Zu Herzen gehende Bilder prägten sich dem amerikanischen Gedächtnis ein: Abraham Lincoln Holz spaltend; Gary Cooper als harter, aber edelmütiger Cowboy oder Sheriff. Die Farm wurde zum Symbol der nationalen Tugenden. Bis auf den heutigen Tag läuft ein Präsidentschaftskandidat, der nicht wenigstens irgendeine entfernte Verbindung mit dem Kuhstall nachweisen kann, Gefahr, das Mißtrauen der Wähler zu erwecken.

Sir Grafton Elliot Smith ist weniger bekannt als Thomas Jefferson; aber auch er besaß einen blendenden Verstand, der sich nichtsdestoweniger vor der Magie Rousseaus beugte. Und da Elliot Smith einer der größten Anthropologen seiner Generation war, beeinflußten seine Ansichten über das Wesen des Menschen selbst Kreise, die über Rousseau nur lächelten.

Elliot Smith hat der romantischen Illusion ihre wertvollsten wissenschaftlichen Grundlagen geliefert. Er behauptete ebenso wie sein Zeitgenosse Dr. W. J. Perry, daß man das ursprüngliche Wesen des Menschen am besten an jenen primitiven Völkern studieren könne, die infolge ihrer geographischen Isoliertheit oder ihrer Lebensweise dem Einfluß der Zivilisation am wenigsten ausgesetzt seien. So wurden die am eisigen Rand der Erde lebenden Eskimos zu Lieblingsobjekten solcher Studien. Auch die Yaghan von Feuerland wurden sehr beliebt, denn die Inseln, auf denen sie leben, haben an Entlegenheit und Kargheit auf Erden kaum ihresgleichen. Und den afrikanischen Buschmann verfolgen die Anthropologen bis in die fernsten Winkel der Kalahariwüste, wo er Zuflucht gesucht hat. Diese Völker und ein paar andere, die in entlegenen Tropengebieten Zentralneuguineas, Malayas und Borneos leben, erwiesen sich in ihrem Wesen als ziemlich ähnlich; sie alle sind sanft, außerordentlich scheu und völlig unaggressiv. Rousseaus These von der angeborenen Güte schien bestätigt zu sein. »Es ist eine wichtige Erkenntnis«, schrieb Smith, »daß die Zivilisation, statt Aufklärung und Befriedung zu bringen, für die meisten Barbareien und Grausamkeiten verantwortlich ist.«

Die Schlußfolgerung schien unanfechtbar. Smith' Methode war untadelig, seine Beweise waren überwältigend, und doch befand er sich in einem totalen Irrtum, der wie die meisten wissenschaftlichen Irrtümer darauf beruhte, daß eine falsche Voraussetzung den Ausgangspunkt der Forschung bildete. Die Annahme, daß isoliert lebende, von der Zivilisation unberührte Völker gleich lebenden Museumsstücken uns das ursprüngliche Wesen des Menschen offenbaren könnten, ist vollkommen unrichtig. Die Meinung, daß sich im Charakter dieser Völker die scheue, unaggressive, liebenswürdige Natur des Urmenschen erhalten habe, ist die logische Schlußfolgerung aus einer falschen Prämisse. Wahr dürfte vielmehr sein, daß Völker, die sich Orte aussuchen, wo niemand außer ihnen leben will, besonders unaggressiv veranlagt sind.

Wer macht dem Eskimo seinen Tran, seine Polarnacht, sein aus Eisblöcken gebautes Haus streitig? Niemand. Indem der scheue Eskimo sich einer Lebensweise anpaßt, die einem Sioux oder Apachen völlig reizlos erschiene, sichert er sich die Möglichkeit zu überleben, im vollen Vertrauen darauf, daß niemand außer einem romantischen Anthropologen von ihm Notiz nehmen werde. Das gleiche gilt für den scheuen Yaghan, der nach einer Flucht durch die ganze Länge beider Amerika schließlich jene unwahrscheinlich verlassenen, sturmumtobten Felseninseln der Tierra del Fuego zum Wohnsitz gewählt hat. Und das gleiche gilt, wie Sir Arthur Keith sagt, für alle scheuen Völker, die sich in entlegene Erdenwinkel flüchten. Von ihnen ist kein Aufschluß über unser ursprüngliches Wesen zu erlangen. Die Zivilisation mag für die nicht allzu einnehmenden Verhaltensweisen des modernen Menschen verantwortlich sein oder nicht; der Urmensch mag ebenso gutmütig gewesen sein wie der Eskimo oder nicht. Alles, was durch diese ziemlich unorganisierten, aber unendlich populären Ausflüge zu den Außenposten der Menschheit bewiesen wurde, ist, daß scheue Völker keinen Wert auf eine vornehme Adresse legen.

Noch etwas haben die irrigen Meinungen eines Thomas Jefferson und die eifrigen Forschungen eines Elliot Smith bewiesen: wie stark der Wunsch ist, an die ursprüngliche Reinheit des Menschen zu glauben und der Zivilisation die Schuld an seiner Verderbtheit zuzumessen. Aller politischen Entlarvung und wissenschaftlichen Enttäuschung, aller geschichtlichen Erfahrung und jedem gesunden Menschenverstand zum Trotz hält sich die romantische Illusion noch immer. Zwar haben die Zweifel denkender Menschen dazu geführt, daß sie sich in der Form ein wenig gewandelt hat. Aber der Illusion vom angeborenen Gutsein scheint ebenso wie der Illusion, der Mittelpunkt der Welt zu sein, die Kraft innezuwohnen, alle gegenteiligen Erfahrungen zu überleben, gewisse Verbeugungen vor neuen Erkenntnissen zu machen, Zweifel und Widerlegungen aufzusaugen und aus alldem in ungebrochener Absurdität glorreich hervorzugehen.

Jean-Jacques Rousseaus empfindsamer Ausflug in die Wirklichkeit ist nicht nur verzeihlich; er ist bewunderungswürdig. Denn dank ihm wird für immer vor dem Hintergrund der Mitte des 18. Jahrhunderts das Bild eines Feldlagers auftauchen, von dem aus jene Revolution der Menschen ihren Ausgang genommen hat, der auch wir verpflichtet sind. Zwar wußte Rousseau wenig von der Natur außerhalb seines wohlgeordneten Heimatlandes. Aber wer wußte zu seiner Zeit mehr? Und wenn er gar nichts über den von ihm verherrlichten primitiven Menschen wußte, so darf man nicht vergessen, daß das Zeitalter der Entdeckungen damals erst seit kurzem zu Ende gegangen war und daß die Berichte über ferne, wilde Länder sich kaum dazu eigneten, in Stein gemeißelt zu werden. Rousseaus Übergangsphilosophie besaß eine unwägbare, nicht hoch genug einzuschätzende revolutionäre Größe. Sie bestand aus halbverdautem Halbwissen in Verbindung mit einem unglaublichen Spürsinn für das, was der damalige Mensch brauchte.

Als Folge der Aufklärung waren die seelischen Bedürfnisse der Menschen zu Rousseaus Zeiten unbefriedigt. Von alters her, seit den Tagen der ersten Zauberer und der ersten Tabus, hatten göttliche Kräfte das Leben der Menschen bestimmt. Selbst so philosophische Geister wie die alten Griechen hatten an dem Begriff der Hybris festgehalten, an dem Glauben also, daß der Mensch sich nicht allzusehr überheben dürfe, um nicht die Rache der Götter herauszufordern. Schon näher dem modernen Denken stand die Doktrin des Mittelalters, welche die Macht Gottes mit der Macht des Staates gleichsetzte und Zweifel an der göttlichen ebenso wie Auflehnung gegen die weltliche Autorität gleichermaßen verurteilte. Mit der Aufklärung, deren Zeitgenosse Rousseau war, befreite sich die menschliche Vernunft von der Tyrannei des Übernatürlichen. Die Aufklärung machte radikal Schluß mit einer seelischen Einstellung, an die der Mensch seit sehr langer Zeit gewöhnt gewesen war. Sie riß Fenster auf, die erstaunliche Ausblicke in die politische und geistige Zukunft eröffneten; aber gleichzeitig strömte Kälte herein.

Doch bevor sich noch die ersten Anzeichen seelischer Erfrierung einstellten, kam Jean-Jacques Rousseau mit seiner das Herz erwärmenden Botschaft. Mochten die Götter tot sein – lang lebe der Mensch! Rousseau setzte an die Stelle des Glaubens an ein höchstes Wesen den Glauben an den natürlichen Menschen. Den hungernden, frierenden »neuen Armen« muß Rousseau wie ein Weihnachtsmann vorgekommen sein, als er sie mit dem halbgaren Kuchen seiner »Neuen Héloise« beschenkte.

Nur wenn man sich klarmacht, daß damit eine religiöse Sehnsucht erfüllt wurde, kann man sich den gewaltigen Einfluß erklären, den die Lehre vom angeborenen Gutsein des Menschen auf das rationale Denken ausübte. Man darf es Rousseau nicht zum Vorwurf machen, daß der Kuchen, den er lieferte, schlecht war. Ein Kuchen wurde gewünscht, und seiner erwies sich als der beste, der zur Zeit erhältlich war. Wenig begreiflich ist es allerdings, daß sich diese Quelle philosophischer Verdauungsstörungen so lange auf dem Tisch des modernen Denkens halten konnte.

Es spielt keine Rolle, daß jede von Rousseau abgeleitete Philosophie irrational und voller Widersprüche ist; das trifft auf alle Religionen zu. Viel schlimmer sind andere Dinge; daß diese Philosophie außen schön und innen häßlich ist; daß sie sich als wissenschaftliche Wahrheit ausgibt und in Wirklichkeit auf metaphysischen Voraussetzungen beruht; daß sie schwindelhaft und voll Selbstmitleid ist; daß sie schwächt und zerstört. Der schöne Gedanke vom angeborenen Adel des Menschen – so etwas schmeichelt, hebt das Selbstbewußtsein und ist ein sicherer Kassenschlager – hat die peinliche Kehrseite, daß es mit dem Menschen, trotz aller seiner Bemühungen, seit seiner Erschaffung ständig bergab gegangen ist. Eine solche Religion ist kaum dazu geeignet, Kraft und Mut einzuflößen.

Die Mängel dieser modernen Religion sind den gebildeten Menschen nicht entgangen. Es ist zuviel verlangt von einem politisch versierten Realisten, er solle glauben, daß ein europäischer Bauer oder ein amerikanischer Farmer dank seiner ländlichen Umgebung automatisch besser sei als ein Stadtbewohner. Und wer die heutigen Zustände in Afrika beobachtet, wird kaum erwarten, daß in zukünftigen afrikanischen Demokratien, deren Funktionäre einer fast völlig ungebildeten Wählerschaft verantwortlich sind, Demagogie und Korruption, politische Machtkämpfe und Grenzzwischenfälle zu den Seltenheiten gehören werden.

Der Hang des Menschen zum Bösen hat schon seit jeher sowohl den weltlichen Philosophen als auch den fortschrittlichen religiösen Denkern Sorgen bereitet. Vor einem Jahrhundert schrieb Kardinal Newman in seiner »Apologia pro vita sua«: »Die Menschheit ist in ein schreckliches angeborenes Verhängnis verstrickt. Sie steht mit den Absichten ihres Schöpfers in Widerspruch.« Mit Pioniermut mag ein moderner katholischer Gelehrter aussprechen: »Wir treten nicht mit einer neutralen Veranlagung ins Leben, sondern mit einem ausgesprochenen Hang zum Bösen, der uns ohne jeden Zusammenhang mit unseren eigenen Sünden zuteil geworden ist.« Und der moderne Protestant mag seine Aufmerksamkeit mehr und mehr den dunkel glühenden Umrissen der Erbsünde zuwenden. Aber nicht der christliche Denker, der sich ja offen zu metaphysischen Prämissen bekennt, leidet unter den widerwärtigen Ansprüchen der romantischen Illusion. Es war dem Freigeist, der von rationalen Prämissen ausgeht, vorbehalten, jenen Schleier aus Gefühl und Vernunft zu weben, um unsere Sicht in jeder Richtung zu verzerren. Nicht als »angeborenes Verhängnis« zu betrachten ist die einfache Wahrheit, daß die drei großen Männer, die das moderne Denken am meisten beeinflußt haben – Charles Darwin, Sigmund Freud und Karl Marx –, an dem sentimentalen Glauben von der natürlichen Unschuld des Menschen kaum etwas geändert haben.

In diesem Kapitel werden wir bei unserer Untersuchung gewisser tierischer Verhaltensweisen in ihrer Beziehung zu menschlichen Einstellungen und Institutionen immer wieder bemerken, wie sehr die romantische Illusion das Verständnis des Menschen für den Menschen behindert. Im gegebenen Zusammenhang werden wir uns mit den Reaktionen der drei großen Erneuerer des modernen Denkens auf die verlockende Illusion vom ursprünglichen Gutsein des Menschen befassen; mit der neutralen Haltung Darwins, der Kompromißbereitschaft Freuds und der bedingungslosen Kapitulation von Marx.

Als Papst Pius XII. im Jahre 1952 die Enzyklika »Humani generis« erließ, sagte er: »Die Kirche wird die Frage nach der Richtigkeit der Evolutionstheorie offenlassen – solange diese Theorie sich auf die Entwicklung des menschlichen Körpers beschränkt.« Sollte dieser Satz als kirchliches Dogma zur Verteidigung der Einzigartigkeit der menschlichen Seele gegen den Angriff des rationalen Denkens gemeint gewesen sein, dann war er überflüssig, denn kein solcher Angriff ist erfolgt. Der aus Vernunft und Gefühl gewebte Schleier bietet die Gewähr, daß der Mensch in seinem halbblinden Tasten nach rationalen Schlußfolgerungen fortfahren wird, ohne von rationalen Voraussetzungen auszugehen.

Die gegenwärtige Revolution auf dem Gebiet der Naturwissenschaften führt unausweichlich zu der Annahme, daß die Seele des Menschen nicht einzigartig ist. Das Wesen des Menschen ist ebenso wie sein Körper ein Ergebnis der Evolution. Natürlich ist der Mensch als Spezies etwas Besonderes, so wie jede andere Spezies auch. Etwas Besonderes sind auch jene Fledermäuse, die nicht anders schlafen können als mit dem Kopf nach unten hängend, oder jene Fische, die dort laichen müssen, wo sie ausgeschlüpft sind. Ebenso wie der Körper des Menschen muß auch sein Wesen als die Gesamtsumme alles dessen, was vor ihm war, betrachtet werden, plus jenen Modifikationen, welche für seine Art kennzeichnend sind. Und wenn ihm diese Modifikationen Möglichkeiten verliehen haben, die denen aller anderen Lebewesen überlegen sind, dann mag er seinem glücklichen Stern danken und nicht irgendeinem geduldigen Schöpfer, der Milliarden von Jahren darauf gewartet hat, der Krone seiner Schöpfung seine ausschließliche Aufmerksamkeit zuwenden zu können.

Der Erzbischof von Canterbury, William Temple, hat einmal über die Evolutionstheorie geäußert, ein Gott, der seiner Schöpfung ein für allemal seinen Willen aufgeprägt habe, sei ihm lieber als einer, der dauernd damit beschäftigt sei, das zu ändern, was er bereits gemacht habe. Was über den Körper des Menschen gesagt wurde, kann mit der gleichen Berechtigung über seine Seele gesagt werden. Entweder hat sie teil an allen Lebewesen, die je waren und die jemals kommen werden, an allem, was auf diesem Staubkorn, das wir Erde nennen, existiert, und an allem, was in den fernsten, kaum zu erahnenden Gefilden des Weltraums hinter der letzten Rotverschiebung existiert. Oder der Mensch hat bloß teil an der kurzen Spanne des Bestehens seiner Spezies, die, mathematisch berechnet, ungefähr die Ziffer Null ergibt. Dann wäre er ein Nichts, das sich vor Göttern beugt, die ebenso unbedeutend sind wie seine eigene Einbildungskraft; er wäre eine vorübergehende, kurzlebige Spezies, der erste Versuch der Natur, ein Wesen mit einem Ichbewußtsein auszustatten; um eine Kopflänge seinem Ahnen, dem Affen, voraus, und um eine Kopflänge zurück hinter dem, was nach ihm kommt; er wäre ein evolutiver Versager, gefangen zwischen der Erde und einer Ahnung des Himmels, und durch seine Fähigkeit zur Selbsttäuschung daran gehindert, etwas anderes zu erreichen als die sichere Selbstvernichtung.

»Eigentum ist Diebstahl«, schrieb Pierre Joseph Proudhon. »Wenn Sie die Kette unserer Untugenden zurückverfolgen«, schrieb Mably, »werden Sie sehen, daß ihr erstes Glied an der ungleichen Verteilung der materiellen Güter befestigt ist.« Diderot war der Ansicht, daß es eine Verschwendung der menschlichen Energie bedeute, sich für eine gute Regierung oder eine gute Gesellschaftsordnung einzusetzen, bevor das Privateigentum ein für allemal abgeschafft sei. François Babeuf, der mit 37 Jahren von den Machthabern der Französischen Revolution, an deren Schaffung er maßgebend beteiligt war, guillotiniert wurde, glaubte, daß die gleichmäßige Verteilung von Arbeit und Gütern eine Forderung der Natur sei und daß die menschliche Einrichtung des Privateigentums, da sie im krassen Widerspruch zu den Forderungen der Natur stehe, an allen menschlichen Lastern schuld sei. Fast alle diese Anschauungen, ob sie nun aus dem 18. Jahrhundert stammen oder erst um die Mitte des 20. entstanden sind, lassen sich auf Jean-Jacques Rousseaus Abhandlung über die Ungleichheit der Menschen zurückführen, worin der Lehrsatz, daß der Mensch von Natur aus gut sei, zum erstenmal logisch weiterentwickelt wurde: Alles Böse im Menschen hat seine Wurzeln in den sozialen Einrichtungen, die er geschaffen hat; das Privateigentum und der Staat sind die Zwillingsdämonen, die der Mensch in die Welt gesetzt hat; das Privateigentum hat nicht nur zur Ungleichheit geführt, sondern auch jene Einrichtung notwendig gemacht, welche die Ungleichheit aufrechterhält – den Staat; das Privateigentum und der Staat haben sich zusammengetan, um den Menschen ins sichere Verderben zu stürzen.

Nach Edmund Wilson war die Atmosphäre des 19. Jahrhunderts mit den Lehren Rousseaus so gesättigt, daß man bloß zu atmen brauchte, um sie einzusaugen. Aus dieser Atmosphäre kondensierte sich der glitzernde Tau des auf der Gleichheit beruhenden Sozialismus; in ihr entwickelten sich in den Vereinigten Staaten allein Tausende von utopischen Gemeinden. Die Wissenschaft wurde im 19. Jahrhundert zu einem immer brauchbareren Werkzeug für die Selbsttäuschung des Menschen; mit diesem Werkzeug konnte man mit wachsender Systematik zu falschen Schlüssen gelangen. So glaubte beispielsweise Robert Owen, daß der Mensch, wenn man ihn in die richtige Umwelt versetzte, »mit mathematischer Präzision« gut und glücklich werden müsse.

Mit dem Schicksal der erwähnten utopischen Gemeinden brauchen wir uns nicht mehr zu befassen, da sie von unserer Landkarte verschwunden sind. Aber die der Romantik des frühen 19. Jahrhunderts entsprungenen Gedanken, daß der Mensch ein Produkt seiner sozialen Umwelt sei, daß seine weniger lobenswerten Verhaltensweisen bloße Folgen von Mängeln dieser Umwelt darstellten und daß die Gesellschaft als eine vom Menschen geschaffene Einrichtung bloß »mit mathematischer Präzision« erneuert werden müsse, um den Menschen in den ursprünglichen Zustand der Gnade und Glückseligkeit zurückzuversetzen – diese Träume lebten weiter und wurden, gestärkt durch die später entstandene Überzeugung, daß die Erreichung eines so hehren Ziels jedes Mittel rechtfertige, zu Zentralfiguren im Reigen der Schreckgespenster des folgenden Jahrhunderts.

Nur wenige moderne Menschen können sich so hoher geistiger Fähigkeiten rühmen, wie Karl Marx und Friedrich Engels sie besaßen. Und doch griffen diese beiden die Illusion vom ursprünglichen Gutsein mit einer Begeisterung auf, die selbst Rousseau verblüfft hätte. Ebenso wie Owen bezog auch Engels sein Wissen um die menschlichen Lebensumstände aus der Beobachtung des Elends in den Industriegebieten Englands. Ebenso wie Owen – und wie so viele Deuter der großen Wirtschaftskrise der dreißiger Jahre des 20. Jahrhunderts – zog er daraus den Schluß, daß die Mängel des Menschen ihre Wurzeln in den Fehlern seiner Umwelt hätten. Dann kam Marx, der aus diesen Anschauungen seine Doktrin formte – die Philosophie des wirtschaftlichen Determinismus. Und das Spiel begann.

Der Mensch ist seinem Wesen nach friedfertig und gut. Daher muß seine soziale Umwelt die Ursache von Aggression und Laster sein. Das Wesen der menschlichen Gesellschaft wird durch den Besitz des Bodens und der Produktionsmittel bestimmt. Das Wesen des Menschen wird daher durch den Besitz von Kapital bestimmt. Solange der Besitz in privaten Händen verbleibt, wird die Menschheit aus Ausbeutern und Ausgebeuteten bestehen, und es wird Staatengebilde zum Schutz der Ausbeuter geben. Die menschliche Geschichte muß daher ausschließlich als eine Geschichte der Kämpfe zwischen den beiden Klassen aufgefaßt werden, während alle Kriege den Bemühungen der Ausbeuterklasse entspringen, wirtschaftliche Vorteile zu erringen oder zu verteidigen. Gelingt es den Ausgebeuteten jedoch, die Herrschaft über den Staat zu erlangen, dann wird es kein Privateigentum und keine ausgebeutete Klasse mehr geben. Der Klassenkampf wird zu Ende sein. Krieg, Elend, Laster und Aggression werden aufhören, und auch den Staat wird man schließlich nicht mehr brauchen, da der Mensch von Natur friedfertig und gut ist.

Der marxistische Sozialismus stellt den erstaunlichsten und folgenschwersten Triumph der romantischen Illusion über die menschliche Vernunft dar. Betrachtet man ihn durch den bewußten Schleier, so sieht man, daß der einzige metaphysische Faden fast gänzlich im dichten Gewebe unangreifbarer Logik verschwunden ist. Und wer sich mit dem Einfluß der aus dem Tierreich stammenden Verhaltensweisen auf menschliche Zustände befaßt, kann sich der Erkenntnis nicht verschließen, daß es zu Schrecknissen, wie wir sie im letzten halben Jahrhundert erlebt haben, kommen muß, wenn der Mensch seine Energie darauf verwendet, soziale Einrichtungen auszubauen, die falsche Vorstellungen über die menschliche Natur zur Grundlage haben.

Daß Brutalitäten sondergleichen notwendig sein würden, um in den Partnern der neuen Gesellschaft einen Instinkt zu unterdrükken, der so alt ist wie die Fische; daß eine nie dagewesene Tyrannei erforderlich sein würde, um eine wahrhaftig vom Menschen erfundene Einrichtung – das soziale Territorium auf nationaler Basis – zu verwalten; daß Nationalgefühle, von denen sich weder Marx noch der Brüllaffe etwas träumen ließen, zur dringenden Notwendigkeit für Menschen werden müßten, denen andere Ventile für den Territorialinstinkt versagt sind; daß der Staat sich weigern würde, abzutreten – all das hätte sich voraussehen lassen.

Eine Logik, welche die von Karl Marx angewendete unendlich weit überragt, ging ihren unaufhaltsamen Weg in allen jenen Gesellschaften, die sich der sozialistischen Doktrin total unterworfen hatten. Im Naturzustand muß eine Gesellschaft, die sich einzig und allein auf das soziale Territorium gründet, zwangsläufig isoliert sein; die kommunistische Gesellschaft ist es. Der Eiserne Vorhang wurde zu einem Begriff der kommunistischen Geographie; die eiserne Hand legte sich schwer auf das kommunistische Geistesleben; eiserne Fesseln wurden nur zu oft zum wichtigsten Instrument für die Erziehung der wissenshungrigen kommunistischen Jugend. Aber auch eine solchermaßen isolierte Gesellschaft muß zusammengeschweißt werden, und so begann der uralte Territorialinstinkt mit seinem Tumult die neue Szene zu erfüllen. Kriegsdrohungen, Auftrumpfen mit der Macht, Auslösung von Zwischenfällen, die ständige Aufrechterhaltung einer Alarmstimmung – kurz: alle die dem Territorialinstinkt der Primaten entspringenden Handlungen wurden zu Dauererscheinungen in der Außenpolitik der kommunistischen Länder. Die Herren des Privateigentums dürften vermutlich von einer Atmosphäre des Friedens profitieren; für die Erben der Karl Marxschen Logik ist diese Wahrscheinlichkeit weit geringer.

Endgültig wirkten sich die Naturgesetze auf die marxistische Lehre erst mit dem Auftreten der neuen herrschenden Klasse aus. Jeder Kenner der Evolutionstheorie hätte die Entwicklung voraussehen können, denn die Natur verabscheut alles, was nicht in Klassen eingeteilt ist. Aber die brutalen Machtkämpfe innerhalb der kommunistischen Hierarchie lassen sich nur erklären, wenn man gewisse von der modernen Naturwissenschaft enthüllte Einzelheiten kennt.

Wir wissen bereits, daß die klassische Biologie, von Darwin angefangen, glaubte, die natürliche Auslese beruhe auf dem Wettkampf der Männchen um das Weibchen. Aber inzwischen wurde bewiesen, daß das Weibchen seine Wahl unter den Männchen trifft und daß es bei den Rivalenkämpfen der Männchen um Territorium oder Rang geht. Derartige feine Unterschiede scheinen nur wenig Zusammenhang mit den Folgen der russischen Revolution zu haben, und doch waren sie hier von entscheidender Bedeutung. Mit der Abschaffung der privaten Territorien haben die neuen Gesellschaften, ohne es zu wissen, den Wettstreit um den Rang zum einzigen Mittel der natürlichen Auslese gemacht.

Wen muß ich fürchten? Wer muß mich fürchten? Eine geradlinige Hühnerhofhackordnung von ungeheurem Ausmaß wurde zu einem dauernden Faktor der Innenpolitik in den kommunistischen Ländern. Selbst jene sonderbaren abstrakten Territorien, welche die Rangordnung in den vom Privateigentum beherrschten Gesellschaften bestimmen – der Name eines Künstlers, der Ruhm eines Helden, die Worte eines weisen Mannes , wurden in Hierarchien, die einzig und allein auf Herrschaft und Unterwerfung beruhen, zur entwerteten Valuta. Und so führte die Ironie einer von falschen Voraussetzungen ausgehenden Logik schließlich dazu, daß es in den Ländern, die sich dem totalen Sozialismus verschrieben haben, Zeiten gab, in denen der Mann, der darauf vertraute, daß sein Nachbar gut sei, nichts zu verlieren hatte als sein Leben.

Heute ist der Marxismus Opium für die Massen. Der Schleier, der ihn verhüllt, hat im Lauf der Geschichte ein paar Löcher bekommen, die Magie ist bedeutend schwächer geworden. Aber der Zoll, den die marxistische Katastrophe gefordert hat, ist nicht nur auf die geteilte Welt und das mögliche zukünftige Schicksal jener Völker beschränkt, die in ihrer Unwissenheit den Trug des Traumes noch nicht durchschaut haben. Das wahre Ausmaß des Unheils muß nach der sozialen Energie bemessen werden, die für eine auf falschen Prämissen aufgebaute Doktrin verschwendet wurde.

Diese Verschwendung war nicht nur ungeheuer groß, sie erstreckte sich auch auf zahlreiche Gruppen. Da gab es jene Menschen, die sich dem Kommunismus mit Leib und Seele verschrieben hatten, die kämpften, siegten und den Zusammenbruch ihres Traumes erleben mußten. Da gab es jene, die im Namen des Kommunismus veraltete soziale Einrichtungen mittels einer nicht lebensfähigen Doktrin bekämpften und die verlieren mußten, weil ihnen eine bessere Waffe fehlte. Aber ebenso enorme Mengen von

Energie haben jene Menschen verschwendet, die den Kommunismus zwar ablehnten, aber nicht imstande waren, die falschen Grundlagen der marxistischen Lehre zu erkennen, die gewisse Grundsätze annahmen wie beispielsweise, daß der Mensch ein Produkt der Gesellschaft sei und daß wirtschaftliche Motive sein Wesen bestimmten, und die ihre Träume und ihre Kräfte in diesen halben Marxismus investierten.

Das ungeheuerliche Paradoxon unserer Zeit liegt darin, daß wir in einem einzigen Jahrhundert vom ersten Panzerkreuzer zur ersten Wasserstoffbombe und von der ersten telegrafischen Verbindung zu den Anfängen der Eroberung des Weltraumes fortgeschritten sind und uns dabei dem Verständnis unseres eigenen Wesens kaum um einen Schritt genähert haben. Unsere Unwissenheit auf diesem Gebiet ist zu einer universellen und feststehenden Einrichtung geworden. Sie geht über staatliche und völkische Grenzen hinweg und überspringt den Eisernen Vorhang, als ob er nicht vorhanden wäre. Das einzige gemeinsame Band zwischen den Menschen ist heute das Fehlen jedes Wissens um das Wesen des Menschen.

Der idealistische Amerikaner glaubt an die Umwelttheorie, er bekennt sich zur Doktrin vom angeborenen Edelmut des Menschen und zu dem Glauben, daß alles menschliche Leid auf wirtschaftliche Ursachen zurückzuführen sei. Und so sieht er sich heute, auf dem Gipfel seines Triumphes über die Not, bedrängt von immer erbitterter werdenden Rassenkonflikten und von einer gigantisch angestiegenen Jugendkriminalität. Aber der praktisch denkende Skandinavier ist keineswegs besser dran. Seine kleinen stabilen Gesellschaften, die ein ziemlich vollkommenes Gleichgewicht zwischen politischer Freiheit und wirtschaftlicher Gerechtigkeit erreicht haben, weisen die höchste Zahl von Alkoholikern, psychisch Kranken, Selbstmördern und Abtreibungen in der ganzen modernen Welt auf. Und dem russischen Diktator muß der grandiose Wahnsinn des ungarischen Aufstandes, den selbst seine Geheimpolizei nicht voraussah, vor Augen geführt haben, daß er keine Ahnung hatte, was seine Untertanen denken. Jede Gesellschaft, ob in ihr die Regierung Diener des Volkes oder das Volk Diener der Regierung ist, ob ihr allgemeines Trachten nach Vergrößerung oder Einschränkung der Freiheit, nach Förderung oder Verhinderung der Gerechtigkeit geht, ob sie danach strebt, das zu erobern, was sie nicht hat, oder sich das zu erhalten, was sie hat – kurz, jede Gesellschaft sieht sich ungefähr dem gleichen Dilemma gegenüber: Sie muß ein Maximum an Problemen mit einem Minimum an Verständnis seitens ihrer eigenen Mitglieder lösen.

Jedes Tier, das die Fähigkeit zu lernen besitzt, ist zum Teil ein Produkt seiner Umwelt. Jedes Tier wird durch das Gefühl des Hungers und somit zum Teil von wirtschaftlichen Motiven gelenkt. Aber zu glauben, daß die von Waffenbesitz und Krieg ausgehende Faszination oder der Drang, das perfekte Verbrechen auszuführen, oder der immer wiederkehrende Versuch, andere zu beherrschen oder sich anzueignen, was anderen gehört – zu glauben, daß all das seine Wurzeln in der menschlichen Gesellschaft habe und durch Manipulationen mit der Umwelt für immer zum Verschwinden gebracht werden könne, heißt den Menschen als eine Schiefertafel betrachten, auf die jeder Beliebige seinen Namen schreiben kann.

Irgendwo in der mächtigen Krone einer Eiche kämpfen zwei Kuckuckmännchen um den ausschließlichen Besitz des Baumes. Keines von ihnen wird das eroberte Territorium bewohnen, denn der Kuckuck ist ein Schmarotzer und baut kein Nest; keiner wird seine Eroberung zu romantischem Liebeswerben benützen, denn in der Kuckucksozietät herrscht Vielmännerei, und die beiden Männchen, die so erbittert kämpfen, werden sich nach beendeter Schlacht um das Territorium friedlich in die Liebe eines Weibchens teilen. Sie kämpfen, weil sie müssen. Sie kämpfen, weil ein uraltes, strenges und unabänderliches Gesetz es befiehlt.

Im Weidengestrüpp am Rand eines sumpfigen Wasserlaufs nimmt der seltene Schilfrohrsänger ein Revier in Besitz, patrouilliert an dessen Grenzen und singt sein wunderschönes Lied. Kampflustig sträubt er die Federn. Warum? Das Weibchen kann er nicht beeindrucken, denn es befindet sich noch auf der Rückreise aus südlichen Gefilden. Er ist so völlig allein, daß er gar keine Möglichkeit hat, mit irgend jemandem um Nahrung, um das Territorium oder auch nur um Ruhm zu kämpfen. Aber er muß die Rolle des Herausforderers spielen, der einen Besitz zu verteidigen hat. Er muß dem alten Gesetz, das für eine Spezies mit allzu vielen Mitgliedern geschaffen wurde, gehorchen, obwohl es für seine Welt sinnlos geworden ist.

Da der Mensch ein Teil der Natur ist, besitzt er ebenso wie jede andere Spezies ein Erbgut, das von einer Ahnenreihe stammt, die so weit zurückreicht wie das Leben selbst. Der Territorialinstinkt als Teil dieses Erbguts mag bei der Spezies Mensch recht oder unrecht, gut oder schlecht, destruktiv oder konstruktiv, vernichtend oder erhaltend sein; aber auf keinen Fall kann er durch die Abschaffung des Privateigentums, also einer Einrichtung, die ebenfalls von den tierischen Ahnen stammt, ausgelöscht werden. Der Trieb kann sich höchstens – wie das bei jenen sozialen Tieren der Fall ist, die ein Territorium gemeinsam besitzen – verschieben, indem die Individualität statt durch Herrschaft über materielle Dinge durch Herrschaft über die Mitgeschöpfe ihren Ausdruck findet.

1920, im selben Jahr, da Eliot Howards Abhandlung über die Rolle des Territoriums im Leben der Vögel erschien, veröffentlichte Sigmund Freud sein Werk »Jenseits des Lustprinzips«.

Darin wird der Todeswunsch zum erstenmal zur Erklärung der menschlichen Aggression herangezogen. Daß den meisten Erklärungen für den Hang des Menschen zur Aggression jede Beweiskraft fehlte, hatte Freud schon lange zu denken gegeben. Die marxistische Erklärung – Privateigentum und Klassenkampf – erschien ihm oberflächlich und irrig. Mit der Einführung des Todeswunsches fand er eine Antwort, die zwar ebenfalls irrig ist, aber kaum als oberflächlich bezeichnet werden kann.

In jedem Organismus, so führt Freud aus, sind dauernd zwei einander widerstreitende Kräfte am Werk. Einerseits der Trieb zu leben und anderseits ein dunklerer Trieb, der Wunsch zu sterben. Der Lebenstrieb drängt den Menschen dazu, sein Leben zu erhalten und sich selbst und seine sozialen Gruppen zu entwickeln. Der entgegengegesetzte Trieb strebt danach, jene Gruppen aufzulösen und das Menschenwesen durch den Tod in den anorganischen Zustand zurückzuführen. Wendet sich dieser Todeswunsch nach außen, gegen andere Menschen oder gegen die Gesellschaft, dann äußert er sich als Aggression, als Zerstörungstrieb. Wird er daran gehindert, sich auf diese Art zu äußern, dann wendet er sich nach innen und führt zur Neurose und zur Selbstvernichtung.

Im Gegensatz zu Marx hat Freud die Aggression als einen charakteristischen Zug des menschlichen Verhaltens anerkannt. Aber er hat sie ausschließlich als eine menschliche Äußerung des nach außen gewendeten Todeswunsches gesehen. Später schrieb Freud in seinem Werk »Das Unbehagen in der Kultur«, er habe, als er die Aggression als einen einfachen Instinkt beschrieb, wie nie zuvor das Gefühl gehabt, Dinge zu erörtern, die allgemein bekannt sind. »Aus diesem Grunde«, fuhr er fort, »würde ich, falls die Entdeckung eines eigenen Aggressionstriebes einmal eine Änderung der psychoanalytischen Trieblehre erforderlich machen sollte, diese Idee mit Freuden aufgreifen.« Freud konnte jedoch, im Jahre 1930, selbst noch keinen wissenschaftlichen Beweis finden, der seine Erkenntnis, daß die Aggression ein eigener, unabhängiger Instinkt sei, unterstützt hätte. Und auch diese Erkenntnis erschien ihm jetzt unnötig, da er sich mit der Erklärung der Aggression durch die Annahme eines eigenen Todestriebes zufriedengab.

Freud war ein viel zu guter Beobachter der menschlichen Natur, als daß er sich mit Rousseaus Sentimentalitäten abgegeben hätte. Daß ein Genie wie Karl Marx der romantischen Illusion so völlig zum Opfer fiel, hatte Gründe, die wir nur ahnen können: seine deutsche Erziehung, seine starke Selbstgefälligkeit, sein unwahrscheinlicher Mangel an menschlicher Erfahrung. Freuds Genie war von anderer Art. Man hat immer den Eindruck, daß ein Freud die heutigen naturwissenschaftlichen Entdeckungen, wenn sie ihm damals zugänglich gewesen wären, mit einem Seufzer der Erleichterung begrüßt, ein Marx hingegen seine Anschauungen bis zum letzten Blutstropfen verteidigt hätte.

Es war Sigmund Freuds Unglück, daß er zu früh gelebt hat. Alles, was ihm an naturwissenschaftlichem Material zur Verfügung stand, stammte aus der Beobachtung der Tiere im Zoo. Aber es ist ein Unglück für die Welt, daß die psychiatrische Wissenschaft, die von Freud so sehr beeinflußt wurde – eine Zwitterwissenschaft aus Dichtung und gesundem Menschenverstand –, seither in veralteten Dogmen erstarrt ist, die von der modernen Zoologie schon seit einer Generation als überholt betrachtet werden.

Daß der Besitz und die Verteidigung eines Territoriums die Hauptmerkmale der Sozietät der Primaten sind, war zu Lebzeiten Freuds noch nicht bekannt. Daß die Inhaber der Territorien, seien es Gruppen oder Einzelwesen, gegen ihre Nachbarn durchwegs aggressiv eingestellt sind, ist eine wissenschaftliche Beobachtung, die Freud nicht zur Verfügung stand, als er sich über die menschliche Aggression den Kopf zerbrach. Daß es bei keinem erfolgreichen Primaten, mit Ausnahme des Gibbons, eine auf die Familieneinheit beschränkte Sozietät gibt, daß in jeder Primatensozietät, die bisher beobachtet wurde, ein Rangordnungssystem besteht und daß sowohl der Territorial- als auch der Rangordnungsinstinkt mächtiger sind als der Sexualtrieb – keine dieser Erkenntnisse war Freud zugänglich. In dieser Hinsicht ist es um den Arzt kaum besser bestellt, der sich heute mit Zwangsvorstellungen herumschlagen muß, die aus dem Ödipuskomplex hervorgehen.

Die romantische Illusion besteht darauf, daß jeder Sündenfall des Menschen durch seine Umgebung verursacht sei. Freud, der den wirtschaftlichen Determinismus ablehnte, hielt sich für Diagnose und Therapie an einen seelischen Determinismus. Die Wissenschaft verwehrte es ihm, andere genetische Bedürfnisse anzunehmen als Hunger, Geschlecht und Familie. Damit war die Struktur der Psychoanalyse bestimmt. Zwei angeborene Kräfte im Verhalten des Menschen, die Familie und das Geschlecht, müssen irgendwie zur Erklärung für Erscheinungen herhalten, die in Wirklichkeit durch ein viel reicheres Instinkterbe hervorgerufen werden. Freuds Genius wurde auf den Weg reiner Spekulation gedrängt.

So wurde zum Beispiel die Beziehung des Sohnes zum Vater in der Zwangsjacke einer wissenschaftlichen Fiktion zum erstaunlichen Melodrama der zeitgenössischen Literatur. Freud konnte nach den Aussagen der Wissenschaft nichts anderes annehmen, als daß sich die früheste menschliche Gesellschaft auf die Familie beschränkt habe. Der Herrscher über eine solche Gesellschaft mußte logischerweise der Vater sein. Wenn die Söhne heranreifen, finden sie als einziges Objekt für ihren erwachenden Sexualtrieb die Mutter. (Die Familie lebt natürlich in einem geographischen Vakuum, in dem es weit und breit kein anderes erwachsenes weibliches Wesen gibt.) Die überragende Vatergestalt verhindert jedoch jede sexuelle Annäherung an die Mutter. Die Söhne in ihrer Eifersucht beginnen natürlich den Vater zu hassen.

In seinem Werk »Totem und Tabu« beschreibt Freud die Folgen dieser ersprießlichen Familienverhältnisse. Wenn die Söhne heranreifen, muß es ihr erstes Ziel sein, sich des Vaters zu entledigen, und das tun sie auch mit mörderischer Konsequenz. Aber die Revolte der Söhne hat zur Folge, daß der Familiengruppe der Führer fehlt, der für Ordnung sorgt. Und so entsteht als Ersatz für den Willen des Vaters die totemistische Phase der Kultur. Gesetze werden geboren, und das Gefühl für Gut und Böse tritt an die Stelle der Unterwerfung unter die Herrschaft des Vaters. Freud bezeichnet es als die erste Errungenschaft der Kultur, daß eine Gruppe von Menschen es dazu brachte, miteinander leben zu können.

Die Literatur über den Ödipuskomplex ist so umfangreich geworden, daß kein zeitgenössischer Autor es wagen darf, sich der heiligen Kuh anders als mit Ehrfurcht zu nahen. Ich muß aber dennoch sagen, daß für Freuds Analyse der Vater-Sohn-Beziehung nicht der geringste Beweis vorhanden ist. Der Pavian, dieser von den Bäumen herabgestiegene Primat, dessen Lebensweise am meisten der des Menschen ähnelt, lebt in Vielfamiliengruppen, die aus ungefähr hundert Tieren bestehen. Als die Eingeborenen Australiens entdeckt wurden, lebten sie, laut Keith, in Stämmen mit fast der gleichen Mitgliederzahl wie die Pavianhorde. Daß Eltern und Söhne in irgendeiner vorzeitlichen Ära der Menschengeschichte in jener Isoliertheit gelebt haben sollten, die eine notwendige Voraussetzung für Freuds Theorie darstellt, ist äußerst unwahrscheinlich.

Auch bei den in freier Wildbahn beobachteten Primatengruppen wird die Herrschaft, trotz aller Anekdoten, die das Gegenteil besagen, von einer Hierarchie ausgeübt und nicht von einem einzelnen Tyrannen. »Die Herrschaft über die ganze Gruppe«, schreibt Carpenter, »ist bei keiner systematisch beobachteten, in Freiheit lebenden Primatenart das ausschließliche Vorrecht eines einzelnen Individuums. Sie ist vielmehr unter Individuen oder unter Klassen von Individuen aufgeteilt, und zwar in direktem Verhältnis zu dem jeweiligen Rang der Individuen oder der Klassen.« Mit anderen Worten: Die normale erfolgreiche Primatensozietät setzt dem heranreifenden Männchen keineswegs die Tyrannei eines alleinherrschenden Vaters entgegen; vielmehr steht der Klasse der heranreifenden Männchen eine Hierarchie gegenüber, nämlich die Klasse der herrschenden Väter. Sollte sich zufällig einmal ein besonders energisches altes Männchen zum Tyrannen aufschwingen, dann ergibt sich daraus kein persönliches Problem für seine Söhne, sondern ein politisches Problem für seine Zeitgenossen.

In jeder Tiersozietät ist die Dominanz, wie wir gesehen haben, ein dauerndes und unbestrittenes Attribut jenes Männchens, das es verstanden hat, sich einen überlegenen Rang zu sichern. Unter den von Carpenter beschriebenen Rhesusaffen auf der Insel Santiago brauchte ein ranghohes Männchen, um jede Rivalität im Keim zu ersticken, seinen Rang bloß durch eine bestimmte Haltung oder durch Aufrichten des Schwanzes darzutun. Bei den Gibbons, den einzigen Primaten, die in Einfamiliengruppen leben, wie Freud sie voraussetzt, übt der Vater allerdings eine Tyrannei aus, die einen Psychoanalytiker erfreuen müßte. Aber zum Unglück für den Ödipusmythos ist diese Tyrannei so stark, daß sie wie durch ein Naturgesetz das Ausscheiden der herangereiften Söhne aus dem Familienverband verbürgt. Sobald sie erwachsen sind, ziehen sie in die Welt hinaus, um sich Gefährtinnen zu suchen. Es ist höchst unwahrscheinlich, daß die menschliche Gesellschaft jemals irgendwelche Ähnlichkeit mit den Sozietäten der auf Bäumen lebenden Gibbons gehabt haben sollte; aber noch unwahrscheinlicher ist es, daß die Söhne der Menschen sich so völlig anders verhalten hätten als die jungen Gibbonmännchen.

Noch eine letzte Bemerkung zu dem Happy-End, das Freud seiner Vatermordtheorie gibt. Sollte die Revolte der Söhne gegen den Vater tatsächlich zur Folge gehabt haben, daß das Gesetz die Tyrannei ersetzte und die Fähigkeit zur Gesellschaftsbildung als erste Errungenschaft der Kultur in Erscheinung trat, dann müßte dafür ein unvernünftig hoher Preis an tierischer Erfahrung bezahlt worden sein. Die frühesten Wirbeltiere, die längst nicht mehr existierende devonische Meere bewohnten, haben ihre Fischsozietäten unter viel geringeren Schwierigkeiten aufgebaut als wir die Menschensozietät.

Betrachtet man den Menschen durch den Schleier der Psychoanalyse, so färbt die Sexualität sein gesamtes Verhalten: Gelegentliche Konflikte zwischen Vätern und Söhnen müssen sexuelle Ursachen haben. Weil die Schlange auf den Menschen eine mit Furcht gemischte Faszination ausübt, muß sie ein phallisches Symbol darstellen. Hinter der Fähigkeit des Menschen, seine Freunde und seine Familie zu lieben, muß eine zielgehemmte Erotik lauern. Wenn der Mensch, in ausgesprochenem Gegensatz zu den Tieren, seine Genitalien nur ungern vor anderen entblößt, so muß das die natürliche Folge einer übertriebenen Beschäftigung mit der Sexualität sein, zu der es kam, als der Mensch den aufrechten Gang annahm, wodurch seine Geschlechtsorgane den Blicken preisgegeben wurden. Daß sich die Primatenahnen des Menschen schon ungefähr zehn Millionen Jahre früher auf die Beine gestellt hatten als er; daß die Fähigkeit zu wechselseitiger Zuneigung zwischen Mitgliedern einer Gruppe einen unerläßlichen Faktor für die Verteidigung des sozialen Territoriums bildet; daß der Vogel beim Anblick der Schlange vor Schreck gebannt ist, obwohl er keinen Penis besitzt; daß Rangordnungssysteme in allen Tiersozietäten bestehen, um die Aufrechterhaltung der Ordnung zu sichern, und in allen Tierfamilien, um die Loslösung der Jungen zu gewährleisten – das alles sind Dinge, die der Einzigartigkeit der menschlichen Seele widersprechen, welche die Psychiatrie verficht.

Die gegenwärtige Revolution der Naturwissenschaften ist noch nicht weit genug fortgeschritten, um eine allgemeine Revision der Psychoanalyse zu ermöglichen, obwohl jeder modern denkende amerikanische Psychoanalytiker, dem seine Mißerfolge mehr Eindruck machen als seine Erfolge, eine solche Revision jedesmal herbeisehnen muß, wenn eine neue Patientin seine Ordination betritt. Was fehlt ihr? Vom amerikanischen Ideal aus gesehen – und gemäß den Grundsätzen der romantischen Illusion – lebt sie in einem für Frauen geschaffenen Utopia. Kein gesellschaftliches Privileg ist ihr versagt. Sie besitzt das Stimmrecht, hat ihr eigenes Bankkonto und hält das Geschick ihrer ganzen Familie fest und sicher in den sorgfältig manikürten Händen. Und doch ist sie das unglücklichste weibliche Wesen, das es in der Primatenwelt je gegeben hat, und sehnt sich in ihrem tiefsten Innern in erster Linie danach, Mann und Söhne psychisch zu kastrieren.

Die emanzipierte Frau, welcher Nationalität immer, ist das Produkt von siebzig Millionen Jahren Evolution der Primatenfamilie, in der Rang, Territorium und Gesellschaft unweigerlich in den männlichen Instinktbereich gehören, während die Aufzucht der Kinder ein weibliches Reservat ist, und in der die Verflechtung des sozialen Gefüges das Weibchen dazu geführt hat, sich auf das Sexuelle zu spezialisieren. Und nun soll sich die Frau in einer Gesellschaftsordnung zurechtfinden, die ihr maskuline Verhaltensweisen, für die sie ihren angeborenen Instinkten nach nicht geeignet ist, als Ideal vorschreibt; die ihr die Ansicht beibringt, die Sorge für die Kinder sei kein genügend hohes Ziel für ihren Ehrgeiz, und sie von frühester Jugend an lehrt, daß ihr hemmungsloses Benehmen im Schlafzimmer nur Verderben bringen könne. Es wäre kein Wunder, wenn sie die Ordination des Psychoanalytikers auf den Händen gehend beträte, denn sie lebt in einer völlig auf den Kopf gestellten Welt.

Unsere Forschungen über das Leben der weiblichen Wesen in den Primatengesellschaften haben noch keine endgültigen Ergebnisse gezeitigt. Und solange das nicht der Fall ist, muß der arme Psychoanalytiker fortfahren, die Vergangenheit der Patientin nach allerhand Nebensächlichkeiten abzutasten, um die Wurzeln von Problemen zu finden, die fast Ewigkeitsdimensionen haben. Und wir müssen fortfahren, von Tendenzen zu sprechen und mit bloßen Vermutungen zu arbeiten. Wir können nichts weiter tun, als unsere Gefährtinnen mit neuen Augen prüfend zu betrachten. Außerdem – und das ist das wichtigste – kann es zu einer echten Revision der Psychiatrie erst dann kommen, wenn die drohend aufgetauchte Vermutung, daß der Mensch ein geborener Mörder sein könnte, sich endgültig als wahr oder unwahr herausgestellt haben wird.

Die restlichen Kapitel dieses Buches werden folgenden Themen gewidmet sein: der Entstehung des Menschen in Afrika; der eingehenden Besprechung eines bemerkenswerten Mörders namens *Australopithecus africanus* sowie der Beweisführung, daß dieses ausgestorbene Wesen der letzte dem Tierreich angehörende direkte Vorfahre des Menschen gewesen ist; ferner der Bedeutung dieser Tatsache für die Erforschung der tierischen Ursprünge unseres Wesens und der bestürzenden Aufgabe, der sich das mo-

derne Denken gegenübersehen wird, wenn sich herausstellen sollte, daß der Mensch ein mit dem ererbten Instinkt, zu töten und Waffen zu gebrauchen, begabtes Raubtier ist. Dann werden ganze Scharen von Prämissen tot daliegen wie Gefallene auf einem Schlachtfeld: die Illusion vom angeborenen Gutsein; die spätere Annahme, daß die Umwelt für die menschliche Aggression verantwortlich sei. Und tot und hoffentlich für alle Zeiten vergessen wird dann auch die verheerendste Folge der romantischen Illusion sein – die Annahme, daß die Zivilisation der Feind des Menschen sei.

Ich werde auf diesen Seiten dem Urteil von Wissenschaftlern und Laien zum erstenmal gewisse Beweise dafür unterbreiten, daß der Gebrauch von Waffen dem Auftreten des Menschen auf dieser Erde vorangegangen ist. Doch bis zu dem Augenblick, da die Naturwissenschaft die Existenz einer Fixation an die Waffe als einen dem Menschen angeborenen kulturellen Instinkt bestätigt oder verwirft, müssen Psychiater und Politiker, Erzieher und Richter in

Unsicherheit verharren. Aber mag uns die Wissenschaft ihr Verdikt über den Hang und die Bereitschaft des Menschen zum Morden auch noch längere Zeit vorenthalten – andere menschliche Triebe können kaum mehr angezweifelt werden. Die Tatsache, daß Territorium, Dominanz und Sozietät im Wechselspiel unserer von den Tieren ererbten Instinkte wichtige Rollen spielen, ist nicht mehr wegzuleugnen; das aber bringt die Grundlagen der Denkgebäude, die den Erben von Freud und Marx so teuer sind, ins Schwanken.

In »Descent of Man« (Die Abstammung des Menschen) hat Charles Darwin mit größter Vorsicht die Annahme geäußert, daß die geistigen und seelischen Eigenschaften des Menschen sich kraft natürlicher Auslese aus tierischen Wurzeln entwickelt haben könnten; doch hat er sich zu dieser Annahme nie restlos bekannt, obwohl sie eine unausweichliche Folgerung aus der Entwicklungslehre darstellt. Ob Darwin sich nicht dazu überwinden konnte, die Einzigartigkeit des menschlichen Geistes in Frage zu stellen, ob er die Gegnerschaft, der er sich durch seine Entwicklungstheorie ausgesetzt hatte, nicht verstärken wollte oder ob er es als streng wissenschaftlich denkender Mensch ablehnte, Diskussionen zu entfachen, die zu seiner Zeit rein spekulativ hätten bleiben müssen, werden wir niemals erfahren. In Darwins Selbstbiographie findet sich jedoch eine seiner geistigen Größe angemessene aufschlußreiche Bemerkung. »Ich kann den schrecklichen Zweifel nicht loswerden«, heißt es dort, »ob denn die Überzeugungen des menschlichen Geistes, der sich von den niederen Tieren heraufentwickelt hat, von irgendwelchem Wert sind oder ob man ihnen überhaupt trauen kann.«

Ein schrecklicher Zweifel, in der Tat! David Lack veranschaulicht in seinem Buch »Evolutionary Theory and Christian Ethics« (Evolutionstheorie und christliche Ethik) dieses Entsetzen, das selbst den Forschergeist eines Darwin gelähmt haben muß. Wenn der menschliche Geist nichts anderes ist als ein Produkt der natürlichen Auslese – wie kann man dann irgendeiner von ihm für wahr gehaltenen Überzeugung trauen, selbst der Überzeugung, daß es eine natürliche Auslese gibt? Mit seiner genialen Intuition muß Darwin geahnt haben, daß der Mensch zugrunde geht, sobald er jede Spur von Glauben an seine Einzigartigkeit verliert.

Wir haben die Beziehung der drei Giganten des modernen Denkens zu der Grundprämisse der romantischen Illusion kurz betrachtet. Wir haben gesehen, daß Karl Marx ihre widersinnigsten Schlußfolgerungen freudig aufgegriffen und daraus mit lodernder Begeisterung einen Schleier gewebt hat, der selbst sehr scharfsinnige Menschen zu täuschen imstande ist. Wir haben gesehen, daß Sigmund Freud zwar die Illusion vom angeborenen Gutsein verworfen, jedoch an ihre Stelle, wenn man so sagen darf, das Vorurteil von der angeborenen Friedlichkeit gesetzt hat, nämlich die Annahme, der Mensch sei in jeder Beziehung von Natur aus friedlich, außer dort, wo man beweisen kann, daß er es nicht ist. Die romantische Illusion blieb unter den Händen Freuds und seiner Nachfolger völlig intakt. Aber es ist die große Frage, ob dies auch der Fall gewesen wäre, wenn Darwin sich nicht entschlossen hätte, neutral zu bleiben.

In einem ziemlich hohen Maß war Darwin selbst das Opfer falscher Voraussetzungen. So stellte er zum Beispiel niemals die Annahme in Frage, daß die Sexualität der einzige Trieb sei, der die Männchen zwingt, miteinander zu rivalisieren. Da die Autorität eines Darwin hinter dem Sexualitätsprinzip stand, kann man es Freud nicht verdenken, daß er sich nicht darauf einließ, tiefer zu schürfen.

In einem gewissen Maß war Darwin jedoch das Opfer nicht so sehr seiner eigenen falschen Voraussetzungen, sondern falscher Auslegung durch andere. Nicht er, sondern Spencer hat die Evolution als einen mit Krallen und Zähnen ausgefochtenen blutigen Dschungelkampf geschildert, in dem der Sieger den Kranz empfängt, während er auf dem Kopf seines bedauernswerten Opfers steht. Darwin hat seine Theorie nicht als einen so melodramatischen Vorgang dargestellt, sondern als die stetige Tendenz der mit den besseren Erbanlagen ausgestatteten Individuen, mehr Nachkommen hervorzubringen als ihre weniger erfolgreichen Zeitgenossen. In einer noch wichtigeren Beziehung wurden Darwins Prinzipien jedoch von seinem beredsamsten Propheten Thomas

Huxley entstellt, und daraus läßt sich vielleicht erklären, warum die Evolutionstheorie keinen Einfluß auf die romantische Illusion hatte.

Huxley legte den evolutiven Wettstreit zu Beginn der Menschheitsdämmerung als einen Kampf zwischen Individuen statt zwischen Gruppen aus. Ebenso wie Spencer sah er bei seinem leidenschaftlichen Eintreten für die Evolutionstheorie eine dramatische Szene vor sich: ein Kampf zwischen Höhlenmenschen, Keulen auf Schädel prallend, und im dunklen Hintergrund der Höhle eine verschreckte Frau, die einen wimmernden Säugling an die Brust drückt. Huxleys falsche Annahme vom individuellen Konflikt hat den Fortschritt des Evolutionsgedankens 60 bis 70 Jahre lang aufgehalten und im Verein mit der Dschungelvision Spencers die Evolution als eine Wirtshausrauferei erscheinen lassen, an der sich wohlerzogene Leute nicht beteiligen. Diese beiden Entstellungen haben Darwins Ideen so völlig ausgelöscht, daß die Verhaltensforscher bis zum heutigen Tag im evolutiven Geschehen keine entsprechende Erklärung für die echte Fähigkeit des Menschen zu Friedfertigkeit, Mitgefühl und Uneigennützigkeit zu finden vermögen.

Niemals hat Darwin die Rivalitätskämpfe der Urmenschen als Konflikte zwischen Individuen aufgefaßt. In seiner »Abstammung des Menschen« beschrieb er den Menschen als ein ausgesprochen soziales Wesen und sah die Kämpfe der Urzeit als Konflikte zwischen Gemeinschaften. Er betrachtete den Stamm als eine »Körperschaft«, die von der Natur mit einer bestimmten, keinem anderen Stamm eigenen Gruppe von Genen ausgestattet ist, und die natürliche Auslese als einen Wettstreit zwischen solchen Stämmen, deren jeder unter dem Evolutionsdruck seine Integrität durch eine unendliche Folge von Generationen zu wahren hatte. In seinen Briefen findet sich die Stelle: »Der Sieg im Kampf ums Dasein zwischen Stämmen fällt dem Stamm zu, dessen Mitglieder die überlegenen moralischen und geistigen Eigenschaften aufweisen.« Und in der »Abstammung des Menschen« schrieb Darwin: »Kein Stamm könnte bestehen bleiben, wenn Mord, Raub und Verrat allgemein üblich wären.« Der Stamm, dessen Mitglieder »mehr Patriotismus, Treue, Gehorsam, Mut, wechselseitige Hilfsbereitschaft, Mitgefühl und Opferbereitschaft für das Gemeinwohl aufweisen, wird auf dem Wege der natürlichen Auslese den Stamm überleben, in dem diese Eigenschaften in geringerem Maße vorhanden sind«.

In diesen Bemerkungen Darwins über den Urmenschen finden wir die Antwort auf die Frage, wie die verschiedenen Aspekte des Gutseins evolutiven Wert erlangen können. In einem Kampf zwischen Individuen könnten Eigenschaften wie Mitgefühl oder Altruismus zum Sieg eines der beiden Gegner nichts beitragen. Handelt es sich jedoch um einen Kampf zwischen Gesellschaften, so wird diejenige erfolgreich sein, deren Mitglieder zwei Gruppen von Gefühlsreaktionen entwickelt haben: die für die Angehörigen der eigenen Gesellschaft reservierten verschiedenen Aspekte von Freundschaft und Zusammenarbeit und die gegen die Angehörigen der gegnerischen Gesellschaft gerichteten verschiedenen Aspekte von Aggression und Feindschaft. Man kann sich darauf verlassen, daß die natürliche Auslese jene Gesellschaft, bei der die eine oder die andere dieser Reaktionsgruppen ungenügend entwickelt ist, aus dem Garten des Lebens ausjäten wird.

Zum Unglück für die Geschichte des modernen Denkens hat Darwin über Stämme geschrieben und nicht über Herden, über die Spezies Mensch und nicht über ihre Primatenahnen. Daher mußte die Philosophie, wenn sie sich über die Doppelnatur des Menschen den Kopf zerbrach, zu dem Schluß kommen, daß es sich dabei um ein aus unbekannten Quellen stammendes, nur der Spezies Mensch eigenes Merkmal handle, und die romantische Illusion blieb unangefochten.

In seinem Alterswerk, den 1892 veröffentlichten »Principles of Ethics« (Grundlagen der Ethik), analysierte Herbert Spencer die Widersprüche der menschlichen Natur mit großem Scharfsinn. »Sowohl primitive Stämme wie zivilisierte Gesellschaften sind gezwungen, sich nach außen zu verteidigen und nach innen zusammenzuarbeiten, sie müssen nach außen aggressiv sein und im Innern Freundschaft halten. Daher haben sich bei ihren Mitgliedern zwei verschiedene Gruppen von Gefühlen und Gedanken herausgebildet, die diesen beiden verschiedenen Aktivitäten angepaßt sind ... Da sowohl die Ethik der Feindschaft wie die Ethik der

Freundschaft im Zusammenhang mit den äußeren oder inneren Umständen ihre Forderungen stellen und beide nebeneinander bestehen müssen, ist ein Konglomerat äußerst widersprüchlicher Gefühle und Gedanken zustande gekommen.« Aber auch Spencer war ein Opfer der Lehre Rousseaus von der angeborenen Unschuld. Er nahm an, daß es erst vor verhältnismäßig kurzer Zeit zur Bildung von Stämmen und Gesellschaften gekommen sei und daß die daraus resultierenden Widersprüche des menschlichen Verhaltens dem angeborenen Wesen des Menschen sozusagen aufgepfropft wurden.

Das verführte ihn zu dem Glauben, daß der Kodex der Feindschaft eines Tages auf die eine oder andere Weise zum Verschwinden gebracht werden könnte, worauf der Kodex der Freundschaft allein das Verhalten des Menschen beherrschen würde. Es braucht nicht eigens erwähnt zu werden, daß auch Spencers »Grundlagen der Ethik« wie so viele andere auf der romantischen Illusion basierende Denkgebilde in den auf ihre Veröffentlichung folgenden 60 bis 70 Jahren wenig zur Erkenntnis des menschlichen Verhaltens beigetragen haben.

Spencers Freund-Feind-Komplex war das hervorstechendste

Merkmal der deutschen Nation, deren Aktivitäten einen so barbarischen Glanz auf verschiedene Ereignisse der Nach-Spencer-Ära geworfen haben. Aber der Nationalismus ist nichts anderes als der menschliche Ausdruck für den tierischen Trieb, ein Territorium zu besitzen und zu verteidigen. Er unterscheidet sich vom sozialen Territorialinstinkt des Primaten nur nach Maßgabe der Fähigkeit des Menschen, Koalitionen einzugehen. Die germanischen Stämme des vierten Jahrtausends vor Christi zählten vielleicht je 150 bis 200 Mitglieder. Je nach dem Druck, dem sie ausgesetzt waren, vermehrte oder verminderte sich ihre Zahl im Lauf der Geschichte. Aber in bezug auf den Freund-Feind-Komplex unterscheidet sich die Mentalität jenes germanischen Stammes, der unter der Führung Hitlers stand, in keiner Weise von der des früheren Menschen oder des späten Primaten.

Es ist ein Naturgesetz, daß territoriale Tiere – gleichgültig, ob einzeln oder in Gesellschaften lebend – in ewiger Feindschaft mit ihren Nachbarn leben. Wenn der zivilisierte Mensch gegen den Nachbarn, dessen Territorium an seines grenzt, gelegentlich eine etwas größere Toleranz beweist als der Rhesusaffe, dann braucht man sich nur vorzustellen, wie sehr sich derselbe zivilisierte Mensch verändert, sobald sein Territorium in Gefahr gerät, angegriffen zu werden. Aller Wahrscheinlichkeit nach ist das gelegentliche Aufhören der Fehden zwischen den Menschen eher auf die Forderungen der Zivilisation als auf angeborene Friedfertigkeit zurückzuführen.

Im Jahre 1942 sagte Dr. C. R. Carpenter in einer Rede vor der New Yorker Akademie der Wissenschaften: »Eigenschaften, die als ethisch wertvoll gelten wie Altruismus, innige Zuneigung und Zusammenarbeit, werden der höheren Intelligenz des Menschen zugeschrieben, wenn man ihnen nicht gar einen übernatürlichen Ursprung beimißt. Die naturwissenschaftliche Forschung führt alle menschlichen Verhaltensweisen – Rivalität und Zusammenarbeit, Egoismus und Feindseligkeit – auf vormenschliche Wurzeln zurück ... Verteidigungsaktionen können die enge Zusammenfassung aller Gruppenmitglieder zu gemeinsamem Handeln erfordern. Bei solchen Aktionen werden Individuen getötet, doch ist dies angesichts der Wichtigkeit, die dem Überleben der Gruppe und der Erhaltung der Spezies zukommt, von geringer Bedeutung.«

Die Doppelnatur des Menschen unterscheidet sich in keiner Weise von der Doppelnatur irgendeines unter natürlichen Bedingungen lebenden Primaten. Als Darwin seine Beobachtung niederschrieb, daß die natürliche Auslese jenen Menschenstamm, der die größere Fähigkeit für Patriotismus, Mut, Mitgefühl und wechselseitige Hilfsbereitschaft besitzt, vor einem mit solchen Eigenschaften weniger begabten begünstigt, hätte er die gleichen Worte auch für den Pavian, den Schimpansen oder den Siamang anwenden können. Wir brauchen uns nur zu erinnern, welche Höhe der Evolution die beiden von Marais beobachteten heldenhaften Chacmapaviane erreicht hatten, die ihr Leben hingaben, um den Leoparden abzulenken. Erinnern wir uns an die von Zuckerman beschriebenen Hamadryaspaviane, die trotz der im Affengehege herrschenden Anarchie ihre Toten vor den Händen der Wärter zu schützen suchten, oder an Köhlers Schimpansen auf Teneriffa, die als Gruppe zu gefährlichen Vergeltungsmaßnahmen fähig waren, wenn einer der ihren bestraft wurde; oder an Carpenters zentralamerikanische Brüllaffen, die in manischer Einmütigkeit alle Eindringlinge zurückschlugen und in gleicher, wenn auch edlerer Einmütigkeit auf den Schrei »Ein Junges ist vom Baum gefallen« reagierten. Jeder dieser Fälle zeigt uns den Triumph der sozialen Verbundenheit über die individuellen anarchischen Instinkte und beweist die evolutive Tauglichkeit einer Tiersozietät, die mit einer starken Fähigkeit für Patriotismus, Mut, Mitgefühl und wechselseitige Hilfsbereitschaft begabt ist.

Daß jener Form vermeintlichen menschlichen Fehlverhaltens, die wir als Krieg bezeichnen, der uralte tierische Territorialinstinkt zugrunde liegt, ist so einleuchtend, daß darauf nicht weiter eingegangen werden muß. Der Tatsache, daß Sir Arthur Keith zu alt war, um am Zweiten Weltkrieg aktiv teilzunehmen, verdanken wir sein wunderbares Werk »Essays on Human Evolution« (Abhandlungen über die Evolution des Menschen), das folgenden Satz enthält: »Wir müssen anerkennen, daß die Bedingungen, die zum Krieg führen – die Trennung der Tiere in soziale Gruppen, das ›Recht‹ jeder Gruppe auf ihr eigenes Gebiet, die Entwicklung eines ›Feindkomplexes‹ zur Verteidigung dieses Gebiets –, schon lange auf Erden bestanden, bevor der Mensch in Erscheinung trat.« Gegen solche Einsichten in einen menschlichen Instinkt, der wahrscheinlich stärker ist als der Sexualtrieb, verblassen so manche tiefsinnige Schlußfolgerungen aus der romantischen Illusion – daß die Kriege von den Munitionsfabrikanten angezettelt werden, daß sie aus der Rivalität um Absatzmärkte oder aus dem Klassenkampf entstehen oder daß die Wurzeln der menschlichen Aggression in unglücklichen Familienverhältnissen oder in den metaphysischen Bereichen eines dem Organismus innewohnenden Todestriebes zu suchen seien.

Aber der Trieb zum Besitz und zur Verteidigung eines Territoriums kann nicht als die Ursache, sondern bloß als eine Bedingung für die Kriege der Menschen angesehen werden. Das Wirken dieses Triebes wurde in dem Ungestüm sichtbar, mit dem das kleine Finnland einem ungeheuer überlegenen Feind die Stirn bot; in dem wahnsinnigen Versuch der Ungarn, ihrem Land die Selbständigkeit zurückzuerobern; in dem irrationalen, einsamen Heldentum jener wenigen, die in der Schlacht um England so viele retteten. Das waren soziale Verteidigungsaktionen in völliger Übereinstimmung mit dem territorialen Gesetz, die ihre unwahrscheinliche Kraft und Größe aus den Tiefen des Instinkts bezogen. Aber in all diesen Fällen war das Territorium die *Bedingung* für den Krieg, nicht seine Ursache. Zu den Kriegen der Menschen kommt es nur, wenn der Verteidigungsinstinkt eines entschlossenen Territoriumbesitzers durch die räuberischen Absichten eines ebenso entschlossenen Nachbarn herausgefordert wird.

Dr. Carpenter hat uns die Wirkung geschildert, die ein mit übermäßiger Herrscherbegabung ausgestattetes Männchen auf eine ihrem Wesen nach nicht aggressive Rhesusaffensozietät ausgeübt hat. Von einem einzigen dominierenden Individuum ging die Fähigkeit zu herrschen auf die ganze Gruppe über, und die Folge war Aggression. Die Löwenrudel im Krüger-Park schlossen sich für ihre Beutezüge zu so gewaltigen Superrudeln zusammen, daß das natürliche Gleichgewicht gestört wurde. Die Tierwelt der Gegenwart liefert kaum irgendwelche Hinweise auf Ursachen oder Bedingungen menschlicher Angriffskriege, und als 1939 Dr. W. C.

Allee trotz seiner ausgezeichneten Kenntnis der Tiergesellschaften die Überzeugung vertrat, der Eroberungskrieg sei ein erworbenes Merkmal der Spezies Mensch, war er für seine Zeit im Recht; denn 1939 hatten die fossilen Ahnen des Menschen ihre Eigenschaften noch nicht geoffenbart.

Alle Erwägungen über den Krieg als Ausdruck von Instinkten, die zu unserem genetischen Erbgut gehören, müssen bis zum Ende dieses Berichts und bis zur endgültigen Erforschung unseres gesamten evolutiven Erbes aufgeschoben werden. Für den Augenblick können wir uns auf Keith' Ansicht stützen, daß der Territoriumsinstinkt die *Bedingungen* – und nicht die Motive – schafft, die zum Krieg führen: die Trennung der Menschen in Gruppen, die Verbundenheit des Menschen mit seinem Territorium und die latente Bereitschaft selbst des zivilisiertesten Menschen, seine Beziehungen zu einem angriffslustigen Nachbarn vom Feindschaftskodex diktieren zu lassen.

Aber es ist die andere Seite der Medaille, die einer Revolution der Philosophie die Grundlagen liefern könnte. Eine bisher verborgen gebliebene, noch nicht gedeutete Chiffre, die unserem Wesen durch unser tierisches Erbgut aufgeprägt wurde, könnte die Lösung für Spencers Dilemma und für Darwins Zweifel bringen und den Pessimismus des modernen Menschen beschwichtigen. *Das Gebot zu lieben ist in unserer Natur ebenso tief verwurzelt wie das Gebot zu hassen.*

Freundschaft und gutes Einvernehmen sind – was Darwin ahnte, aber nicht näher untersuchte – geradeso Produkte evolutiver Kräfte wie Rivalität und Feindschaft. In der Evolution jeder sozialen Spezies, also auch der menschlichen, wird von der natürlichen Auslese das Versagen im Frieden genauso streng bestraft wie das Versagen im Kampf. Der Territorialinstinkt, der so alt ist, daß wir nicht feststellen können, wann er zu wirken begann, fordert von *allen sozialen Tieren* mit der gleichen Autorität die Fähigkeit zur Zusammenarbeit wie die Fähigkeit zum Wettstreit.

In unserem aufdämmernden Begreifen wiederholen wir den Satz:

... *von allen sozialen Tieren.* Die Gesellschaft war es, die in unseren frühesten Anfängen das Gebot, Freundschaft zu halten, erlassen hat. Man nehme dem Menschen seine sozialen Instinkte, und übrig bleibt Huxleys Dschungelgesetz, das keine höheren Gebote kennt als den Kampf aller gegen alle und keinen andern Daseinsausdruck als Schreie in der Nacht. Der uns angeborene Zwang zur Gesellschaftsbildung als das dem Primaten eigene Mittel zum Überleben fordert vom Menschen jene Eigenschaften, die wir als ethisch wertvoll betrachten.

Die Doppelnatur des Menschen ist das großartige Ergebnis des sozialen Territoriums. Sie hat sich, ebenso wie das stereoskopische Sehen, entlang den verborgenen Pfaden unseres Primatenerbes entwickelt. Es bedarf keiner Einzigartigkeit der menschlichen Seele und keiner Intervention lokaler Gottheiten, die wie Geister aus irgendwelchen nebelhaften Tiefen menschlicher Selbsttäuschung beschworen werden, um die Tugenden des Menschen zu erklären. Die Tugenden sind angeboren, zwanghaft, uralt und bleibend. Sie sind in unserem tierischen Erbgut eher tiefer verhaftet als dieser erst vor kürzerer Zeit aufgetretene Trieb, unsere Artgenossen zu töten.

VII Ein Zimmer voller Knochen

Raymond Dart, der Entdecker des *Australopithecus africanus*, wurde aufgefordert, für den von der »Smithsonian Institution« für das Jahr 1955 geplanten Vortrag, der im darauffolgenden Jahr in Washington veröffentlicht wurde, seine Theorie des Südaffen darzulegen. Der Artikel nannte sich »The Cultural Status of the South African Man-Apes« (Der kulturelle Status der südafrikanischen Menschenaffen), und mit seiner Publikation trat Darts Geschöpf aus dem Schattenreich spezialisierter wissenschaftlicher Veröffentlichungen hervor, um eine immer wiederkehrende Figur der Weltpresse zu werden. In dem Artikel schrieb er unter anderm:

»Die Geschichte des südafrikanischen ›missing link‹ beginnt mit dem Jahr 1924, als die verstorbene Josephine Salmons, damals eine junge Anatomiestudentin, mir einen fossilen Pavianschädel brachte, den sie auf dem Kaminsims einer Freundin gefunden hatte, bei der sie am Sonntag vorher zu Besuch war. Er stammte aus dem Werk der ›Northern Lime Company‹ in Buxton und war der erste Hinweis, daß fossile Primaten in Afrika südlich von Ägypten vorhanden waren. Der Fund versetzte uns in nicht gelinde Aufregung, und nachdem wir mit Dr. R. B. Young, dem Professor für Geologie, gesprochen hatten, erfuhren wir zu unserer Befriedigung, daß dieser in der folgenden Woche nach Buxton fahren werde.

In Buxton angekommen, hörte Professor Young, daß ein Arbeiter namens M. de Bruyn eine Anzahl Fossilien enthaltender Felsen besaß, die vor einer Woche herausgesprengt worden waren. Als diese Felsstücke in Johannesburg ankamen, fand ich unter ihnen den praktisch vollkommenen Abdruck eines Schädelinneren. Dieser Gehirnabdruck entsprach ungefähr dem Gehirn eines großen Gorillas. Glücklicherweise paßte er am vorderen Ende zu einem andern Felsstück, aus dem sich allmählich der ganze Skelettabdruck eines fünf- bis sechsjährigen Kindergesichtes, das erstaunlich menschlich wirkte, herausschälen ließ. Zum erstenmal war es jemandem vergönnt, das ganze Gesicht eines unserer ausgestorbenen, affenartigen Verwandten zu sehen und den Kopf vollkommen rekonstruieren zu können. Das Gehirn war so groß und das Gesicht so menschlich, daß ich überzeugt war, hier tatsächlich einen unserer frühen Ahnen, die den afrikanischen Kontinent bewohnt hatten, vor mir zu haben; da er den südlichen Teil Afrikas zu seiner Heimat gemacht hatte, nannte ich ihn *Australopithecus africanus*, den südafrikanischen Affen.«

So zufällig, so von ungefähr begann eines der aufregendsten menschlichen Abenteuer. Buxton ist ein Dorf am Rande der Kalahari nahe einer Eisenbahnstation, die damals Taungs hieß. Darts Entdeckung erhielt daher den Namen Taungsschädel. Die Felsen mit den reichen Fossilien stammten nicht direkt aus dem Kalksteinbruch, sondern aus einer innerhalb der ältesten von vier Kalkschichten liegenden Höhle. Geologische Proben und die Natur der übrigen Fossilien wiesen darauf hin, daß das Mensch-Affen-Kind in der Frühzeit des Pleistozäns vor ungefähr einer Million Jahren gelebt hatte. Die Trockenheit der Gegend ließ eine Deutung des Wesens als einen hochentwickelten, in den Bäumen lebenden Menschenaffentypus nicht zu; der Menschenaffe ist ein Tier des

Waldes, und Wälder konnte es damals in dieser Gegend ebensowenig gegeben haben wie heute.

Dart hatte für seine Überlegungen nichts anderes als diesen einzigen Schädel. Aber auf Grund der Zahnentwicklung konnte er das Alter des Geschöpfes mit fünf bis sechs Jahren festlegen. Aus der Lage des *foramen magnum*, einer kleinen Öffnung im Schädel, durch welche die Rückenmarksnerven in das Gehirn eintreten, konnte der junge Anatom auf einen aufrechten Gang schließen. Vierfüßige Affen und Menschenaffen, deren Vordergliedmaßen zu Hangelorganen ausgebildet sind, tragen den Kopf nach vorne gestreckt; nur ein echter Zweifüßer kann seinen Kopf gerade halten. Der Südaffe ging aufrecht oder fast aufrecht.

Von den verschiedensten anatomischen Details ausgehend, entwarf Dart das Bild des erwachsenen *Australopithecus* als das eines 1,20 Meter großen, 45 Kilo wiegenden Geschöpfes mit einem Gehirn, das ungefähr dem eines Gorillas entspricht. Er kam zu dem Schluß, daß der erste *caninus* seines Kindes später durch einen bleibenden Eckzahn, nicht größer als der eines Menschen, ersetzt worden war.

Aus der Gesamtheit seiner anatomischen Feststellungen entstand eine einfache Definition, die für die heute bekannten ungefähr hundert *Australopithecinen* immer noch gültig ist: Sie waren Geschöpfe, denen die Kampfzähne des Menschenaffen fehlten und die den aufrechten Gang des Menschen mit dem kleinen Gehirn des Affen vereinigten.

Seiner anatomischen Beschreibung fügte Dart die Schlußfolgerung hinzu, der *Australopithecus* sei ein Fleischfresser gewesen. Die Beweise für seine sensationelle Feststellung waren dreierlei Art. Erstens konnte es in der unfruchtbaren Taungsgegend nicht genug Nahrung für einen früchteessenden, vegetarischen Affen gegeben haben. Zweitens waren Fossilien vorhanden. Die Ablagerungen glichen den vorgeschichtlichen Hügeln aus Küchenabfällen, die wir von primitiven Menschen kennen. Waren die fossilen Knochen nicht die Überreste von als Nahrung in die Höhle geschleppten Tieren, wie sonst wären sie hingekommen?

Aber es ist die dritte Beweisführung Darts, die uns als Schlüssel zur Geschichte unserer menschlichen Vorfahren am meisten interessiert. Die Zähne des *Australopithecus africanus* sind von den unseren praktisch nicht zu unterscheiden. Das Email ist nicht sehr dick; Form und Anordnung gleichen der unseren. Und die Kronen sind, ebenso wie bei uns, für das endlose Kauen und Zerreiben eines vegetarischen Lebewesens, das aus einer kalorienarmen Nahrung genügend Energie gewinnen muß, um einen relativ großen Körper zu versorgen, völlig unzureichend. Das ganze Material wies darauf hin, daß Darts kleines, in einer Kalkablagerung am Rande der afrikanischen Wüste gefundenes Kind einmal das Mitglied einer fleischfressenden Familie von Primaten gewesen ist.

Darts Behauptungen wurden, wie im ersten Kapitel gesagt, von der Wissenschaft des Nordens zurückgewiesen, bis Robert Broom, von dem Streit angelockt, aus der Versenkung auftauchte und Fossil um Fossil fand, die Darts Voraussagen bestätigten. Broom war 70 Jahre alt, als er zu arbeiten begann. Im Verlauf einer brillanten Karriere als Zoologe war es ihm gelungen, das Hervorgehen des Säugetieres aus dem Reptil nachzuweisen. Jetzt, im Jahre 1936, wandte er sich dem Hervorgehen des Menschen aus dem Säugetier zu.

Wie schon geschildert, war Robert Broom ein kleiner Mann, der auch mitten im Busch nicht auf schwarzen Hut, schwarze Krawatte und steifen weißen Kragen verzichtete. Ich glaube nicht, daß jemals eine unermüdlichere Figur durch die Permlandschaft Afrikas zog. Broom war sowohl Arzt als auch Zoologe und außerdem ein passionierter Sammler. Er sammelte alles: Fossilien, Rembrandt-Radierungen, Briefmarken und zugängliche Mädchen. In einem der Nachrufe auf Broom findet sich eine rührende Bemerkung über das Ausmaß der Aktivitäten dieses kleinen Männchens. Es scheint, daß er an einem Punkt seiner Laufbahn mit der südafrikanischen Regierung über den freien Gebrauch von Ausweisen auf den Eisenbahnen in Streit geriet und sich verärgert in eine kleine Stadt namens Springs zurückzog. Aber das Leben in der Verborgenheit war nicht seine Sache. Innerhalb von drei Monaten war er, wie der Nachruf feststellt, zum leitenden Arzt der beiden Goldminen, zum Präsidenten des Schachklubs, zum Präsidenten des Schützenvereins und auch noch zum Bürgermeister der Stadt geworden.

Als sich Robert Broom mit 70 Jahren dem *Australopithecus* zuwandte, war er in der Zoologie bereits als einer der führenden Wissenschaftler anerkannt. Daher zog sein Fund eines erwachsenen Mensch-Affen in einer Höhle namens Sterkfontein nahe Johannesburg sofort die Aufmerksamkeit der Wissenschaft auf sich. Obwohl er seinen ersten Fund genau acht Tage nach Beginn der Suche machte, dauerte es ein ganzes Jahr, bis ein weiterer erfolgte. Kurz darauf brach der Zweite Weltkrieg aus, und die Grabungen in Sterkfontein wurden eingestellt. All die langen Kriegsjahre hindurch mußte Robert Broom, zu dessen hervorstechendsten Eigenschaften nicht die Geduld gehörte, warten.

Erst 1946 konnte Broom die Arbeit in Sterkfontein wiederaufnehmen. Die wissenschaftliche Welt erzitterte, als sie hörte, inmitten der wertvollen Fossilien von Sterkfontein würden Sprengungen vorgenommen; aber Broom war bereits 80 Jahre alt, und es blieb ihm wenig Zeit. Die Fossilien türmten sich zu Bergen. In den späten vierziger Jahren konnte kaum eine Autorität des Nordens weiter auf der Ansicht beharren, Darts Südaffe sei nur ein verirrter Schimpanse. Und als Sir Arthur Keith, der führende englische Anthropologe, seine langjährige Opposition gegen Darts Behauptungen aufgab, war die Angelegenheit praktisch beendet. Aber immer noch gab es die »Asien-zuerst«-Theoretiker.

Viele europäische Wissenschaftler hatten ihre Überlegungen und ihr Leben dem *Pithecanthropus erectus* und dem *Pekingmenschen* gewidmet und konnten sich daher schwer von der Überzeugung trennen, daß die Menschheit in Asien entstanden sei. Dann aber erschien ein bedeutender französischer Jesuit, ein Philosoph und Anthropologe, auf der afrikanischen Bühne. Teilhard de Chardin hatte die meisten seiner Arbeiten im Fernen Osten durchgeführt; als er – geschwächt und alt – zurückkehrte, bestand er darauf, Südafrika zu besuchen und die Fundstellen des *Australopithecus* zu besichtigen. 1952 gab er der »New York Academy of Science« einen klaren Bericht. Er bestimmte die Zeit des *Australopithecus* als das Villafranchia, das heißt als den Zeitabschnitt vor 500 000 bis einer Million Jahren. Er sah in den *Australopithecinen* eine selbständige zoologische Gruppe, weder Affe noch Mensch, die weitgehend eine Brücke zwischen den beiden bildete. Er schloß: »Ihr Auftreten in Afrika im späten Tertiär liefert ein weiteres Argument, daß dieser Kontinent der wichtigste Geburtsort der menschlichen Art ist.«

Damit wurde die Asientheorie von einem ihrer bedeutendsten Anhänger fallengelassen, und eine neue Streitfrage tauchte auf, die nach den *Australopithecinen*-Vorfahren des Menschen. Der Südaffe hatte nicht nur Anerkennung gefunden; er hatte Bedeutung erlangt. Leider war sein Fall äußerst verwirrend geworden. Das südafrikanische Hochland ist eine lange, kostspielige Reise weit von den Museen und Universitäten des Nordens entfernt. Außer Teilhard hatte kaum ein Wissenschaftler Gelegenheit gehabt, die Fundorte zu besuchen. Und die wilden Männer des Südens hatten in der Verbreitung von Mißverständnissen ganze Arbeit geleistet.

Viele Forscher geben ihren Entdeckungen mit Begeisterung neue wissenschaftliche Namen, ob dies berechtigt ist oder nicht. Es ist bedauerlich, daß sich Robert Broom, als er ein erwachsenes Exemplar von Darts Lebewesen fand, nicht damit begnügen konnte, ihm denselben Namen zu geben wie Dart. Broom fand einen *Australopithecus africanus*, aber der alte Zoologe mit dem steifen weißen Kragen fühlte sich nicht nur bemüßigt, eine neue Art zu schaffen, sondern auch eine neue Gattung. Und so nannte er seinen Fund *Plesianthropus.* Dart blieb nicht untätig. Als er nach dem Krieg eine Reihe von Exemplaren seiner eigenen Taungsentdeckung an einer neuen Fundstätte im nördlichen Transvaal ausgrub, erfand auch er eine neue Art. In der Meinung, daß die Bewohner des Makapantales Feuer benutzt hätten, nannte er ihn *Australopithecus prometheus*, und obwohl niemals gültige Beweise für seine Behauptung gefunden wurden, beharrt er bis heute auf dem Namen.

Die afrikanische Anthropologie war das Werk wilder Männer, ein atemberaubendes Werk; hätte es diese ungestümen Männer nicht gegeben, gäbe es keine afrikanische Wissenschaft vom Menschen, und die Welt wäre um vieles ärmer. Aber man muß einiges Mitgefühl für die Wissenschaftler des Nordens aufbringen, die sich verzweifelt bemühten, die immer zahlreicher werdenden Entdeckungen am anderen Ende der Welt zu verstehen. Die wissenschaftlichen Berichte, die ihnen zur Verfügung stehen, schreiben einige ausgestorbene Geschöpfe, die sich voneinander nicht mehr unterscheiden als Schweden, Dänen und Norweger, drei verschiedenen Arten zweier unterschiedlicher Gattungen zu. Und das traurigste ist, daß, als Broom tatsächlich etwas Neuartiges fand, dieser Fund in der allgemeinen Verwirrung unterging.

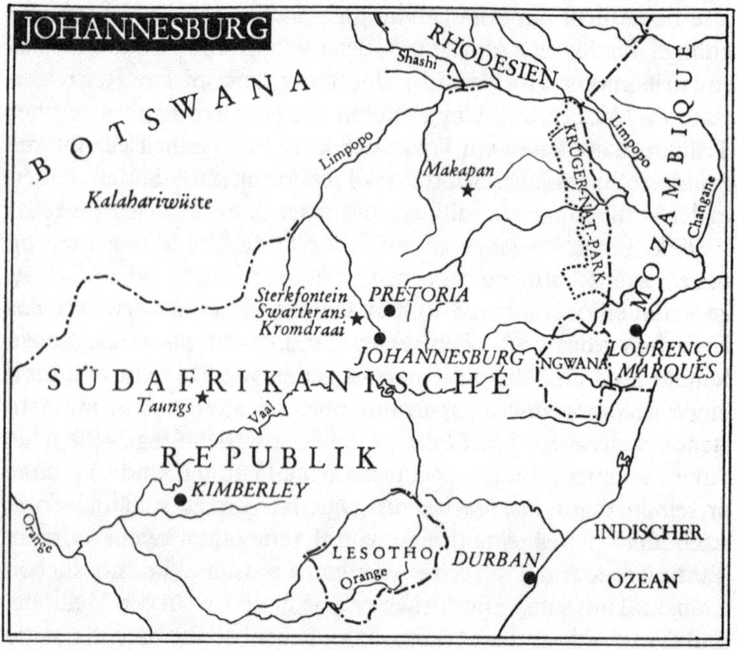

Taungs liegt 200 Meilen westlich von Johannesburg und Makapan, Darts zweite Fundstätte 200 Meilen nördlich. Robert Broom begann seine Entdeckungen in der Sterkfonteinhöhle nordwestlich der Stadt, und 1948 fing er an, in einer anderen Höhle, kaum eine Meile von Sterkfontein entfernt, zu arbeiten. Dieser neue Ort heißt Swartkrans. Hier fand er ein vollkommen anders geartetes Wesen. Sofort erfand er einen neuen Gattungsnamen, *Paranthropus*, aber da er bereits für das Sterkfonteingeschöpf eine neue Gattung eingeführt hatte, fand seine neue Entdeckung nicht die gebührende Beachtung.

Der Dramatiker wird das Publikum schon zu Beginn des Stükkes wissen lassen, daß in der Schublade ein Revolver liegt; das Publikum wird gespannt auf den ersten Schuß warten. Ich kann nicht umhin, schon jetzt den Revolver in der Schublade zu zeigen. Wir müssen die Bedeutung des *Paranthropus*, der Wissenschaft in der Überfülle neuer Namen entgangen, im Auge behalten.

Brooms neue Fundstätte war voll von Fossilien. 1950 gab der große Sammler im »American Journal of Physical Anthropology« einen begeisterten Bericht: »Die Ablagerungen in Swartkrans sind, wie wir feststellen konnten, sehr reichhaltig. In dreizehnmonatiger Arbeit haben wir fünf Unterkiefer und vier Gesichtsschädel mit Gaumen des großen Mensch-Affen gefunden. Wir besitzen einige Schädel von Erwachsenen ... den Schädel eines ungefähr siebenjährigen Kindes ... und mehr als 150 Zähne, viele davon ausgezeichnet erhalten. Wir haben auch ein paar Hand- und Armknochen.« Damals war Broom 84 Jahre, und im nächsten Jahr war er tot. Sein tüchtiger junger Mitarbeiter, Dr. John Robinson, setzte seine Arbeit in Sterkfontein, Swartkrans und an einer andern Stelle, in Kromdraai, fort. Aber Broom starb zu früh, um die wahre Bedeutung seiner letzten Entdeckungen kennenzulernen.

Der Mensch-Affe von Swartkrans war ohne Zweifel ein *Australopithecine*, denn er besaß das kleine Gehirn, den reduzierten Reißzahn und die aufrechte Haltung. Aber er unterschied sich in anderer Hinsicht. Der *Australopithecus africanus* war klein, von leichtem Knochenbau und offensichtlich sehr beweglich; der Paranthropus war groß, von derbem Knochenbau, besaß einen massiven Schädel, und sein Körperbau ließ auf Schwerfälligkeit schließen. Darts *africanus* hatte eine ziemlich gewölbte Stirn, ein glattes Kranium und Zähne wie wir. Brooms *Paranthropus* besaß eine fliehende Stirn, auf dem Schädel einen Kamm wie ein Gorilla und breite, massive Kaumolaren, die jeder Laie von menschlichen Zähnen unterscheiden konnte.

All dies wies auf einen grundlegenden Unterschied zwischen den beiden hin; während der kleine *africanus* im Grunde ein Fleischfresser war, war der große *Paranthropus* ein Vegetarier. Die starken Molaren, der plumpe Kiefer, der Kamm auf dem Schädel, alle drei Merkmale jenen der waldbewohnenden Menschenaffen vergleichbar, sind die Charakteristika einer dentalen und muskulären Entwicklung, die ein Leben des unaufhörlichen Kauens mit sich bringt. John Robinsons mikroskopische Studien der Zähne des *Australopithecus* bestätigten den Unterschied. Der Zahnschmelz des *Paranthropus* zeigt vom Sand verursachte Narben, die ausschließlich durch die Nahrung eines Wurzelfressers hervorgerufen sein können; die Zähne des *africanus* sind glatt wie die des Leoparden.

Der *Paranthropus* brachte das erste einer Reihe von afrikanischen Rätseln. Darts Geschöpf ist dem Menschen in einem erstaunlichen Maße ähnlich. Noch einen einzigen Schritt weiter – eine Verdoppelung der Gehirngröße, begleitet von einer daraus folgenden Verflachung des Gesichtes –, und es wäre in seinen anatomischen Merkmalen ein echter Mensch. Aber dieses Wesen ging, zeitlich gesprochen, dem Geschöpf von Broom *voran.* Die beiden waren keine Zeitgenossen. Zur Zeit des plumpen Südaffen war sein zarterer Verwandter vom afrikanischen Hochland verschwunden. Und die Entwicklung des *Paranthropus* zum Menschen, wäre eine derartige Entwicklung überhaupt denkbar, hätte Dutzende Mutationen erfordert.

Für den Moment werden wir das Rätsel in die Schublade zurücklegen wie der Dramatiker den Revolver. Der *Paranthropus* wird zu gegebener Zeit den Schlüssel für ein größeres Geheimnis, eng verbunden mit dem menschlichen Schicksal, liefern. Um unseren Bericht verständlicher zu machen, wollen wir jetzt die üppig wuchernden Namen, welche die Wissenschaft verwirrten und auch den Leser verwirren müssen, vereinfachen. Eine Gattung und zwei Arten sind alles, was die südafrikanischen Entdeckungen benötigen. Wir werden daher zu einer von Oakley vorgeschlagenen Klassifikation zurückkehren, und vom *Australopithecus africanus*, dem kleinen, fleischfressenden Mensch-Affen, sprechen und vom *Australopithecus robustus*, dem großen Mensch-Affen, der Vegetarier war. Das ist alles, was wir uns merken müssen. Und da wir jetzt lange Zeit Brooms spezialisierten *robustus* außer acht lassen werden, bezieht sich jede Erwähnung des Südaffen oder des *Australopithecus* auf Darts kleinen *africanus.*

Bevor wir die Beschreibung unserer untergegangenen Freunde

aus dem Süden beenden, müssen wir noch eine Entdeckung erwähnen. Kurz bevor Broom starb, machte John Robinson den rätselhaftesten aller südafrikanischen Funde. Mitten in den Gesteinstrümmern von Swartkrans, die mehr als 80 fossilierte Fragmente von lange verstorbenen, Gorillakämme aufweisenden Geschöpfen freigaben, fand Robinson fünf Fragmente von zwei durchaus anders gearteten Individuen. Ihre Knochen zeigten die Zartheit und ihre Zähne die Form des fortgeschrittenen *africanus*. Fast sicher scheinen sie Fleischfresser gewesen zu sein. Das Fragment eines Oberkiefers wies auf das Vorhandensein eines flacheren Gesichtes und eines echten Nasenbeins hin. Robinson nannte seinen Fund *Telanthropus*. Waren es *Australopithecinen*? Waren es echte Menschen? Und was taten sie vor 500 000 Jahren in der Swartkranshöhle?

Waren die geheimnisvollen Fremden in der Swartkranshöhle tatsächlich echte Menschen, dann sind heute keine älteren irgendwo auf der Erde bekannt. Aber wir besitzen zuwenig Fragmente, um eine sichere Identifikation durchzuführen, und in der nächsten Zeit werden wir kaum weitere finden. Kurz nach seiner Entdeckung nahm Robinson seinen jährlichen Urlaub, und ein Zahnpastafabrikant zog in die Höhle ein. Er war auf der Suche nach Kalk, und als Robinson zurückkehrte, war die Höhle zerstört. Seither hatte niemand das Geld, sie wieder aufzubauen.

Der erste *Australopithecus* wurde durch einen reinen Zufall am Rande der Kalahari entdeckt, und durch einen weniger glücklichen Zufall wurde die Entdeckung des vielleicht ersten echten Menschen in der Höhle eines stürmischen Hochlandes verhindert.

Die Rolle des Zufalls in menschlichen Belangen wird von manchen Menschen als außerordentlich demütigend empfunden. Vielleicht zerstört die durch einen Zufall erworbene Erkenntnis bei hochmütigen Geistern die Illusion der Zentralstellung des Menschen. Bernard Shaw verachtete die Evolutionstheorie nicht, weil sie gottlos oder materialistisch, sondern weil sie zufallsgebunden war; er verurteilte sie als »Darwins Kapitel der Zufälle«. Die Vermutung liegt nahe, daß er es der Evolutionstheorie nicht verzeihen konnte, ihm keine Hauptrolle zuzubilligen.

Raymond Dart jedoch war die Idee, der Mittelpunkt zu sein, niemals so wichtig, daß er die Kraft verleugnet hätte, die ihn dorthin gebracht hatte. In dem Vorwort zu seinem Buch »Cultural Status« bemüht er sich gar nicht, die Rolle zu schmälern, die der Zufall bei der Bestimmung der Laufbahn eines unserer mutigsten Bekämpfer der romantischen Illusion gespielt hatte. Der junge Anatom aus Australien, der nur zögernd die Stellung eines Leiters des Anatomischen Institutes einer südafrikanischen Universität angenommen hatte, erhielt fast sofort durch den lächerlichsten Zufall die verkalkten Überreste eines Pavians, die auf irgendeinem Kaminsims gelegen hatten. Die Folge davon war, daß er die nächsten 30 Jahre damit verbrachte, die Einzigartigkeit der menschlichen Natur zu bestreiten.

Es sind Zufälle, die uns den Weg weisen. Und da ein amerikanischer Dramatiker, der sich mit Brüllaffen, der Fauna des Villafranchia, beutejagenden Mensch-Affen und den Kellerinhalten diverser Museen beschäftigt, früher oder später eine *Apologia pro vita sua* geben muß, kann dies geradesogut jetzt geschehen. Denn mich veranlaßte ein noch viel banalerer Zufall, in Darts Leben zu stolpern, während ich meine Unwissenheit wie eine Fahne vor mir hertrug, und durch eine wundersame Anhäufung falscher Äußerungen, Übertreibungen, Mißverständnisse und nicht verbürgter Vermutungen konnte ich zu einem kritischen Zeitpunkt seinen maßgeblichen »Smithsonian Report« möglich machen.

Der Zufall, der in mein Leben trat, kam nicht in der Gestalt einer Studentin, die einen Pavianschädel brachte, sondern in der Form eines hochgewachsenen Professors, der ein unaussprechbares Gerücht brachte. Es war im Januar des Jahres 1955. Damals lebte ich in Kalifornien und erholte mich gerade von einem Broadwaydebakel, einem Ereignis, das im Leben eines amerikanischen Dramatikers eher als normal und nicht als zufällig angesehen werden muß. Um meine Wiederherstellung zu beschleunigen, hatte ich mit Max Ascoli, dem Herausgeber der Zeitschrift »The Reporter«, abgemacht, mich einige Monate nach Afrika zurückzuziehen, um eine Artikelserie zu schreiben. Die Vorstellung von den damals sehr zahlreichen Mau-Mau und riesigen, unfreundlichen Tieren mit gewaltigen Reißzähnen schien mir ein erfrischender Gegensatz zu der Erinnerung an das Premierenpublikum in New York. Hätte der große Professor seine Untersuchung gewisser alter Salzdepots in der Mojavewüste nur um ein paar Tage verschoben, wäre ich bereits, mit nichts anderem als den Routineaufgaben eines Afrikakorrespondenten im Kopf, unterwegs gewesen. Aber er erschien, und ich verbrachte den Abend mit ihm. Als Folge bestreite ich heute, ebenso wie Dart, die Einzigartigkeit der menschlichen Natur.

Ich kann Dr. Richard Foster Flint, den Vorsitzenden des Geologischen Institutes der Yale University, ob der großen Veränderung, die er in mein Leben brachte, weder loben noch tadeln. Ich kann ihn in keiner Weise für die Richtigkeit der Beobachtungen oder den Wahrheitsgehalt der Schlußfolgerung, die in diesem Bericht dargelegt werden, zur Verantwortung ziehen. Aber der Mann kam in mein Haus und brachte wie einen Posaunenstoß ein Gerücht von schwindelerregender Bedeutung; daß ein südafrikanischer Wissenschaftler eine philosophische Bombe in der Hand habe, einen positiven Nachweis, daß die erste erkennbare menschliche Manifestation die Fähigkeit zum Morden gewesen sei.

Soweit ich mich erinnern kann, war es das erste Mal, daß ich von der Existenz des *Australopithecus* hörte. Ich versuchte ihn im Rhythmus von »Gib mir einen Kuß« auszusprechen, ich kämpfte mit der schrecklichen Mehrzahl *Australopithecinen*, die nach dem Rhythmus »Wo sind die Bienen?« ausgesprochen wird. Belustigt hörte sich Flint meine Sprachübungen an und pries den glücklichen Zufall meiner Afrikareise, da weder Museen noch Universitäten bereit waren, für die Untersuchung vager Gerüchte in der südlichen Hemisphäre Geld bereitzustellen. So fügte ich meinem Reiseprogramm, das Goldminen, Apartheid, Löwen und Mau-Mau-Massaker umfaßte, den *Australopithecus* hinzu. Der hünenhafte Professor setzte seine Reise in die Mojavewüste fort, nachdem er, wie es seine Gewohnheit war, jedes der Kinder einmal bis zur Zimmerdecke gehoben hatte. Mein vages Reiseziel war der afrikanische Kontinent.

Begeistertsein ist eine Sache, Informiertsein etwas anderes. Meine naturwissenschaftliche Bildung war nicht allzu mangelhaft, aber ich hatte sie vor 1930 erworben, als der Südaffe noch keine wissenschaftliche Anerkennung gefunden hatte. Auf meinem Weg nach Afrika traf ich in New York mit Teilhard de Chardin zusammen, doch seine durch einen starken französischen Akzent nicht eben leichter zu verstehenden Ausführungen erhöhten zwar meine Erwartungen, gaben mir aber wenig Informationen. Als ich mich in London der Führung von Dr. Kenneth P. Oakley vom Britischen Museum überließ, traf ich in ihm einen so skeptischen, so verfeinerten, so komplexen und so teuflisch nüchternen wissenschaftlichen Geist, daß ich mit meinem ganzen Enthusiasmus in der Luft hängenblieb wie ein müder Luftballon.

In den nächsten Jahren des Hinundherpendelns zwischen London und Südafrika sollte ich Oakley als die wissenschaftliche Antithese des intuitiven, emotionellen, rasch zu Schlußfolgerungen bereiten Raymond Dart kennenlernen. In seinem Büro im Keller des Kensington Museum saß Kenneth Oakley als eine Art oberste Instanz über alle Belange der afrikanischen Anthropologie zu Gericht. Und wenn er die Tendenz hatte, in allen afrikanischen Anthropologen eine Sammlung von jugendlichen Narren zu sehen, so würde ich diese Haltung allmählich anerkennen, denn Oakley war eben ein Richter. Und wenn Raymond Dart, 6000 Meilen weit entfernt, von seinem formaldehydgetränkten Hauptquartier in Johannesburg enthusiastische Streifzüge in den afrikanischen Busch plante und in Kenneth Oakley gelegentlich einen intellektuellen Gefängniswärter mit einem seit der vorletzten Eiszeit erstarrten Herzen sah, dann würde ich auch diese Einstellung verstehen, denn Dart war ein Genie. Aus dem Zusammenspiel von Richter und Genie kristallisiert sich in manchen Fällen die Wahrheit heraus.

Im Winter des Jahres 1955 aber wollte ich keine ewigen Wahrheiten, sondern ein paar kurze Informationen über den Südaffen haben. Leider ließ sich ein Geist wie der Dr. Oakleys nicht in einfache Formen pressen. Gemeinsam mit einem Kollegen vom Museum, Dr. J. S. Weiner, hatte er den *Piltdown Man* untersucht, und mit Hilfe seines berühmten Fluortests war er imstande, auch meine tiefsten Überzeugungen in Frage zu stellen. So bestand mein Gepäck, als ich endlich südwärts reiste, unter anderm aus einem Bündel wissenschaftlicher Abhandlungen, die zu spezialisiert waren, um verständlich zu sein; aus einem Gefühl völliger Hilflosigkeit hinsichtlich meiner Fähigkeiten, irgend etwas zu beurteilen; aus einem ehrlichen Bedauern, daß der Weg des hünenhaften Professors auf seiner Suche nach Salzdepots keine andere Richtung genommen hatte; und aus einer tiefen Überzeugung, daß es mir niemals möglich sein würde, für eine so seriöse Zeitschrift wie den »Reporter« einen fundierten Bericht über Dart und seine Arbeit zu schreiben. Zum Glück standen Ostafrika und die Mau-Mau zuerst auf meinem Programm.

Ich mischte mich unter die Löwen und verlor mich in der Einsamkeit der Hügellandschaft Tanganjikas. In den vom Terror beherrschten Straßen Nairobis sah ich den nackten Schrecken eines jungen Kontinentes. Ich lernte tausendfach um mein Leben zu zittern und mich tausendmal nach der Sicherheit der Zivilisation zu sehnen. Wenn ich, als ich endlich Südafrika erreicht hatte, vom Südaffen nicht mehr wußte als bisher, so wußte ich wenigstens etwas mehr über mich selbst: Afrika flößte mir Furcht ein. War dieser Kontinent tatsächlich die Wiege der Menschheit und wäre ich der erste Mensch gewesen, ich wäre in Angst geboren worden.

Im gleißenden Licht des südlichen Herbstes lag Johannesburg auf seinem goldenen Riff. Ein letzter Sturm der Regenzeit verdunkelte Darts Büro in einem der oberen Stockwerke des Medizinischen Institutes. Mutlosigkeit überfiel mich. Vor mir häuften sich die fossilen Knochen ausgestorbener Tiere. Unbekannte lateinische Namen drangen an mein Ohr. Trotz aller Bemühungen dieses blonden, freundlichen, gewinnenden Mannes konnte ich mit so schrecklich spezialisierten Begriffen nichts anfangen. Da entdeckte ich etwas in meiner Hand, das wie ein menschlicher Kiefer aussah.

In dem einleitenden Kapitel dieser Erzählung erwähnte ich flüchtig den Kiefer eines zwölf Jahre alten Südaffen, den mir Raymond Dart bei unserem ersten Zusammentreffen gezeigt hatte. Das war er. Als ich ihn zum erstenmal in der Hand hielt und in das Dunkel seiner verwirrenden, bruchstückhaften Geschichte sah, fiel die Mutlosigkeit von mir ab. Nichts als der gesunde Menschenverstand des Geschworenen war nötig, um das Urteil einzubringen: In einem schrecklichen Augenblick der grauen Vorzeit war ein Mord geschehen.

Der Kiefer war schwer. Dreiviertel Millionen Jahre im Boden einer Dolomithöhle hatten Knochen und Dentin versteinert. Der Kiefer sah menschlich aus. Die spitze Form der Zähne wäre jedem Zahnarzt vertraut gewesen. Und der Kiefer schien jung; einige der bleibenden Molaren waren erst teilweise durchgebrochen. Ein Eckzahn war noch nicht herausgekommen, obwohl ich seine Spitze über dem Zahnkanal erkennen konnte. Aber dieser junge und gleichzeitig uralte Kiefer war nicht menschlich; der dazugehörige Schädel hätte eine Gehirnschale nicht größer als die eines Schimpansen aufgewiesen.

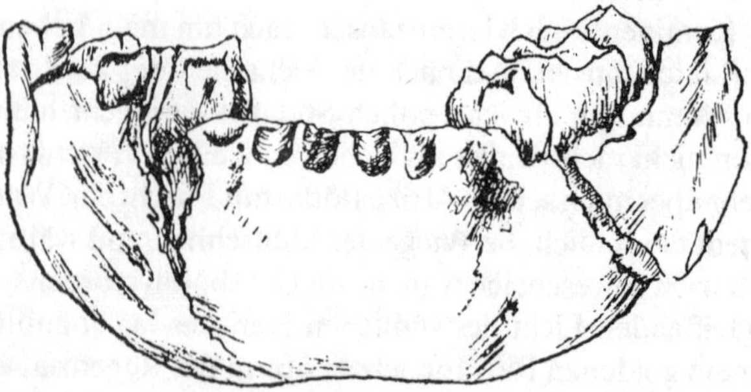

Was ich in der Hand hielt, waren die letzten Überreste eines jungen *Australopithecinen*, dessen Leben durch einen kraftvollen Schlag beendet wurde. Der vierte Vorderzahn fehlte. Knapp darunter, wo der Schlag getroffen hatte, war die linke Kieferhälfte angesplittert und die rechte vollkommen durchgebrochen. Die Verletzung konnte kaum nach dem Tod als eine Art postmortaler Schändung eines alten Kiefers durch die Natur erfolgt sein, sonst wären die Teile in der Höhle verstreut gewesen. Da die Fragmente als Ganzes fossiliert waren, mußten sie vom Fleisch zusammengehalten worden sein. Der Schlag – oder mehrere gleichzeitige Schläge – konnte nur den Tod zur Folge gehabt haben, denn es waren nicht die geringsten Ansätze einer Heilung entlang der Brüche zu sehen.

Ich versuchte mir die Situation vorzustellen. Konnte die Verletzung eine zufällige sein? Zum Beispiel durch einen Fall hervorgerufen? Es erschien nicht wahrscheinlich. Bei einem Fall landet man zumeist auf jedem anderen Teil der Anatomie eher als auf dem Kinn. Ich dachte an die Höhle, in welcher der Kiefer gefunden worden war. Könnte ein Felsbrocken heruntergefallen sein und die Verletzung bewirkt haben? In diesem Fall müßte der jugendliche Mensch-Affe auf dem Boden der Höhle gelegen haben, das Kinn genau gegen den Himmel gerichtet, und selbst diese unwahrscheinliche Erklärung hatte einen Haken. Die rauhe, abgeschabte Narbe auf dem Kieferknochen umfaßte nicht mehr als zweieinhalb Zentimeter. Kein herabfallender Stein, der eine so kleine Narbe hinterließ, konnte schwer genug sein, eine tödliche Verletzung herbeizuführen.

Die Verletzung war nicht zufällig entstanden; das jugendliche Wesen war einer beabsichtigten Attacke zum Opfer gefallen.

Ich überlegte, womit der tödliche Schlag ausgeführt worden sein könnte. War es eine Faust? Ja, eine menschliche Faust gegen ein menschliches Kind. Aber der Kieferknochen des Südaffen, dem der Kinnvorsprung fehlt, ist schwerer gebaut als unserer. Dieser Kinderkiefer hatte eine Knochenstärke, wie sie heute nur der Kiefer eines erwachsenen Mannes aufweist. Der Angreifer kann anderseits nicht so kräftig gewesen sein wie ein erwachsener Mann unserer Tage. In Makapan wurde niemals ein *Australopithecus robustus* gefunden. Und der *Australopithecus africanus* war, wie erinnerlich, nur 1,20 Meter groß und wog an die 45 Kilo. Die Faust, die eine derartige Verletzung verursacht haben könnte, entspräche also der Faust eines Jungen von 45 Kilo, der mit einem einzigen Faustschlag die vier Vorderzähne seines Vaters herausschlägt und seinen Kiefer zweimal bricht.

Die Fausttheorie schien nicht zu halten. Ich untersuchte die Stelle, wo der Hieb getroffen hatte; eine rauhe Stelle, nur leicht eingedrückt. Könnte ein Stein, vom Boden der Höhle aufgehoben und gegen den Kiefer geschleudert, eine derartige Narbe hinterlassen? Es war möglich, aber nicht wahrscheinlich. Ein spitzes, scharfes Felsstück, wie man es in Höhlen findet, das einen zweifachen Bruch verursacht, hätte an der Stelle des Auftreffens eine deutlichere Spur hinterlassen. Verglichen mit der Wahrscheinlichkeit eines vorsätzlich gebrauchten Schlagwerkzeuges, eines Knochens oder eines Knüppels, das genau diese flache, rauhe Einkerbung hinterlassen konnte, wie ich sie unter meinem Daumen fühlte, schien der Gebrauch eines Steines immer unglaubhafter.

Ein Gewitter verdunkelte den Nachmittagshimmel. Das Fenster knarrte, weil irgendwo, eine Meile tiefer, ein Schacht in den Goldminen zusammengebrochen war. Ich hatte den Kiefer auf Darts Schreibtisch gelegt, und er klirrte leise. Dart stand am Fenster und beobachtete den Sturm, während ich die Überreste einer uralten Tragödie betrachtete. Zweifellos lag der Beweis eines Mordes vor mir, aber die einfache Frage des Mordes verlor rasch an Bedeutung. Eine viel schreckenerregendere Vorstellung ergriff allmählich von mir Besitz. Hatte dieses Geschöpf lange vor dem Auftreten des ersten Menschen sein Leben durch den Gebrauch einer Waffe verloren?

Ich fragte Dart, wo und unter welchen Umständen der Kieferknochen gefunden worden war. Man sagte mir, daß Alun Hughes, einer von Darts Assistenten im Anatomischen Institut, ihn im Jahre 1948 in den Ablagerungen einer Höhle in Makapan gefunden habe. Ich fragte, ob nach Darts Ansicht der Tod infolge des vorsätzlichen Gebrauches einer Waffe eingetreten sei. Er empfahl mir, seine Abhandlung über die Verletzungen der Paviane zu lesen, die 1949 veröffentlicht worden war. Ich hatte sie bereits im Britischen Museum studiert, aber keineswegs verstanden. Ich bat, sie mir nochmals zu geben.

Während Dart seiner Arbeit nachging, studierte ich den Artikel. Er war im »American Journal of Physical Anthropology« unter dem ehrfurchteinflößenden Titel »The Predatory Implemental Technique of Australopithecus« erschienen. Bereits 1934, als der Kinderschädel von Taungs den einzigen bekannten Fund des Südaffen darstellte, hatte Dart darauf hingewiesen, daß fossilierte Paviane, die in den gleichen Ablagerungen gefunden worden waren, gebrochene Schädel aufwiesen. 1946 hatten die Funde Robert Brooms bei Sterkfontein das Material an *Australopithecinen* enorm vergrößert und weitere beschädigte Pavianschädel ans Tageslicht gefördert. Im Sommer desselben Jahres besuchte der berühmte Anatom der Oxford University, Sir Wilfred Le Gros Clark, die verschiedenen Fundstätten des *Australopithecus* in Südafrika und gab der Meinung Ausdruck, man habe den Pavianen zu wenig Beachtung geschenkt. Er schlug vor, das gesamte, in den verschiedensten Museen und Sammlungen verstreute Pavianmaterial zusammenzutragen und statistisch auf vorsätzliche Gewaltanwendung zu untersuchen.

Das war die Vorgeschichte zu Darts Pavianuntersuchungen. Er versicherte sich der Hilfe eines Fachmannes auf dem Gebiet moderner Gewalttätigkeit, Professor R. H. Mackintosh, Vorstand des Institutes für Forensische Medizin an der Universität von Witwatersrand. Eine bessere Autorität für Kopfverletzungen als Professor Mackintosh ist schwer vorstellbar. Im Laufe seiner Karriere hatte er sich einerseits mit den zahlreichen eingedroschenen Schädeln auf den Straßen Johannesburgs, anderseits mit den Opfern der fortwährend einstürzenden Schächte in den Goldminen zu beschäftigen. Was den verschiedenen Pavianen zugestoßen war, lag also durchaus auf seiner Linie.

Dart sammelte auf drei verschiedenen, 200 Meilen voneinander entfernten Fundstätten 58 Pavianschädel. Alle drei Fundstätten waren Höhlen, die vor mehr als einer halben Million Jahren durch tropfendes und verdunstendes Wasser mit Kalkablagerungen angefüllt worden waren. In diesen Ablagerungen waren jene Geschöpfe, einschließlich des Südaffen, erhalten geblieben und fossiliert, die entweder aus freien Stücken oder aus Notwendigkeit die Höhle zu ihrem letzten Ruheplatz gewählt hatten. Unter diesen Geschöpfen hatte man die Paviane gefunden. Von den 58 Exemplaren blieben, nachdem man 16 als zum Studium ungeeignet ausgeschieden hatte, da sie zu stark beschädigt waren, 42 Schädel übrig – eine signifikante Anzahl. Jeder der 42 Schädel wies eine Verletzung auf.

Obwohl bei jeder Untersuchung fossilierter Überreste dem Irrtum ein weiter Spielraum eingeräumt werden muß, blieb das Beweismaterial für vorsätzliche Gewaltanwendung bei aller Vorsicht überwältigend. Für die Vorsätzlichkeit der Tat sprach auch Dr. Mackintoshs Feststellung der Richtung der Schläge, denn diese Richtung war keine zufällige. Unter den 42 Pavianschädeln hatten 27 mit Bestimmtheit die Schläge von vorne erhalten; nur 6 mit Sicherheit von hinten. Von den übrigen 9 von der Seite attackierten hatten 7 den Schlag von links erhalten, das heißt von der Rechten des Angreifers. Nur bei 2 Exemplaren ging der Schlag von der Linken des Angreifers aus.

Wir haben im Laufe dieser Erzählung oft von dem heute verbreiteten Pavian gesprochen. Das ausgewachsene Tier kann sogar dem Menschen gefährlich werden. Mehr als die Hälfte von Darts Pavianen war ausgewachsen. Wir haben auch die Tendenz der Pavianherde, das einzelne Tier zu verteidigen, erwähnt, und haben keinen Grund zu der Annahme, die ausgestorbene Art hätte sich in ihrem sozialen Verhalten wesentlich von der heute lebenden unterschieden. Aber wenn diese gefährlichen, von der Gruppe verteidigten Tiere von dem Südaffen getötet worden waren, dann wurden sie von einem Geschöpf umgebracht, das 45 Kilo oder weniger wog, nur Fingernägel besaß und ebenso ungefährliche Zähne wie wir.

Konnte ein anderes Lebewesen als der Südaffe für die eingeschlagenen Pavianschädel verantwortlich sein? Konnte es der Mensch selbst gewesen sein? Sicherlich nicht in Südafrika. Zu der Zeit von Makapan gibt es nicht die geringsten Hinweise für das Vorhandensein von Menschen. Kann irgendein anderer Umstand als der vorsätzliche Angriff zur Erklärung der gebrochenen Schädel herangezogen werden? Konnten, infolge eines statistischen Wunders, auf 42 Paviane herabfallende Felsbrocken 42 Volltreffer gewesen sein? Die Annahme ist absurd.

Ich war mit meinem Latein am Ende. Die Paviane waren einem Angriff des Südaffen zum Opfer gefallen. Aber wie konnte ein derartiger Angriff stattgefunden haben, wenn der *Australopithecus* unbewaffnet war?

An diesem Punkt der Abhandlung setzten natürlich Darts gewagte Vermutungen ein, die einen Angriff der nördlichen Wissenschaft auf sein Haupt herabbeschworen, der hinter dem des *Australopithecus africanus* auf den *Parapapio izodi* durchaus nicht zurückstand. Es war ein Angriff, der Dart vom Zeitpunkt der Veröffentlichung im März 1949 bis heute, März 1955, in ein wissenschaftliches Hinterland verwies, das mit besonderer Fürsorge jenen Wissenschaftlern vorbehalten bleibt, die in unvorsichtigen Momenten Anfälle reiner Inspiration erleiden können.

Man mag sich heute, ebenso wie Dart damals, über einige Berichte aus seinem Pavianleichenhaus den Kopf zerbrechen. Die klinische Beschreibung von Exemplar Nummer eins aus Taungs lautet zum Beispiel: »Ein kräftiger, abwärts, vorwärts und nach innen gerichteter Schlag mittels eines doppelt gerundeten Gegenstandes von hinten auf das rechte Schläfenbein ausgeführt.« Nachdem er das Schicksal von Exemplar Nummer eins aus Taungs verdaut hat, kann sich der an Rätseln Interessierte dem tödlichen Rendezvous von Exemplar Nummer sechs, ebenfalls von Taungs, zuwenden: »Das V-förmige Knochenstück, das über der deutlich sichtbaren Vertiefung des Kraniums stehenblieb, zeigt, daß das zur Zertrümmerung verwendete Objekt doppelköpfig gewesen sein muß ... mit vertikalen inneren Kanten oder scharfen Begrenzungen und einem ungefähren Abstand von 30 Millimeter zwischen den beiden Köpfen.«

Was kann die doppelköpfige Waffe gewesen sein? Nur wenige der frühen Opfer der Gewalttätigkeit ließen bei dieser recht verspäteten Autopsie ihr Schicksal mit derartiger Klarheit erkennen. Einige waren von zu vielen Schlägen zertrümmert worden; andere wurden durch eine nach der Fossilisation entstandene Verletzung verstümmelt. Doch von den 42 gebrochenen Schädeln ließen immerhin 7 deutlich einen Angriff mittels eines doppelköpfigen Objektes erkennen und 4 weitere wiesen darauf hin. Mehr als ein Viertel der Opfer zeigte die Spuren des gleichen tödlichen Instrumentes. Was war dieses Instrument? Um Dart in seinen Ableitungen zu folgen, müssen wir uns der berühmtesten Fundstätte der *Australopithecinen* zuwenden.

Limeworks Cave, im wilden Tal von Makapan, 200 Meilen nördlich von Johannesburg gelegen, war vor langer Zeit eine riesige leere Höhle gewesen, die sich viele Meter weit in das Dolomitgestein der Gegend erstreckt hatte. Afrika war Millionen Jahre lang – während des als Pliozän bezeichneten Zeitraumes – trocken gewesen. In der Höhle bildeten sich keine Ablagerungen. Dann, zu Beginn des regenreichen afrikanischen Pleistozäns vor einer Million Jahren, begann Wasser, saturiert mit dem aus dem Dolomit aufgenommenen Kalk, in die Höhle zu dringen. Hier verdunstete es und ließ Schicht auf Schicht des weißen, glänzenden Kalkes zurück, bis die Höhle zur Gänze damit angefüllt war. Bis kurz nach dem Ersten Weltkrieg blieb das Kalkdepot unberührt. Zu diesem Zeitpunkt entdeckten südafrikanische Geschäftsleute, angespornt durch die als Folge des Krieges eingetretene Rohstoffknappheit, das Depot, und man begann mit dem Abbau. Die Arbeiter stießen auf eine seltsame und für sie bedeutungslose Eigenheit der Ablagerung. In dem reinen Kalk fanden sich in gewissen Abständen Schichten von Breccie, einer Art felsiger Konsolidierung von allem, was sich gerade auf dem Höhlenboden befand, als sich das Sedimentgestein bildete. Das meiste davon war ein Gemenge von konsolidiertem Kalk, Höhlenstaub und Felsstücken, die von der Höhlendecke heruntergefallen waren. Aber sehr oft waren auch Knochen dabei, Tierknochen in unvorstellbaren Mengen, fossiliert und in unvorstellbar langer Zeit zu Kalkstein geworden.

Die Knochen gehörten zum großen Teil der ausgestorbenen Fauna des Villafranchia an, die ausschließlich in den ersten 500000 Jahren unserer Ära zu finden ist. Das Brecciegestein war wertlos, und so warfen die Arbeiter, während sie den Kalk für die dringenden Bedürfnisse des Baugewerbes abbauten, die Schätze des Villafranchia auf einen sonnigen Hügel am Eingang der Höhle. In dieser mißachteten Schatzkammer haben Raymond Dart und seine Studenten in den letzten 15 Jahren die in Kalkstein geschriebene Geschichte des *Australopithecus* und seiner Tierwelt entziffert.

Als Raymond Dart 1949 vor dem Rätsel des doppelköpfigen Instrumentes stand, das eine so anomal hohe Anzahl von Todesfällen unter den Pavianen des Villafranchia verursacht zu haben schien, wandte er sich den Schätzen von Makapan zu, in der Hoffnung, dort eine Antwort zu finden. Und er veröffentlichte die Antwort. Der vordere Oberschenkelknochen der Antilope war die beliebteste Waffe des Südaffen. Das massive, doppelt kugelige Knochenende paßte genau zu der doppelten Vertiefung in den Pavianschädeln.

Ein schläfriger Geschworener, der verpflichtet ist, sich durch einen langwierigen Mordprozeß durchzugähnen, würde wahrscheinlich in diesem Augenblick aufschrecken, den Angeklagten mit einem durchdringenden Blick mustern und murmeln: »Verurteilt!« Jeder abgebrühte Liebhaber moderner Kriminalromane, der seine Schlaflosigkeit mit den übermenschlichen Fähigkeiten seines bevorzugten Detektives zu vertreiben sucht, würde zu diesem Zeitpunkt das Buch zuschlagen und mit dem Kommentar »Das ist die Lösung« befriedigt einschlafen. Aber auch eine noch so messerscharfe Schlußfolgerung stellt keinen wissenschaftlichen Beweis dar. Und Spottrufe aus dem Norden waren die einzige Antwort auf Darts Behauptung.

Ich legte den Artikel beiseite. Ich fand mich allein mit dem üblichen Inventar jedes Anatomischen Institutes – Skelette und grinsende Schädel mit leeren Augenhöhlen. Noch immer lagen auf Darts Schreibtisch die Überreste des erschlagenen Jungen, den man in den ältesten Schichten von Makapan gefunden hatte. Der Regen hatte aufgehört. Von der Anhöhe des Hospital Hill konnte man die endlose Weite des afrikanischen Himmels sehen, der jetzt blaue und graue Streifen aufwies, wie ein verzaubertes Zebra oder eine Fahne.

Ich verfluchte meine Ignoranz. Ich wußte, daß mir Dart, von seiner Arbeit zurückkommend, das ganze Material zeigen würde, das man gesammelt hatte, um die Behauptungen in dem sechs Jahre alten Artikel zu erhärten. Ich wußte auch, daß das Vorhandensein derartigen Materials der Anlaß für jene Gerüchte war, die Männern wie Flint, Teilhard und Oakley zu Ohren gedrungen waren. Aus Darts Andeutungen hatte ich entnommen, daß meine Ankunft zu diesem bestimmten Zeitpunkt besonders willkommen war, weil ich damit zum ersten Beobachter aus der nördlichen Hemisphäre wurde, der das Material zu Gesicht bekam. Ich dachte an Rousseau. Ich dachte an Freud. Ich war mir über die philosophischen Auswirkungen im klaren, sollte Dart der Beweis gelingen, daß der systematische Gebrauch der Waffe einen Teil unseres Erbes von der Tierwelt darstellte.

Aber ich konnte einen Vorderarmknochen nicht von einem Schienbeinknochen unterscheiden. Ausdrücke wie *epicondyla, mandibula* oder *maxilla* sagten mir nicht das geringste. Meine Unzulänglichkeit gegenüber dieser Aufgabe lag wie eine schwere Last auf mir. Dart kehrte voll des Enthusiasmus zurück. Ob ich bereit sei? Nun, ich war zwar bereit, aber keineswegs vorbereitet.

Das Medizinische Institut der Universität von Witwatersrand ist ein großes U-förmiges Gebäude, eher häßlich, eher alt, ungefähr so anziehend wie der Großteil von Johannesburg. Auf der Anschlagtafel hingen Ankündigungen von Picknicks und Liederabenden. Die Seziersäle waren im Keller untergebracht. In ihnen weißgekleidete Studenten und der Überschuß aus der Leichenhalle von Johannesburg. Wir gingen durch einen kleinen Raum, der von den soeben Verstorbenen Südafrikas geziert wurde, und betraten ein großes Zimmer, in welchem die Überreste der ältesten Bewohner des Landes verstreut waren.

Es war ein Zimmer voller Knochen. Sie lagen auf Tischen und Regalen, in Schachteln und Laden, in offenen Kisten. Noch nie im Leben hatte ich so viele Knochen gesehen. Es waren auch keine richtigen Knochen, denn sie waren alle zu Kalkstein geworden.

Sechs Jahre lang hatten Dart und seine Studenten geduldig die fossilierten Tierknochen, die einst auf dem Boden der Höhle gelegen hatten, aus dem Breccie von Makapan herausgelöst. Aus 5000 Tonnen Gestein, die von den Arbeitern als wertlos beiseite geschafft worden waren, hatten sie ungefähr 20 Tonnen mit Knochenresten aussortiert Aus einem Teil dieses knochenhaltigen Sedimentgesteins hatten sie im Laufe von sechs Jahren jeden einzelnen Knochen herausgelöst. Um ein Fossil freizulegen, muß die ganze Kalkumhüllung mit einem Stahlwerkzeug abgemeißelt werden. Hier, im Kellerraum des Medizinischen Institutes, hatte man auf diese Weise 7159 Fossilien freigelegt. Viele Bruchstücke waren zu fragmentarisch, um identifiziert zu werden. Aber 4560 Knochen oder Knochenstücke und Zähne waren sortiert, nach ihrer Gattung identifiziert und anatomisch beschrieben worden. Es war eine beachtliche Leistung, nicht nur in vergleichender Anatomie, sondern auch was das Schleppen von Felsen und Pulverisieren von Kalk betraf.

Mit dem ungläubigen Staunen eines Laien wanderte ich in dem steinernen Friedhof umher. Hier vor mir lag die untergegangene Welt des *Australopithecus.* Antilope, Wildschwein, Rhinozeros und Leopard hatten ihren Teil zu den Skeletten beigetragen, die auf dem Boden seiner Behausung umhergelegen hatten. Ausgestorbene Giraffen, Affen, Pferde, Stachelschweine; Hasen, Perlhühner, Schildkröten, Geier; Schakale, Hyänen, Paviane, Flußpferde: es war ein versteinerter Zoo. Dart hatte seit den Tagen seines Fundes in Taungs behauptet, daß die stets in Verbindung mit dem Südaffen gefundenen zahlreichen Knochen die Reste seiner Beute darstellten. Die Küchenabfälle von Makapan legten ein beredtes Zeugnis von dem vielfältigen Geschmack jenes Geschöpfes ab, das auf halbem Weg zwischen Menschenaffen und Mensch stand.

Während ich zwischen den Knochenhaufen umherging, überlegte ich, daß es Dart nicht möglich sein würde, an Hand dieser Knochensammlung die Wissenschaft davon zu überzeugen, daß der Südaffe bewaffnet war. Der Hausverstand sagte einem, daß das Geschöpf die Tiere nicht mit der bloßen Hand getötet haben konnte. Aber es könnte ein Aasfresser gewesen sein. Die Knochen könnten die Überreste von der Beute des Löwen und des Leoparden sein, die vom *Australopithecus* in die Höhle geschleift wurden. Meine Gedanken wurden von einem erschreckenden Anblick unterbrochen.

Auf einer Kiste lag der zur Gänze erhaltene Schädel einer Hyäne. Der Fußknochen einer Antilope ragte aus dem Mund des Tieres heraus. Mit solcher Kraft war er in den Rachen der Hyäne gestoßen worden, daß er den Gaumen des Tieres zerbrochen und den Schädel hinten, oberhalb des Halses, beschädigt hatte. Das fossilierte Denkmal einst begangener Gewalttat lag vor mir, so wie man es aus seiner Kalkumhüllung herausgemeißelt hatte, die sich vor dreiviertel Millionen Jahren geformt hatte – 250 000 Jahre vor der Zeit des Menschen. Für alle Ewigkeiten würde die tote Hyäne blicklos in den Raum starren, an dem tödlichen Knochen würgend, unglückliches Zeugnis ablegend für eine neuartige Form des plötzlichen Todes, die in dieser unheilvollen Zeit geboren wurde.

Mich schauderte. Trotzdem wußte ich, daß ein einziges Beweisstück wissenschaftliche Einwände bringen würde, die zu beantworten ich außerstande war. Aber der kleine, unbekümmert fröhliche Mann zog eine Tabelle hervor. Es war eine statistische Verteilung der 4560 identifizierten Knochen, die man in der Brecciеprobe gefunden hatte. Plötzlich verschwand meine Unsicherheit.

Man weiß nie, welche merkwürdigen Kenntnisse, irgendeinmal zu einem merkwürdigen Zeitpunkt erworben, sich eines Tages in ferner Zukunft als nützlich erweisen könnten. Als ich 1930 die Universität von Chicago verließ, befand ich mich inmitten der großen Depression und der grauen Straßen meiner Heimatstadt. Jahrelang machte ich alles, was Geld einbrachte. Obwohl niemand in Chicago ganz so schlecht Klavier spielte wie ich, verdiente ich 3 Dollar pro Nacht in einer Tanzkapelle. Obwohl ich niemals südlicher als New Orleans war, verdiente ich 20 Dollar pro Woche in einem Mayapavillon der Weltausstellung von Chicago, wo ich hochwissenschaftliche Vorträge über die präkolumbianischen Indianer hielt. Manche meiner Aktivitäten können, wenn auch vor dem Gesetz vielleicht nicht strafbar, einem jungen Mann nicht gerade als Vorbild dienen. Eine davon war meine Tätigkeit als Statistiker.

Sehr bald dämmerte mir während meines Existenzkampfes in Chicago eine simple Wahrheit, die nur wenige andere Arbeitslose erfaßten: sich als Statistiker auszugeben, war eine der erfolgreichsten Lügen. In den Jahren um 1930 war Statistik ein neues Feld. Es gab wenige, die eine richtige Ausbildung auf diesem verwirrend vielfältigen Gebiet besaßen. Um eine Stellung zu bekommen, mußte man sich nur als Mitglied dieser geheimen Brüderschaft ausgeben. Daß ich von der Statistik kaum etwas wußte, war bedeutungslos; man durfte mit Sicherheit annehmen, daß der Mann, der mich anstellte, gar nichts davon wußte.

Es kam die Zeit, da ich dem Erkennen dieses schwachen Punktes im amerikanischen Geschäftsleben mein Überleben verdankte (und, ironischerweise, zu einem viel späteren Zeitpunkt meine Bewährung in einem Zimmer voller Knochen). Ich wollte aus Gründen, die ich vergessen habe, einen Roman über den Cro-Magnon-Menschen schreiben. Ich mußte essen. Die Depression hatte ihren Höhepunkt erreicht. Betend, daß der Zweck die fragwürdigen Mittel heiligen möge, antwortete ich, als ich zum erstenmal gefragt wurde, ob ich Statistiker sei, mit einem überzeugenden Ja. Die nächsten anderthalb Jahre verbrachte ich bei Nacht in der Gesellschaft der Menschen des Magdalénien und bei Tag in Gesellschaft des Korrelationskoeffizienten. Als die Arbeit beendet war, war das

Unglück geschehen. Ich hatte einen so schlechten Roman geschrieben, daß kein Freund, geschweige denn ein Verleger ihn lesen konnte. Und ich war zu einem erstklassigen, erfahrenen Statistiker geworden.

Über zwanzig Jahre sind vergangen, seit das Schreiben von Theaterstücken mich von der Rechenmaschine erlöste. Aber als ich mich über Darts Tabelle beugte, einer statistischen Verteilung nach Gattung und Anatomie aller identifizierten Knochen, tauchten alte, vergessene Bilder vor meinen Augen auf. Ich konnte *Chalicotheriidae* nicht von *Cercopithecidae* unterscheiden und *metacarpal* nicht von *metatarsal*, aber ich erkannte eine normale Verteilung, wenn ich eine sah. Und das war keine normale Verteilung.

Von den 4560 Knochen – eine korrekt entnommene und ausgewertete Probe von einer Größenordnung, die einen signifikanten wahrscheinlichen Irrtum ausschloß – waren 518 Oberschenkelknochen der Antilope. Von allen Knochen, die von mindestens 433 einstmals munteren Tieren übriggeblieben waren, waren mehr als 11 Prozent identisch mit jenem Knochen, den Dart vor sechs Jahren als die bevorzugte Waffe des Südaffen erkannt hatte.

Ließ sich die erstaunliche Anzahl mit der Vorliebe für eine bestimmte Nahrung erklären? Wenn dies nur Küchenabfälle waren, konnte es sein, daß der Oberteil des Vorderfußes ganz einfach die begehrteste Nahrung des Südaffen dargestellt hatte? Es ist aber so, daß der Hinterteil der Antilope und anderer Huftiere das beste Fleisch gibt. Trotzdem waren nur 101 Schenkelknochen des Hinterfußes vorhanden, ein Fünftel der Anzahl der vorderen Schenkelknochen. Daß ein fleischfressendes Tier fünfmal so viele Vorderteile als Hinterteile der Beute in seine Höhle schleppt, ist kaum anzunehmen.

Wie, wenn man, um die Disproportion zu erklären, von der Annahme ausging, daß der Südaffe kein Raubtier, sondern ein Aasfresser war? In diesem Fall könnte das Hinterteil von dem Erleger der Beute verschlungen worden sein, während der weniger begehrte Vorderteil für den Aasfresser übrigblieb. Diese Voraussetzung würde das Überwiegen der Oberschenkelknochen in der Höhle des Aasfressers erklären. Aber der Gedankengang führte zu einer weiteren statistischen Überraschung.

Dart hatte in seiner Klassifikation der Antilopenarten vier Kategorien unterschieden: groß, ähnlich dem heutigen Kudu; mittel, wie der Wasserbock; klein, wie das Impala; sehr klein, ähnlich unserem Duiker. Diese Einteilung hatte er von H. B. S. Cooke, einem südafrikanischen Geologen, übernommen, der sie für seine Arbeiten über ausgestorbene Arten eingeführt hatte. Stellte man einen Vergleich mit den Kopfverletzungen der Paviane an, so war es der Oberschenkelknochen des mittleren Tieres, der am besten in die doppelte Vertiefung paßte. Und hier stieß man in Darts Tabelle auf ein deutliches Mißverhältnis: Während die mittlere Gruppe 30 Prozent der Gesamtzahl der Antilopen ausmachte, gehörten ihr 60 Prozent der Oberschenkelfragmente an.

Konnte diese anormale Verteilung der Oberschenkelknochen als zufällig angesehen werden? Es ließe sich hypothetisch annehmen. Aber nun bereitete die Verteilung der Fragmente eine echte statistische Überraschung. In der Sammlung der Fossilien gab es kaum einen intakten Knochen, und Dart hatte daher jede Oberschenkelkategorie in drei Gruppen unterteilt, je nach dem Knochenteil, der sich unter den Fossilien fand. Es gab den mittleren Teil, der kein Gelenk hatte; es gab das distale (untere) Ende, welches das Kniegelenk mit einschloß; und es gab das proximale (körpernahe) Ende, zu dem die Schulter gehörte. Das Schultergelenk war als Waffe wertlos. Es war das distale Ende, das so genau in die doppelten Frakturen der Pavianschädel paßte.

Die Sammlung wies 238 Exemplare des distalen Endes des Oberschenkelknochens der mittelgroßen Antilope auf; sieben Stück des proximalen Endes.

Kein noch so unwahrscheinlicher Zufall konnte eine derartige statistische Verteilung erklären. Dart hatte behauptet, daß der Pavian des Villafranchia mittels Waffen getötet worden und daß der Oberschenkelknochen der Antilope die häufigste Waffe gewesen sei. Er konnte feststellen, daß 11 Prozent der Knochen, die er auf dem Abfallhaufen des Südaffen fand, dieser Voraussage entsprachen, das heißt tatsächlich Oberschenkelknochen waren. Er konnte weiters feststellen, daß von den verschiedenen Antilopentypen 60 Prozent aller Oberschenkelknochen der vorteilhaftesten Größe angehörten. Und in der Kategorie der vorteilhaftesten

Größe war jener Teil des Knochens, der als Waffe zu gebrauchen war, dreißigmal öfter vorhanden als der unbrauchbare.

Hier lag ein überwältigendes Beweismaterial dafür vor, daß irgendeine Art von systematischer, intelligenter, zielgerichteter Auswahl stattgefunden hatte, die bestimmte, welche Knochen in die Höhle gebracht werden sollten und welche nicht. Das Material beschränkte sich nicht allein auf die spektakuläre Bestätigung von Darts Voraussagen hinsichtlich des Oberschenkelknochens. Andere unerwartete Kategorien der Tabelle waren ebenfalls auffallend, denn der Südaffe hatte sein Waffenarsenal nicht allein auf den Oberschenkelknochen der Antilope beschränkt.

Um dem Leser eine Vorstellung von dem statistischen Drama zu geben, dem ich in diesem Zimmer voller Knochen gegenüberstand, möchte ich ein paar Zahlen nennen: 3, 2, 0, 0, 10, 0, 0, 21. Was diese Zahlen im einzelnen darstellen, ist nicht so wichtig, jedenfalls betreffen sie die anatomische Verteilung der Knochen in der Kategorie: kleine Antilope. Diese Reihe geht weiter: 36, 0, 53, 51, 34, 13, 2, 6, 40, 6, 7, 0, 8, 11, 8, 10, 44, 12, 7, 9, 10, 21, 15, 10, 4, 58, 78, 66, 191.

Ist es möglich, diese Zahlenreihe zu betrachten, ohne sich zu fragen, was die Zahl 191 bedeutet? Als Antwort auf meine Frage führte mich Dart zu einigen Laden und Schachteln. Die Zahl repräsentierte den Anteil der Unterkieferknochen der kleinen Antilope. Die Exemplare, zumeist halbe, mit scharfen Zähnen bestückte Kieferknochen, lagen fein säuberlich in einer Reihe aufgefädelt vor mir. Ob sie zum Zuschlagen verwendet worden waren, läßt sich nicht beweisen, aber daß die *Möglichkeit* vorhanden war, steht außer Zweifel. Diesem scharfen, sägeartigen Werkzeug könnte kaum ein Hals widerstehen. Und es lag bequem in der Hand.

Ich betrachtete die Verteilung, welche keine Ähnlichkeit mit jener der schwereren, mittleren Antilope aufwies. Von einigen hundert kleinen Antilopen, die auf freiem Feld getötet worden waren, hatte der Sammler nur wenige Teile des Rumpfes und einige, aber nicht viele Teile der Gliedmaßen, die für den Gebrauch zu leicht waren, in die Höhle geschleppt. Nur Schädel hatte er in signifikanten Mengen gebracht. Aber sogar hier hatte noch eine intelligente

Auslese stattgefunden. Hätte er den ganzen Kopf genommen, so hätten die Schädelfragmente in die Hunderte gehen müssen. Statt dessen waren nur 58 vorhanden. Er hatte nur jene Teile des Kopfes gewählt, für die er in seinem Raubtierleben Verwendung hatte: Hörner mit guten Spitzen – 78; scharf bewehrte Unterkiefer – 191. Der Oberkiefer war anscheinend weniger brauchbar. Nur 66, also nur ein Drittel der Unterkiefer, fanden sich unter den Fossilien. Hätte der Sammler nicht bei vielen Gelegenheiten bereits an Ort und Stelle den Unterkiefer vom Kopf losgetrennt, ließe sich die Tatsache, daß die Probe dreimal so viele Unterkiefer wie Oberkiefer aufwies, kaum erklären.

Vorsätzliche, intelligente, systematische Auswahl – wie sonst ließen sich derartige Zahlen erklären? Jetzt lenkte Dart meine Aufmerksamkeit auf eine Lade voll winziger Kieferknochen. Fast alle waren Hälften der ursprünglich V-förmigen Unterkiefer; gerade Segmente, die von einer lückenlosen Reihe äußerst scharfer Zähne besetzt waren. Etwas einem Messer Ahnlicheres würde die Tierwelt, so schien es mir, kaum jemals hervorbringen. Wir sahen uns die Tabelle an. Es waren Unterkiefer der Kategorie »sehr kleine Antilope«, die unserem heutigen Duiker oder der Thompsongazelle entspricht. Sonst wies die anatomische Verteilung praktisch nichts auf; keine Halswirbel, keine Beckenknochen, keine Gliedmaßen, kein einziger Hinterschädel wurde jemals gefunden. Aber von dem Knochenstück, das ich in meiner Hand hielt und für ein Messer ansah, waren 53 Exemplare unter den Fossilien gefunden worden.

Mir schwindelte vor all den Knochen, aber ich war vollkommen überzeugt: In diesem Zimmer voller Knochen lagen die schlagenden Beweise für den systematischen Gebrauch der Waffe auf einer prähumanen Entwicklungsstufe. Wenn der Begriff der Waffe einen Teil unseres tierischen Erbes darstellte, dann müßte unsere Vorliebe für die Waffe als animalischer Instinkt angesehen werden. Politik und Philosophie, Erziehung und Psychiatrie haben sich mit den sich daraus ergebenden Konsequenzen auseinanderzusetzen.

Dart und ich wurden von hektischer Erregung ergriffen. Wir zogen uns in sein Büro im obersten Stockwerk zurück, in jenen einsamen Vorposten des Außenseiters am falschen Ende der Welt. Pläne wurden entworfen. Es war März, und mein Artikel für die Zeitschrift »The Reporter« würde im Laufe des Frühjahrs erscheinen. Dieser Termin war günstig für Dart, denn im Juli würde sich der »Pan-African Congress in Prehistory« in Livingstone, Nordrhodesien, treffen. Es war dies eine Zusammenkunft, die jedes vierte Jahr stattfand und zu der sich einige hundert Anthropologen aus allen Teilen der Welt einfanden. Dart hatte seine Arbeiten für diesen Kongreß zwei Jahre lang vorbereitet. Die Kisten, die ich in den Kellerräumen gesehen hatte, wurden bereits mit den Exemplaren gepackt, die in Livingstone gezeigt werden sollten. Die Tabelle, die ich studiert hatte, war das statistische Beweismaterial, das dem Kongreß vorgelegt werden sollte. Die kleine Wildweststadt im nördlichen Rhodesien, nur einige Meilen von den Viktoriafällen entfernt, würde zum Schauplatz eines der sensationellsten Ereignisse der modernen Anthropologie werden.

Im Mai kehrte ich in die Vereinigten Staaten zurück, und mein Artikel erschien im »Reporter«. Trotz meiner gründlichen Unkenntnis des afrikanischen Pleistozäns, der Fauna des Villafranchia, der Tücken der Altersbestimmung und jeder Anatomie außer meiner eigenen ging aus dem Artikel die Beweisführung von Raymond Darts These ziemlich klar hervor. Der Artikel war ein Erfolg und wurde in den folgenden Monaten von verschiedenen Journalen abgedruckt. Ich war ganz zuversichtlich, daß die Reaktion des Kongresses von Livingstone jetzt nur noch positiv sein konnte. Ich nahm mein normales Leben wieder auf und verlor mich diesen Sommer recht gründlich an den Zauber Europas. Erst im September kehrte ich wieder in die Vereinigten Staaten zurück. Ein Brief in Darts ausdrucksvoller Handschrift erwartete mich. Die Tinte war blau; blutrot wäre passender gewesen.

Der Kongreß hatte fünf Tage gedauert. Man hatte Dart 20 Minuten Sprechzeit zugebilligt. In dieser kurzen Zeitspanne hatte er den umfangreichen Stoff so gut er konnte dargelegt. Zwei, drei Fragen waren gestellt worden, mehr nicht. Einige der berühmten Teilnehmer hatten sich das sorgfältig zusammengestellte Material flüchtig angesehen; die Mehrzahl verzichtete darauf. Die allgemeine Einstellung war, daß Hyänen und nicht der Südaffe die Knochen gesammelt hatten. Der Vorsitzende hatte, die kurze Diskussion abschließend, darauf hingewiesen, daß man Schlußfolgerungen, die sich auf Funde in Höhlenablagerungen stützen, mit großer Vorsicht aufzunehmen hätte.

Raymond Dart besitzt eine robuste Natur. Der Kongreß von Livingstone hatte die Arbeit von sechs Jahren in das Dunkel der afrikanischen Wildnis zurückverwiesen. Aber der Brief erwähnte andere Entwicklungen. Die »Smithsonian Institution« hatte meinen »Reporter«-Artikel gelesen und für ihren Jahresbericht eine vollständige Darstellung verlangt. Ein begüterter Erzeuger von Maschinenwerkzeugen war gemeinsam mit Dr. George Barbour von der Universität von Cincinnati auf dem Kongreß erschienen. Barbour hatte zu den wenigen gehört, die von Darts Beweisführungen beeindruckt waren. Der Fabriksbesitzer Mr. Leighton Wilkie war dermaßen empört über die Behandlung gewesen, die Darts Arbeit zuteil geworden war, daß er sofort einen Scheck über 3000 Dollar gezückt hatte, um Dart die Fortsetzung seiner Analyse des Makapangesteins zu ermöglichen. So unglaublich es scheinen mag, der Brief klang fast glücklich.

Es gibt Zeiten, die von Gespenstern beherrscht werden. In den nächsten Monaten vermeinte ich jede Nacht in meinem Kleiderschrank kummervolle Skelette aus dem Villafranchia tanzen zu sehen. Von Raymond Dart erhielt ich optimistische Briefe mit vielen Ausrufungszeichen. Ich antwortete so fröhlich, als es mir irgendwie möglich war. Aber ein Mord war geschehen; nicht in Makapan, sondern in Livingstone. Und so tanzten die Gespenster also weiter.

Was den Reigen der Gespenster nicht zur Ruhe kommen ließ,

war aber nicht nur das Unrecht, das irgendwo im fernen Rhodesien geschehen war. Schließlich ist Ungerechtigkeit nicht allzu selten. Auch ein mehr als sechzigjähriger mutiger Pionier, dessen erster Ausflug in das Gebiet der unorthodoxen Wissenschaft erst nach 25 Jahren Anerkennung gefunden hatte und der jetzt die gleiche Erfahrung – allerdings in einem sehr späten Lebensabschnitt – nochmals durchzumachen schien, war nicht so außergewöhnlich. Man mußte Bedauern für Dart empfinden; aber wie viele Dichter erhielten schon zu Lebzeiten den Lorbeerkranz?

Wir haben bereits davon gesprochen, daß die genetische Struktur vieler Tierarten kulturelle Verhaltensformen, die ebenso festgelegt und komplex sind wie die Form der Flügel, miteinschließen kann. Meine Grübeleien führten mich zu den Bibern des Rhônetales und ihrer Rückkehr zum Bauen von Dämmen nach Jahrhunderten der Unterbrechung. So stieß ich auch auf die Gewohnheiten des Webervogels und die vergessenen Arbeiten von Eugène Marais.

Es war Marais, der zur Untersuchung des kulturellen Instinktes einen Versuch durchführte, der in seiner klassischen Einfachheit unerreicht ist. Der Webervogel ist eine afrikanische Sperlingsart, die überall im Hochland vom östlichen Kongo bis zur südafrikanischen Graslandschaft weit verbreitet ist. Er ist ein winziges, Kolonien bildendes Geschöpf, das aus Gras oder anderen biegsamen Fasern ein dichtes, kugelförmiges Nest flicht. Das Nest ist für den kleinen Vogel erstaunlich groß und wird mittels eines Tierhaares, das in einer ganz bestimmten Art verknotet wird, an einen Zweig gebunden. Viel später sollte ich in Uganda eine Kolonie von Webervögeln in meiner Nähe haben, deren runde Nester in der starken äquatorialen Sonne wie der Schmuck eines Weihnachtsbaumes glänzten.

Marais' Experiment war ebenso exakt wie einfach. Er nahm das erste Pärchen von Webervögeln und ließ ihre Eier von Kanarienvögeln ausbrüten. Der neuen Generation wurde jeder Zugang zu Gras oder einem ähnlichen Material, das zum Bauen verwendet werden könnte, verwehrt, aber man veranlaßte die Vögel, sich zu paaren. Auch die neuen Eier wurden von Kanarienvögeln ausgebrütet. Durch vier Generationen wurde den Webervögeln die

Pflege der Brut sowie jeder Kontakt mit der natürlichen Umgebung des Webervogels verwehrt. Sie erhielten sogar synthetische Nahrung. Der vierten Generation endlich wurde, als die Zeit des Nestbauens herankam, der Zugang zu den natürlichen Baumaterialien erlaubt. Eifrig machten sie sich daran, Nester zu flechten, die sich durch nichts von den übrigen Nestern auf der Graslandschaft unterschieden. Jedes Nest wurde sorgfältig mittels eines auf die gleiche Weise verknoteten Tierhaares an einen Baum gehängt.

Wir wissen aus den Versuchen Marais' mit dem Pavianbaby und dem Otterbaby, daß sich die Kraft des Instinktes um so schwächer zeigt, je höher entwickelt das Tier ist. Es ist unwahrscheinlich, daß sich irgendein kultureller Instinkt des Menschen mit jenem des Otterbabys oder des Webervogels messen kann. Erworbene Reaktionen, wie sie der Pavian von seiner Mutter oder die Dohlen von der Gemeinschaft lernen, können im Verhalten der höheren Tiere eine fast ebenso wichtige Rolle spielen wie der Instinkt selbst. Aber zwischen der erworbenen Reaktion und dem kulturellen Instinkt besteht ein grundlegender Unterschied. Erstere muß jedem Individuum jeder neuen Generation gelehrt werden; letzterer kann verschwinden, aber er wird und muß von selbst wiederauftauchen, wenn die Umstände es erlauben.

Man beobachtet seine Kinder in jener mühevollen Periode, die ehrliche Eltern nur als die Zähmung widerspenstiger Bestien bezeichnen können. Man erinnert sich der Leichtigkeit, mit der Hitler eine Generation junger Deutscher zum Todeskampf erziehen konnte. Hatte er wirklich eine erworbene Reaktion angesprochen? Hatte er nicht vielmehr einen Instinkt ausgelöst? Wie war diese genetische, kulturelle Neigung beschaffen, die wie ein Wüstenfluß Jahr um Jahr verschwinden konnte, um dann plötzlich mit elementarer Kraft aus der unergründlichen Erde hervorzubrechen? War es des Menschen Bewunderung für Bücher und Brücken? Oder war es seine Begeisterung für alle Dinge, die losknallen?

Während dieses Jahres, in dem mich die Gespenster von Makapan verfolgten, arbeitete ich in Hollywood. Ein Dramaturg schreibt für ein primitiveres Publikum als ein Schriftsteller oder Dichter. Er schreibt – sei es mittels Bildern auf der Leinwand oder mittels Schauspielern auf der Bühne – für ein Publikum, das durch Dunkelheit, Anonymität und eine Art Hypnose zu einer Masse von blind reagierenden Organismen reduziert wird, in der ethische, moralische oder vernunftgemäße Überlegungen nur eine beschränkte Rolle spielen. Man kann nicht sagen, daß er für den primitiven Menschen schreibt; eher für den Menschen in einem Augenblick, da er frei von Hemmungen und Bedenken ganz er selbst ist. Wenn ein Stück wie Millers »Tod eines Handlungsreisenden« zwei Jahre lang am Broadway läuft und Männer, nicht Frauen, die meisten Tränen dabei vergießen, dann darf man die Behauptung aufstellen: Die amerikanische Geschäftswelt wird von einer viel stärkeren Unsicherheit geplagt, als sie beim nächsten Rotariertreffen zugeben wird. Und wenn .jenes wandernde Monument des Selbstmitleids, der verstorbene James Dean, über Nacht zum Helden einer so internationalen Gruppe wird, daß sich sogar in der Schweiz gute Geschäfte mit James-Dean-Polstern machen lassen, auf denen man sich in den Schlaf weinen kann, darf man behaupten: Sehr viele junge Menschen in den unerwartetsten Winkeln der Erde müssen sich sehr, sehr leid tun.

Theaterstücke und Jugendidole mögen sich ändern, aber der Wildwestfilm bleibt ewig gleich. Warum? Weil die Leute gern Pferde sehen? Weil der Anblick der großzügigen, offenen Weiten des Westens dem eingeengten Städter wohltut? Mitnichten.

Schlage einem erfahrenen Filmmann eine Handlung vor, in der alle Standardingredienzen des Wildwestfilms vorhanden sind, nur mit der Ausnahme: niemand ist bewaffnet. Ich wette, die Antwort ist so eisig, daß Millionen Jahre Eiszeit dagegen milde erscheinen.

Der Filmmann weiß: Es ist die krachende Pistole, die das Publikum sehen will. Der Filmmann weiß: Die Schüsse, nicht die Küsse sind die Kassenschlager. Sei es das Publikum von New York oder Neuguinea, seien es Londoner oder Lateinamerikaner, Weiße, Gelbe oder Schwarze, sei es ein Kino auf dem Broadway, den Champs-Elysées, dem Kurfürstendamm oder auf einem Fahrzeug im Herzen des Amazonas: Wie immer das namenlose, hypnotisierte Publikum beschaffen sein mag, man kann die ungehemmten, begierigen Zuschauer um die Verführungsszene, die große Orgie, die flammende Rede prellen; aber um den Augenblick, in dem der Revolver kracht, die Kanone dröhnt oder die Bombe losgeht, lassen sie sich nicht betrügen. Hollywood weiß besser Bescheid über die innerste Natur des *Homo sapiens,* als Spezies gesehen, als irgendeine politische, philosophische oder wissenschaftliche Schule. Hollywood bleibt Hollywood, verachtet und beneidet, gefürchtet und kritisiert, weil es sich bei seiner Einschätzung des Menschen keiner romantischen Illusion hingibt.

Seine Waffen beglücken den Mann mehr, als es seine Frauen tun. Den einen opfert er ein Vermögen, ein kleines Scherflein den anderen. Von der Steinaxt bis zur H-Bombe haben seine größten Anstrengungen der Perfektion der Waffe gegolten. Weder der Untergang von Kulturen noch das Ende von Nationen konnten den Fortschritt der Waffe hemmen. Sie ist das Wahrzeichen der menschlichen Kultur. Mayas und Ägypter haben ihre Pyramiden hinterlassen, die Griechen ihre Tempel, die Amerikaner ihre Wolkenkratzer, die Magdalénienbewohner ihre Höhlenmalereien; die Römer ihre Aquädukte, die östlichen Indianer die Monolithen, die Winnebagoindianer vorübergehend ihre Birkenholzkanus. Sie alle haben Waffen hinterlassen. Aber niemals erwähnt Freud in seinem Buch »Unbehagen in der Kultur« die Waffe als einen Teil der menschlichen Kultur. Er respektiert das Tabu.

Manchmal erweist es sich als nötig, eine Spezies durch ein kulturelles Merkmal zu bestimmen. Zwei Gattungen des Rohrsängers der Alten Welt, *Sylvia* und *Phylloscopus*, lassen sich nach morphologischen Gesichtspunkten nur schwer unterscheiden. Aber der *Sylvia* baut tassenförmige Nester weit über dem Boden, während der *Phylloscopus* domförmige Nester auf oder nahe dem Boden verfertigt. So werden sie unterschieden. In den letzten Jahren hat sich unter Anthropologen die Tendenz entwickelt, den Menschen gleichfalls durch sein wichtigstes kulturelles Merkmal zu bestimmen. Benjamin Franklin bezeichnete als erster den Menschen als ein Werkzeuge herstellendes Tier. Jetzt veröffentlicht das Britische Museum Kenneth Oakleys wichtiges Handbuch der Anthropologie »Man the Tool-Maker« (Der Mensch, ein Hersteller von Werkzeugen), in welchem diese Definition akzeptiert wird. Aber jede sorgfältige Prüfung des Buches müßte zeigen, daß es nicht das Werkzeug war, das in dem ununterbrochenen Bemühen des Menschen weiterentwickelt wurde, sondern die Waffe.

Aber wir wagen es nicht auszusprechen. Zu behaupten, daß wir in dem Wettstreit der Waffen die aufregendste menschliche Erfahrung sehen, wäre Blasphemie. Brächte das Britische Museum ein Buch mit dem Titel »Man the Weapon-Maker« (Der Mensch, ein Hersteller von Waffen) heraus, so würde eine Fragestunde von gigantischem Ausmaß über das Unterhaus hereinbrechen. Ließen 100 verantwortungsbewußte Anthropologen, die sich in einer rhodesischen Stadt versammelt hatten, die wissenschaftliche Möglichkeit zu, daß der *Australopithecus* systematisch Waffen benützt habe, so würden sie damit einer kulturellen Definition des Menschen als eines Geschöpfes, das sie systematisch herstellt, Tür und Tor öffnen.

Ich erinnerte mich in meiner Zeit der Gespenster des ersten Gespräches mit Raymond Dart in seinem Büro auf dem Hospital Hill, als er von Verantwortlichkeit sprach. Wir sind an einem Zeitpunkt der Geschichte angelangt, in dem die Wissenschaft immer deutlicher in den tierischen Instinkten die Basis von Verhaltensformen erkennt, die bisher als ausschließlich menschlich galten. Täglich erleben wir unser jammervolles Versagen, menschliche Probleme – Kriminalität, Rassenfragen, Neurosen – mittels eines Bezugsrahmens zu erklären und zu lösen, der nicht weiter gesteckt ist als die menschliche Erfahrung. Alles überschattend, droht der gigantische Pilz – das Problem der Kernwaffen und globaler Vernichtung. Darf man in einem solchen Augenblick behaupten, das grundlegende, kulturelle Merkmal der Menschheit sei die Waffe, eine genetisch bedingte Eigenheit seiner Spezies? Daß wir in Wahrheit nichts anderes als die Auswirkungen des machtvollsten Triebes unserer Art erleben? Ich dachte an Darts Antwort: Daß wir, da wir alles andere versucht haben, es auch einmal mit der Wahrheit versuchen sollten.

Wenn das wirklich der richtige Weg sein sollte, wie ließe er sich beschreiten? Die Wahrheit, wenn es die Wahrheit war, lag in Livingstone unter der Behauptung der Wissenschaft des Nordens begraben, die Hyäne, nicht der Südaffe, habe die Knochen von Makapan zusammengetragen.

Im Februar 1956 veröffentlichte Raymond Dart seine Antwort. Es war eine Arbeit mit dem Titel »The Myth of the Bone-Accumulating Hyena« (Der Mythos von der knochensammelnden Hyäne), die von dem Journal »American Anthropology« veröffentlicht wurde. Sie war absolut unzulänglich. Dart versuchte nicht, sich auf den Nachweis zu beschränken, daß seine bestimmten Knochen, die in einer fernen, aber bestimmbaren Vergangenheit in einer bestimmten Höhle abgelagert wurden, nicht von Hyänen zusammengetragen worden sein konnten. Statt dessen stellte er die kühne Behauptung auf, daß keine Hyäne, weder eine der ausgestorbenen noch eine der heutigen Arten, jemals zu irgendeiner Zeit, unter wie auch immer gearteten Umständen Knochen in einer Höhle angehäuft habe. Damit begab er sich auf den von der Wissenschaft gewählten Kampfplatz, und die Diskussion verschob sich von seinen Knochen auf die Gewohnheiten der Hyäne. Auf diesem Gebiet besaß er keinerlei Autorität, und seine Verteidigung konnte durch den Nachweis eines einzigen Falles, daß irgendeinmal irgendwo eine einsame Hyäne ihre Neurose durch das Sammeln von Knochen abreagiert habe, widerlegt werden. Der beste Dramatiker schreibt schlechte Stücke und der größte Wissenschaftler auch einen schlechten Artikel. Aber der von Dart erschien in einem höchst ungeeigneten Augenblick.

Im späten Frühling dieses Jahres besuchte mich Kenneth Oakley in Kalifornien, um sich zwischen Fossilieneinbettungen und Universitätsvorlesungen eine Weile auszuruhen. Ich glaube nicht, daß es jemals einem Reisenden gelungen ist, die Fluglinie um so viel Übergepäck zu beschwindeln. Als er das Flugzeug verließ, nahm ich seinen Regenmantel und ließ ihn sofort fallen. Das Kleidungsstück verbarg einen ganzen Felsen. Wir widmeten einige unbeschwerte Tage Themen wie Filmstars und Altersbestimmung von Fossilien, Labour Party und den letzten Tagen des *Australopithecus.*

Oakley hatte im letzten Jahr den Kongreß in Livingstone miterlebt. Er stimmte mit dem allgemeinen Urteil der Wissenschaft insofern überein, als er Darts These für nicht bewiesen hielt. Langsam begriff ich den enormen Unterschied zwischen dem Urteilsspruch eines Gerichtes und dem der Wissenschaft. Bei dem einen hält man den Menschen für unschuldig, bis das Beweismaterial keine andere Alternative zuläßt, als ihn schuldig zu sprechen. Bei dem andern hält man eine Behauptung für falsch, bis das Beweismaterial keine andere Alternative erlaubt, als sie für richtig zu erklären. Bevor ein strenger Wissenschaftler Darts These, daß die Makapanknochen systematisch gesammelt wurden, um als Waffe gebraucht zu werden, annehmen würde, mußte jedes logische Argument zur Unterstützung der Hyänentheorie, gleichgültig, wie albern es sein mochte, widerlegt werden.

Ich sah endlose Diskussionen voraus, und etwas in mir begann zu sinken wie ein abwärtsfahrender Lift, durch Stationen und Stationen der Hilflosigkeit. Wie verhielt es sich wirklich mit der Verwandtschaft zwischen dem Menschen und dem Südaffen? Wer wußte etwas Genaueres? Raymond Dart und jeder andere Forscher würden nicht nur zu der Hyänentheorie, sondern zu dem ganzen Problem der Menschwerdung Stellung nehmen müssen. Der Erwerb eines Instinktes für Waffen war, falls tatsächlich vorhanden, nur ein einziges Ereignis in der langen Entwicklungsgeschichte des Menschen. Und auch das allein genügte nicht, denn auch die romantische Illusion mußte übernommen werden. Keine Untersuchung durfte sich auf den Ursprung nur eines tierischen Erbes beschränken, denn die Doktrin der Einzigartigkeit des Menschen würde eine derartige limitierte Attacke abwehren. Nur die Aufdeckung des gesamten tierischen Erbes, das wir durch die langen Tage unseres afrikanischen Beginnes mitführten, würde das Erbe des Raubtierverhaltens in die richtige Perspektive setzen.

Im Laufe der Gespräche mit Oakley erkannte ich langsam das erschreckende Panorama der Gebiete, auf denen der wissenschaftliche Detektiv zumindest ein bescheidenes Wissen erwerben mußte, bevor er ein wirkliches Urteil abgeben konnte. Probleme der Geologie standen neben Problemen der Genetik, Methoden der Zoologie neben solchen der Altersbestimmung. Wer würde jemals die Zeit, die Freiheit, die Mittel und die Lust haben, eine derartige Untersuchung aufzunehmen? Und plötzlich begriff ich mit nicht gelindem Entsetzen, daß Oakley hoffte, ich würde es tun.

Ungefähr ein Jahr später wartete ich auf dem Flugplatz von Athen auf ein Flugzeug in Richtung Süden. In der Zwischenzeit war mein Notizbuch zu meinem kostbarsten Besitz geworden. Während ich etwas nervös darauf wartete, meine Arbeit in Afrika wiederaufzunehmen, erkannte ich in der Menge eine hochgewachsene Gestalt, die – wie eine überlebensgroße Nemesis – langsam auf mich zukam. Es war mein Freund, der Professor. Ich hatte ihn seit jenem Abend in Kalifornien, als er mich durch Zufall in mein wildes Abenteuer gestürzt hatte, nicht mehr gesehen. Ein anderer unglaublicher Zufall führte uns jetzt hier zusammen. Er war auf dem Weg nach Afrika, um die erste umfassende Untersuchung der frühen Klimata von Afrika durchzuführen, und wir plauderten angeregt, hatten aber wenig Zeit. Sein Flugzeug nach Uganda startete in fünf Minuten, meines nach Kenia in dreißig. Afrika ist ein großer, wunderbarer Kontinent in einer großen, wunderbaren Welt, und der Zufall hat uns leider kein weiteres Zusammentreffen beschert.

VIII *Es war einmal*

Die Entwicklung des Menschen hat, ebenso wie die Entwicklung der Schmetterlinge, der Plejaden und der Urgebirge, in einem fernen Zeitabschnitt begonnen, dessen Anfang wir ebensowenig kennen wie dessen Ende. Unser einziger Maßstab heißt: Zeit. Die meisten menschlichen Überlegungen erlauben die Anwendung von Maßstäben, die der menschlichen Vorstellungskraft entsprechen – nicht so die Evolution. Wir können die Ernte des Bauern in Zentnern ausdrücken, die Leistung des Sportlers in Sekunden oder Metern. Die Zeit macht es uns nicht so leicht. Wir können nach Rom fahren und dort anhand von Kirchen, Aquädukten und Ruinen unseren langen Weg Generation um Generation zurückverfolgen bis zu Christus und Augustus; die Dinge, die wir vor uns sehen, geben uns eine vage Vorstellung von den frühen Anfängen unserer Kultur. Aber 2000 Jahre sind ungefähr der Zeitraum, den wir uns vorstellen können, ohne unsere Phantasie zu überfordern. Leider ist die Zeiteinheit, mit der wir unsere Entwicklungsgeschichte messen müssen – das Schrittmaß der Wanderung in unsere Vergangenheit –, nicht zweitausend, sondern eine Million Jahre.

Ich glaube, die größte Schwierigkeit, mit der ein Student der menschlichen Vorgeschichte zu kämpfen hat, ist die Größe des Maßstabes, den er anzulegen hat. Wäre eine Million Jahre so leicht faßbar wie ein Frühstückstablett, unsere Geschichte wäre so leicht verdaulich wie der Morgenkaffee. Es ist der Maßstab, nicht die Evolution, was wir nicht schlucken können. Und das ist begreiflich, denn für ein Geschöpf, dessen Lebensdauer sechs bis acht Dekaden beträgt, ist eine echte Vorstellung von einer Million Jahren einfach zuviel. Aber wenn wir den Begriff auch nicht wirklich erfassen können, so müssen wir uns zumindest einigen Respekt vor ihm aneignen.

Die Aufgabe ist nicht allzu schwer; sie beansprucht mehr den Charakter als das Gehirn, denn sie verlangt Bescheidenheit und nicht höhere Mathematik. So wollen wir uns als Übung in der Bescheidenheit auf einen Strand in Kalifornien nahe Santa Barbara begeben, wo dunstumhüllte Berge sich einem blaugrünen Meer zuneigen. Der Strand ist hier schmal. Die Küste erstreckt sich nach Osten und Westen, wir schauen direkt nach Süden. Es ist ein einsamer Platz. Hinter uns liegt eine unbewohnte Bergwelt, düster und abweisend. Vor uns erstreckt sich das dunkle Wasser bis zum Horizont. Könnten wir unseren Blick der Krümmung der Erde folgen lassen, wir würden wieder nichts anderes ausnehmen als die Gewässer des Stillen Ozeans, weiter und weiter, 8000 Meilen bis zur Antarktis.

Wir wollen von zwei Voraussetzungen ausgehen. Die erste, einfachere besagt, daß der sichtbare Horizont genau 15 Kilometer von uns entfernt ist. Zweitens müssen wir annehmen, daß das Meer den Tod darstellt und im Steigen begriffen ist. Auch diese Vorstellung ist nicht schwer auf einem so verlassenen Strand. Der heisere Schrei einiger Möwen ist der einzige Laut, der die Stille durchbricht; kein anderes Lebewesen weit und breit. Wir stehen dem Meer des Todes gegenüber, das sich jenseits des sichtbaren Horizontes bis zum anderen Ende der einstmals lebendigen Welt erstreckt. Das Meer des Todes steigt, langsam und unaufhaltsam seit ewigen Zeiten, und bedeckt, was es berührt. Jetzt plätschert es leise an unseren schmalen Strand – die Gegenwart.

Wo die kleinen Wellen zurückfallen und etwa sieben Meter des glänzenden Sandes frei geben, sehen wir die vermoderten, moosüberwachsenen Schiffsbäuche der spanischen Armada. Etwas weiter draußen glänzt unter dem Wasser das *Field of the Cloth of Gold*, wo Heinrich VIII. mit Franz I. zusammentraf. Die Edlen dieser Zeit sind tot. Eine sanfte Mulde zwischen zwei heraneilenden Wellen läßt für einen Augenblick ein Kreuz sehen, nicht mehr als 30 Meter von uns entfernt. Es steht nahe dem Ölberg; wir könnten es mit einem Kiesel treffen.

Gerade hinter dem Kreuz verfängt sich der Strahl der untergehenden Sonne einen Moment lang in dem glänzenden Marmor des Parthenon hoch oben auf der Akropolis. Etwas weiter hinten, vielleicht kaum mehr sichtbar, können wir uns die Mauern Trojas vorstellen. Hammurabis Babylon liegt unter dem vom Wasser bewegten Sand begraben. Wir können es nicht sehen, denn der Wasserspiegel ist zu sehr gestiegen. Aber etwa 80 Meter von unserem kleinen Strand entfernt werden die Wellen – so scheint es uns – von drei Felsen gebrochen; es sind die Pyramiden von Gizeh.

Hinter diesen Pyramiden gibt es nichts, was den endlosen Spiegel des Ozeans der Zeit unterbricht. Das einzige, was wir noch wahrnehmen können, ist eine bräunliche Verfärbung im Wasser. Hätten wir den Mut, in das Meer der Ewigkeit hinauszuwaten und ein kleines Stück zu schwimmen, wir fänden knapp unter dem Wasserspiegel eine Sandbank. Es sind die Felder und Weideländer jener Völker des Nahen Ostens, namenlos und vergessen, die Weizen und Gerste anbauten, die Rinder und Schafe hielten, die den Ackerbau erfanden und für ausreichende Nahrung sorgten. Alles das, was wir als Kultur bezeichnen, liegt zwischen dieser Sandbank und der Küste.

Knapp hinter der schützenden Sandbank wird das Wasser plötzlich tief und geheimnisvoll blau. Dieses Blau zeigt das letzte Eis der dritten Eiszeit vor 11 000 Jahren an. Von unserem Standort am Strand können wir das blaue Wasser in einer Entfernung von genau 170 Meter erkennen. Jetzt dürfen wir nach dem Horizont blicken, der eine Million Jahre von uns entfernt ist.

Der schmale Strand ist unsere kurze Gegenwart. Bald wird er vom Wasser verschluckt sein, wie manch anderer Strand verschluckt wurde, und hinter uns wird sich ein neuer bilden. So dürfen wir jetzt, solange wir Gelegenheit haben, auf das weite Meer blicken, auf die Zeit des Lebens. Vom Wasser bedeckt liegen, genau wie wir einmal liegen werden, alle möglichen Geschöpfe, die man Menschen nennen kann. Jenseits des Horizontes gibt es keine, das wissen wir. Vor uns liegt der seichte Wasserstreifen, der alles umfaßt, was wir als menschliche Kultur bezeichnen. Zeit und Tod haben Zehntausende Jahre gebraucht, sie zu bedecken. In den Gewässern jenseits des Horizontes, eine Milliarde Jahre entfernt, liegen nur die menschenähnlichen Geschöpfe, die Noch-nicht-Menschen. Irgendwo dazwischen, von dem Meer verborgen, dessen Glanz unsere Augen blendet, liegen unsere ersten menschlichen Vorfahren.

Die Geologen nennen diesen Abschnitt von einer Million Jahren das Pleistozän. Der Grund dieser weiten blauen Schale des Todes ist von den Narben und Erhebungen der Eiszeiten, von Geröll und Ablagerungen äquatorialer Regengüsse bedeckt. Das Pleistozän war wie keine andere Periode der Erdgeschichte eine wildbewegte Zeit, und wir werden uns mit seinen Geheimnissen noch beschäftigen. Im Augenblick wollen wir nur das ruhige blaue Meer, das sich über eine Million Jahre erstreckt, betrachten. Auf dem Grund des Meeres liegen alle Geschöpfe – menschliche und fast menschliche –, die nicht überlebt haben: Arten, die versagten, Zufälle der Natur, die zu nichts führten, und solche, die sich bis in unsere Tage erhielten. Sogar der Cro-Magnon-Mensch, groß, wohlgestaltet, schöpferisch, der Letzte der Höhlenmenschen und der erste wahre *Homo sapiens*, ruht nahe der Küste. Seine leuchtenden, 15 000 Jahre alten Zeichnungen in der Höhle von Lascaux liegen kaum 300 Meter weit im Meer. Wäre unser Standort der seine, der Cro-Magnon-Mensch würde kaum anders als wir auf das Meer seiner Vergangenheit zurückschauen; so kurz sind 15 000, so lange eine Million Jahre.

Die Wogen der Vergangenheit brechen sich an den Pyramiden und umspielen unseren Strand. Eine Möwe schreit. Kaum einen Kilometer von der Küste entfernt liegen die letzten europäischen

Überreste des traurigen Neandertalers, das Ende einer Entwicklungslinie, die einmal in Asien blühte, aber verkümmerte. Seine geduldig behauenen Äxte liegen auf dem sandigen Meeresboden verstreut. Starb er aus Hoffnungslosigkeit, oder fiel er den besseren Waffen des Cro-Magnon-Menschen zum Opfer? Manche Leute glauben, er sei zugrunde gegangen, weil er den Mut verloren habe. Hinter ihm wird das Meer und das Geheimnis unergründlicher. Ein paar Waffen liegen umher, aber die Überreste ihrer Hersteller sind spärlich. Das Meer ist weit, und was es alles verbirgt, werden wir nie erfahren. Aber eine Wahrheit scheint mit immer größerer Deutlichkeit aus den lautlosen Tiefen emporzusteigen. Die Überreste der echten Menschen – ob sie im Schutt des Themsebettes oder in den überfluteten Höhlen von China gefunden werden – stammen alle aus der küstennahen Hälfte des sichtbaren Meeres. Auf halbem Weg zum Horizont – vor etwa fünfhunderttausend Jahren – wird das Wasser grünlich. Dahinter liegt die Periode, welche die Geologen als das Villafranchia bezeichnen, die erste Hälfte des Pleistozäns. In diesen Tiefen haben wir bisher nur Überreste der afrikanischen *Australopithecinen* gefunden.

Wir stehen vor der Zeit des Menschen. Am Ende unseres Blickfeldes liegt das millionste Jahr, wo Noch-nicht-Menschen von jenseits des Horizontes auftauchen. Könnten wir nun unseren Millionenschritt tun und an jener Stelle des Horizontes stehen, so würden sich vor unseren Augen ein neuer Horizont und eine weitere Million Jahre auftun. So könnten wir, den Strand von Kalifornien verlassend, unseren Weg nach Süden nehmen, über die meeresbedeckte Welt der Vergangenheit. Kein Schritt würde uns auch nur einen Hinweis auf die verschwundenen Spuren des Menschen bringen. Aber auf einmal, 20 Horizonte von unserem Strand entfernt, würde uns eine Überraschung erwarten. Wir stünden oberhalb der fossilierten Überreste jenes ostafrikanischen Erdaffen, der uns viel ähnlicher war als der Gorilla oder irgendein anderer heute lebender Primat. Wie lange sind eine Million Jahre? Wie lange sind 20 Millionen Jahre?

Fünfzig Horizonte weiter gegen Süden erreichen wir die ersten unserer Primatenvorfahren, winzige eichhörnchenähnliche Geschöpfe, die von ihren Bäumen in die Vergessenheit sanken. Wir kommen an den Vögeln vorbei und an den ersten scheuen Säugetieren; wir betreten den wäßrigen Friedhof der großen Dinosaurier. Bald haben wir 200 Horizonte hinter uns gelassen.

Die Zeitspanne der menschlichen Linie, eine Million Jahre, die so unfaßbar lang schien, ist zu einer schwer zu vergegenwärtigenden Erinnerung geworden. Die wellenumspülten Denkmäler der Zivilisation sind nur noch eine ferne Ahnung und der schmale Strand ein vager Traum.

Könnten wir eine derartige Reise über den Pazifischen Ozean unternehmen, wir hätten noch immer nicht den Aquator erreicht. So gehen wir weiter nach Süden, Schritt um Schritt. Die gigantischen Reptilien sind verschwunden. Wir sehen die erste Schlange, die erste Schildkröte, das erste Urkrokodil. Gewaltige Wälder, die einmal Kohle sein werden, sind nur von Insekten und Würmern bewohnt. Irgendwo südlich des Äquators stoßen wir auf die ersten Amphibien, die von den Gewässern des Devons geboren wurden.

Auf dem Festland werden die Wälder und in den Meeren die Fische seltener. Der erste Fisch mit einem echten Rückgrat sinkt auf den Boden des Ozeans. Noch lauern die uralten Meeresbewohner, der Hai und der Rochen, im Wasser. Dann sind auch diese verschwunden und mit ihnen das Neunauge. Kontinente und Inseln sind bar jeder Vegetation. Wir befinden uns in einer Welt uralter Schalentiere und ihrer auf dem Lande lebenden Verwandten, der hornbedeckten Insekten.

Weiter, immer weiter nach Süden geht unsere Reise. 6000 Kilometer sind wir von unserem Strand in Kalifornien entfernt, 400 Millionen Jahre über das Meer der Vergänglichkeit gewandert. Noch 20 Horizonte, jeder so lang wie das Pleistozän, 30, 40, 50. Die Veränderungen sind jetzt kaum merkbar. Noch immer lassen Mollusken ihre Schalen und Weichkörper in den Friedhof der Zeit sinken. Noch immer läßt Seegras seine Spuren auf dem Meeresgrund zurück. Das Leben wird still in diesen fernen Gewässern des Kambriums – Schwämme, Korallen, Seesterne, Plankton in den Tiefen, Algen an der schaumig-grünen Oberfläche. Aber dann tritt plötzlich eine Veränderung ein.

Wir haben den fünfhundertsten Horizont erreicht. Mit ein paar Schritten lassen wir die Urahnen aller Muscheln hinter uns. Es bleiben nur noch die Algen, die Protozoen, die mikroskopisch kleinen Lebewesen. Gänzlich unerwartet gibt es keine Schwämme mehr, keine Seesterne, keine Überreste von dem, was einmal lebende Korallen waren. Wir haben einen Zeitraum durchmessen, der nur etwas länger ist als die Zeit des Menschen, und haben den Beginn der komplexen Formen des Tierlebens hinter uns gelassen. Und jetzt vollzieht sich eine noch viel eindrucksvollere Veränderung: Das Meer wechselt seine Farbe. Es wird seicht.

Noch ein Schritt, und wir haben den fernsten Horizont erreicht. Vor uns liegt eine Küste. Es ist das Ende des Meeres; fremd, unfaßbar, unerforschlich liegt die Küste eines Lebens ohne Tod vor uns. Der Tod, die erstaunliche Erfindung der Natur, nimmt hier seinen Anfang.

Eine derartige Reise können wir nur im Geist unternehmen. Als Sterbliche sind unsere Körper an den kleinen Strand von Santa Barbara gefesselt. Möwen steigen über die Klippen auf und senden ihren Schrei in die nebelverhangene Berglandschaft. Unmerkbar hebt sich der Meeresspiegel. Bald wird er hinter uns einen neuen Strand vorbereiten. Ein Tal zwischen dem sanften Wellenschlag, der aus versunkenen Zeiten zu uns kommt, läßt den Marmorglanz des Parthenons erkennen. Einen Steinwurf weit draußen umspült die Gischt die Spitzen der Pyramiden. Nichts liegt vor unseren Augen als dieses blaugrüne Fragment der Ewigkeit, das Pleistozän, die Zeit des Menschen.

Ohne viel zu denken, gebrauchen wir alle den Ausdruck Tod. Wir sprechen vom Toten Meer, vom Toten Gebirge, von toten Zweigen und toten Hoffnungen. Aber in seiner strengsten Bedeutung kann der Tod nur das eine bezeichnen, den Zustand des Nichtseins, den eine lebende Einheit, aus dem Nichtsein aufgetaucht, instinktiv und unaufhörlich zu vermeiden sucht. Und dieser Tod wurde vom Leben erfunden.

Vor einem bestimmten Augenblick in der Geschichte des Lebens gab es keinen Tod, ebenso wie es in der anorganischen Welt keinen Tod gibt. Durch einen jener Zufälle, die die Wissenschaft als Mutation bezeichnet, wurde dem Tod plötzlich die Hauptrolle in dem Drama des Lebens zugewiesen. Mit einem Male wurden alle Dinge möglich. Muscheln und Mollusken, Krabben und

Krebse, Seeigel und Seesterne konnten jetzt eine Welt schmücken, die im Aufbruch war. Es scheint mir sehr fraglich, ob wir – hätte der Tod nicht eingegriffen – uns nicht noch alle im fernen Schlamm des Präkambriums befänden. Und wenn man das Leben als etwas essentiell Gutes ansieht, so muß der Tod als dessen Erzengel verehrt werden.

Wir wollen es noch deutlicher ausdrücken. Wenn wir auf die letzten Wurzeln jener Kraft zurückschauen, die eines Tages den Menschen hervorbringen wird, kommen wir vor etwa 500 Millionen Jahren zu einem Einschnitt. Vor dieser Zeit gab es nur sehr wenige und nur die primitivsten Lebensformen. Dann treten auf einmal sehr rasch – das heißt rasch in der Sprache der Entwicklungsgeschichte – alle anderen Formen auf. Fast alle ersten Exemplare der unendlich vielfältigen, unendlich komplexen Tierwelt, wie wir sie heute kennen, sind in den Ablagerungen des Kambriums zu finden und nicht früher. Warum? Was geschah vor 500 Millionen Jahren, das den Beginn einer lebendigen, vielfältigen Welt ermöglichte?

Die Annahme liegt nahe, daß das Leben selbst erst kurz vorher aufgetreten sei. Aber diese Annahme wäre falsch. Wir können das Alter unseres Planeten noch nicht mit Exaktheit bestimmen, aber eine Größenordnung von 4 bis 5 Milliarden Jahren dürfte ungefähr stimmen. Da wir das genaue Alter unseres Planeten nicht kennen, wissen wir auch nicht, wann und unter welchen Umständen das Leben geboren wurde. Ob die erste Verwandlung anorganischer Verbindungen in organische durch Zufall stattfand oder durch höhere Gewalt; ob sie die Folge eines chemischen Prozesses, der Radioaktivität oder der göttlichen Unachtsamkeit war – über all dies läßt sich streiten. Aber wir können mit Sicherheit sagen, daß bereits eine halbe Milliarde Jahre vor den komplexen Formen des Kambriums Leben vorhanden war, dessen Spuren wir im Urgestein finden. Man darf daher mit einiger Wahrscheinlichkeit annehmen, daß der Beginn des Lebens nicht weniger als eine Milliarde Jahre vor der plötzlichen Entfaltung zu vielfältigen und komplexen Formen stattfand.

Um die Evolution zu begreifen, müssen wir zumindest die immensen Zeitspannen respektieren lernen. Wenn wir eine bescheidene Vorstellung von dem ungeheuren Abgrund erworben haben, den wir eine Million Jahre nennen, dann können wir leichter verstehen, wie ein kinnloses, aber menschenähnliches Geschöpf mit kleinem Gehirn, das Letzte aller Tiere, diesen Abgrund erreichte, ausgestattet mit den Fähigkeiten des Laufens und Werfens, des Jagens und Tötens, mit dem Primatenerbe an sexuellen und sozialen Instinkten, mit den Instinkten für Territorium und Rangordnung, für Freunde und Feinde; und wie aus diesem Abgrund wir selbst auftauchten, ohne viel mehr erworben zu haben als ein Kinn und ein größeres Gehirn. Ebenso können wir, wenn wir versuchen, uns diesen unfaßlichen Zeitraum – fünfhundertmal die Zeit des Menschen – vor Augen zu halten, als wahrscheinlich annehmen, daß die Evolution imstande war, aus einer mageren Welt von Schalentieren und Spinnen das Spektrum des Lebens hervorzubringen, wie wir es heute kennen. Aber jetzt müssen wir eine andere Frage stellen. Wenn die Natur in einer halben Milliarde von Jahren imstande war, die Welt, in der wir leben, hervorzubringen, warum konnte sie in der vorangegangenen Milliarde von Jahren nicht mehr produzieren als den Schleim auf einem Dorfteich?

Die Antwort ist ganz einfach. In der Zeit des Präkambriums war der Tod unbekannt. Es gab Leben, es gab keinen Tod. Die Welt der Algen, der Amöben und der primitiven Würmer ist ein Leben fortdauernder Existenz. Der Organismus kann an einem Ende wachsen, an dem anderen verkümmern. Der Tod hat damit ebensowenig zu tun wie mit dem Schneiden der Fingernägel. Der Organismus kann einen Zweig hervorbringen, der gedeiht, verwelkt, vertrocknet. Aber der Tod, wie wir ihn verstehen, ist hier ebenso bedeutungslos wie in dem Fallen der buntgefärbten Herbstblätter oder in der Extraktion eines Zahnes.

Während der ersten Million Jahre des Lebens war die Reproduktion noch nicht en vogue; die Parole hieß Teilung. Wie wir wissen, hat die Amöbe keine Kinder. Sie schwillt an und teilt sich. Wo eine Amöbe war, sind jetzt zwei vorhanden; dann vier, dann acht, dann sechzehn. Aber niemals hört die ursprüngliche Amöbe zu existieren auf, denn sie lebt in allen ihren Abkömmlingen weiter. Sollte eine zugrunde gehen, können wir kaum von Tod sprechen. Der Organismus hat seine Identität in den übrigen Mitgliedern beibehalten. Vom Standpunkt der ursprünglichen Amöbe – falls man einer Amöbe einen Standpunkt zumuten kann – geht das Leben ungestört weiter, solange eine überlebende Amöbe vorhanden ist.

Das Leben des Präkambriums muß eine Art Utopie gewesen sein. Ungestörtheit hieß das alles beherrschende Schlagwort. Die Zeit verstrich und verstrich doch nicht. Getrennte Organismen existierten und existierten doch nicht. Da es keine Individuen gab, gab es keinen Konflikt. Da es keine Moral gab, gab es keine Angst. Der Friede – jenes angeblich erstrebenswerteste Gut der Menschenwelt – herrschte wie ein alter, feister Potentat. Weder der Wettkampf noch das Weinen eines Kindes, weder der Krieg noch die Angst vor dem Raubtier, weder der Schmerz noch der Kummer um den Dahingeschiedenen, weder Grausamkeit noch Unrecht störten das Gleichmaß der Tage im Präkambrium. Das Leben war gut. Ich kann allen jenen, die so überzeugend von der kollektiven Seele sprechen oder sich sehnsüchtig ein ewiges Leben wünschen, den unsterblichen Schleim nur wärmstens empfehlen.

Und er blieb unsterblich oder doch fast. Es scheint kein ersichtlicher Grund vorhanden, warum ein Zustand, der zwei Drittel der Zeitdauer des Lebens geherrscht hatte, nicht noch etwas länger weitergehen sollte. Aber der Zufall ist, wie ich schon in einem anderen Zusammenhang feststellte, ein Faktor, der in den Lebensprozessen niemals außer acht gelassen werden kann. Es gibt den Zufall einer Variation: Die beiden Hälften einer Amöbe gleichen einander nicht vollkommen. Darwin versuchte allein damit die Differenzierung der Spezies zu erklären, und da dies nicht möglich war, geriet seine ganze Theorie in Gefahr. Aber es gibt eine andere Form natürlicher Zufälle, von der man zu Darwins Zeit nichts wußte; es ist die Mutation, eine plötzliche, unvorhersagbare, mehr oder weniger radikale Unterscheidung eines Organismus von seinen Eltern oder Partnern. Dort, wo kein Schwanz war, mag ein Schwanz wachsen, wo fünf Zehen einen Fuß zierten, mögen es plötzlich nur vier sein. Innerhalb der Gene eines Organismus ist eine zufällige Veränderung eingetreten. Ihre Auswirkung ist erblich.

Welche dahindämmernden Bewohner des Präkambriumschleims wurden durch eine Kombination von Zufällen ihrer Unsterblichkeit beraubt? Wir wissen es nicht. Die im Fels verewigten Spuren dieser Weichkörpergeschöpfe sind zu kärglich. Aber eine erstaunliche Reihe von Mutationen – ich nehme an, die statistische Wahrscheinlichkeit spricht dafür, daß etwas Derartiges im Laufe von einer Milliarde Jahren vorkommen kann oder muß – bewirkte in einer Familie längst vergessener Organismen die Fähigkeit, sich zu vermehren.

Das Individuum wurde geboren. Leben erzeugte Leben, aber nicht mehr durch Teilung, sondern durch Vermehrung. Die Henne mußte sich nicht mehr in zwei Hälften spalten; sie durfte Eier legen.

Meine Feststellung, das Leben habe den Tod erfunden, war eine Simplifikation. Das Leben erfand das Individuum. Es war eine neue Art des Lebewesens, mit der Fähigkeit begabt, sich und seine Spezies zu vermehren, eine lebendige Einheit, getrennt und unterscheidbar von allen anderen lebenden Einheiten, mit einem eigenen Schicksal, eigenen Trieben, eigenen Zielen. Aber was nach oben drängt, muß wieder herabkommen. Wo ein Beginn ist, muß auch ein Ende sein. Das Individuum, die bedeutungsschwerste Erfindung des Lebens, kam in einen vielfarbigen Schleier der Möglichkeiten gehüllt: Einsamkeit, Unsicherheit, Ehrgeiz, Neid,

Feindseligkeit, Opferbereitschaft, Haß, Liebe. Nichts Derartiges war vorher möglich gewesen, und eine Zeitlang würde sich auch noch nichts davon erkennen lassen. Aber sofort und gebieterisch trat der Bruder der Individualität in Erscheinung – der Tod.

Das Leben ohne Tod hatte seine eine Milliarde Jahre währende Geschichte in die Gleichförmigkeit und Monotonie des undifferenzierten primordialen Schleims geschrieben. Dann – in einer geologischen Woche – erschienen die Individualität und ihr rastloser Bruder, der Tod. Sie hinterließen ihre Geschichte in Muscheln und Burgruinen, in Dinosaurierknochen und begrabenen Städten, in Säbelzähnen, Rüstungen und Höhlenzeichnungen.

Individualität bedeutet unendliche Variation; Tod bedeutet unendliche Auslese. Individualität bedeutet die Geburt einer neuen, frohen Hoffnung mit der Ankunft jedes neuen Lebewesens, Tod bedeutet Absonderung des Wertlosen vom Wertvollen. Mochte die Individualität einen Garten mit allzu freizügiger Hand bestellen, der alte, verläßliche Tod würde das Jäten schon besorgen. Individuen mochten um Lebensraum, Nahrung, Rangordnung oder das Recht zur Vermehrung kämpfen, der immer wachsame Tod fällte als oberster Richter die Entscheidung.

Das Auftreten des Individuums vor einer halben Milliarde Jahren hob die Beschränkung des Lebens auf einige primitive, im Wasser lebende Formen auf. Die Veränderung und das Experiment wurden möglich. Neue Umwelten konnten erprobt, neue Existenzmöglichkeiten erschaffen werden. Zufällige Veränderungen im Aufbau eines Organismus konnten, wenn sie günstig waren, in den Nachkommen erhalten bleiben und zum Ausgangspunkt neuer Spezies, neuer Formen, neuer Verheißungen werden.

Einfacher ausgedrückt: Tod bedeutet Bewertung. Das Leben ohne Tod war ein Leben ohne Werte gewesen. Jetzt konnte der Erfolg belohnt, das Versagen bestraft, die Hoffnung ermutigt, die Schwäche ausgemerzt werden. Das Geschöpf, dem jener natürliche Zufall, eine Mutation, widerfuhr, stand sofort vor seinem Richter. Brachte die Veränderung ein neues Wesen hervor, das besser für den Daseinskampf, für den Nahrungserwerb, für Verteidigung und Umweltsanpassung geeignet war? Dann trat der Tod zurück, das Geschöpf durfte sich vermehren und seiner Art den neuen, vererblichen Vorteil weitergeben. Was aber, wenn das Geschenk der Sterne dunkel war, wie es zumeist der Fall war, wenn es ein Geschöpf von geringerem Wert hervorbrachte? Dann wurde es von den Eltern vernachlässigt, von Krankheiten befallen, es unterlag im Kampf ums Dasein und diente den Raubtieren als Fraß. Kaum jemals gelang es ihm, sein unglückseliges Erbe weiterzugeben. Der Tod schloß sein Buch.

Die Bewertung zufälliger Veränderungen ist die höchste Gabe, die der Tod dem Leben schenkte. Auch den Bewohnern der Algentümpel des Präkambriums waren Veränderungen zugestoßen. Aber es gab kaum eine Möglichkeit der Bewertung, und da die meisten Mutationen Veränderungen zum Schlechten sind, waren unsere Anfänge von Mittelmäßigkeit und Stagnation gekennzeichnet. Mit der Ankunft des Todes begann, paradoxerweise, alles, was wir unter Leben verstehen. Es war, als ob die Straße des Nachts gesäubert, der Abfall täglich verbrannt, die Bücher regelmäßig ausgeglichen würden. Jetzt konnte die Muschel ihr Felsriff und der Fisch sein tiefblaues Wasser finden; Krabben konnten die Buchten erforschen und Spinnen das sandige Ufer. Die Todesgefahr hatte alle aus dem schleimigen Gefängnis der Unsterblichkeit befreit. Eine Welt war geboren.

Dem Genie von Darwin gelang es früher als irgendeinem anderen Menschen, zwei der wichtigsten Prinzipien der Evolution zu erfassen. Er erkannte die Rolle der Zeit in dem langen Anlauf der Entwicklungsgeschichte. Er sah die Bedeutung des Todes als Zensor der närrischen Einfälle der Natur. Nur der Mechanismus der Variation blieb ihm verborgen.

Das Erfassen der Bedeutung, die den ungeheuren Zeitspannen zukommt, war die intellektuelle Leistung Darwins, die ihn von den Irrtümern älterer wissenschaftlicher Überlegungen befreite. 50 Jahre früher hatte Lamarck der Welt eine Evolutionstheorie beschert, die im wesentlichen besagte, daß eine Art aus der anderen hervorgegangen sei, die spezialisierten Arten aus den unspezialisierten, die komplexen aus den einfachen. Aber auf die Frage, wie sie sich entwickelt hätten, konnte Lamarck nur seine berühmte Antwort geben, erworbene Merkmale seien erblich. Eine Giraffe, die ihren Weideplatz mit anderen Giraffen teilen muß, entwickelt einen längeren Hals, um auch die höchsten Blätter zu erreichen. Ihre Kinder erben diesen längeren Hals, und weiteres Strecken entwickelt noch längere Hälse.

Die Vererbung erworbener Merkmale war die Theorie eines Mannes in Eile. Darwin zerstörte sie gründlich. Seine Beobachtungen brachten ihn zu der Überzeugung, daß ein im Laufe des Lebens erworbenes Merkmal – sei es die Länge des Halses einer Giraffe, die Spannweite der Flügel eines Adlers oder die schmale Taille eines hübschen Mädchens – nicht an die Nachkommen weitergegeben werden könne. Im Gegensatz zu Lamarck erkannte Darwin die Bedeutung der Zeit. Er sah sie in ihrer Muße, in ihrer Großartigkeit, in ihrer Gleichgültigkeit gegenüber dem Schicksal des Menschen. Und auf der unvorstellbar langen Wanderung zwischen dem Heute und dem Beginn fand Darwin Raum für alle Möglichkeiten, die ein Leben der Vielfalt verlangte. Hier hatte der Zufall Zeit zu irren und die Zwecklosigkeit Zeit zu warten. Wo zehntausend Jahre nur ein Augenblick sind, kann der Tod allein Wegweiser sein.

Was wir bisher als Tod bezeichnet haben, nannte Darwin natürliche Auslese. Sie war das zweite gewaltige Naturprinzip, das er als erster erkannte. Wenn in der Geschichte des Lebens Weisheit, Fortschritt und Werte vorhanden sind, so nur, weil die natürliche Auslese mit Hilfe des Todes den minderwertigen Geschöpfen weniger Möglichkeit zur Vermehrung bot als den tauglichen. Die Unbarmherzigkeit der natürlichen Auslese mag uns erschrecken. Wenn nur ein Viertel aller jener Vögel, die wir im Herbst sehen, einen Winter des Hungers, der Raubvögel und der Krankheiten überleben, um sich an den territorialen Streitigkeiten des Frühlings zu beteiligen, so scheint das sehr betrüblich. Und wenn es nur einem Bruchteil der überlebenden Vogelmännchen gelingt, ein Revier, Weibchen und Junge zu erwerben, der Rest aber verhungert oder den Geiern zum Opfer fällt, dann scheint uns die Hand der natürlichen Auslese so grausam, daß wir am liebsten nichts davon hören wollen. Aber es war diese Hand, die uns aus den Algentümpeln in eine Zeit der Pflanzen, Leoparden und Menschen geführt hat.

Die natürliche Auslese hat mit der Hilfe zufälliger, individueller

Variationen im Laufe einer endlos langen Zeitspanne all das möglich gemacht, was wir heute um uns sehen. Aber als Darwin die Theorie der organischen Entwicklungsgeschichte ausgearbeitet hatte, glich sie einem dreibeinigen Stuhl; das vierte Bein war unbrauchbar. Seine Ansichten über die Zeit und die natürliche Auslese werden viele geologische Perioden hindurch Bestand haben; seine Meinung über die Variationen wurde binnen kurzem widerlegt. In den ersten Dekaden unseres Jahrhunderts konnten Kritiker mit Recht behaupten, daß »die Entstehung der Arten« alles erklärt hatte außer der Entstehung der Arten.

Darwin suchte die Erklärung für die Variationen in der Tatsache, daß zwei Brüder, obwohl ihr Erbgut identisch sein mag, trotzdem niemals ganz gleich sind. Aber diese Konstruktion wies zwei klaffende Risse auf. Erstens konnte sie das Auftreten eines grundlegend neuen Merkmales, das in der Erbmasse des Geschöpfes niemals vorhanden war, nicht erklären: eine Lunge, die Luft atmet, ein Körper, der warm bleibt, ein Huf, ein Horn, eine Milchdrüse. Zweitens konnte sie die Diskontinuität der Arten nicht erklären. Intensivere Studien der Fossilien ließen immer deutlicher erkennen, daß zwischen den einzelnen Gruppen nicht einmal ein Übergang vorhanden war. Es gibt einen Chacmapavian, und es gibt einen Hamadryaspavian; einen halb Chacma- und halb Hamadryaspavian gibt es kaum. In unserer fossilen Geschichte kommen gelegentlich Übergangstypen vor, aber bei weitem zu selten, um Darwins Variationstheorie zu bestätigen. Die Diskontinuität ist charakteristisch für grundlegende Veränderungen; die Straße unserer Entwicklung ist auf der Landkarte eine strichlierte Linie.

Die Theorie der Mutabilität rettete die Theorie der Evolution. Sie ist ein ebenso gewaltiges Konzept wie die Zeit oder der Tod.

Das Gen ist eine chemische Einheit von atomarer Größe, die in jeder lebenden Zelle vorhanden ist. Es bestimmt die Struktur und zumeist auch das Verhalten eines Organismus. Es besitzt die Fähigkeit, sich selbst zu vermehren, und wird vererbt. Wahrscheinlich haben sich die Gene bereits in den frühen Tagen des Präkambriums zu den bestimmenden Lebensfaktoren entwickelt. Um den komplexen Aufbau der höheren Tiere zu steuern, braucht es aber Tausende von Genen. Eine Mutation ist eine plötzliche Veränderung im Aufbau eines Gens in einer der Geschlechtszellen, die eine plötzliche und zumeist katastrophale Veränderung im Organismus der Nachkommen zur Folge hat. Obwohl man meinen könnte, daß die Veränderung eines einzigen Gens unter, sagen wir, tausend keine besondere Wirkung haben sollte, stimmt diese Annahme nicht, weil die Gene als ein System arbeiten. Die Veränderung eines einzigen Teiles verändert das ganze System, indem es den Wert aller anderen Gene modifiziert.

Wir können die Wirkung der Gene vielleicht am besten mit einem Pokerspiel vergleichen. Du hast Zehn, Bub, Dame und König in Herz sowie den Herzneuner in der Hand. Der Neuner verleiht den übrigen Karten einen beträchtlichen Wert, da mit seiner Hilfe eine hohe Sequenz zustande kommt. Du könntest den Neuner wegwerfen und eine andere Karte ziehen. Ist diese niedriger, dann sind auch Zehn, Bub, Dame und König plötzlich wertlos geworden; du hast eine Mutation erlitten und bist tot. Du kannst eine höhere Karte ziehen, dann ist zwar die Sequenz verloren, aber du hast wenigstens ein Paar in der Hand. Du bist zwar nicht tot, aber wenn du ein so schwaches Blatt mehrmals bekommst, wirst du jedenfalls der Verlierer sein. Ziehst du jedoch das Herzas, dann werden die übrigen Karten plötzlich aufgewertet. Du hast Royal flush, du gewinnst den gesamten Einsatz und wirst vor Freude wahrscheinlich eine Herzattacke bekommen. Nur hinsichtlich letzterer Möglichkeit unterscheidet sich das Ziehen des Herzasses von einer günstigen Mutation.

Die Glückschancen der Natur stehen schlechter als die beim Pokerspiel. Nur eine unter hundert Mutationen kann als günstig angesehen werden, und im allgemeinen muß man sagen, daß 99 Mutationen den Organismus sofort töten oder seinem genetischen System so schaden, daß die natürliche Auslese für seine Ausmerzung sorgen wird. Aber wenn eine noch so seltene Veränderung einen neuen, der Umwelt besser angepaßten Weg eröffnet, dann wird die natürliche Auslese die glücklichen Erben schützen und unter der Nachkommenschaft nach weiteren, günstigen Mutationen suchen.

Das klassische Beispiel einer plötzlichen Mutation ist der Gesprenkelte Birkenspanner. Dieser Schmetterling war in der Gegend um Manchester früher sehr stark verbreitet. Seine Farbe gewährte ihm Schutz, wenn er auf Baumstämmen saß. Dann kam die industrielle Revolution. Der Rauch aus zahllosen Fabrikschloten der Midlands schwärzte die Bäume, und der Schmetterling war schutzlos. Aber eine zufällige Mutation vor ungefähr hundert Jahren rettete den Birkenspanner vor dem sicheren Untergang. Eine schwarze Mutante trat auf. Zu einem früheren Zeitpunkt wäre eine derartige Mutation unvorteilhaft gewesen. Sie hätte den Schmetterling auffallend gemacht, und das mutante Gen wäre von der natürlichen Auslese in der Form scharfsichtiger Vögel ausgemerzt worden. Jetzt aber war die Situation anders. Die Vögel fuhren fort, die alten Birkenspanner zu verspeisen, während die Mutante und ihre Nachkommen unbemerkt auf den rußigen Baumstämmen saßen. Der schwarze Schmetterling ist heute in der Gegend von Manchester überall zu finden; der gesprenkelte Spanner ist eine Sammlerrarität geworden.

Wir können diese Geschichte als reinen Zufall abtun, dennoch ist sie in vereinfachter Form die Geschichte der Evolution. Die Umwelt verändert sich, oder der Daseinskampf zwingt die Mitglieder einer Art, mit veränderten Umständen des natürlichen Gleichgewichtes fertig zu werden. In der neuen Umwelt ist die Spezies benachteiligt, und der Tod beginnt sein Werk. Unbedeutende Variationen nützen wenig. Die Zeit vergeht. Die Ausrottung droht. Generationen von Raubtieren mästen sich, Generationen von Beutetieren werden immer schwächlicher. Und dann kommt vielleicht eines Tages plötzlich der Blitzstrahl. So war die Situation in den längst vergangenen Zeiten des Pliozäns; nur ein Glücksfall hat die menschliche Verheißung weiterleben lassen.

Die Mutation ist ein Unfall wie ein Autozusammenstoß auf der Landstraße. Aber es ist ein Zusammenstoß, der sich in einer submikroskopischen Welt zwischen einem Gen und einem subatomaren Partikel abspielt. Die Wahrscheinlichkeit, daß das Gen einer Geschlechtszelle genau im Weg eines umherfliegenden Partikels liegt, ist die Wahrscheinlichkeit der Mutation. All das, was heute über den Verlauf von Mutationen noch unbekannt ist, gehört zu den faszinierendsten Rätseln der modernen Wissenschaft. Seit Hiroshima ist man auf diesem Gebiet sehr schnell vorgedrungen. Wir können heute mit ziemlicher Sicherheit sagen, daß Strahlungen die wesentlichsten Ursachen der Mutationen darstellen.

Wenn wir uns mit der Beziehung zwischen Mutationen und nuklearen Kräften beschäftigen, werden wir es wahrscheinlich in erster Linie mit der Angst vor einem Atomkrieg zu tun kriegen. Aber wir sollten nicht vergessen, daß die Mutabilität die Essenz des Lebens darstellt und daß es immer Strahlungen geben wird. Du stehst in der Sonne und wärmst dich; durch solare Fusion freigewordene, subatomare Partikel schwirren um dich her. Du stehst unter einem friedlichen Sternenhimmel; aus den Tiefen des interstellaren Raumes kommen kosmische Strahlen unbekannter Herkunft und von stärkstem Durchdringungsvermögen auf dich zu. Du stehst auf einem Berggipfel; dein Schutz ist hier am geringsten. Du stehst im Tiefland; Strahlungen aus dem Erdinnern erreichen dich. Die Kraft der strahlenden Energie ist immer vorhanden, sie ist ein essentieller Bestandteil der physikalischen Welt. Sie war da, als das Leben begann, und es mag wohl sein, daß sie das Leben hervorbrachte. Sie wird da sein, wenn alles Leben aufhört, und sie kann wohl auch zu der Kraft werden, die das Leben zerstört.

Die Strahlung ist beides: Mörderin und Schöpferin zugleich. Ihre Wirkung auf das Gen heißt Mutation und die auf das Leben Veränderung. Aus den heißen, geschmolzenen Tiefen der Erde dringend oder aus den kalten Massen des Urgesteins, aus Fernen jenseits unseres Planeten, jenseits unserer Sonne, jenseits unserer Galaxis kommend, von gigantischen Quellen des Kosmos gespeist, ist die Strahlung jene Kraft, die uns zu dem gemacht hat, was wir sind.

Die Zeit, der Tod, der interstellare Raum – das sind die Ingredienzen der Frau, die dein Frühstück bereitet, des Mannes, der morgens ins Büro eilt. Die Zeit und der Kosmos stellen uns vor Rätsel, die der Mensch wahrscheinlich niemals lösen wird. Wir wollen uns mit der Untersuchung jener durchaus irdischen Ära, des Pleistozäns, begnügen. Unser kleines Kontinuum von Zeit und Raum, die letzte Million Jahre unseres Planeten, birgt ebenfalls Rätsel, die auch die besten Gelehrten verwirrt haben. Aber das ist nun einmal die Zeit und der Schauplatz der menschlichen

Geschichte, und sehr viele ungelöste Fragen liegen im Schoß des geheimnisvollen Pleistozäns verborgen.

Wir haben uns mit den ungeheuren Dimensionen der Zeit beschäftigt, denn wenn wir unsere afrikanische Genesis betrachten, müssen wir dem gewaltigen Ausmaß der Zeit Rechnung tragen. Wir haben von einigen Einzelheiten der modernen Evolutionstheorie gehört, denn wenn wir den Ursprung der menschlichen und vormenschlichen Spezies untersuchen wollen, müssen wir eine bescheidene Ahnung von dem entwicklungsgeschichtlichen Prozeß haben. Wir werden im Laufe dieses Kapitels die Methoden der Altersbestimmung kennenlernen; denn wenn wir die Bedeutung alter Funde verstehen wollen, müssen wir wissen, wie verläßlich deren Alter bestimmt werden kann. Vorerst aber werden wir uns das Pleistozän ansehen und dabei vollkommen in Verwirrung geraten.

Der Leser muß allerdings gewarnt werden, daß er auf diesem kurzen Ausflug in den kosmischen Irrsinn ganz zufällig auch etwas Nützliches erfahren kann. Schließlich ist das Pleistozän der gewaltige Schauplatz des menschlichen Dramas. Das Kennenlernen dieses Schauplatzes wird das Interesse an den nächsten Kapiteln nicht schmälern. Aber wenn der Leser seinen Ausflug durch die menschliche Geschichte beendet hat, werden Fragen auf ihn lauern. War die Menschwerdung wahrscheinlich? Sind wir das Produkt zielgerichteter Kräfte jenseits unserer Vorstellungskraft oder eines phantastischen Zufalls?

Das Pleistozän umfaßt jene Zeit, als das Wetter verrückt wurde, die Zeit der eiszeitlichen Schrecken, und wir befinden uns noch heute in seinem Bannkreis. In der Geschichte unseres Planeten gab es vorher nur zwei ähnliche Perioden. Aus der Zeit des Präkambriums – so weit zurück, daß wir das Datum nicht bestimmen können – finden wir Eisspuren in primordialem Granit. Und vor zweihundert Millionen Jahren hinterließen die Eisdecken des Perms ihre Narben in Afrika, Südamerika, Indien und Australien.

Die zweite Eiszeit endete, als die Reptilien gerade ihre lange Herrschaft begannen. Saurier und Pterodaktylus hatten ihre genetischen Ungeheuerlichkeiten noch nicht entwickelt. Die ersten echten Säugetiere lagen ebenso wie die ersten Vögel noch in weiter

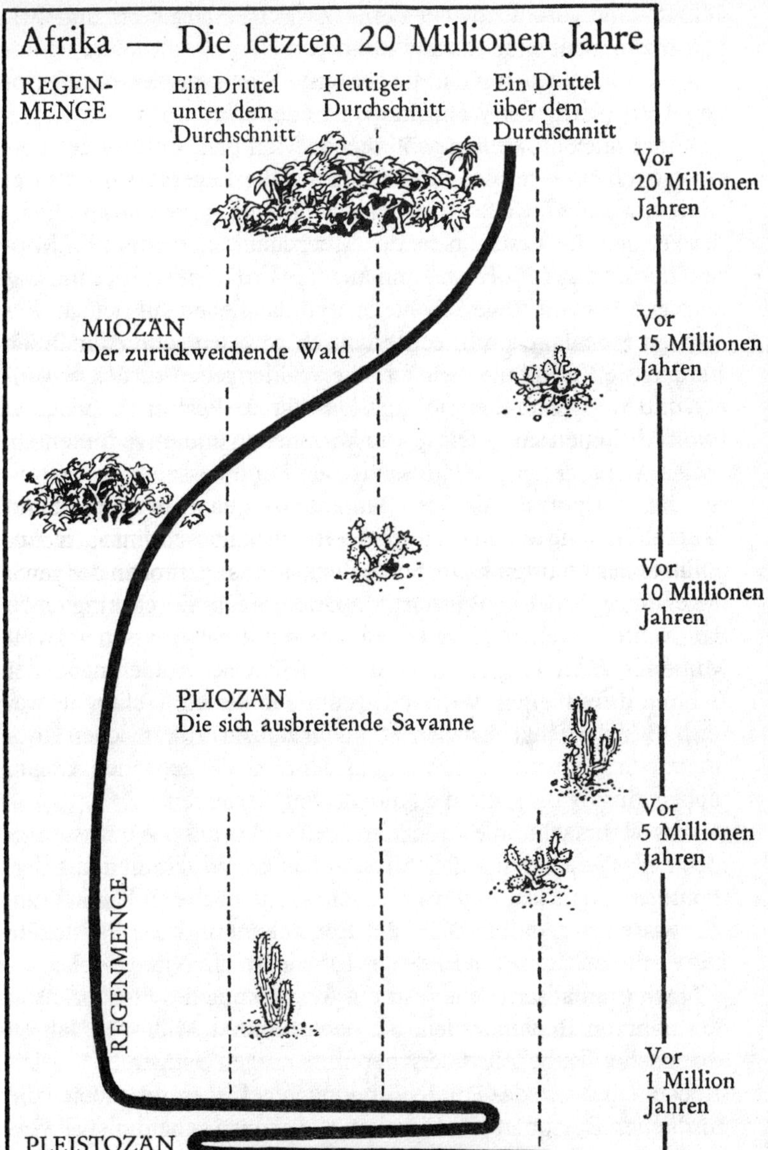
Afrika — Die letzten 20 Millionen Jahre
REGEN-
MENGE
Ein Drittel
unter dem
Durchschnitt
Heutiger
Durchschnitt
Ein Drittel
über dem
Durchschnitt
Vor
20 Millionen
Jahren
MIOZÄN
Der zurückweichende Wald
Vor
15 Millionen
Jahren
Vor
10 Millionen
Jahren
PLIOZÄN
Die sich ausbreitende Savanne
Vor
5 Millionen
Jahren
REGENMENGE
Vor
1 Million
Jahren
PLEISTOZÄN

entwicklungsgeschichtlicher Ferne. Zwischen dem Perm und dem Pleistozän, dem enormen Zeitraum von über zweihundert Millionen Jahren, läßt sich nicht die geringste Spur einer Vereisung finden. Dann setzte der Wahnsinn von neuem ein.

Wir können die außergewöhnlichen Merkmale unserer Zeit besser verstehen, wenn wir einen Blick auf die Regentabelle Afrikas werfen, welche die letzten zwanzig Millionen Jahre umfaßt. Es ist die Periode des Erscheinens des Menschen. Sie beginnt im Miozän, der Zeit des *Proconsul* und anderer Erdaffen von Kenia. Damals gab es mehr Regen als heute, und das Leben auf dem afrikanischen Hochland muß recht idyllisch gewesen sein. Allmählich werden die Regenfälle geringer. Die Wälder gehen zurück, Savannen und Steppen breiten sich aus. Das Pliozän beginnt; es bedeutet zwölf Millionen Jahre Dürre – unbarmherzig und unveränderlich.

Die Austrocknung der afrikanischen Landmassen war so intensiv, daß ein portugiesisches Diamantensyndikat den roten Sand der Kalahariwüste – heute auf Südwestafrika beschränkt – in Angola bis zum Kongofluß fand. Wir müssen annehmen, daß auch die Sahara und die Wüsten Arabiens ihre undurchdringlichen Sandwälle in weitem Bogen ausdehnten und die Menschen zwölf Millionen Jahre lang in einem mittelafrikanischen Gefängnis der Evolution festhielten. Wie die Zustände in diesem Gefängnis waren, läßt sich leicht feststellen. Auf dem ganzen afrikanischen Kontinent wurde niemals ein Fossil aus dem Pliozän gefunden. Es gab nicht genug Wasser, um die Knochen zu fossilieren.

Was verursachte die Trockenheit des Pliozäns? Wir wissen es nicht. Was geschah mit den Affen in Kenia? Wir können nur Vermutungen anstellen, und das werden wir im nächsten Kapitel tun. Wir wissen nur, daß letztlich der Regen kam und das Pleistozän. Die verrückte Kurve am Ende der Tabelle ist sein Niederschlag.

Noch dramatischer aber war die Auswirkung des Pleistozäns in den höheren Breitengraden, wo nach hundert Millionen Jahren apathischer Ruhe die Gletscher ihre eisigen Finger talabwärts streckten und sich das Polareis breitmachte. Insgesamt erlebten die nördlichen Regionen vier Eiszeiten, die ebenso geheimnisvoll vorübergingen, wie sie gekommen waren. Aber dieses seltsame Wetter war nicht auf höhere Breitengrade allein beschränkt, denn auch im

Pandschab finden wir Felskonglomerate, die von den Gletschern des Himalaja stammen. Maritime Ablagerungen an den Küsten Patagoniens zeigen aufeinanderfolgende Lagen von Wanderschutt, der von den Inlandgletschern der Anden stammt. Und längs jeder Küste jeden Meeres hob sich der Wasserspiegel und senkte sich wieder, als das Wasser von fernen Gletschern festgehalten wurde, schmolz und wieder zu Eis wurde. Auf dem Höhepunkt der zweiten Eiszeit wurde den Meeren 20 Millionen Kubikmeilen Wasser entzogen.

Was verursachte diese absurden Wetterveränderungen? Und warum gab es das Pleistozän überhaupt? Die Fragen wären vollkommen akademischer Natur und ohne Bedeutung für das Problem des Menschen, gäbe es nicht ein merkwürdiges Ereignis, das unsere afrikanische Genesis betrifft: In einem Punkt der Entwicklungsgeschichte, dessen genaues Datum unbekannt ist, der aber sicherlich in der ersten Hälfte des Pleistozäns liegt, entwickelte sich das große Gehirn. Siebzig Millionen Jahre lang war die Vergrößerung des Gehirns der Brennpunkt des Primatenexperimentes, aber Mutation und Auslese hatten gemeinsam kein Gehirn hervorgebracht, das größer als eine Faust gewesen wäre. Und auf einmal, genau gleichzeitig mit den ersten Veränderungen des Pleistozäns, in einem Zeitraum, der einem entwicklungsgeschichtlichen Augenblick gleichkommt, verdreifachte sich die Größe des Gehirns, und ein Geschöpf, das wir Mensch nennen, schritt über die Erde.

Kann man leugnen, daß die Beschaffenheit des Pleistozäns bis zu einem gewissen Grad die letzte Ursache für das Erscheinen jenes neuartigen Geschöpfes, des Menschen, war? Es ist in der Anthropologie heute Mode geworden, anatomische Definitionen des Menschen abzulehnen und den Titel Mensch jedem Geschöpf zu verleihen, das Werkzeuge anfertigen kann. Diese kulturelle Definition des Menschen geht von der durchaus vernünftigen Annahme aus, daß es das sich vergrößernde menschliche Gehirn war, welches die Voraussetzungen für eine derartige kulturelle Leistung mit sich brachte. Aber die ostafrikanischen Entdeckungen von 1959 und 1960, die wir im nächsten Kapitel noch genauer untersuchen werden, haben diese Annahme widerlegt und die kulturelle Definition unhaltbar gemacht. In den ältesten Ablagerungen der Olduvaischlucht in Tanganjika liegen die *Australopithecinen* mit einem Gehirn von Gorillagröße, in den nächstälteren echte Menschen. Beide machten Steinwerkzeuge. Würde sich die Anthropologie weiter an die kulturelle Definition klammern, hieße dies die schlichte Wahrheit leugnen, daß die Wurzel eines weiteren Merkmals des menschlichen Verhaltens, die der schöpferischen Fähigkeit, in der Tierwelt liegt; es hieße vor den Philosophen eine Frage von unermeßlicher Bedeutung verbergen; wenn der Mensch von den wilden Kräften des Pleistozäns geboren wurde, wessen Kind war dann seine Zeit?

Man kann nicht behaupten, daß unsere besten Köpfe die Untersuchung dieser Frage vernachlässigt hätten. Um das Pleistozän zu erklären, wurden Dutzende von Theorien entwickelt, und der Leser wird ihnen von Zeit zu Zeit in der Tagespresse begegnen. Sie sind alle interessant; einige haben einen wahren Kern, manche kann man wie Seifenblasen platzen lassen. Und da es, obwohl die Versuchung lockt, nicht meine Absicht ist, in dieser Erzählung die Menschwerdung einfacher darzustellen, als dies tatsächlich der Fall war, wollen wir uns einige dieser Theorien näher ansehen.

Eine beliebte Theorie der Eiszeiten ist zum Beispiel die der verschobenen Pole. Der berühmte Astrophysiker Thomas Gold bekannte sich zu dieser simpelsten aller Erklärungen. Einiges weniges spricht dafür, daß eine Wanderung des Nordpols und nicht eine Klimaveränderung die verschiedenen Eiszeiten verursacht habe. Es ist richtig, daß nur Europa und Amerika, nicht aber Sibirien von der nördlichen Vergletscherung berührt wurden und daß eine Verschiebung des Nordpols nach Grönland ein arktisches Klima in den bekannten Glaziallandschaften verursacht hätte. Aber eine vorübergehende Verlagerung des Pols nach Grönland kann schwerlich die um 1000 Meter herabsinkende Schneegrenze auf dem Mount Kenyas, der sich direkt am Äquator befindet, erklären, ebensowenig die Vergletscherung der Anden, die damit weiter denn je vom Südpol entfernt gewesen wären; auch nicht das Sinken des Meeresspiegels auf der ganzen Welt. Von allen Eiszeittheorien gelingt es derjenigen der Polverschiebung am schlechtesten, die Geheimnisse des Pleistozäns zu erklären.

Die Kometentheorie scheint, im Gegensatz zu der der Polverschiebung, direkt aus dem Bereich der »Science fiction« zu kommen. Nach dieser Theorie hinterließ ein Komet, der um Haaresbreite unsere Erde getroffen hätte, in unserer Atmosphäre Fragmente seines Schwanzes zurück. Dieser Anfall von Partikeln genügte, um die Filterwirkung der Atmosphäre zu vergrößern, starke Wolkenbildung hervorzurufen, die Sonnenstrahlung, welche die Erde erreichte, zu reduzieren und gleichzeitig die Niederschlagsrate zu erhöhen. So begann eine Eiszeit. Allmählich setzten sich die Partikel, und normale Verhältnisse kehrten zurück. Die Theorie besitzt zwei große Vorzüge: Es scheint schwierig, sie zu widerlegen, und um frühere Eiszeiten zu erklären, kann man einfach mehrere Planeten annehmen. Die vier Eiszeiten des Pleistozäns müßten demnach durch vier Kometen erklärt werden. Es ist statistisch nicht sehr wahrscheinlich, daß vier verschiedene Kometen in so kurzen Zeitabständen der Erde so nahe gekommen sein sollten. Daher müssen wir annehmen, daß der gleiche Komet bei vier aufeinanderfolgenden Umkreisungen jedesmal fast einen Treffer erzielt hätte. Es bleibt der beunruhigende Gedanke zurück, daß nach diesen Erfahrungen der Komet das nächste Mal einen Volltreffer erzielen könnte.

Nun, diese Kometentheorie läßt sich demnach sehr einfach widerlegen. Angenommen, ein Komet folgt einer Bahn, die ihn in regelmäßigen Intervallen in unsere Nähe führt. Die vier Eiszeiten erfolgten aber nicht in regelmäßigen Intervallen, sondern in Paaren. Außerdem würde ein solcher Komet ganz plötzlich in unserer Mitte auftauchen, sofort seine maximale Ladung an Partikeln abgeben und damit die stärkste Wirkung auf unser Klima ausüben. Langsam, sehr langsam würde der kalte, nasse Mantel wieder von der Erde verschwinden, wenn sich die Partikel setzten. Bei unseren Eiskappen war dies aber keineswegs der Fall, denn manche zogen sich schneller zurück, als sie kamen. So müssen wir uns mit einigem Bedauern von der Kometentheorie trennen und uns den subtilen Feinheiten der Milankovich-Theorie zuwenden.

M. Milankovich ist ein jugoslawischer Mathematiker, der im Jahre 1920 in Zagreb eine Arbeit mit dem Titel »Théorie Mathématique des phénomènes thermiques produits par la radiation solaire« (Mathematische Theorie der durch die Solarstrahlung hervorgerufenen thermischen Erscheinungen) veröffentlichte. Bis heute muß sich jeder, der sich mit dem Pleistozän beschäftigt, mit dieser Theorie auseinandersetzen. Um den Erklärungen von Milankovich zu folgen, müssen wir weder wandernde Pole noch heimtückische Kometen annehmen. Es braucht dazu nur einen gesunden Menschenverstand, eine Kenntnis der Bewegungen der Planeten und ein Doktorat in Mathematik.

Auf die drei Variationen in der Erdbewegung, die sogenannten Perturbationen, müssen wir nicht näher eingehen. Sie sind minimal und erfolgen in sehr langen Zyklen. (Fanatische Anhänger der Mathematik seien auf Zeuners »Dating the Past« verwiesen.) Milankovich stellte die Behauptung auf, daß diese zyklischen Variationen, wenn auch unbedeutend, in bestimmten Perioden der Vergangenheit zusammenfielen und bedeutende klimatische Veränderungen hervorriefen. Nachdem er 1920 die Theorie aufgestellt hatte, verbrachte er die nächsten 20 Jahre damit, ihre mathematischen Implikationen durchzurechnen. Er verfertigte Tabellen, in denen er die klimatische Wahrscheinlichkeit für jede tausendjährige Periode der letzten Millionen Jahre für die nördlichen und südlichen Breitengrade einzeichnete. Die Ergebnisse waren verblüffend.

Die Milankovich-Kurven für Europa zeigen die genauen Umrisse des Pleistozäns, wie sie die Geologen festgestellt haben. Auf der großen Tabelle des Pleistozäns wird der Leser am oberen Ende einige einleitende Eiszeiten finden; man nennt sie die Donauphasen der Alpen. 1958 durchgeführte Argonuntersuchungen zeigen gleichzeitige Eisbewegungen in der Sierra Nevada von Kalifornien vor 870000 Jahren. Die Milankovich-Kurve, Jahrzehnte vor der Erfindung der Argonmethode der Zeitbestimmung verfertigt, gibt die erste klimatische Veränderung des Pleistozäns vor etwa 940000 Jahren an.

Etwas weiter unten auf der Tabelle finden wir die ersten zwei europäischen Eiszeiten: das Günz, die schwächste der Eiszeiten, gefolgt von einer milden Zwischeneiszeit und hierauf die strenge Mindeleiszeit. Die klassische Geologie hat den Vorstoß der Günzeiszeit vor 600000 Jahren angesetzt; auf der Milankovich-Kurve zeigt sie sich bei 590000 Jahren. Die Dauer der langen, trockenen

Zwischeneiszeit nach dem Mindel wurde von der Geologie auf 200 000 Jahre geschätzt. Milankovich zeigt den letzten Höhepunkt der Wetterstörungen während der beiden ersten Eiszeiten vor 435 000 Jahren, den ersten Höhepunkt der beiden letzten Eiszeiten vor 232 000 Jahren. Unsere Bewunderung muß ebenso dem Geologen mit seiner Hacke wie Milankovich mit seiner Rechenmaschine gelten.

Der größte Triumph der Milankovich-Theorie ist der Nachweis geringer Klimaveränderungen während der Zwischeneiszeit, jener vorübergehenden Rückzugsstadien des Eises, die der Leser auf der Tabelle bemerken wird. Zur Erklärung dieser Stadien liegt kein anderer theoretischer Versuch vor. Aber auf der Milankovich-Kurve befinden sie sich genau dort, wo die Geologie sie angesetzt hat.

Nach diesem Triumph des Geistes über das Chaos muß der Hinweis auf etwas absolut Falsches höchst unpassend erscheinen. Daß sie, von falschen Voraussetzungen ausgehend, so viele richtige Ergebnisse liefern, ist das größte Wunder der Milankovich-Kurven. Die zyklischen Variationen von Milankovich können gewisse Fluktuationen des Klimas bewirkt haben, für 20 Millionen Kubikmeilen Eis können sie nicht verantwortlich gemacht werden. Und was noch schlimmer ist: Die Erdperturbationen begannen nicht mit dem Pleistozän. Sie haben die Bahn der Erde seit ihrer Geburt gekennzeichnet. Wenn sie während der letzten Million Jahre Eiszeiten hervorbrachten, was taten sie in den vorhergehenden zweihundert Millionen Jahren? Wie Darwins »Entstehung der Arten« alles erklärt, nur nicht die Entstehung der Arten, so erklärt die Theorie des Jugoslawen alles, nur nicht das Pleistozän.

Man wandte sich ungern von der Kometentheorie ab, denn wer legt gerne einen spannenden Roman aus der Hand? Man gibt nur widerwillig die Milankovich-Theorie auf, denn wer fühlt nicht Bewunderung für einen mutigen Versuch? Wir müssen aber noch die Simpson-Theorie betrachten, die jüngste Theorie, welche die Wissenschaft in Aufregung versetzte.

Sir George Simpson ist einer der bekanntesten Meteorologen der Welt. Eine Generation lang war ihm das britische Wetter anvertraut, und eine undankbarere Beschäftigung fällt mir beim besten Willen nicht ein. Als ich mit Sir George vor einigen Jahren in

Londons Athenaeum Club Tee trank, war er achtzigjährig. Als er heftig über sein hohes Alter und seine Unfähigkeit klagte, an mehr als eine Sache gleichzeitig zu denken, fragte ich ihn, an wie viele Dinge gleichzeitig zu denken er früher imstande gewesen sei. »Ach, wissen Sie, fünf oder sechs«, meinte er beiläufig. Ich wußte gar nichts.

Von allen Theorien zur Erklärung der Zeit des Menschen ist mir die von Simpson am liebsten. Ich habe sie gerne, weil sie von einem Mann entwickelt wurde, der etwas vom Wetter versteht. Ich habe sie gerne, weil sie die ganze Welt umspannt und ihr Brennpunkt in Afrika liegt, wo sich die Menschwerdung vollzogen hat. Ich habe sie gerne, weil sie das Pleistozän besser beschreibt als alle anderen Theorien, wenn es ihr auch letztlich vielleicht nicht gelingt, es zu erklären. Aber der wirkliche Grund meiner Vorliebe ist der, daß Simpsons Theorie ebenso verrückt ist wie das Pleistozän selbst. Daß die Theorie nicht hieb- und stichfest ist, stört mich nicht. Keine ist es. Und obwohl es eine Ironie zu sein scheint, daß eine so majestätische Theorie von ein paar heutigen Vögeln und ein paar toten Muscheln zerstört wurde, muß man sich damit trösten, daß die Theorie auch ironisch beginnt und ihr Ende daher passend ist.

Simpsons grundlegende Annahme behauptet, daß Vereisungen durch einen Anstieg der Welttemperaturen entstehen; daß die einzige Kraft, die imstande war, 20 Millionen Kubikmeilen Meereswasser zu heben und als Regen und Schnee auf die Kontinente fallen zu lassen, nur eine vermehrte Sonnenstrahlung gewesen sein konnte, welche die Oberfläche der Ozeane erwärmte.

Es ist eine so einfache Annahme, daß man sich fragt, warum noch niemand vorher daran gedacht hatte. Sir George sah im Pleistozän eine Folge der Oszillationen der Sonnenstrahlung. Dreimal hätte sich diese Strahlung intensiviert und anomale Regenperioden von zweihunderttausendjähriger Dauer ausgelöst. Sie werden als die Regen- oder Pluvialzeiten Afrikas bezeichnet. Zweimal sei die Sonnenstrahlung unter das normale Maß gefallen und habe eine weltweite Dürre von ebensolanger Dauer verursacht. Aus diesen fünf Phasen – drei feuchten und zwei trockenen – bestehe der eine Million Jahre umfassende Zeitraum des Pleistozäns.

Der zweite geniale Einfall von Simpson besagt, daß eine Zunahme der Sonnenenergie, wenn sie stark genug ist, nicht nur eine, sondern zwei Glaziale (Eiszeiten) hervorbringe. Er stellte sich die erste Zunahme vor einer Million Jahren als hinreichend vor, um weltweite Regenfälle sowie eine geringe Eisbildung hervorzurufen, womit die Dürre des Pliozäns beendet war und die Fauna des Villafranchia auf allen Kontinenten begann. Aber Eisdecken hervorzubringen war nicht genug. Wenn die Regenfälle in der Nähe des Äquators im späten Pliozän begonnen haben, wäre dies die Periode von Ostafrikas ältesten Seebetten und dem frühesten Flußkies von Kagera in Uganda bis zum Vaal in Südafrika, in denen wir überall Kieselwerkzeuge finden. Und die folgende Trockenperiode wäre die Zeit, in der Darts *africanus* seine Knochensammlung in der Makapanhöhle anlegte.

Erst bei der nächsten großen Zunahme der Sonnenstrahlung, ungefähr vor 600 000 Jahren, wurde den Meeren genügend Wasser entzogen, um die Bildung von großen Eiskappen möglich zu machen. Und jetzt zeigt sich Simpsons Ideenreichtum in seiner ganzen Größe. Obwohl die Welttemperaturen stiegen, sammelte sich der Schnee im Winter schneller an, als er im Sommer schmelzen konnte, und die Eiskappe des Günz legte sich über das ganze nördliche Europa. In den äquatorialen Regionen fiel nur Regen. In den Ebenen von Tanganjika bildeten sich Seen, und an ihren Ufern hinterließen Hersteller echter Handäxte Exemplare ihrer Fertigkeit. Der Busch kehrte auf das südliche Grasland zurück, und Brooms *Australopithecus robustus* sowie Robinsons *Telanthropus* hinterließen auf dem Höhlenboden von Swartkrans ihre Spuren.

Im Norden erreichten die steigenden Temperaturen den Punkt, an dem der Schnee im Sommer schneller schmilzt, als er sich im Winter ansammelt. Die Günzzeit flaut ab. Bis zu diesem Augenblick des Pleistozäns findet sich kein Zeichen des Menschen oder des Vormenschen in Europa. Aber jetzt herrschte ein mildes Interglaziale (Zwischeneiszeit). Die Handäxte des Chelléen in Frankreich weisen genau den gleichen Grad der Handfertigkeit auf wie jene Ostafrikas. Der ungefähr aus der gleichen Zeit stammende Heidelbergmensch – durch Jahrzehnte der erste bekannte echte

Mensch – wird in Deutschland gefunden. Und der jüngste aller sensationellen ostafrikanischen Funde, ausgegraben im Februar 1961 in der Olduvaischlucht, war das Wesen mit den Augenbrauenwülsten, das zu Hause blieb und Handäxte des Chelléen anfertigte – ebenfalls ein echter Mensch.

Die Sonnenstrahlung hatte ihren Höhepunkt überschritten, die Temperaturen fielen wieder, aber die Niederschläge hörten nicht auf, und im Norden sammelte sich nochmals Schnee an. Die gewaltige Mindelperiode hielt Europa in ihrem eisigen Gefängnis: Der Kontinent wird entvölkert. Der asiatische Mensch – anatomisch dem Heidelberg- und wahrscheinlich dem ostafrikanischen Chelléenmenschen verwandt – tritt in China und Java auf. In Ostafrika gehen die Regenfälle zurück, und die Seespiegel fallen, aber die Hersteller der Handäxte fahren fort, ihre Methoden zu perfektionieren. Dann hören die großen Regenfälle vollständig auf. Die Eisdecken schrumpfen; die Schneekappen verschwinden überall mit Ausnahme der höchsten Berggipfel. Die afrikanischen Seen trocknen aus, und die Hersteller der Äxte zerstreuen sich, einige tauchen kurz darauf in Europa auf. Erst 200 000 Jahre später wird die Sonnenstrahlung wieder stark genug sein, die neuerlichen Regenfälle und zwei weitere Eiszeiten auszulösen.

Mit der Veröffentlichung der Simpson-Theorie im Jahre 1957 schienen auch die wildesten Ausschweifungen des Pleistozäns endlich erklärt; warum die Eiszeiten kamen und wieder aufhörten; warum die Intervalle zwischen den Vereisungen sich in Dauer und Charakter so wesentlich unterschieden; warum Europa in der kurzen Spanne zwischen den letzten beiden Eiszeiten so unglaublich warm war, daß in den Alpen der Rhododendron blühte und auf den Wiesen Englands das Flußpferd graste. Es schien, als ob der menschliche Scharfsinn sogar das Pleistozän enträtselt hätte. In Wahrheit aber war das einzige gültige Ergebnis der Simpson-Theorie ein weltweiter Kalender, der auf dem weltweiten Phänomen des Pleistozäns, auf dem Regen, beruhte.

Es ist eine Schwäche der Geologie, daß sie in Europa entstand, wo ein einziges Ereignis, nämlich das Auftreten der Vereisung, zum Maßstab für die Zeit genommen wurde. Aus im wesentlichen regionalen Beobachtungen wurde eine Uhr unseres Planeten entwickelt, die nur die Stunden des Eises kannte. Noch 1955 bestätigte der »Livingstone-Kongreß der Frühgeschichte« – derselbe, der Darts Waffentheorie ablehnte – das traditionelle Zeitschema, in dem die tropischen Regenzeiten Afrikas mit den Eiszeiten des Nordens gleichgesetzt werden; ja, man erfand sogar ein neues Pluvial, damit die Gleichung aufginge, und preßte das ganze turbulente afrikanische Pleistozän in das europäische Maß. Die Folgen kann auch ein Laie ermessen; sie führten zu einer Art verkehrter Welt der Fauna und der Kulturen. Für die *Australopithecinen* blieb keine Zeitspanne übrig. Spezies des Villafranchia gediehen in Afrika lange nachdem die ihnen entsprechenden Tiere im Norden ebenso ausgestorben waren wie die Trilobiten. Eine Art der Handäxte, nachweislich in Ostafrika entstanden, tauchte in Frankreich lange vor ihrer eigentlichen Erfindung auf. Dem klaren Verständnis der Menschwerdung steht nichts so sehr entgegen wie die Gewohnheit der Anthropologie, sich auf die geologische Uhr Europas zu verlassen, jene ständige Quelle der Verwirrung, die es verabsäumt, die Stunden des Pleistozäns anzuzeigen.

Sir George Simpson warf die Uhr auf den Misthaufen. Er entwickelte seine solare Theorie aus der einfachen Erkenntnis eines Wettermannes, daß eine Folge von Regen- und Trockenperioden, nicht eine Folge von Eiszeiten die Struktur des Pleistozäns geformt habe. Wechselnde Windströmungen, veränderte barometrische Zentren, Ablenkungen von Meeresströmungen wie des Golfstromes mögen lokale Variationen von beträchtlichem Ausmaß ausgelöst haben. Aber die Rohstruktur ermöglichte zumindest einen Kalender des Menschen – die Chronologie, die ich erwähnt habe – in annehmbarem Einklang mit unserer Zeit, wie wir sie kennen. Es ist sehr betrüblich, daß man an die solare Theorie selbst eine unvermeidliche Fußnote anfügen muß: Sie ist höchstwahrscheinlich falsch.

Cesare Emiliani von der Universität von Chicago hat, ausgehend von Muschelablagerungen auf dem Meeresgrund, Untersuchungen der Pleistozäntemperaturen vorgenommen. In der Vergangenheit variierten die Temperaturen zwischen einem Zentigrad wärmer und fünf Graden kälter als heute. Verursachte eine Zunahme der solaren Strahlung die klimatischen Veränderungen, dann mußte die Sonne irgendwie vergessen haben, das Meer zu erwärmen. Die Theorie bricht zusammen.

Noch ein weiterer obskurer Punkt stört Simpsons grandioses Konzept. Ein Bösewicht namens Moreau machte einmal eine sorgfältige Untersuchung bestimmter immergrüner Wälder Afrikas, die – aus einer jüngeren Zeit als dem Pleistozän stammend – in Höhen über 1300 Meter über den Kontinent verstreut sind. In diesen Wäldern begegnet man einer Vogelwelt der gemäßigten Zonen, die jenen immergrünen Schatten zum Überleben braucht. Ein isolierter Wald in Kamerun ist von einer anderen auf dem Iturbihochland des Kongo durch 1800 Kilometer des heißesten Tieflandes von Afrika getrennt. Trotzdem ist die Vögelpopulation identisch. Wie hätten sich die Vögel verbreitet, wären die Wälder nicht zu irgendeiner Zeit mit einem kühleren Klima ineinander übergegangen? Die solare Theorie verlangt aber eine afrikanische Vergangenheit, die heißer war als die Gegenwart. Und da sind diese obstinaten Vögel – ich hätte sie, wäre ich Sir George, alle umgebracht –, die fröhlich in Kamerun umherflattern.

Immer wieder überlistet die Natur den Menschen. Gerade die erfolgreiche Beschreibung des Pleistozäns durch Simpson macht dessen Unfähigkeit, es zu erklären, zu einer Katastrophe erster Ordnung. Der Mensch ist ein Geschöpf des Pleistozäns, und das Pleistozän bleibt unerklärlich. Theorien müssen es bändigen, erhellen, beschreiben, die Methode in dem Wahnsinn finden. Aber bisher lieferte keine Theorie eine Erklärung, und so erklärt auch keine den Menschen. Das Pleistozän ist gewaltiger als unser Verstand, und wir sind winzige, beschränkte Geschöpfe, die mit seinem stürmischen Vormarsch Schritt zu halten suchen, während der Wind der Zukunft unsere Augen tränen macht und das Gespenst des Zufalls an unseren Rockschößen zerrt.

Man beginnt zu grübeln. Im sternenhellen Himmel, in der Entwicklung des Lebens, im Verhalten der Tiere waltet ein Ordnungsprinzip. Aber die grinsende Fratze des Pleistozäns spottet der Vernunft und der Sterne. Müssen wir annehmen, daß der Mensch, jenes unordentlichste aller Geschöpfe, das verrückte Kind einer abwegigen Zeit ist? Der Verstand lehnt sich auf und sucht nach anderen Erklärungen. Wandernde Pole, Kometen, Erdperturbationen, die Sonne selbst – nichts scheint zu genügen. Mit einem Seufzer wendet man sich der Galaxis zu.

Hiermit lege ich mit einigem Stolz die Ardrey-Theorie der galaktischen Periodizität vor. Ich glaube, sie ist sehr originell. Wenn die Wissenschaft ohne mein Wissen bereits zu der gleichen absurden Auslegung des Pleistozäns gekommen sein sollte, würde ich mit Nachdruck vorschlagen, daß sie sich Vernünftigerem zuwende. Zu meiner größten Befriedigung erklärt diese Theorie, *warum* das Pleistozän überhaupt gewesen ist. Meine Zeitgenossen vernachlässigen dieses Problem gröblich. Niemand erklärt, warum die Kometen, die wandernden Pole und die Oszillationen der Sonne, die unsere Zeit zu rasenden Ausbrüchen veranlaßten, das Pliozän, das Miozän, das Oligozän und das Eozän, Jura, Trias und Kreide, das späte und das mittlere Perm – alle gleichermaßen mit *pax absentia* beglückt haben. Meine Theorie und meine Theorie allein bietet eine Erklärung.

Die Theorie der galaktischen Periodizität beruht auf einer von der Wissenschaft vernachlässigten Beobachtung: Die seit der ersten Vereisung des frühen Perms vor etwas mehr als zweihundert Millionen Jahren verstrichene Zeit ist genau gleich der Zeit, die unsere Galaxis für eine Umdrehung benötigt. Wir wollen überlegen. Unser Sonnensystem ruht in einem weiten Ausläufer der Milchstraße. Wir sind sozusagen ein Frontposten vor der endlosen Stille des interstellaren Raumes, und unermüdlich kreisen wir in unserer gewaltigen Bahn in zweihundert Millionen Jahren. Überlegen wir weiter. Die moderne Astrophysik nimmt an, daß eine Galaxis aus der Kondensierung ungeheurer Gaswolken in glänzende Tropfen, die wir Sterne nennen, geboren wird. So wurde unsere Galaxis geboren und ebenso unsere Sonne. Und jetzt wollen wir eine Voraussetzung annehmen, denn keine Theorie, die etwas auf sich hält, kommt ohne eine Voraussetzung aus.

Wir wollen annehmen, daß Überreste unserer ursprünglichen Gaswolke noch irgendwo an den äußeren Grenzen unserer Galaxis vorhanden sind. Sie liegen außerhalb unseres galaktischen Feldes und drehen sich daher nicht mit uns. Aber dort, wo sich Galaxis und Gaswolke berühren, werden von unserer magnetischen Gewalt Partikel angezogen wie Treibholz von einem Strudel. Atome strömen ein. Und wir, auf unserem vorgeschobenen Posten zwischen Endlichkeit und Unendlichkeit, müssen alle zweihundert Millionen Jahre diesem gigantischen Ansturm trotzen.

Alle zweihundert Millionen Jahre muß unsere Sonne abnorme Partikelströme aus dem Raum absorbieren, die von ihrem magnetischen Feld angezogen wurden. Ihre Oberfläche wird von Stürmen gepeitscht. Die solaren Eingeweide erzittern. Auch die Erde wird von dem atomaren Regen betroffen. Jene fernen, radioaktiven Gürtel, erst kürzlich von den künstlichen Satelliten erforscht, glühen von den atomaren Kollisionen, die von Eindringlingen aus dem Weltraum verursacht wurden. Auf der Erde wird das Wetter verrückt. Allmählich nähern wir uns stilleren Regionen. Die Sonne beruhigt sich. Die Erde erlebt Eiszeiten, Regenzeiten, ungezählte Mutationen, begräbt ihre toten Arten und erfreut sich ihrer neuen Fauna.

Natürlich hat auch die Theorie der galaktischen Periodizität einen kleinen Haken. Es müßte alle zweihundert Millionen Jahre eine Wetterkatastrophe stattfinden. Wir haben unser gutes Pleistozän. Wir haben das Perm, eine Galaxisdrehung vorher. Die subkambrische Periode klimatischer Raserei läßt sich leicht als vor drei Umdrehungen stattgefunden erklären. Aber wo sind die Narben der Eisdecken des Ordoviziums vor vierhundert Millionen Jahren? Es gibt keine, nicht einmal eine Andeutung.

Mein Standpunkt ist der: Wenn ein Astrophysiker wie Dr. Gold die Schneegrenze des Mount Kenya übersehen darf; wenn sich ein Mathematiker wie Milankovich über zweihundert Millionen Erdjahre der Störungen hinwegsetzen kann; wenn ein Meteorologe wie Sir George Simpson bestimmte Vögel in bestimmten afrikanischen Wäldern ignoriert, dann darf ein Dramatiker das frühe Ordovizium vernachlässigen. Schließlich war es vor langer, langer Zeit.

Drei Kräfte sind für die Entwicklung des Lebens verantwortlich. Die Zeit, die Strahlung und der Tod. Von diesen dreien ist für viele die Zeit am faszinierendsten. Ob man nun eine Eidechse ist, die sich mit der Entstehung der Reptilien beschäftigt, oder ein Webervogel, der an den Beginn des gefiederten Lebens zurückdenkt, ob man ein Mensch ist, der tastend nach dem Ursprung des menschlichen Tieres sucht – Eidechse, Vogel und Mensch stehen vor den gleichen Fragen: Wann geschah es? Woher wissen wir es?

Es ist gar nicht so lange her – etwas mehr als 100 Jahre –, daß der Kalender des Erzbischofs Ussher noch en vogue war, der die Schöpfung mit dem Jahr 4004 vor Christus ansetzte. Seine Datierung entnahm er der Bibel. Heute glauben wir, genauere Informationen in Händen zu haben. Doch der berühmte Erzbischof war sich seiner Quellen sehr sicher; wieso dürfen wir annehmen, unsere seien richtiger? Weder der *Australopithecus* noch der *Pekingmensch* ritzten Jahreszahlen in die Höhlenwände. Aber es wird uns kaum möglich sein, irgendwelche Behauptungen über unsere Vergangenheit aufzustellen, wenn wir nicht der Zeitbestimmung vertrauen können.

Dieses Vertrauen kann allzuleicht getäuscht werden. Kenneth Oakley erzählt die Geschichte eines gewissen Captain Brome aus Gibraltar, der Ende des 19. Jahrhunderts den fossilierten Knochen eines Pferdes ausgrub. Der Grad der Fossilisation – sein Gewicht, seine Versteinerung, das Fehlen organischer Fasern – deutete auf ein hohes Alter hin. Captain Brome war überzeugt, ein Pferd einer längst ausgestorbenen Pferdespezies gefunden zu haben. Er grub. Er grub sorgfältig. Mit unendlicher Geduld legte er jeden Knochen frei und setzte das Skelett während der Grabungen allmählich zusammen. Ein Fossil freizulegen ist eine mühselige Arbeit, aber er fuhr hartnäckig mit seinen Grabungen fort. Er grub so lange, bis er das Hufeisen fand!

Captain Brome wußte noch nichts von der Altersbestimmung nach der Kohlenstoff-14-Methode. Bei einer flüchtigen Betrachtung der verblüffenden Resultate dieser Methode könnte man glauben, alle Datierungsprobleme alter Funde seien damit gelöst. Leider ist das nicht der Fall. Kohlenstoff 14 ist ein seltenes Isotop, radioaktiv und instabil, das sich wie Kohlenstoff verhält, sich aber durch Abgabe eines Elektrons in stabilen Stickstoff verwandelt. Willard Libby entwickelte 1946 an der Universität von Chicago eine Methode, wonach Kohlenstoff 14 zur Datierung benutzt werden kann, und erhielt für diese Arbeit später den Nobelpreis. Die Eigenschaft von Kohlenstoff 14, sich wie gewöhnlicher Kohlenstoff zu verhalten, bedeutet, daß lebende Organismen, die alle aus der Luft oder aus dem Wasser Kohlenstoff absorbieren müssen, in ihren Knochen, Panzern oder Schalen Spuren von C 14 ablagern, und zwar im gleichen Verhältnis, wie er in der Luft vorhanden ist. Auch in deinen und meinen Knochen muß er vorhanden sein. Wenn wir aber tot sind, beginnt die Zeit von C 14 ihren Tribut zu fordern; alle 57 Jahre verschwindet die Hälfte. Gräbt man uns aus, und wir werden untersucht, wird nur noch ein Teil des C 14 vorhanden sein. Man kann uns bestens datieren.

Die Grenzen dieser Methode sind klar. Erstens enthält die Atmosphäre nur wenig C 14. Es ist nicht nur eine große Probe, sondern auch eine heikle Analyse nötig, um den Bruchteil eines Elementes zu finden und zu messen, das bereits zu Beginn nur in einem Verhältnis von 1:1 Milliarde vorhanden war. Trotzdem liefern die jüngsten Datierungen Resultate von unglaublicher Genauigkeit. Die spätesten Auswirkungen der letzten Eiszeit fanden vor 11000 Jahren statt, mit einem wahrscheinlichen Irrtum von nur 750 Jahren. Aber je weiter wir zurückgehen, desto größer wird der wahrscheinliche Irrtum. Jenseits von 40 000 bis 50 000 Jahren bleibt so wenig C 14 übrig, daß die Methode trotz jüngster Verbesserungen kaum mehr von Nutzen ist.

Wir müssen uns in unseren Untersuchungen aber nicht mit 40 000 Jahre alten, sondern mit 400 000 bis 800 000 Jahre alten Überresten befassen. Es werden heute andere Datierungsmethoden mit radioaktiven Isotopen entwickelt, die längere Halbwertzeiten als C 14 aufweisen. Die Argondatierung, die ich gleich beschreiben werde, wird innerhalb der nächsten Jahre den in diesem Bericht dargelegten Pleistozänkalender bestätigen, korrigieren oder ablehnen. Aber zur Zeit, da dieses Buch geschrieben wird, müssen immer noch die Methoden der klassischen Geologie herangezogen werden, um zu den Altersbestimmungen zu kommen, die uns interessieren. Die klassische Methode der Geologie besteht darin, jeden nur möglichen Hinweis zu sammeln und sich dann mutig hervorzuwagen und zu raten.

Die Quellen für geologische Hinweise sind zahlreich: Stärke und Aufeinanderfolge von Felsschichten; Identifikation von ausgestorbenen Spezies (Leitfossilien) und Vergleich mit älteren oder jüngeren Formen; Vereisungsspuren und Feststellung, aus welcher Zeit sie stammen; Kalksteinablagerungen in Höhlen als Folge langer Regenperioden; Bestimmung, in welchem Pluvial sie entstanden; Pollenanalyse zur Ermittlung, in welchen Wäldern welches Klima vorherrschte; Untersuchung der Küsten und des Meeresbodens; Variationen der jährlichen Lehmablagerungen auf dem Boden vergessener Seen. Als ich noch jünger und eifriger war, habe ich selbst viele Tage damit verbracht, die Spuren von Lehmablagerungen eines Sees in Wisconsin, der seit der letzten Eiszeit verschwunden ist, auf Rechenmaschinenstreifen einzutragen. Meine Knie haben sich niemals ganz von dieser Tätigkeit erholt.

Mittels solcher Methoden entwickelten die großen deutschen Geologen Penck und Brückner die europäische Eiszeituhr. Das war um 1900. Unter Zuhilfenahme aller vorhandenen Hinweise schätzten sie, daß die letzte Eiszeit vor 20 000 Jahren gewesen sei, und diesen Zeitraum als Maßstab benützend, machten sie die ersten Versuche einer absoluten Datierung der glazialen Chronologie. Sie fixierten den Vorstoß des Günz, der ersten großen Vereisung, als vor 600 000 Jahren erfolgt. Wie ihnen diese Schätzung gelang, werden wir nie erfahren, jedenfalls war ihre Vermutung genau genug, den modernsten Datierungsmethoden standzuhalten. Ihr Maßstab aber war, wie die Kohlenstoff-14-Methode bewies, fast zweimal zu lang.

Eine einzige Unstimmigkeit genügt meistens, eine ganze Theorie zu gefährden. Mein erster Verdacht, daß etwas mit dem afrikanischen Kalender der vier Pluviale nicht stimmen könne, wurde durch die Untersuchung einer Fundstätte des *Australopithecus* hervorgerufen. Die Entdeckung des *Australopithecus africanus* von Dart im Jahre 1924 erfolgte in der enormen Kalksteinablagerung einer Höhle namens Taungs im westlichen Transvaal am Rande der Kalahari. Eine der nicht unwesentlichen Schwierigkeiten der Untersuchung der Fundstätte war die Tatsache, daß sie nicht mehr vorhanden war. Abbauarbeiten hatten sowohl Kalk wie Höhle beseitigt. Doch ein Geologe von der Universität von Kalifornien, Dr. Frank Peabody, machte 1948 eine äußerst sorgfältige Bestandsaufnahme von dem, was noch übriggeblieben war, und entwarf eine genaue Rekonstruktion von Charakter und Topographie der Höhle zur Zeit von Darts Fund.

Im südlichen Afrika wird der Kalk von dem Grundwasser aus dem Dolomit gelöst und an die Oberfläche gebracht. Während der zwölf Millionen Jahre dauernden Trockenheit des Pliozäns war nirgends in Afrika genügend Grundwasser vorhanden, derartige Ablagerungen hervorzubringen. Auch während der trockenen Zyklen des südafrikanischen Pleistozäns gab es niemals genug Wasser, um mehr zu tun, als Knochen zu fossilieren. Nur während der feuchten Perioden, den Pluvialzeiten, konnten bedeutende Ablagerungen entstehen.

Alle Funde des Südaffen erfolgten ausnahmslos in den Schichten derartiger Kalkablagerungen. Mit Ausnahme von Taungs wurden die Entdeckungen in Höhlen gemacht, die von dem Kalkstein ausgefüllt waren, der die Knochen, die Zähne, die umstrittenen Waffen und das fragliche Schicksal des Geschöpfes enthielt. In Taungs wurden die Funde jedoch in einer Höhle *innerhalb* einer enormen Kalkschicht gemacht, die später durch nachfolgende Ablagerungen versiegelt worden war. Keine günstigere Gelegenheit gab es, die Zeit des Südaffen zu bestimmen; es hieß nur die Chronologie des Kalkes zu enträtseln.

Peabody akzeptierte die traditionelle Pleistozänuhr und konnte vier tiefe Kalkschichten nachweisen, deren letzte praktisch bis in die Gegenwart reicht. Die Höhle des Südaffen hatte sich in der ersten Schicht gebildet und konnte nicht mehr betreten werden, nachdem sie von der zweiten überdeckt worden war. Der *Australopithecus* mußte seine Höhle in dem Intervall zwischen den ersten beiden Regenzeiten bewohnt haben. Für Peabody, der die afrikanischen Pluvialzeiten mit den Eiszeiten des Nordens gleichsetzte, mußte der Südaffe notwendigerweise aus einer Periode stammen, die der ersten Zwischeneiszeit der alpinen Rechnung entsprach, also ungefähr aus einer 500 000 Jahre zurückliegenden Zeit.

Was mich störte, waren nicht Peabodys vier Kalkschichten, sondern das Intervall, das zwischen ihnen lag. Der Ablagerung der ersten Schicht war ein ungeheuer langes Intervall der Erosion gefolgt, und die Spalten hatten sich mit dem roten Treibsand der Kalahari gefüllt. Während dieses langen, echten Interpluvials hatte ein ausgesprochenes Wüstenklima geherrscht. Darauf folgte die zweite große Kalkwelle, noch stärker als die erste – ein hinreichender Beweis für ein zweites großes Pluvial. Es war die nächste Trockenperiode, die mir Sorgen bereitete. Ohne Frage war es wieder ein echtes Interpluvial. Wieder sammelte sich der rote Wüstensand in Spalten und Rissen an. Aber die Erosion war wesentlich schwächer, und es kam nur selten zu Höhlenbildungen. Das zweite Intervall schien von gleicher Beschaffenheit wie das erste, nur von wesentlich kürzerer Dauer. In Europa aber hatte die entsprechende große Zwischeneiszeit 200 000 Jahre gedauert, viermal so lange wie die erste.

Es war die Betrachtung des letzten Intervalls zwischen den Kalkschichten, die mein Vertrauen in die afrikanische Korrelation vollends zerstörte. Hier war überhaupt kein trockenes Interpluvial nachzuweisen. Ohne Zweifel hatten zwei Kalkablagerungen stattgefunden, die zwei feuchte Klimaphasen voraussetzten. Aber das dazwischenliegende Intervall war von so kurzer Dauer gewesen, daß kaum eine Oberflächenkorrosion stattgefunden hatte; in den flachen Vertiefungen hatte sich nicht der rote Sand der Kalahari, sondern schwarze Erde angesammelt. Ich dachte daran, daß die erste und die letzte Zwischeneiszeit in Europa von gleicher Dauer waren, ungefähr 50 000 Jahre. Die kurze Atempause zwischen den afrikanischen Regenfällen mit der so außerordentlich langen Trokkenheit der ersten Periode – der Zeit des Südaffen – gleichzusetzen, war Unsinn. Die erste Trockenperiode Afrikas war zehn- oder zwanzigmal so lange wie die letzte.

Die Korrelation zwischen vier Regenzeiten und vier Eiszeiten schien mehr als zweifelhaft. Ebenso zweifelhaft war die Datierung des Südaffen aufgrund einer angenommenen Beziehung zwischen dem ersten Interpluvial und dem ersten Interglazial also vor 500 000 Jahren; wann immer er gelebt haben mag, zu dieser Zeit bestimmt nicht. Simpson sollte natürlich das Rätsel lösen.

Die klassische Geologie ist nicht imstande, aufgrund einer einzigen Beweiskette eine absolute Altersbestimmung in der fernen Vergangenheit durchzuführen. Eine gut durchdachte Beweisführung kann aber ein relatives Datum mit außerordentlicher Präzision festlegen. Ein derartiges Bravourstück gelang jenem erstaunlichen jungen Südafrikaner, der sich im Alter von 27 Jahren von den alten Höhlen ab- und den zeitgenössischen Kobras zuwandte.

Höhlenablagerungen sind so schwierig zu untersuchen, daß die meisten Methoden der Analyse nicht angewandt werden können. Den Laien, der sich in Höhlen wagt, verfolgt die Angst vor Verschüttung, den Geologen die Angst, keine schlüssigen Beweise zu finden. Aber der mutige Brain entdeckte, daß eine Handvoll Sand – ganz gleich, ob als Staub oder konsolidiert – aus jeder Schicht der Dolomithöhlen des *Australopithecus* genügte, um eine Feststellung des Klimas der entsprechenden Schicht zu erlauben. War das Verhältnis von Quarz zu Feuerstein hoch, so war das Klima trokken, denn Quarz ist im Dolomit nicht vorhanden und muß aus einiger Entfernung in die Höhle geweht worden sein. Ein Überwiegen des lokalen Feuersteins bedeutete feuchtes Klima, das die Wüste nicht eindringen ließ.

Brain gab sich noch nicht zufrieden. Er entwickelte einen Überprüfungstest, der auf der kantigen Beschaffenheit der Sandkörner beruhte. Waren die Kristalle abgerundet, dann waren sie vor ihrer

Ankunft in der Höhle starkem Wind ausgesetzt gewesen – ein Zeichen für trockenes Klima. Waren sie aber scharfkantig, dann hatten sie keine trockenen Stürme gekannt; die Periode mußte feucht gewesen sein. Brain entwarf einen relativen Kalender für alle Fundstätten des *Australopithecus*, mit dessen Hilfe man zum Beispiel eine Reihe von feuchten Lagen in Sterkfontein zu einem parallelen Zyklus von Veränderungen in dem 200 Meilen nördlich gelegenen Makapan in Beziehung bringen konnte.

Eine Handvoll Sand, an verschiedenen Orten gesammelt, liefert einen brauchbaren Kalender der Zeiten und des Lebens des Südaffen. Ein strenger Wissenschaftler wie Dr. Brain verachtet wahrscheinlich müßige Spekulationen, aber den Laien überkommt die Lust auf Abenteuer. Man kratzt etwas Sand aus der Matrix eines fossilen Kieferknochens und gibt die Probe in eine Glasphiole. Jede Aspirinphiole genügt. Jetzt taucht man sie in Wasser. Wie viele Tropfen absorbiert der Sand? Je abgerundeter die Körner sind, desto weniger Zwischenraum ist vorhanden; je eckiger, desto mehr Wassertropfen werden absorbiert. In der einen Hand hält man einen 700 000 Jahre alten Fund, in der anderen einen Wetterbericht!

Kenneth Oakleys Analyse des *Piltdown*-Schädels war eine relative Datierung mittels Chemikalien. Fluor ist in jedem Grundwasser vorhanden und wird in Fossilien abgelagert. In einer bestimmten Fundstätte sollten alle gleich alten Fossilien ungefähr die gleiche Menge Fluor enthalten. Das Problem des *Piltdown*-Schädels war sein menschliches Kranium mit gewölbter Stirne und sein affenartiger Kiefer. Stammten die beiden aus der gleichen Zeit? Man hatte den Schädel in England gefunden, gemeinsam mit verschiedenen Tierresten fraglichen Alters, einige aus dem Villafranchia, einige etwas jünger. Sie wiesen darauf hin, daß das Fossil den ältesten menschlichen Fund darstellte. Dr. Weiner vom Britischen Museum hatte hinsichtlich der anatomischen Übereinstimmung von Kiefer und Kranium seine Zweifel. Oakley gelang es, die Berechtigung dieser Zweifel für alle Zeiten zu beweisen. Seine Tests ergaben dreimal soviel Fluor im Schädel wie im Kiefer. Der *Piltdown*-Mensch war als Schwindel entlarvt.

Eine weniger bekannte, aber ebenso faszinierende Geschichte

relativer Datierung betrifft Oakleys spätere Analyse der verschiedenen Tierknochen. Der Spaßvogel, der den *Piltdown*-Schädel vergraben hatte, war in Paläontologie gut bewandert gewesen. Sorgfältig hatte er ihm einige Zähne des *elephas planifrons*, einer Spezies des Villafranchia, beigegeben und ebenso einige des späteren *elephas antiquus* sowie einige andere Souvenirs aus dem Mittelpleistozän. Wo er sie gesammelt hatte, weiß kein Mensch. Der Fluortest ergab nichts. Aber im Verlauf seiner Untersuchungen experimentierte Oakley mit Uran, das ebenso wie Fluor meistens im Grundwasser vorhanden ist und in Fossilien abgelagert wird. Da es radioaktiv ist, kann man den Urangehalt eines Fossils mit einem Geigerzähler messen, indem man die abgegebenen Betastrahlen zählt. Oakleys Urananalyse des *Piltdown*-Schädels hatte kein befriedigendes Resultat erbracht. Als er aber seine Aufmerksamkeit den verschiedenen tierischen Überresten zuwandte, erhielt er verblüffende Ergebnisse.

Als man daranging, die verschiedenen Fossilien, die mit dem *Piltdown*-Schädel zusammen gefunden worden waren, mit dem Geigerzähler zu prüfen, zählte dieser ziemlich einförmig 10 bis 25 Betastrahlen pro Minute. Es ergaben sich keinerlei signifikante Schwankungen. Als aber die Elefantenzähne an die Reihe kamen, erschütterten die Betastrahlen das Laboratorium. *Elephas planifrons* hatte dem Britischen Museum zumindest einen Backenzahn geschenkt, dessen radioaktive Potenz doppelt so groß war wie die eines minderwertigen Uranerzes. Jetzt machte sich der Spürhund Oakley auf die Fährte des *Piltdown*-Frevlers. Wo hatte er solch einen heißen Zahn gefunden? Keine Villafranchiafundstätte in England, auf dem Kontinent, in Marokko oder Algerien wies Säugetierüberreste mit einer größeren Betazählung als 281 pro Minute auf, Oakleys drei Elefantenzähne ließen den Museumskeller mit einem Ausstoß von 175, 203 und 355 erzittern. Endlich traf Nachricht von einer Fundstätte in Ichkeul in Tunis ein. *Elephas planifrons* war dort das häufigste Fossil; ein Exemplar tickte wie verrückt mit 195 Zählungen pro Minute. Man hatte, wenn auch nicht den Frevler selbst, so zumindest den heißesten Begleiter des *Piltdown*-Menschen festgenagelt.

Eines Tages werden uns die radioaktiven Bestandteile der Erdkruste einen vollständigen und genauen Kalender von der Entstehung der Erde bis zur Gegenwart liefern. Ebenso wie uns Kohlenstoff 14 einen genauen Kalender des organischen Lebens für die letzten 40 000 Jahre gibt, werden Isotope mit längeren Halbwertzeiten uns weiter zurückführen. Uran ist unverläßlich, obwohl sein Zerfall in Blei und Helium uns einige interessante Daten geliefert hat, welche die Schätzungen der klassischen Geologie erstaunlich genau bestätigen. Trotzdem kann die Urananalyse Daten von haarsträubender Unwahrscheinlichkeit liefern. Nicht das Uran, sondern das Argon wird unseren neuen Kalender schreiben.

Argon ist jenes blaue Gas, das man gemeinsam mit dem roten Neon in Lichtreklamen sieht. Es ist ein ziemlich seltenes Element. Aber ein radioaktives Isotop des häufigen Elementes Kalium zerfällt in Argon. Dieses Isotop ist K 40; in einer ungeheuer langen Halbwertzeit zerfällt es in A 40 oder Argon. Kalium kristallisiert in allen Felsen vulkanischen Ursprungs; normales Argon kristallisiert nicht. Daher muß Argon, das in Kaliumkristallen gefunden wird, durch radioaktiven Zerfall entstanden sein; je mehr Argon, desto älter die Ablagerung. Eine Schwierigkeit ist leider vorhanden, vor allem für jene, die sich mit dem Menschen und dem Pleistozän beschäftigen. Unter bestimmten Umständen können die Kristalle eine kleine Menge Argon aus der Luft absorbieren.

Die ersten Versuche zur Argondatierung wurden 1948 in verschiedenen Forschungszentren der Vereinigten Staaten unternommen. Man nahm zunächst an, daß die Methode nur für sehr alte Ablagerungen von Wert sei, in denen eine maximale Menge umgewandelten Argons und eine minimale Menge aus der Luft absorbierten Argons vorhanden ist. Die letzte Million Jahre schien viel zu jung. 1958 veröffentlichten Dr. J. F. Evernden und seine Mitarbeiter von der Universität von Kalifornien in Rom eine Arbeit, die jede Diskussion über Zeitbestimmungen im Pleistozän beenden sollte. Sie hatten einen mühevollen, heiklen Prozeß entwickelt, um den Fels in einem Vakuum vorzuerhitzen. Das atmosphärische Argon entwich, und nur das umgewandelte Argon blieb zurück. Wenn der Prozeß nicht aus unvorhergesehenen Gründen mißlingt, ermöglicht er jede Datierung jenseits von 50 000 Jahren – die Grenze, bis zu der C 14 verwendbar ist.

Die Argonmethode wird den Geologen nicht arbeitslos machen, denn sie setzt vulkanisches Material voraus. Absolute Datierungen von Kalifornien, Kenia oder Italien, wo vulkanische Tätigkeit ihre schwarzen Spuren hinterlassen hat, müssen mit Ablagerungen aus dem afrikanischen Veld, aus Prärien und Steppen verglichen werden, wo es keine vulkanische Aktivität gab. Die klassischen Methoden der Fauna- und Sedimentbestimmung, der Untersuchung von Erosion, Sandkörnern und Pollen, von Kalkablagerungen und Vögeln sind immer noch wichtig, um die Dinge, von denen wir nichts wissen, mit jenen in Beziehung zu setzen, die wir kennen. Aber allmählich wird der nagende Zweifel – wie erfahren wir, wann es wirklich war? – von den Argonkristallen beseitigt werden, die sich heimlich in unserer radioaktiven Erde ansammeln.

Die Zeit, der Tod und der Kosmos sind die Träger der Evolution und alles dessen, was wir sind. Unsichtbar schlummern sie in jeder Geste, in jedem Kuß, in dem Lachen eines Kindes. Wir lesen ein Buch, wir denken an Freunde, wir erinnern uns an Großmutters Haus mit dem alten Kachelofen. Wir gehen zu Bett, wir bauen Pyramiden, wir bezwingen die Berge und stehen gebannt vor der Gewalt der Elemente. Wir empfinden Angst, wir trauern, wir lernen zu lieben. Alles gehört zusammen, und der Augenblick unseres Bewußtseins ist der Augenblick aller Dinge.

Ich hebe die Augen zum Himmel und erflehe Hilfe. Aus den unerbittlichen mathematischen Gesetzen der Materie kommt die Kraft der Veränderung. In unvorstellbaren Fernen vollzieht sich die Umwandlung der Materie. Und die Energie dieser kosmischen Verwandlungen erreicht mit ihren strahlenden Fingern die letzten Regionen, die fernsten Galaxien, den verglühenden Stern, den bescheidenen Planeten und jedes kleinste Lebewesen. Unaufhörlich, ruhelos und blind bringt die in Energie umgesetzte Materie Veränderung und Mutation in jedem Lebensbereich hervor. Aus Unbelebtem wird Leben; aus Flossen werden Beine.

Der Tod ist der Richter. Er wählt unter den Zufällen. Aus dem Kosmos käme nur das Chaos. Aus dem Zusammenprall von Strahlung und Gen, zweck- und sinnlos, veränderlich und wertindifferent, entstünde nur die gesichtslose Masse der Mittelmäßigkeit. Aber der Tod greift ein und trifft seine Wahl; das Kluge, nicht das Dumme, das Sinnvolle, nicht das Sinnlose, das Starke, nicht das Schwache wird gewählt. Der Tod belauert den Fischlaich, die Keimlinge, den Embryo. Er ist der Leopard, der im Dunkeln sieht. Er ist der Geier und die Schlange; ein Wüstenwind, ein Streit unter Freunden, eine Seuche, eine Heuschreckenplage, eine Ermüdung der Spezies. Der Zufall schlägt vor; der Tod entscheidet. Der Duft der Jasminblüten erfüllt die Nacht; der Gesang der Nachtigall dringt an mein Fenster. Ich mag grübeln oder ein Kind trösten. Wir alle wären in der Wildnis des Zufalls verloren, hätte nicht der Tod durch abertausendfache Wahl die Werte der Welt geschaffen, die wir kennen.

Aber trotz der Macht des Strahlenregens, der sich über alles Lebende ergießt, trotz des unbestechlichen Schiedsspruches des Todes, der wägt, prüft und ausmerzt, hätte weder die zufällige Veränderung noch der auswählende Tod eine Welt aus dem Meer des Urschlammes erschaffen können, wäre die Zeit nicht gewesen. Der Mensch wäre nicht und nicht die Nachtigall, keine duftenden Wiesen, kein Elefantenrüssel. Die Zeit – gewaltig, geruhsam, geduldig und unbeeinflußbar – schuf die Synthese aus dem Zufall und dem Wert.

Wenn mein genetisches Erbe die Fähigkeit einschließt, diesen Bericht zu schreiben; genügend Verstand, die Einzelheiten darzulegen; genügend Urteilskraft, die Schlußfolgerungen zu ziehen; genügend Teilnahme, das menschliche Geschehen ergründen zu wollen – dann verdanke ich all dies nur der Zeit. Es ist nicht meine Lebensspanne oder die meiner Vorfahren, es ist nicht einmal die Zeitspanne meiner Spezies. Es ist vielmehr das Maß einer geruhsamen Zeit, die vom Augenblick des erwachenden Lebens bis zur Geburt des Individuums und der ersten Ernte des Todes eine Milliarde Jahre warten konnte. Und die Zeit wartete noch länger. Sie wartete auf das Rückgrat, das mich heute stützt, sie wartete auf Lungen, die Luft einatmen, auf Beine, die aus den Gewässern kriechen konnten. Sie wartete auf das Zusammentreffen von Zufällen, das warmblütige Tiere mit einer den Kaltblütern überlegenen Energie ausstattete. Jetzt konnten Vögel fliegen und die Säuger die

Herrschaft der Reptilien übernehmen; jetzt übertraf meine Energie die einer Eidechse. Und noch immer wartete die Zeit. Meine fernen, bescheidenen Primatenvorfahren stiegen auf die Bäume, die ihre Heimstatt werden würden. Auf den verschlungenen Pfaden des Baumlebens zählte Schlauheit mehr als Stärke und Klugheit mehr als Instinkt. Das Gehirn wuchs, und Zufall und Tod – die beiden alten Partner – konnten subtilen Instinktformen den Vorzug vor primitiven Trieben geben. Die Gesellschaft, die Verständigung zwischen Individuen, die Aufzucht der Jungen, die Gruppenverteidigung und die Sorge für den Kumpanen – sie wurden zu einem Bestandteil der Lebensform der Primaten und der meinigen. Siebzig Millionen Jahre mußten vergehen von dem ersten Auftauchen der Primaten bis zu dem Augenblick, da Zufall und Auslese den Menschen erschufen. Aber die Zeit konnte warten – wie sie noch heute wartet.

Zeit, Tod und kosmische Kräfte haben gemeinsam eine lebende Welt hervorgebracht. Sie alle sind zu gewaltig für menschliche Maßstäbe. Wir sind 2 Meter groß und 70 Jahre lang. Wir können mutmaßen, beschreiben, messen. Wir können in die Gesetzlosigkeit des Pleistozäns tauchen und nach Erklärungen für unsere Entstehung suchen. Aber viele Geheimnisse bleiben unerforschlich. Die Zeit, der Tod und der Weltenraum sind gewaltiger als wir.

IX *Ein wetterhartes Tier*

In der menschlichen Menagerie gibt es die Spezies der Ästheten. Sie ist am festesten in der Illusion verwurzelt, daß der Mensch etwas Besonderes sei und nach Regeln und Gesetzen handle, die er sich selbst gegeben hat. Der bedeutende englische Kritiker Clive Bell bekannte sich eindeutig zu der für den Ästheten typischen verächtlichen Einstellung zur Evolutionstheorie, als er in seinem berühmten Werk »Civilization« schrieb: »Was liegt an der Existenz des Menschen, wenn sie keinem anderen Zweck dienen soll als der Fortpflanzung der Art, wenn der einzelne nichts anderes sein soll als ein Mittel zu diesem Zweck? Ob irgendeine Affenart ausstirbt oder nicht, ist ohne jede Bedeutung, und wenn der Mensch zu keinem andern Zweck lebt als der Affe, dann ist es ebenso unwichtig, ob er weiterexistiert oder nicht.«

Einige Jahre nach dem Erscheinen des Werkes befaßte sich Sir Arthur Keith eingehend mit dieser Behauptung. Als Antwort auf die zitierten Sätze schrieb er: »Ob irgendeine Affenart ausstirbt oder nicht, ist insofern von Bedeutung, als es, falls ein gewisser Affenstamm des Miozäns ausgestorben wäre, weder Clive Bell noch sein Buch über die Zivilisation gäbe, was einen Verlust für die Welt darstellen würde. Ich bin sicher, daß Clive Bell der Evolutionstheorie weniger feindlich gesinnt wäre, wenn sie dem Menschen einen gefallenen Engel statt eines emporgekommenen Affen zum Vorfahren gegeben hätte.«

Die Geschichte vom langsamen Aufstieg des Menschen aus den Wäldern seiner Primatenvergangenheit handelt, wie Sir Arthur zu verstehen gibt, nicht von gefallenen Engeln, sondern von emporgekommenen Affen. Aber es ist eine höchst erregende Geschichte. Es gibt Funde, die wie verdrängte Bruchstücke eines wirren Traumes die Phantasie verlocken, und man hat immer das Gefühl, schon einmal an dieser Stätte geweilt zu haben. Das ist kein Wunder. Denn in der Realität dieser Funde liegen Hinweise verborgen auf Adam und den Garten Eden, auf ein verlorenes Paradies, auf Kain und Abel. Daß Afrika die Wiege der Menschheit war, klingt wie rätselhaftes Glockengeläut aus urzeitlichen Tiefen.

Alle wissenschaftlichen Befunde deuten darauf hin, daß das heutige Kenia im Miozän der Garten Eden der Menschenrasse war. Argonkristalle in längst verwittertem vulkanischem Gestein verraten uns, wann das gewesen ist – vor zwanzig Millionen Jahren. Vor einer Zeit, die um das Zwanzigfache hinter der Gesamtdauer des Pleistozäns zurückliegt und um das Vierzigfache hinter der Epoche, in der aus Mutationen das Menschengehirn hervorging, durchstreifte ein optimistischer Zweig der Affenfamilie die Steppen Ostafrikas. Und der Tatsache, daß sich irgendeine nicht identifizierbare Spezies weigerte, auszusterben, ist es zu verdanken, daß zwanzig Millionen Jahre später der Aufstieg zum Menschen begann; zum Menschen mit seinen Träumen und Brutalitäten, seinen Triumphen und Illusionen und sogar mit seinem Snobismus.

In Afrika waren die Paläontologen immer gewissen Gefahren ausgesetzt, die mit den Eigenheiten dieses Erdteils zusammenhängen. Schon 1909 tauchte in Regierungskreisen der damaligen britischen Kolonie die Vermutung auf, daß in Kenia interessante Fossilien zu finden sein könnten. Ein Regierungsbeamter namens D.

B. Pigott wurde ausgesandt, die Ufer des Viktoriasees in der Nähe des kleinen Hafens Kisumu zu durchforschen. Pigott entdeckte eine Reihe hochinteressanter Fossilien, wurde aber leider eines Tages seinerseits von einem Krokodil entdeckt, das ihn verschlang. Dieser unerfreuliche Anfang läßt es begreiflich erscheinen, daß es Jahre dauerte, bis größere Funde von den Ufern des Viktoriasees gemeldet wurden. Die meisten dieser Entdeckungen verdanken wir dem afrikanischen Naturwissenschaftler Dr. L. S. B. Leakey, dessen erfolgreiche Weigerung, sich während seiner langen Laufbahn von Krokodilen, Giftschlangen, Leoparden oder Löwen um die Ecke bringen zu lassen, zu den Wundern dieses an Wundern so reichen Kontinents gehört.

L. S. B. Leakey, der heute Kurator des Coryndon Museum in Nairobi ist, wurde in Kenia geboren. Er wirkt wie ein Elefant auf der Suche nach einem Porzellanladen. Leakey kommt aus jener englischen Tradition, die Gefahren einfach ignoriert. Vor der Jahrhundertwende verspürte eine Schwester seiner Mutter plötzlich den unbezwinglichen Wunsch, das Innere Afrikas zu bereisen. Als sie mutterseelenallein in Mombasa eintraf, weigerten sich die entsetzten englischen Beamten, ihr Transportmittel zur Verfügung zu stellen, und rieten ihr, nach Hause zurückzukehren. Sie dachte nicht daran, diesen Rat zu befolgen, sondern warb ein paar eingeborene Träger an, ergriff ihren Regenschirm und ging nach Uganda. Später durchstreifte ihr Neffe die roten Hochplateaus im aufrührerischen Kenia, die an Gefahren reichen Inseln im Viktoriasee und die einsamen, von Löwen wimmelnden Ebenen des nördlichen Tanganjika, als befände er sich in der sanften Hügellandschaft von Sussex auf Schmetterlingsjagd.

Von allen Wissenschaftlern, die derzeit in Afrika forschen, ist Leakey derjenige, dem die Zeitungen in den nächsten Jahren die meisten Schlagzeilen widmen werden. Aber schon 1926 bot sich dem jungen Gelehrten der erste Einblick in die Wunder, die sich ihm enthüllen sollten. Das war 15 Jahre nach Pigotts tragischer Begegnung mit dem Krokodil. Leakey bestieg den Nachtdampfer, um über den Viktoriasee von Kisumu nach Entebbe in Uganda zu fahren. Diese Reise hatte er schon oft gemacht, aber aus irgendeinem Grund ging der Nachtdampfer diesmal erst am Morgen ab.

Kisumu liegt im Westen Kenias am Ende eines langen Ausläufers des Viktoriasees, genannt Golf von Kavirondo. Wenn man aus dem von Bergen umrahmten Golf in die Weite des Sees hinausfährt, sieht man ein paar rötliche Inseln auftauchen. Zum erstenmal passierte Leakey die Insel Rusinga bei Tag. Er betrachtete sie vom Schiff aus durch seinen Feldstecher und dachte bei sich, daß er dort einmal auf die Jagd nach Fossilien gehen müsse. Aber erst fünf Jahre später ergab sich eine Gelegenheit, diese Absicht in die Tat umzusetzen. Inzwischen waren in andern Gegenden Kenias mehrere Funde längst ausgestorbener Affen ans Licht gekommen. Schon am ersten Tag, den Leakey auf der Insel verbrachte, fand er einen fossilen Kiefer. Damit begann die sensationelle Entdeckung des auf dem Boden lebenden Menschenaffen der Miozänperiode. Heute sind im Coryndon Museum in Nairobi und im Naturhistorischen Museum in London mehr als 600 Fundstücke aufbewahrt.

Um zu verstehen, welche Bedeutung den Funden in den Miozänschichten Kenias für die Entstehungsgeschichte der Menschheit zukommt, müssen wir bedenken, daß auf der ganzen Welt nur zwei fossile Menschenaffen entdeckt wurden, die aus einer früheren Epoche stammen. Sie wurden in Ägypten gefunden und sind ungefähr zehn Millionen Jahre älter. Im Miozän jedoch haben sich die Menschenaffen in der Gegend des Viktoriasees durchgesetzt. Warum dies gerade in Kenia geschah, wissen wir nicht. Da zu jener Zeit eine starke vulkanische Tätigkeit herrschte, wäre es möglich, daß radioaktive Stoffe anomale Mutationen hervorriefen. Oder war die Zeit vielleicht einfach reif für den Menschenaffen. Jedenfalls hatte der Menschenstamm, soweit uns bekannt ist, auf dem ostafrikanischen Hochplateau seine erste große Stunde.

Vor zwanzig Millionen Jahren hatte Kenia ein kühleres Klima als heute und war besser bewässert. Wo sich jetzt endlose Steppen ausbreiten, zogen sich damals längs der Flüsse Wälder hin, während Steppen nur auf den die Flußtäler trennenden Bergrücken zu finden waren. Es war eine paradiesische Zeit; in den Wäldern gab es Blätter und Früchte in Hülle und Fülle, in den Grasebenen Raum im Überfluß. Ein nicht spezialisierter Affe, der sich von Früchten nährte, hatte es nicht nötig, sich an ein Leben in den Bäumen anzupassen, um existieren zu können. Er gedieh prächtig.

Übrigens ist der Name Affe für dieses Tier vielleicht nicht ganz berechtigt, denn die Gliedmaßen des Menschenaffen sind durch seine hangelnde Fortbewegungsart anatomisch spezialisiert. Im Gegensatz zum heutigen Affen hatte das Geschöpf aus dem Miozän Arme, die kürzer waren als seine Beine. Sein Primatenkörper war nicht durch übermäßig ausgebildete Vordergliedmaßen entstellt, weil er diese zur Fortbewegung nicht brauchte. Seine Umwelt gestattete ihm, teils auf dem Boden, teils in den Bäumen zu leben. Ein solches Dasein konnte auf das Geschenk jeder zufälligen Mutation verzichten, die den Empfänger auf die eine oder andere Umwelt festgelegt hätte.

Der *Proconsul* wie die Familie des Miozänaffen genannt wird, gleicht in anatomischer Hinsicht dem Menschen. Zwischen dem Menschen und dem Waldaffen zum Beispiel besteht ein deutlicher Unterschied in der Schädelform. Wie es zu diesem Unterschied kam, ist völlig rätselhaft; vielleicht geschah es durch Zufall. Aber die Augen des Menschen sitzen jedenfalls in rechteckigen Schädelöffnungen, die des Affen in runden. Hält man einen Menschenschädel in der einen und einen Gorillaschädel in der anderen Hand, so hat man den Eindruck, als blicke der eine durch ein Fenster, der andere durch Schiffsluken. Und dann sehe man den *Proconsul* an – auch er blickt durch Fenster.

Weiter unten folgt eine kleine Lektion in vergleichender Anatomie, die uns befähigen soll, die körperlichen Folgen unserer Entwicklung in der afrikanischen Steppe besser zu begreifen. Aber schon jetzt können wir sagen, daß der *Proconsul* ein Geschöpf ohne Spezialisierungen gewesen ist. Die einzige Spezialisierung, die er besaß, haben wir nicht geerbt. Der *Proconsul* hatte die großen Reißzähne, die für den Waldaffen typisch sind.

Wenn du dein Gebiß genau betrachtest, so wirst du finden, daß bei dir wie beim *Australopithecus* die Eckzähne nur wenig länger sind als die beiden vorderen Schneidezähne. Im Gegensatz zu den prächtigen Dolchen, mit denen Menschenaffen und Paviane ausgestattet sind, wären unsere Zähne praktisch nutzlos, wenn wir sie als Waffen gebrauchen wollten. Die Tatsache, daß der Miozänaffe von Kenia spezialisierte, zum Kämpfen taugliche Eckzähne besaß, galt seinerzeit als Beweis dafür, daß er kein Vorläufer des Menschen gewesen sein könne. Aber der Beweis ist nicht stichhaltig. Fahre mit dem Finger über das Zahnfleisch oberhalb des Eckzahnes aufwärts, und du wirst eine Wurzel ertasten, deren Länge in keinem Verhältnis zu dem dazugehörigen Zahn steht. Diese Wurzel ist ein Rudiment. An unserem Körper gibt es noch andere Erinnerungen an unsere Primatenvergangenheit, einen winzigen Knochenvorsprung zum Beispiel, von dem einst ein Schwanz ausging, und kleine Muskelreste, die aus der Zeit stammen, da wir unsere Ohren bewegen konnten. Die lange Wurzel unserer unscheinbaren Eckzähne ist ein sentimentales Andenken an die längst vergangene Miozänperiode, als unsere Ahnen mit ihren natürlichen Waffen Streitigkeiten einfacher schlichten konnten als wir heute.

In der modernen Naturwissenschaft herrscht die Meinung vor, daß der Keniaaffe der Vorfahre sowohl aller Affen als auch des Menschen sei. Für diese Ansicht sprechen folgende Tatsachen: daß Kenia im frühen Miozän im Alleinbesitz der Menschenaffen gewesen zu sein scheint, daß sie dort sehr zahlreich waren und daß es viele verschiedene Typen von ihnen gegeben hatte. Die Entdekkung eines vollständigen Schädels eines *Proconsul africanus* durch Mrs. Leakey hatte zur Folge, daß diese Spezies, welche die Größe eines Schimpansen besaß, am besten bekannt wurde. Andere Funde beweisen jedoch, daß es Menschenaffen der verschiedensten Größenordnungen vom Gibbon bis zum Gorilla gab. Aber obwohl zahlreiche Gründe dafür sprechen, daß aus dieser Blütezeit der Savannenläufer im Miozän im Laufe einer zwanzig Millionen Jahre dauernden Evolution sowohl alle Menschenaffen als auch die Menschen hervorgingen, kann diese Ansicht doch falsch sein. Die auf dem Erdboden lebenden Wesen, die das ostafrikanische Grasland bevölkerten, können durchaus auch die Ahnen des Menschen allein gewesen sein. Wieso diese Möglichkeit besteht, wird uns eine nähere Betrachtung dieses irdischen Paradieses – das jedoch nicht ausschließlich paradiesisch war – lehren.

Der Viktoriasee, wie wir ihn heute kennen, sieht anders aus als der See, an dessen Ufern jene Geschöpfe lebten. Jetzt ist der riesige, tiefblaue See von roten Felsen und Papyrussümpfen umrahmt, von Krokodilen und Moskitos bevölkert und von zahlreichen Schiffen befahren, die in den Häfen Ugandas, Kenias und

Tanganjikas anlegen. Er nimmt eine flache Senke ein, die in viel jüngeren Zeiten als den Tagen des *Proconsuls* durch Erdbewegungen entstand und wahrscheinlich von den ersten Regenfällen des Pleistozäns mit Wasser gefüllt wurde. Wie tief und wie groß der alte See war, wissen wir nicht, denn seine Umrisse wurden durch die in dieser Gegend häufig auftretende vulkanische Tätigkeit grundlegend verändert. Aber das tief eingeschnittene, von erloschenen Vulkanen gesäumte Tal, das jetzt von einem Ausläufer des Viktoriasees ausgefüllt wird, bestand schon im Miozän, und der Seearm reichte damals noch weiter in die grünen Berge Kenias hinein.

Daß die fossilen Reste des Miozänaffen in dem sandigen Lehm des ehemaligen Ufers gefunden wurden, ist kein Zufall. Hierher kamen die Affen zur Tränke, und hier lauerten ihnen Raubtiere auf. Zehntausende erlitten das gleiche Schicksal. Krokodile schnappten aus dem Wasser nach ihnen, die Urahnen der Löwen, Leoparden und Hyänen stürzten sich am Ufer auf sie. Wenn wir in London oder Nairobi die Funde besichtigen, dann sollten wir bedenken, daß diese Sammlung ursprünglich von der Natur zusammengetragen wurde, und zwar mittels einer Falle, die mit einem bestimmten Köder bestimmte Tiere anlockte. Die Sammlung legt kein schönes Zeugnis für das Leben im Miozän ab, aber sie stellt eine Musterkollektion der damaligen Tierwelt dar, die entweder in den Sümpfen hauste, wie das *Dinotherium* und der *Teleoceras*, oder aber auf dem Boden lebte und trotz aller Furcht vor den Raubtieren gezwungen war, ans Ufer zur Tränke zu kommen.

Waldaffen steigen nach Einbruch der Dunkelheit niemals von den Bäumen herunter, um aus einem nahen Gewässer zu trinken. Die Früchte und Blätter, von denen sie sich nähren, liefern ihnen genügend Wasser. Daß es in der ganzen Welt so wenige Überreste von Primaten gibt, hängt mit dem Leben in den Bäumen zusammen, das diese Tiere nur selten in die Lage brachte, sich jenen Bedingungen auszusetzen, die zur Fossilisation führen. Der Primat wird in den Bäumen geboren, und er stirbt in den Bäumen. Wenn sein Körper zur Erde fällt, verwest er zwischen herabgefallenen Blättern und Asten.

Der Miozänaffe, dessen Reste an den Seeufern Kenias gefunden wurden, mag der Ahne des Menschenaffen und des Menschen gewesen sein oder auch nur des Menschen allein. Auch wenn die Trennung zwischen Boden- und Baumaffen damals schon erfolgt wäre, gäbe es keinen logischen Grund, warum Reste der Baumaffen in jenen Schichten vorhanden sein sollten. Mit Sicherheit können wir nur sagen, daß im Miozän ein optimistischer Zweig des Affengeschlechtes das Leben auf dem Boden lohnend genug fand, um trotz der hohen Zahl an Todesopfern, die er auf dem Friedhof am Seeufer zurücklassen müßte, auf die Sicherheit der Baumkronen zu verzichten. Und wie wir sehen werden, klammerten sich einige dieser Affen mit erschreckender Ausdauer an die uns unbekannten Vorteile des Lebens auf dem Boden, lange nachdem der Garten Eden verschwunden war.

Noch eine erregende Einzelheit muß dem Bild dieser frühesten bekanntgewordenen Hominiden hinzugefügt werden. Der Vikto-

riasee der Vorzeit besaß offenbar die höchst merkwürdige Eigenschaft, das Entstehen von Fossilien im Wasser zu ermöglichen. Die Ursache dieser sonderbaren Erscheinung können wir nur vermuten. Wir wissen, daß der Vulkan Mount Homa, der sich unmittelbar neben dem Ufer erhebt, in den Tagen des *Proconsuls* häufig ausbrach, denn die aus Ton und Sandstein gemischten Schichten aus jener Zeit sind reichlich mit vulkanischer Asche durchsetzt. Möglicherweise enthielt diese Asche einen chemischen Stoff, der dem Seewasser seine konservierende Eigenschaft verlieh. Tatsache ist, daß gelegentlich sogar Fleisch im Wasser erhalten blieb.

In den aus dem Miozän stammenden Schichten des Ufers wurden nicht weniger als 4000 Fossilien von Insekten gefunden. Rufen wir uns in Erinnerung zurück, daß ein Fossil nur aus den harten Teilen eines Lebewesens besteht, also aus Knochen oder Schalen, die der Verwesung widerstehen und lange genug erhalten bleiben, um auf eine natürliche Weise zu versteinern.

Aber in Kenia habe ich fossile Insekten gesehen, deren Flügel intakt waren; ich habe eine zwanzig Millionen Jahre alte Raupe gesehen. Sie war zu einem Stückchen Stein geworden, aber man konnte jedes winzigste Fältchen ihres weichen Körpers deutlich erkennen. Doch das erstaunlichste Fossil, das ich je in der Hand hielt, war ein Vogel aus dem Miozän, der, wie wir annehmen müssen, in den See gefallen war, dessen Wasser jene geheimnisvolle Konservierungsfähigkeit besaß. Man hält die Brust des Vogels in der Hand. Knochen sind nicht zu sehen. Betrachtet man das Fleisch durch das Vergrößerungsglas, so sieht man, daß jeder Muskel im Stein verewigt ist.

Wie oft habe ich Dr. Leakey mit flatternden grauen Haaren wie einen Kampfstier durch die Gänge seines Museums oder über die roten Kiesstraßen stürmen sehen, die mir immer wie blutige Schrammen auf dem leuchtenden Gesicht Kenias vorkommen. Während ich mich bemühte, mit ihm Schritt zu halten, fragte ich mich oft: Warum hat er es so eilig? Aber ich glaube die Antwort zu wissen. Er ist ebenso wie ich besessen von der Hoffnung, eines Tages beim Freilegen einer uralten Gesteinsschicht am Seeufer etwas Besonderes zu finden. Nicht das sechshundertfünfundsiebzigste Exemplar eines versteinerten Unterkiefers; auch nicht einen zweiten vollständig erhaltenen Schädel, wie ihn seine Frau entdeckt hat. Was er zu finden hofft, ist – ein Gesicht.

Ein Gesicht, das wie die Vogelbrust von den uralten Wassern eines merkwürdigen Sees konserviert wurde. Ein Gesicht, das in seinem steinernen Sarg zwanzig Millionen Jahre vor der Verwitterung geschützt wurde. Ein Gesicht – grotesk oder edel –, das seinen zitternden Entdecker aus leeren Augenhöhlen anblickt – das Gesicht unseres ersten menschlichen Ahnen.

Geh ins Badezimmer und betrachte deinen Körper ohne Scheu oder Überheblichkeit. Der Spiegel wird dir ein Säugetier zeigen, das so primitiv und so gänzlich ohne besondere Merkmale ist, daß man es schwer beschreiben kann. Dein Kopf trägt keine charakteristischen, wie eine Lyra angeordneten Hörner; niemand würde auf den Gedanken kommen, dich um deiner Stoßzähne willen zu erschießen. Deine Haut ist wertlos, dein rudimentäres Haarkleid ist auf groteske Weise über deinen Körper verteilt. Kein kompliziertes Muster erlaubt es dir, mit der Landschaft eins zu werden; kein Schmuck ziert dich, der jemanden auf die Idee brächte, dich an eine Wand zu nageln. Mit deinem Gebiß vermagst du nur wenig zu leisten; weder kannst du damit Heu kauen noch Löcher in Türen nagen, noch eine Schlagader durchbeißen. Deine Fingernägel sind so wenig brauchbar, daß du ein Kätzchen, von dem du gekratzt wirst, nicht zurückkratzen kannst. Es stimmt zwar, daß du warmblütig bist, keine Eier legst und dein Fleisch eßbar ist, aber das gleiche läßt sich auch von anderen Säugern sagen. Wie so ein Geschöpf in den hundert Millionen Jahren der Säugetierentwicklung überleben und dabei so wenige Spezialisierungen erwerben konnte wie du, ist ein Wunder, das einen von einem anderen Planeten zu Besuch kommenden Zoologen in höchstes Erstaunen versetzen würde.

Evolution bedeutet zum Großteil fortschreitende Spezialisierung. Zeit, Mutation und natürliche Auslese wirken zusammen, um bestimmten Daseinsformen angepaßte naturgegebene Werte zu schaffen. Vom Standpunkt der Evolution aus ist ein Tier daher um so vollkommener, je stärker es spezialisiert ist, und um so primitiver, je weniger spezialisiert es ist. Solange wir uns über diese Tatsache nicht klar sind, wird es uns schwerfallen, die Spuren des menschlichen Aufstiegs bis in das Dunkel der Vorzeit zurückzuverfolgen.

Blicken wir noch weit hinter die Miozänperiode zurück, bis in die Zeit, da die Herrschaft der Reptilien ihr rätselhaftes Ende fand. Schon lange vorher war ein winziges warmblütiges Säugetier mit dichtem Pelz durch Mutation auf Mutation, durch geglückte und mißglückte Versuche allmählich zu höherer und leistungsfähigerer Organisation seiner Lebensfunktionen gelangt. Kaum größer als eine Spitzmaus, nährte es sich auch wie eine solche von Insekten, und um den seine Umwelt beherrschenden fleischfressenden Reptilien zu entgehen, lebte es in Bäumen und verhielt sich so unauffällig wie möglich. Eines Tages nahm die Herrschaft der Reptilien ein Ende, und die weite Welt stand dem bescheidenen kleinen Wesen offen.

George Gaylord Simpson spricht in seinem Werk »Meaning of Evolution« (Die Bedeutung der Evolution) häufig von »Opportunismus«. Er meint damit, daß in der Evolution das, was geschehen kann, auch tatsächlich geschieht. Durch das Aussterben der Reptilien entstand ein Vakuum in der Umwelt, und das Säugetier, das die nötigen anatomischen Qualifikationen besaß, erfaßte die Gelegenheit, die sich ihm bot. Das energische Geschöpf, das sich bisher auf das Leben in den Bäumen beschränkt hatte, drang nach allen Richtungen in Daseinsbereiche vor, die evolutive Spezialisierungen erforderten. Es erhob sich in die Lüfte wie die Fledermaus, es schwamm im Wasser wie der Wal; es wurde zum Fleischfresser wie Wölfe und Katzen und zum Pflanzenfresser wie Nagetiere und Huftiere. Aber im Gegensatz zu all den vielen spezialisierten Geschöpfen, welche die Evolution der Säugetiere hervorbrachte, blieben die Primaten in den Bäumen und setzten das unauffällige Leben des nicht spezialisierten primitiven Säugetiers fort. Und eine Hand mit Fingernägeln wies in Richtung auf den Menschen.

Jetzt kehren wir ins Badezimmer zurück, versperren die Tür und besichtigen uns nochmals. Wenn wir an uns kein Geweih und keine furchteinflößenden Stacheln entdecken können, so kommt das daher, daß unsere Ahnen Auswüchse dieser Art beim Klettern in den Bäumen hinderlich fanden. Selbst Krallen sind für den Baumbewohner von Nachteil. Wenn wir unsere Hände anschauen und an unseren ärgsten Feind denken, mögen wir das vielleicht bedauern. Aber für den frühen Primaten, der sich hoch über dem Erdboden in den Baumwipfeln fortbewegte, mochte ein gutausgebildeter Tastsinn über Leben und Tod entscheiden. Feinfühlige Fingerkuppen, geschützt durch flache Nägel, wurden zum dauernden Merkmal der Primaten.

Fingernägel gehören zu den wenigen anatomischen Spezialisierungen der Primaten. Eine andere Spezialisierung besteht in den nach vorne gerichteten Augen. Betrachten wir uns im Spiegel. Weit mehr als eine gewisse Ähnlichkeit der Hände, der Ohren und der Körperform verbindet dieser »menschliche Blick« alle Zweige der Primaten – Menschen und Schimpansen, Paviane und Buschbabies. Verursacht wird dieser Blick von der Stellung der Augen, die das stereoskopische Sehen – eine Eigenart der Primaten – ermöglicht.

Alle auf dem Boden lebenden Säugetiere haben Schnauzen. Hunde, Kaninchen, Kudus, Bären, Rehe, Leoparden, Wiesel, Ratten – sie alle brauchen einen gutentwickelten Geruchssinn, um Feinde rechtzeitig zu entdecken oder Beute aufzuspüren. Das Leben in den Bäumen erfordert keinen besonders gut ausgebildeten Geruchssinn, dafür aber scharfe Augen, und zwar Augen mit der Fähigkeit zur Wahrnehmung der Tiefendimension, damit folgenschwere Fehler im Abschätzen der Entfernung beim raschen Sprung von Ast zu Ast, 15 Meter über dem Boden, vermieden werden. Daher hat die Evolution unserem Primatenzweig anstatt nur eines auf beide Augen aufgeteilten Gesichtsfeldes, das Pferde, Mäuse und die meisten Säugetiere besitzen, ein doppeltes Gesichtsfeld verliehen, das ziemlich nahe beieinanderstehende Augen erfordert.

Schon vor ungefähr fünfzig Millionen Jahren, bevor Affen, Menschenaffen und der Zweig unserer Vorfahren eine getrennte Entwicklung nahmen, wurde das flacher werdende Gesicht mit den das stereoskopische Sehen ermöglichenden Augen zum Kennzeichen der Primaten.

Wenn du deinen wenig eindrucksvollen Unterkiefer genauer betrachtest, wirst du feststellen, daß er zum Tragen von Gegenständen sehr schlecht geeignet ist. Schon bei den frühen Primaten begann sich der Unterkiefer zu verkürzen, wodurch sie zum verstärkten Gebrauch der Hände gezwungen waren. Aber die Abflachung der Schnauze und die Verkürzung des Unterkiefers brachten ein strukturelles Problem mit sich. Je länger und schmäler die Schnauze ist, desto weniger hat sie eine Stütze nötig. Das schmale V war, ähnlich einem Steildach, eine starke Konstruktion. Je mehr sich die typische Säugetierschnauze bei den Primaten abflachte, also je weniger spitzwinkelig das V wurde, als um so nötiger erwies sich eine Verstärkung. Die Evolution verfiel zuerst darauf, den Unterkieferknochen dicker zu machen. Aber zu einem späteren Zeitpunkt der Primatenevolution kam es zu einer ganz speziellen Mutation. Ein kleines Knochenstück trat als Stütze in den Winkel des V und hielt die beiden Seiten zusammen.

Greife unter dein Kinn. Du wirst einen Hohlraum fühlen und nicht die kleinste Spur eines Knochens entdecken. Auch dem *Proconsul* und den *Australopithecinen* fehlte dieser Knochen. Aber bei jedem zeitgenössischen Affen wirst du ihn finden. Man nennt ihn Kinnplatte. Es war eine sehr günstige Mutation, die zustande kam, *nachdem* sich unser Zweig vom Affenzweig getrennt hatte. Ein gemeinsamer Ahne aller Waldaffen kam durch Mutation in den Besitz dieses Knochens, und alle seine Nachkommen behielten ihn. Uns wurde jedoch der ursprüngliche Kiefer weitervererbt.

Das Vorhandensein oder Fehlen der Kinnplatte stellt für den Forscher einen Hinweis auf die Zugehörigkeit zum menschlichen Zweig dar. Besitzt ein Kiefer dieses Zwischenstück, dann kann er nicht von einem Wesen stammen, das dem Zweig angehört, aus dem sich der Mensch entwickelt hat. Fehlt das Zwischenstück jedoch, dann sind verschiedene Deutungen möglich. Das Wesen kann dem Zweig, aus dem sich der Mensch entwickelt hat, angehören oder auch einer Seitenlinie desselben. Der Kiefer kann jedoch, falls er alt genug ist, auch von einem gemeinsamen Ahnen des Waldaffen und des Menschen stammen. Wann die beiden Zweige sich voneinander getrennt haben, wissen wir nicht, aber es muß vor mindestens fünfzehn Millionen Jahren gewesen sein, denn damals trat jenes Zwischenstück in Erscheinung.

Im Gegensatz zu der Kinnplatte sind fast alle an den heutigen Affen zu beobachtenden Spezialisierungen Ergebnisse der für das Leben in den Bäumen typischen hangelnden Fortbewegungsart. Der frühe Primat hüpfte auf allen vieren, und in der Regel tun dies die von ihm abstammenden Affen noch heute. Nur der Menschenaffe schwingt sich von Ast zu Ast, und diese Fortbewegungsart hat deutliche Spuren an seinem Körper hinterlassen. Die Beine sind kurz und schwächlich geworden, die Arme lang, und der Brustkorb hat gewaltige Muskeln entwickelt. Der Daumen, der so gut wie nutzlos wurde, bildete sich zu einem kleinen Häkchen zurück. Kein Knochen oder Muskel am Körper des Menschenaffen ist von den Veränderungen verschont geblieben, die eine hangelnde Fortbewegungsart mit sich brachte.

Sieh dich nochmals an. Deine Arme sind kürzer als deine Beine. Dein Körper hat die Proportionen des frühen Primaten beibehalten. Betrachte deine Hand. Der Daumen ist beweglich, die Finger haben die gleichen Proportionen wie die deiner primitiven Vorfahren, die vor siebzig Millionen Jahren im Eozän gelebt haben. Nichts an deiner Hand oder an deinem Körper deutet darauf hin, daß einer deiner Ahnen sich gewohnheitsmäßig von Ast zu Ast geschwungen hätte.

Natürlich darfst du nicht glauben, daß dein Körper gar keine Spezialisierungen aufweise. Du hast einen etwas zu großen Kopf und ein überentwickeltes Gesäß. Du hast flache Füße, ein Kinn und nur mehr lächerliche Reste von Behaarung. Aber der Zoologe, der von einem fremden Planeten zu Besuch käme, wäre, nach Überwindung seines ersten Abscheus vor einem Säugetier, das fast so unbehaart ist wie ein Flußpferd, von deiner Kopfgröße nicht besonders beeindruckt. Die Zunahme der Gehirngröße ist kennzeichnend für die Primaten und keineswegs ein rein menschliches Merkmal. Am meisten fasziniert wäre der Zoologe von der mächtigen Entwicklung des menschlichen Gesäßes und von der ganz eigenen Spezialisierung der Füße.

In der Welt der Seidenäffchen, der Gibbons und der Berggorillas, der Lemuren und der Brüllaffen findet sich nirgends irgend etwas, das mit dem Gesäß und den Füßen vergleichbar wäre, die du jetzt eben hinter verschlossenen Türen besichtigst. Du kannst stolz darauf sein, selbst wenn du Plattfüße und ein Hohlkreuz hast. Diese beiden Leiden rühren daher, daß wir jene charakteristischen Merkmale unserer Art erst vor kurzem erworben haben und eigentlich noch ein, zwei Mutationen nötig hätten. Aber wie dem auch sei – du solltest von deinen Füßen und deinem Gesäß ebenso fasziniert sein, wie der Zoologe vom andern Stern es wäre. Denn darin kommt zum Ausdruck, was die Natur an dir begünstigt hat, um dich für ein Leben auf dem Erdboden tauglich zu machen.

Der spezialisierte menschliche Fuß macht eine ausgeglichene aufrechte Haltung und rasche Bewegungen möglich, ohne daß die Hände zu Hilfe genommen werden müßten. Kein Affe oder Menschenaffe besitzt diese Fähigkeit. Er kann sich wohl für kurze Zeit aufrichten und ein paar schwankende Schritte tun, aber immer wieder braucht er seine Hände zur Unterstützung, so daß er sie nicht für andere Beschäftigungen verwenden kann. Die besondere Entwicklung der Muskelpakete, aus denen das menschliche Gesäß besteht, trägt ebenfalls zur Beweglichkeit bei und macht all die Drehungen und Wendungen des menschlichen Körpers sowie die Erhaltung des Gleichgewichtes in aufrechter Stellung möglich. Denn so wie die Tätigkeit unserer Nerven vom Gehirn koordiniert wird, so koordiniert das Gesäß die Tätigkeit unserer Muskeln. Kein Menschenaffe hat ähnliches aufzuweisen, und dieser Mangel ist für ihn nachteiliger als das Fehlen eines vergrößerten Gehirns.

Sieh dich gut an. Sei meinetwegen stolz auf deine Hutnummer, aber vergiß nicht, daß erst die Spezialisierung der Füße und des Gesäßes alles andere möglich gemacht hat und daß sie den entscheidenden Unterschied zwischen dir und den anderen Primaten – den ausgestorbenen und den heute lebenden – mit Ausnahme des *Australopithecus* darstellt.

Fassen wir die kleine Anatomielektion zusammen. Du hast einen Körper von primitiver, nicht spezialisierter Struktur, bewegliche Hände von primitiver Einfachheit und ein für alle Zwecke taugliches primitives Gebiß. All dies besaß auch der *Proconsul* vor zwanzig Millionen Jahren. Aber irgendeinmal in den folgenden neunzehn Millionen Jahren, bevor wir den Südaffen zum erstenmal erblickten, traten körperliche Veränderungen ein, die für dich bedeutungsvoll werden sollten. Du nahmst den aufrechten Gang an, der durch die Entwicklung eines spezialisierten Gesäßes und den Boden greifende Füße ermöglicht wurde. Du wurdest zum Fleischfresser, verlorst jedoch merkwürdigerweise deine zum Kämpfen und Töten dienenden langen, spitzen Eckzähne. Dein Gehirn vergrößerte sich, allerdings nur unwesentlich im Verhältnis zu der langen Zeitspanne, und deine Schnauze wurde flacher, obwohl der Kiefer immer noch vorsprang. Das waren die von der natürlichen Auslese begünstigten Veränderungen, die der menschliche Zweig in Afrika während des Pliozäns erfuhr – einer ungeheuer langen, schrecklichen und geheimnisvollen Epoche.

Das einzige, wodurch sich der echte Mensch vom *Australopithecus africanus* wirklich grundlegend unterscheidet, ist das Gehirn. Daß wir keinen besonders eindrucksvollen Gebrauch von unserem Gehirn machen, ändert nichts an der Tatsache, daß der Unterschied selbst höchst beeindruckend ist.

Übrigens gibt es noch einen Unterschied, den ich fast vergessen hätte. Blicke noch einmal in den Spiegel und betaste dein Kinn. Tu es mit Ehrfurcht. Bei den Menschenaffen hält die Kinnplatte die beiden Teile des Unterkiefers zusammen. Beim menschlichen Zweig, vom *Proconsul* bis über den Neandertaler hinaus, sorgte eine Verdickung der Knochen für die nötige Widerstandskraft. Dann aber trat jene Spezies der Menschenfamilie auf den Plan, der auch du angehörst – der *Homo sapiens* –, und die Evolution beschenkte dich mit jenem Knochenvorsprung, den wir Kinn nennen, um die beiden Teile des Unterkiefers noch fester zusammenzuhalten.

In einer fernen Zukunft werden die Paläontologen bei der Bestimmung von Fossilien aufgrund dieses einzigen Merkmals imstande sein, unsere Spezies von allen anderen Primatenarten, die uns vorangegangen sind – den menschlichen und den vormenschlichen –, zu unterscheiden. Es gibt keinen anderen grundlegenden Unterschied als das Kinn. Rasiere es mit Ehrfurcht!

Das sanfte Miozän ging zu Ende. Durch eine Reihe von Perioden, deren jede eine Million Jahre dauerte, wurden die Regenzeiten immer kürzer, traten immer seltener auf. Die Feuchtigkeit verminderte sich, die Flüsse wurden kleiner, die Spiegel der Seen sanken, Winde fegten über die Steppe. Und dann kam vor ungefähr zwölf Millionen Jahren das Pliozän.

In Begriffen, die der menschlichen Fassungskraft angepaßt wären, läßt sich das Pliozän nicht messen. Zehn Jahre der Dürre genügten vor einem Vierteljahrhundert, um im Südwesten Amerikas riesige Strecken fruchtbaren Landes in Wüsten zu verwandeln und Not und Elend über die Bevölkerung zu bringen. Wie endlos müssen den Leuten diese zehn Jahre vorgekommen sein! Aber das afrikanische Pliozän dauerte zwölf Millionen Jahre! Dann kamen die großen Regen wieder, und das Pleistozän, das Zeitalter des Menschen, brach an.

Wie überstand der Primatenzweig, dem der Mensch entstammt, das Inferno des Pliozäns? Im Staub des Zusammenbruches haben sich keinerlei Hinweise erhalten. Es gab keine Seen, keine Flüsse und kein Grundwasser mehr, so daß wir weder auf altem Seeboden noch in Uferschichten, noch in Kalksteinhöhlen forschen können. Und deshalb sind uns keine Fossilien aus jener Periode des Schreckens erhalten geblieben.

Es ist durchaus möglich, daß die Forschung diese Lücke eines Tages ausfüllen kann. Vielleicht wird irgendwo eine fossile Schicht aus dem Pliozän entdeckt werden. Der Mangel an Geld, Zeit und Wissenschaftlern ließe sich überwinden. Aber eine andere Schwierigkeit wiegt noch schwerer als diese Mängel: das Übermaß Afri-

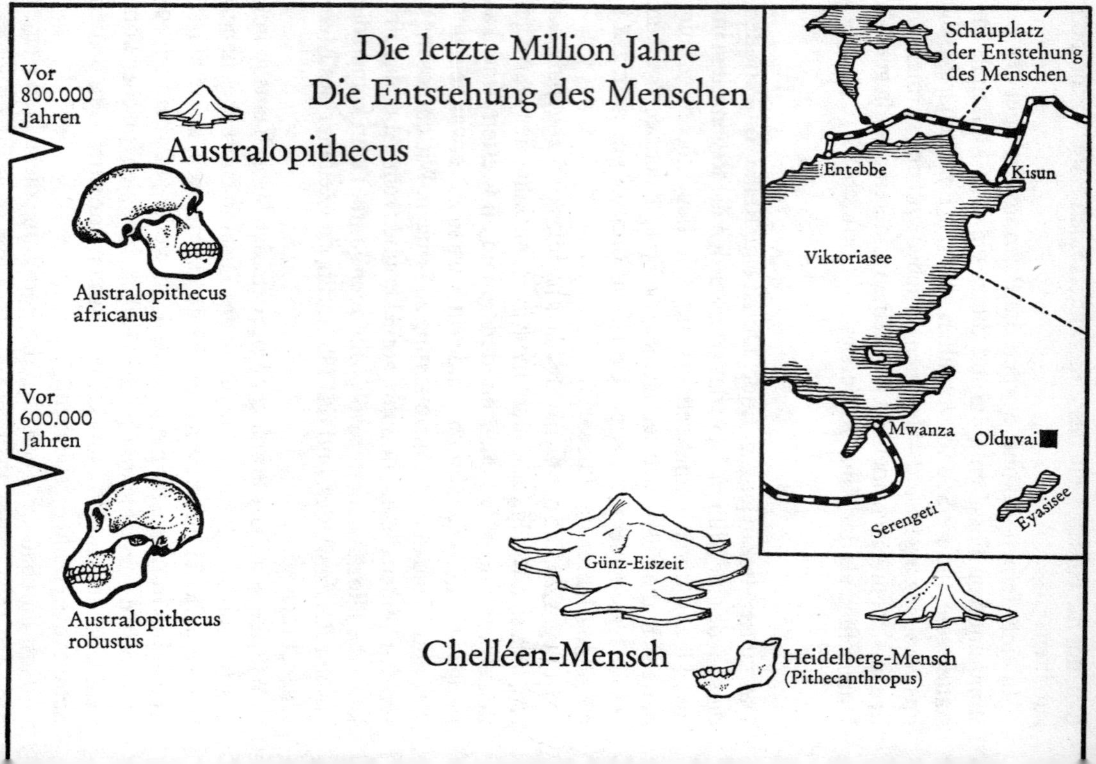
Die letzte Million Jahre
Die Entstehung des Menschen
Vor 800.000 Jahren
Australopithecus
Australopithecus africanus
Vor 600.000 Jahren
Australopithecus robustus
Günz-Eiszeit
Chelléen-Mensch
Heidelberg-Mensch (Pithecanthropus)
Schauplatz der Entstehung des Menschen
Entebbe
Kisun
Viktoriasee
Mwanza
Olduvai
Serengeti
Eyasisee

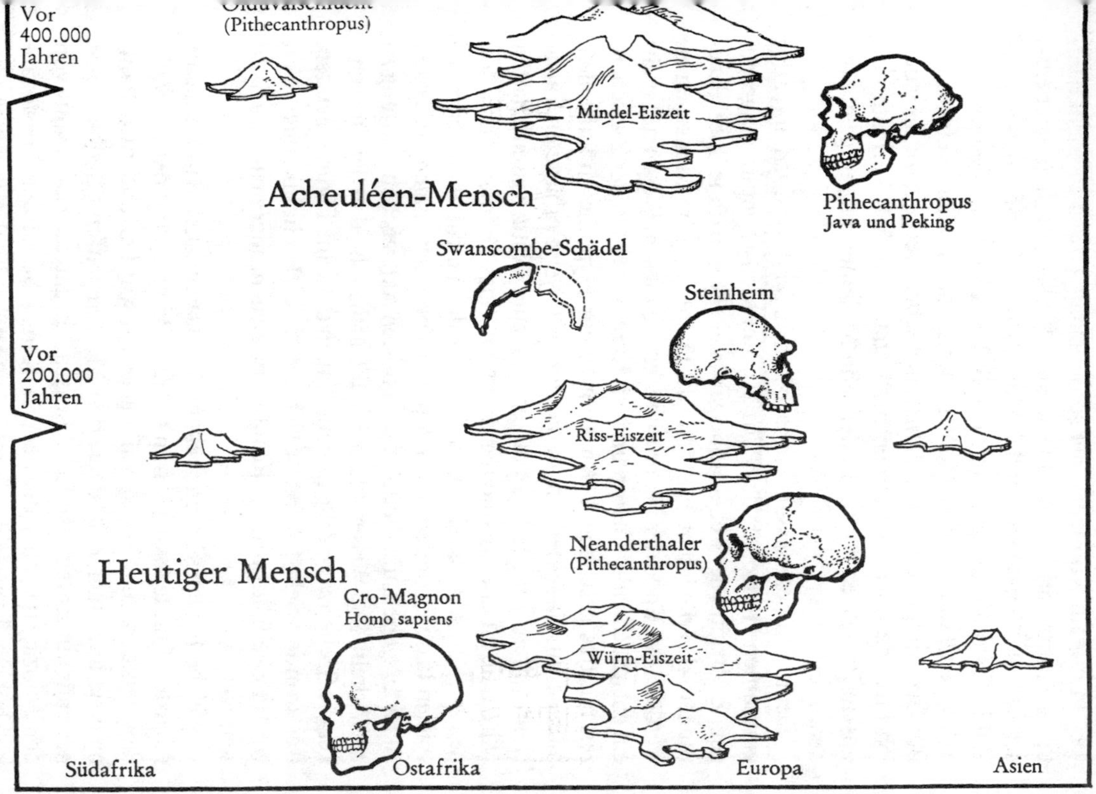
Vor
400.000
Jahren
(Pithecanthropus)
Mindel-Eiszeit
Acheuléen-Mensch
Pithecanthropus
Java und Peking
Swanscombe-Schädel
Steinheim
Vor
200.000
Jahren
Riss-Eiszeit
Neanderthaler
(Pithecanthropus)
Heutiger Mensch
Cro-Magnon
Homo sapiens
Würm-Eiszeit
Südafrika
Ostafrika
Europa
Asien

kas. In diesem Kontinent, der so riesenhaft, so verschiedengestaltig, so aufregend und so ungemein gefährlich ist, fällt es ebenso schwer, die Vergangenheit des Menschen zu erforschen, wie seine Zukunft vorauszusagen. Ich bin froh, daß ich in diesem Buch keine Vermutungen über die Verhältnisse anzustellen brauche, die in Afrika in fünf oder zehn Jahren herrschen werden, sondern daß ich bloß darüber nachsinnen muß, unter welchen Verhältnissen unsere Vorfahren vor fünf oder zehn Millionen Jahren gelebt haben.

Denn darüber müssen wir nachsinnen. Sind wir doch unter der grausamen Herrschaft des Pliozäns zum Menschentum aufgestiegen. Zu Beginn der Feuerprobe gab es ein Wesen ohne Spezialisierungen, das die latenten Möglichkeiten besaß, zum Menschen zu werden. Am Ende der Feuerprobe fehlten diesem Wesen nur mehr ein entsprechendes Gehirn und ein Kinn. Was ist in der Zwischenzeit mit uns geschehen? Wir können nur Hypothesen aufstellen, müssen uns dabei jedoch an die durch Beweise erhärteten Tatsachen halten. Einem Dramatiker, der zum Naturwissenschaftler wurde, liegt der erste und der dritte Akt eines Dramas vor. Er soll den zweiten Akt schreiben, darf dabei jedoch nicht seine Phantasie spielen lassen, sondern muß von den Voraussetzungen des ersten Aktes ausgehen, um daraus die im dritten Akt gegebene Lösung zu entwickeln. Die Wissenschaft erlaubt auch nicht, daß der Dramatiker die Szenerie oder die Situationen, in die seine Figuren geraten, frei erfindet. Selbst wenn er sich an diese Beschränkungen hält, wird er zweifellos von der Realität abweichen, aber sicherlich nicht sehr weit.

Welche Fakten sind uns bekannt? Tatsache ist, daß in Kenia die reichsten Funde fossiler Hominiden – Primaten mit der Entwicklungstendenz zum Menschen – gemacht wurden, und zwar stammen sie aus einer Zeit, da es den Menschenaffen offenbar sonst nirgends auf Erden gab. Tatsache ist auch, daß die Entfernung von den Miozänschichten der Seeufer Kenias bis zu den Pleistozänkalkhöhlen Transvaals räumlich ungefähr 3000 Kilometer und zeitlich fast zwanzig Millionen Jahre beträgt und daß es sich bei den in diesen Höhlen gefundenen fossilen *Australopithecinen* um die zweitgrößte Sammlung von Hominidenfossilien handelt. Bemessen wir die Entfernung in evolutiven Begriffen, so können wir sagen, daß sich die Geschöpfe aus Transvaal von denen aus Kenia durch aufrechten Gang, ein menschliches Gesäß, menschliche Füße und durch das Nichtvorhandensein langer Eckzähne unterscheiden. Wir wissen auch, daß sie zwei verschiedenen Spezies angehörten. Da gab es einerseits den *Australopithecus robustus*, der sich größtenteils von Pflanzen nährte und im Zusammenhang mit dieser Ernährungsweise gewisse Spezialisierungen des Schädels und des Gebisses entwickelt hatte, die ihn in eine Seitenlinie des Hominidenzweiges einreihen. Und es gab anderseits den *Australopithecus africanus*, einen Fleischfresser mit menschlichem Gebiß und glattem Schädel, der nur noch eines einzigen evolutiven Schrittes bedurfte, nämlich der Vergrößerung des Gehirns und der daraus folgenden Abflachung des Gesichts, um die Schwelle zum Menschen zu überspringen.

Wir finden also zu Beginn des dritten Aktes zwei Figuren auf der Bühne. Die eine ist der *Australopithecus africanus*, ein fleischfressender Beutejäger, die andere der *Australopithecus robustus*, der entweder überhaupt kein Raubwesen war oder, wenn ja, weniger Erfolg hatte. Und bevor sich der Vorhang endgültig über die Wildnis des afrikanischen Pleistozäns herabsenkt, befindet sich nur noch *eine* Figur auf der Bühne, um sich dem Gericht der Nachwelt und dem Urteil der Zuschauer zu stellen. Es ist der Mensch.

Es ist uns bekannt, daß der erste Akt des Dramas im Paradies des Miozäns spielt und der dritte Akt im an Veränderungen reichen Pleistozän. Wir wissen, daß sich der zweite Akt in der Dürre des afrikanischen Pliozäns zugetragen haben muß. Dieser zweite Akt des Dramas vom Menschen ist die Geschichte vom verlorenen Paradies.

Kehren wir in das Miozän zurück, in den Garten Eden mit seinen reichlichen Regenfällen, seinen üppigen Waldstreifen an den Flußufern, seinen weiten, grasbewachsenen Ebenen. In den niedrigeren Höhenlagen Äquatorialafrikas breitet sich statt des Graslandes endloser Dschungel aus, wo der Waldaffe prächtig gedeiht und seinen evolutiven Weg geht. Im späteren Miozän, bevor das Grasland sich infolge der zunehmenden Trockenheit in Wüste verwandelt und ihn in seiner afrikanischen Urheimat zum Gefangenen macht, dehnt er seine Herrschaft bis nach Europa und andere ferne Gebiete der Alten Welt aus. Mutation folgt auf Mutation, und allmählich erwirbt er eine Reihe von Spezialisierungen. Seine Arme werden länger, seine Beine kürzer. Aber je besser er sich den Erfordernissen des Lebens in den Bäumen anpaßt, desto mehr wird er zum Gefangenen des Waldes. Das macht nichts aus, solange der Wald ihn ernährt.

In derselben Periode hat sich unser menschlicher Zweig aller Wahrscheinlichkeit nach nicht besonders verändert. Die dauernde Verfolgung durch das Raubtier dürfte zu einer Verminderung der auf dem Boden lebenden, weniger begabten Tierarten geführt haben. Oakley hat die Theorie aufgestellt, daß jeder das üppige Grasland des damaligen Kenia bewohnende Primat einem starken Selektionsdruck ausgesetzt gewesen sei, der die Fähigkeit, sich – wenn auch nur für kurze Zeit – aufzurichten und auf zwei Beinen zu bewegen, begünstigte. Es ist jedoch unwahrscheinlich, daß der auf dem Boden lebende Affe, solange ihm die Wälder an den Flußufern Früchte in Fülle boten, irgendwelche Spezialisierungen erfuhr, die ihn zum echten Zweifüßer gemacht hätten. Ein flacher Fuß wäre für ein Tier, das sich Früchte von Bäumen holt, keine günstige Mutation gewesen.

Während also der in den Bäumen lebende Affe durch Spezialisierung zum Gefangenen des Waldes wurde, blieb der auf dem Boden lebende Affe gewissermaßen ein Gefangener des für ihn notwendigen Mangels an Spezialisierung. Er konnte sich von der für das ostafrikanische Hochland typischen gemischten Umwelt nicht allzu weit entfernen. Doch solange das Klima es erlaubte, ging es ihm gut.

Aber das Klima änderte sich. Das milde Miozän ging, wenn auch sehr langsam, zu Ende. Und die Klimaverschlechterung des herannahenden Pliozäns brachte für die gesamte Affenwelt eine Krise mit sich. Die Wälder und damit die Nahrung verminderten sich mit den abnehmenden Regenfällen, und die Aussichten für die weitere Evolution der höhern Primaten wurden geringer. Die in den Bäumen lebenden Affen waren dort, wo es noch Wälder gab, gefangen. Sie zogen sich in den Kongo, nach Indien in die Vorberge des Himalaja und vielleicht auch in jene Dschungel Südostasiens zurück, wo genügend äquatoriale Regenfälle ihnen das Leben ermöglichten. Aber der auf dem Boden lebende Affe sah sich einer viel gefährlicheren Krise gegenüber.

Die gemischte Landschaft des ostafrikanischen Hochlandes verschwand allmählich. Mit jeder halben Million Jahre fraß sich die Dürre tiefer in die Wälder längs der Flußläufe hinein, bis sowohl Flüsse wie Wälder verschwunden waren. Wir können uns vorstellen, wie die an Zahl immer geringer werdende Spezies der auf dem Boden lebenden Affen Jahrtausende hindurch den immer weiter zurückweichenden Wäldern nachzog, so wie in einer späteren Epoche das Mammut und das wollhaarige Rhinozeros den immer weiter zurückweichenden Gletschern folgten – auf dem Weg in die unvermeidliche Vernichtung. Aber im Gegensatz zu den Gletschern des Pleistozäns verschwanden die Wälder des Pliozäns niemals gänzlich. Im Herzland von Zentralafrika blieb ein Rest des früheren Dschungels erhalten wie ein halbvermodertes Museum aus der längst vergangenen Zeit des Miozäns. In diesem Dschungel hatte jedoch bereits der afrikanische Waldaffe Zuflucht gefunden.

Versuchen wir uns vorzustellen, mit welcher Wildheit der evolutive Konflikt zwischen den beiden Affenzweigen ausgetragen wurde. Beide benötigten die Früchte des Waldes, um zu überleben. Der Waldaffe, der hinter der verschlossenen Tür der Spezialisierung gefangen war, verteidigte sein zusammenschrumpfendes Territorium und seine immer knapper werdende Nahrung gegen die Angriffe des auf dem Boden lebenden Affen. In einem solchen Kampf ums Dasein mußte der Zweig, von dem wir abstammen, den kürzeren ziehen. Wir trafen in übervölkerten Wäldern auf Gegner mit jener psychischen Überlegenheit, die der Besitz eines Territoriums allen Tieren verleiht. Und diese Gegner waren außerdem noch Spezialisten des Waldes. Unser anatomisch nicht spezialisierter Körper, den wir uns durch Jahrmillionen dank einer nicht spezialisierten Umwelt zu erhalten vermochten, erwies sich als völlig ungeeignet für einen Kampf in den Bäumen mit Baumbewohnern, die in Jahrmillionen der Evolution zu Trapezakrobaten und Spezialisten ebendieses Kampfes geworden waren. Wir glichen Schwimmern in einem von Haien wimmelnden Meer. Wir waren verloren.

Wie kam es, daß der menschliche Zweig in den Tiefen des Pliozäns nicht ausstarb? Das Drama, das sich auf einer unbekannten afrikanischen Bühne abspielte, war von kosmischem Ausmaß. Es handelte sich nicht einfach um einen Konflikt zwischen zwei Zweigen großer Affen. Die Evolution hatte ihr Experiment mit den Primaten, das im Eozän begann, auf die Vergrößerung des Gehirns konzentriert. Die Darsteller, die sich auf der Bühne des Pliozäns gegenüberstanden, besaßen die größten und kompliziertesten Gehirne, die die natürliche Auslese bis dahin hervorgebracht hatte. Würde einer von ihnen überleben? Oder würde das Experiment der Evolution mit Wesen von überlegener Intelligenz tragisch scheitern? Der Geist selbst stand in dieser Krise auf dem Spiel, und wir wissen, daß die Intelligenz in einem vergessenen Landstrich Afrikas zugrunde gegangen wäre, hätte nicht ein Geschenk der Sterne, ein zufälliger Zusammenprall von Strahlen und Genen sie gerettet. Die Ironie jenes im Pliozän spielenden Dramas liegt darin, daß der Spezialist der Wälder zwar den Kampf in den Bäumen gewann, aber dennoch zu einem evolutiven Versager wurde, während der Bodenaffe, besiegt und geschlagen, der Wälder, die ihn ernährten, beraubt, durch Glück und Notwendigkeit sowie dank der Möglichkeiten, die ihm sein Mangel an Spezialisierung verlieh, mit der Zeit in unermeßlich große Weidegründe vordrang und zum erfolgreichsten Tier wurde, das die Welt je gesehen hatte.

Die Weidegründe, welche die Zukunft des Menschen sicherten, waren in der Tat unermeßlich. Wenn auch die im Pliozän herrschende Dürre den afrikanischen Kontinent vertrocknen ließ, so dürfen wir doch nicht glauben, daß die gesamte Tierwelt umkam. Nur jene Geschöpfe gingen zugrunde, deren Überleben vom Wald abhing. Aber wo sich einst uralte Dschungel ausgebreitet hatten, dehnten sich jetzt Busch und endloses Grasland.

Fliege mit einem kleinen Flugzeug am frühen Morgen, lange vor Sonnenaufgang, von den Viktoriafällen über die ungeheure Steppe im nördlichen Betschuanaland, die zwischen dem flachen Becken des Sambesi und den unfruchtbaren Weiten der Kalahariwüste liegt. So sah Afrika im Pliozän aus. Fliege niedrig, nicht höher als 30 Meter über dem Boden. Nahe der toten Arme des Sambesi gibt es Reste verkümmerter Wälder und vereinzelte Buschlandschaften. Hier wirst du Tiere weiden sehen, die genügend Blätter finden, um ihren Hunger zu stillen. Eine kleine Elefantenherde wird vor dem heranbrausenden Flugzeug erschrecken. Kühe werden sich zwischen die Bäume drängen, und Bullen werden zurückweichend ihre Ohren ausbreiten und herausfordernd trompeten. Einige Giraffen werden wie Denkmäler, in die plötzlich Leben gekommen ist, mit langen Schritten von seltsamer Grazie vor dem Ruhestörer fliehen.

Dann aber läßt du den Busch und die äsenden Tiere hinter dir und befindest dich über der unendlichen, baumlosen Steppe. Das Echo des Motorengeräusches klingt, als halle es aus einer völlig verlassenen Welt wider. Und plötzlich wirst du hinunterschauend den Eindruck haben, die Erde selbst sei in Bewegung geraten. Gewaltige, aus zahllosen Tieren bestehende Herden ergreifen bei deinem Herannahen die Flucht. Die Streifen Tausender Zebras schimmern auf. Impalas, deren Fell die aufgehende Sonne noch rötlicher färbt, eilen dahin wie eine bezaubernde goldene Horde. Erboste Büffel und Gnus in Panik stampfen über den dröhnenden Boden, Strauße hasten in plumpem Stelzschritt davon. Das Flugzeug ist zu schnell, als daß du den kauernden Löwen mit dem bluttriefenden Maul sehen könntest, der sich eben an der Beute seiner erfolgreichen nächtlichen Jagd gütlich tut. Aber was du gesehen hast, ist genug. Wie ein Zugvogel, dem die Gabe verliehen ist, Zeiten statt Räume zu durchstreifen, hast du die unveränderte Szenerie des afrikanischen Pliozäns überflogen.

In solcher Szenerie fanden sich unsere besiegten Vorfahren. Da war der Busch mit seinen Beeren, Schößlingen, Blättern und Wurzeln. Da war die unendliche Steppe, belebt von zahllosen Tieren mit wohlschmeckendem Fleisch. Aber eine körperliche Mutation tritt nicht ein, weil sie von jemandem gewünscht wird. Und bei einer Mutation, die einer Primatenspezies die Möglichkeit verleiht, Fleisch zu verdauen, kann es sich nur um eine Veränderung von revolutionärem genetischem Ausmaß handeln. Wie lange dauerte es, bis es soweit war?

Erinnern wir uns, daß gegen Ende des Pliozäns, als der Schlußakt des Dramas der Menschwerdung begann, zwei Figuren auf der Bühne standen. Beide waren *Australopithecinen.* Beide waren echte Zweifüßer, so völlig für das Leben auf dem Boden spezialisiert wie der Mensch. Beide – und das ist sehr bezeichnend – hatten gleichermaßen den Kampfzahn des Affen verloren. Aber der *Australopithecus robustus* ist groß, plump und derbknochig und weist die in langen Zeiträumen erworbenen Spezialisierungen des typischen Pflanzenfressers auf. Seine Mahlzähne haben quadratische Kauflächen, die mit 3 Millimeter dickem Email überzogen sind. Auf seinem Schädel trägt er wie der Gorilla einen Knochenkamm, an dem die für das ständige Kauen erforderlichen mächtigen Kiefermuskeln verankert sind. Der *Australopithecus africanus* hingegen hat ein Schädeldach, das so glatt ist wie das unsrige. Er ist klein, seine Knochen sind leicht. Seine Zähne, deren Email nur einen Millimeter dick ist, haben die gleiche Form und Größe und die gleichen Kronen wie die unsrigen. An ihm zeigt sich keine der für den Pflanzenfresser typischen Spezialisierungen.

Die beiden weisen sowohl Ähnlichkeiten wie Unterschiede auf. Die Ähnlichkeiten – gleichartige, das Leben auf dem Boden ermöglichende Spezialisierungen und gleichartige Verkümmerung der langen Eckzähne – lassen sich nur durch die evolutiven Fortschritte eines gemeinsamen Ahnen erklären, die Unterschiede hingegen bloß durch eine weit zurückliegende Trennung der Evolutionswege.

Wir können daher folgendes annehmen: Der gemeinsame Ahne der beiden *Australopithecinen* – der auch der unsere ist – zog sich, nachdem er vom Waldaffen besiegt worden war, in den Busch zurück, wo er mühsam sein Leben fristete. Da die Bäume für ihn nicht mehr lebensnotwendig waren, mußte jede Mutation, die das Leben auf dem Boden begünstigte, für ihn förderlich sein. Seine Füße wurden flacher, sein Rücken richtete sich immer mehr auf, sein Rumpf wurde muskulöser. Da ihm die physiologische Mutation versagt blieb, die ihm den Weg in die Steppe eröffnet hätte, bestand seine kärgliche Nahrung aus den Beeren, Wurzeln und Schößlingen, die der Busch bot. Keine Landschaft Afrikas ist für das Raubtier so günstig wie das Veld mit seinem verbergenden Gestrüpp. Hier kann nur ein großes oder ein sehr bewegliches Tier überleben.

Unser Ahne muß während der Zeit, die er im Busch verbrachte, beweglich geworden sein, denn sonst hätte er nicht überlebt. Wie

lange blieb er im Busch? Eine Million Jahre? Jedenfalls nicht lange genug, daß der von ihm abstammende *africanus* zu den Spezialisierungen eines Wurzelfressers gelangt wäre; aber lange genug, um sich zu einem echten Zweifüßer zu entwickeln, der sich ohne Hilfe der Hände fortbewegt, und um auf die scharfen Eckzähne verzichten zu können.

In den ersten evolutiven Phasen der Menschwerdung erwarben wir eine derartige Geschicklichkeit im Gebrauch von Waffen, daß die natürlichen Dolche des Primaten überflüssig wurden. Ich kenne keine andere wissenschaftliche Erklärung für die Verkürzung unserer Eckzähne als die Annahme, daß diese durch die Waffe in der Hand ersetzt wurden. Die natürliche Auslese hat eine solche Rückbildung bei keinem andern Primaten geduldet, außer beim menschlichen Zweig. Und da wir den Eigenschaften des *Au-*

stralopithecus robustus (den Robert Broom, wie erwähnt, als *Paranthropus* bezeichnet und damit einige Verwirrung gestiftet hat) zuwenig Aufmerksamkeit widmeten, haben wir nicht erkannt, daß die Rückbildung stattgefunden haben muß, *bevor* die beiden Spezies des Südaffen sich voneinander trennten.

Die Behauptung, daß wir bereits zu einem so frühen Zeitpunkt zum Gebrauch von Waffen gelangten, besagt nicht, daß wir die Waffen systematisch oder zweckbewußt verwendeten. Aber im Kampf um Territorium und Rang oder zur Verteidigung gegen den Leoparden griffen unsere Hände, die wir zur Fortbewegung nicht mehr brauchten, nach dem nächsten geeigneten Stein oder Holzprügel, und wir entdeckten auf diese Art einen Verbündeten, der selbst dem längsten und schärfsten Zahn überlegen war. So wertete die natürliche Auslese zum erstenmal auf Grund einer kulturellen Errungenschaft; sie verlor das Interesse am Zahn.

Die Dürre des Pliozäns wurde immer bedrohlicher. Selbst der Busch begann dahinzuschwinden. Der Urgorilla, der Sieger im Kampf mit dem Bodenaffen, stieg auf der Suche nach Nahrung mit seiner unseligen Bürde unverwendbarer Mutationen von den Bäumen herab und begab sich damit auf den langen tragischen Weg in die unabwendbare Vernichtung. Und in dem dahinschwindenden Busch geriet der Bodenaffe in eine neue Krise.

Immer größere Territorien mußten verteidigt werden, sollten sie genügend Wurzeln und Beeren für den Lebensunterhalt abwerfen. Immer kleiner wurde die Zahl der Gruppen beinahe menschlicher Wesen, die auf der ausgetrockneten afrikanischen Erde ihre Nahrung zu finden vermochten. Höher und höher stieg die Sterblichkeitszahl der aus dem Paradies Vertriebenen. Sie starben an Hunger; sie töteten einander im Streit; in der Finsternis der Nacht fielen sie dem hungrigen Leoparden zum Opfer. Immer lag die weite Steppe vor ihnen. Aber sie konnten von Antilopen ebensowenig leben wie von Gras. Ein einziges Gebot hing ungehört und ungesehen über der Geburt eines jeden Kindes: Töte und iß Fleisch oder stirb! Und so starben sie – Familien, Gruppen, Rassen. Sie überließen ihr Fleisch den Geiern und ihre Knochen den Hyänen. Und dann schlug der Blitz ein.

Ein Zufall, ein unglaublicher Zufall ereignete sich. In irgendeiner armseligen Schar vom Hunger gequälter, noch nicht ganz menschlicher Wesen, in irgendeiner gottverlassenen afrikanischen Einöde, spaltete ein aus unbekannter Quelle stammendes Strahlenpartikel ein unvergeßliches Gen – und der fleischfressende Primat war geboren. Zum Guten oder zum Bösen, zum Segen oder zum Fluch, zum höchsten Ruhm oder zur tiefsten Verdammnis hat sich das Denken zum Töten gesellt, und Kain mit Keule und Stein trat mit behenden Füßen in die Hochlandsteppe hinaus.

Abel blieb im Busch zurück.

Wir müssen uns für einen Augenblick in die Abgründe der Mathematik begeben, aber der Autor verbürgt dem Leser eine sichere Rückkehr.

Wenn du nach einem zeitigen Frühstück zum Londoner Flughafen fährst und ein Flugzeug nach Rom besteigst, kannst du ziemlich sicher sein, daß du in Rom zu Mittag essen wirst. Wer immer dich in dieser Stadt erwartet, holt dich, ohne daran zu zweifeln, daß du ankommen wirst, auf dem Flugplatz ab. Für den Nachmittag ist bereits eine geschäftliche Konferenz angesetzt, für den Abend ist ein Tisch im Ristorante dell'Orso reserviert. Aber es ist keineswegs sicher, daß du zu Mittag in Rom sein wirst, sondern bloß wahrscheinlich. Die Erfahrung lehrt, daß nicht alle Flugzeuge an ihrem Bestimmungsort ankommen. Aus der Erfahrung ergibt sich jedoch gleichermaßen die statistische Unwahrscheinlichkeit, daß dein Flug mit einem Absturz endet. Die Wahrscheinlichkeit deiner Ankunft ist so groß, daß du berechtigt bist, das bloß Wahrscheinliche als sicher zu betrachten.

Ein Leser, der in einer populärwissenschaftlichen Zeitschrift oder im »American Anthropologist« oder auf den Seiten dieses Buches wissenschaftlichen Schlußfolgerungen begegnet, ist verpflichtet, die Augenbrauen hochzuziehen und sich zu fragen: Sind das auch Tatsachen? Er muß sich jedoch auch darüber klar sein, daß es im Alltagsleben nur wenige sogenannte Tatsachen gibt, die mehr sind als statistische Wahrscheinlichkeiten. Und das gleiche gilt für die Bewertung wissenschaftlicher Schlußfolgerungen. Ist deren Wahrscheinlichkeit groß genug, dann können wir sie als Tatsache gelten lassen. Aber wir müssen – seien wir Laien oder Wissenschaftler – im Auge behalten, daß die »Wahrheiten«, welche die Basis unseres Denkens bilden, selten mehr sind als Bekundungen sehr hoher Wahrscheinlichkeit und daß neue Erkenntnisse die Tatsachen von heute in die Unwahrscheinlichkeiten von morgen verwandeln können. Anderseits kann das, was heute bezweifelt wird, morgen schon als eine göttliche Offenbarung bejubelt werden.

Daß der Aufstieg der Menschenfamilie aus ihrer tierischen Vergangenheit auf dem afrikanischen Hochland stattgefunden habe, ist eine Schlußfolgerung, deren Wahrscheinlichkeitskurve so rasch in die Höhe geschnellt ist, daß sie schon morgen im Zenit der annähernden Wahrheit angelangt sein kann. Die Annahme, daß die in der afrikanischen Erde bewahrten Ereignisse bloße Spiegelbilder einer anderswo vorhandenen Wirklichkeit seien, wird zu einer Unwahrscheinlichkeit, die wie ein Vogelschatten über einen unendlich fernen Horizont allmählich entschwindet.

Aber keinen Augenblick sollte der Leser die Entwicklung unseres beutejagenden Primatenahnen im Pliozän so wörtlich, wie ich sie geschildert habe, als annähernde Wahrheit hinnehmen. Durch neue Entdeckungen können sich Einzelheiten verändern. Hypothesen, die der meinen widersprechen, können aufgestellt werden. So hat zum Beispiel Raymond Dart seine eigene Theorie darüber, wie der Übergang des menschlichen Zweiges der Affen zum Raubtier vor sich ging. Seiner Ansicht nach sind alle menschlichen Merkmale – Gesäß, Füße, aufrechte Haltung, Gebrauch von Werkzeugen und Waffen, verkümmerte Eckzähne, ja selbst das große Gehirn – selektive Antworten auf die Notwendigkeit zu töten. Laut Dart hat sich der Bodenaffe nach seiner Niederlage sogleich dem Leben in der Steppe zugewandt. Damit ist zwar Kain ausreichend erklärt, aber als Erklärung für Abel erscheint mir diese Hypothese nicht einleuchtend. Ich kann mir nicht gut vorstellen, daß in der harten Zeit des Pliozäns eine Primatenspezies, die einmal das grandiose Geschenk der Mutation zum Fleischfresser empfangen hatte, später darauf verzichtet haben sollte, um in den Busch zurückzukehren.

Wenn wir uns nach dieser kurzen Zigarettenpause wieder dem

dritten Akt des Dramas der Menschwerdung zuwenden, so müssen wir eine andere Wahrscheinlichkeit erwägen. Das Auftreten des ersten wirklichen Menschen hat sicherlich auf dem afrikanischen Hochland stattgefunden. Aber das heißt noch nicht, daß diese Landschaft auch die Geburtsstätte des *Homo sapiens*, also des heutigen Menschen gewesen sein muß. Mit anderen Worten: Wo haben wir unser Kinn her?

Das wissen wir noch nicht wirklich, denn wir besitzen bisher keine fossilen Reste jenes ersten mit einem Kinn ausgestatteten Geschöpfes. Wir können auch noch nicht sagen, ob die Stunde seiner Geburt hunderttausend oder vierhunderttausend Jahre zurückliegt. Und ehe nicht eine entsprechend ausgerüstete, mit genügend Geld, Wissen, Erfahrung und Löwenabwehrmitteln ausgestattete Expedition darangeht, in der berühmten Olduvaischlucht in Tanganjika gründliche Ausgrabungen vorzunehmen, wird in der uralten Erde verborgen bleiben, wann und wie der heutige Mensch entstanden ist. Mit einer gewissen Wahrscheinlichkeit darf angenommen werden, daß alle Phasen der Menschwerdung auf dem Hochland des äquatorialen Afrika stattgefunden haben. Und jetzt wollen wir auf unsere Plätze zurückkehren, gedämpfte Beleuchtung einschalten und uns wieder unserem Flugzeugreisenden zuwenden, um im Zusammenhang mit seinem Flug eine letzte Möglichkeit zu erwägen.

Ich bin davon ausgegangen, daß du nach dem Frühstück in London ein Flugzeug besteigst, um nach Rom zu fliegen. Nehmen wir nun an, daß du, statt in Rom auszusteigen, im Flugzeug bleibst, das Mittelmeer, die endlose Sahara und die Berge Abessiniens überfliegst, bis du schließlich im blutgetränkten Kenia anlangst. Auf dem großartigen Flughafen der kleinen Stadt Nairobi steigst du aus und atmest zum erstenmal jene süße, von Fruchtbarkeit geschwängerte Luft, den Geruch des wirklichen Afrika. Es ist ein schwerer Duft wie aus einem zeitlosen Treibhaus, und kein Reisender bleibt davon unbeeindruckt. Ob dein Mitpassagier in sein Büro in der Hardinge Street zurückkehrt oder ob er sich beeilt, um den Anschluß nach Arusha oder Sansibar zu erreichen – er wird so wie du den würzigen Duft in tiefen Zügen einsaugen. Du als Neuling wirst dich gemächlich in die Bar des Flughafengebäudes begeben, um den üblichen Whisky zu trinken. Aber unterwegs wirst du den Schritt anhalten, um eine der absurdesten Schöpfungen des menschlichen Geistes zu bestaunen.

Am Rande der Plattform des Flughafens steht der arroganteste Wegweiser der Welt. Auf einem sehr hohen Pfosten sind strahlenförmig Schilder angeordnet, die in die verschiedenen Flugrichtungen weisen. Wenn du zu lesen beginnst, wirst du sehen, daß New York 7356 Meilen in nordwestlicher Richtung, Timbuktu 2873 Meilen in fast genau westlicher, Buenos Aires 6473 Meilen in südwestlicher, Kapstadt 2548 Meilen in südlicher und Sydney 7546 Meilen in östlicher Richtung liegt; Städte wie London, Paris und Berlin ungefähr 4000 Meilen in nördlicher Richtung. Was das bedeutet, ist klar; die kleine, 1700 Meter hoch gelegene afrikanische Stadt mit ihren Banken, ihren Nachtlokalen, ihren Wolkenkratzern und ihrer ungewissen Zukunft steht genau im Zentrum der Kulturwelt.

Vor fünf Jahren hättest du über den Größenwahn, der in diesem absurden Wegweiser zum Ausdruck kommt, gelächelt und hättest in der Bar einen doppelten Whisky bestellt. Aber die emporschnellende Wahrscheinlichkeitskurve hat die kindliche Prahlerei inzwischen mächtig aufgewertet. Dreihundert Kilometer westlich von diesem Wegweiser, am Rande des weit hingebreiteten Viktoriasees, liegt die Insel Rusinga. Hier wurden die Gebeine des *Proconsul* gefunden; hier ist im Miozän der menschliche Zweig entstanden. In irgendeinem nicht genau zu bestimmenden Gebiet etwa hundertfünfzig Kilometer westlich oder südwestlich davon muß das Schlachtfeld liegen, auf dem der Waldaffe den Bodenaffen besiegt hat und wo der Aufstieg zum Menschen begann. Ungefähr in dem gleichen Gebiet hat sich, wie wir annehmen dürfen, das Denken zum Töten gesellt, und ein vernunftbegabtes Wesen wurde möglich. Mehr nach Westen zu, in Kanam, liegen ausgetrocknete Seen, in die vom Viktoriasee zugewanderte aufstrebende Geschöpfe vor gut einer Million Jahren primitive Steinwerkzeuge geworfen hatten – erste Zeichen schöpferischer Begabung. Etwas mehr als sechzig Kilometer davon entfernt, in Olorgesailie, gibt es andere ausgetrocknete Seen, an deren Ufern sich das Reservoir der Menschheit auffüllte, als die Vergletscherung Europa entvölkerte.

Und weniger als fünfhundert Kilometer gegen Südwesten liegt als tiefer Einschnitt in der Hochebene von Tanganjika die verborgene Olduvaischlucht mit den tiefsten Geheimnissen der Menschheit.

Man kann darüber streiten, ob Nairobi tatsächlich das Zentrum des heutigen Weltgeschehens ist; die Metropole der menschlichen Vergangenheit war es zweifellos. Und man lächelt jetzt nicht mehr so spöttisch über den Wegweiser auf dem Flugplatz, denn was Kenias Stolz ist, ist der Stolz der ganzen Menschheit.

Die großen Regen kamen.

Millionen und Abermillionen Jahre hatte die Welt nichts als Dürre gekannt. Unendlich lange Zeit waren nur noch die allerhöchsten Gipfel mit Schnee bekrönt, glitzerten Seen nur noch auf einigen besonders begünstigten Hochplateaus, wanden sich Flüsse nur noch durch vereinzelte fruchtbare Ebenen, so lange, daß die Evolution das alles sozusagen vergessen hatte. Die natürliche Auslese brachte im Verein mit dem Zufall Arten hervor, für die eine ausgedörrte, stets gleichbleibende Umwelt die Norm darstellte. Das späte Pliozän war eine stabile Zeit, stabil in ihrem klimatischen Bankrott, in ihrem immer gleichen verzweifelten Kampf ums Dasein, dessen Elend sich mit Sicherheit vorhersagen ließ.

Banden von beutejagenden Primaten kämpften um Wassertümpel, die nur allzuoft unter der glühenden afrikanischen Sonne auszutrocknen drohten. Immer wieder kamen Perioden, die schlimmer waren als das zur Norm gewordene Elend; sie zehrten am Wildbestand der Steppe, machten den Hunger ärger und den Kampf der Raubtiere erbitterter. Niemals hat die natürliche Auslese einen lächerlicheren Jäger hervorgebracht als den kleinen, zweifüßigen Primaten. Uns fehlte einfach alles – Größe, Geschwindigkeit, schützende Haut, Fänge; wir besaßen nicht einmal die Möglichkeit, uns zu tarnen. Und doch mußten wir in der blutigen Arena der Hochlandsteppe nicht nur die Konkurrenz der großen Fleischfresser überleben, sondern auch ihre Raublust. Wir waren nicht nur Beutejäger; wir waren selbst Beute.

Wie vermochten wir zu überleben? Nicht allzu gut wahrscheinlich. Unsere Zahl blieb klein. Aber wir hatten gewisse Vorteile, die den großen Katzen versagt waren. Wir besaßen die Klugheit der Primaten. Wir vermochten rascher zu lernen als die großen Katzen. Wenn der heutige Löwe im Krüger-Park innerhalb von drei Monaten lernt, seine Beute gegen einen neu errichteten Zaun zu treiben, dann ist kaum anzunehmen, daß ein beutejagender Primat, der den Druck des Pliozäns überlebte, geringere taktische Geschicklichkeit und Anpassungsfähigkeit entfaltet haben sollte. Und neben unserer Klugheit besaßen wir, gemäß unserer Primatentradition, das Instrument der Sozietät.

Das Jagdrudel des Löwen ist, wie wir gesehen haben, eine der am besten disziplinierten und organisierten Gesellschaften, die es im Tierreich gibt. Aber der ausgestorbene beutejagende Primat besaß soziale Fähigkeiten, die weit feiner, weit besser zur gegenseitigen Verständigung geeignet und weit stabiler waren als die des Löwen. Die Jagd verlangt Arbeitsteilung; der männliche Löwe scheucht das Wild auf, das dann vom Weibchen getötet wird. Es ist kaum anzunehmen, daß der kleine *africanus* seine Spezialisten nicht noch besser organisiert haben sollte. Arbeitsteilung erfordert, daß sich voneinander abhängige Partner verständigen, aber der Löwe vermag bloß zu brüllen. Wieder fällt es mir schwer zu glauben, daß wir nicht schon im Pliozän, also in unserer vormenschlichen Existenz, die Grundlagen für die menschliche Sprache gelegt haben sollten. Schließlich sehen sich alle Jäger nach beendeter Jagd vor die Notwendigkeit gestellt, die Beute zu verteilen. Bei den Löwen führt, wie wir gesehen haben, die übertriebene Dominanz zu einer hohen Sterblichkeit der Jungen, die bei der Verteilung der Beute zu kurz kommen. Keine Primatengesellschaft würde eine solche Vergeudung von Leben dulden. Der für die Primaten kennzeichnende Trieb zur Freundschaft muß den Jagdgruppen des *africanus* eine den Bedürfnissen der Gruppe weit besser angepaßte Verteilung der Beute diktiert haben, als sie das Löwenrudel je gekannt hat.

Wir besaßen Klugheit, wir besaßen eine gutorganisierte Gesellschaft, vor allem aber konnten wir unsere Hände zweckmäßig gebrauchen, da sie nicht mehr zur Fortbewegung benötigt wurden. Ohne diese frei gewordenen Hände, die imstande waren, eine Waffe zu ergreifen, hätten wir nicht überlebt.

So sah unser Leben auf den ewig unveränderten afrikanischen Hochflächen im Pliozän aus. Wir waren wetterharte Tiere, geformt von der gleichen Naturkatastrophe, die den Waldaffen zugrunde gerichtet hatte. Es war ein hartes Leben, aber durch Millionen und Abermillionen Jahre kannten wir kein anderes. Dann kamen die großen Regen, die das Gesicht Afrikas und das gesamte Weltgeschehen veränderten.

Die Regenfälle der Villafranchiaperiode, die vor einer Million Jahren einsetzten, kamen nicht als eine plötzliche Sintflut. Einen Tausendjahreszyklus nach dem anderen traten die Regenzeiten einfach immer früher auf und dauerten länger, so daß der ausgedörrten Erde allmählich immer mehr Feuchtigkeit zugeführt wurde. Auch die Atmosphäre wurde feuchter, kühlende Wolken überzogen den Himmel. Die Spiegel der Ozeane sanken. Im Pliozän hatte alles auf Erden vorhandene Wasser die Meere randvoll gefüllt. Nun begann das Festland wie ein Schwamm Wasser aufzusaugen. Indem sich hoch gelegene Landsenken, die nie zuvor Wasser gesehen hatten, füllten, entstanden Seen wie zum Beispiel der Viktoriasee. Flüsse strömten, Schnee erschien auf den höheren Bergen. In Europa fügte eine voreiszeitliche Gletschertätigkeit den Alpen leichte Narben zu. Wie wir bereits früher erwähnt haben, wurde festgestellt, daß die frühesten Gletscherbewegungen des Pleistozäns in der Sierra Nevada Kaliforniens vor 870 000 Jahren aufgetreten sind.

In Afrika war es, als hätte der Pinsel eines Malers grüne Tupfen auf das riesige gelbe Antlitz des Kontinents gesetzt. Wälder wuchsen empor, wo es seit dem Miozän keinen Baum gegeben hatte. Der Busch eroberte sich immer größere Teile der Steppe, und Gras grünte, wo sich seit undenklichen Zeiten die Wüsten des Pliozäns ausgebreitet hatten. In dieses neue Grasland drangen Antilopenherden vor, und wir folgten ihnen. Es war eine Veränderung von enormem Ausmaß: Gewohnheiten, Umwelt und uralte natürliche Gleichgewichtsverhältnisse wandelten sich. Kaum aber hatten wir uns an die neue Umwelt und die neue Lebensweise angepaßt, als der verrückte Maler seinen Pinsel in eine andere Farbe tauchte. Die Regenfälle ließen nach, sie gingen auf Pliozänausmaße zurück. Und die geheimnisvolle Hand, die

Afrika grün bemalt hatte, färbte es wieder gelb. Der Tanz des Pleistozäns hatte begonnen.

Einem Einzelwesen fällt es schwer, Wandlungen, deren jede 200 000 Jahre dauerte, als schwindelerregend zu begreifen. Aber für die stabilen orthodoxen Pliozänarten muß das Pleistozän eine Art Tollhaus gewesen sein, aus dem sich auch fast alle sofort zurückzogen. Wir, obwohl Pliozängeschöpfe, hatten wenigstens den Vorteil, unter dem Selektionsdruck eines klimatischen Notstandes wetterhart geworden zu sein. Und so kehrten wir von dort, wohin wir gegangen waren (wo immer das auch gewesen sein mochte), zurück.

Zum Ort unseres Wiederauftauchens, das vor ungefähr achthunderttausend Jahren stattfand, machten wir das Makapantal im nördlichen Transvaal. Es war unser erster Bühnenauftritt in dem Drama vom Menschen. Zweifellos hatten wir im Pliozän in dieser Gegend gejagt, bis sie infolge der Regenfälle der Villafranchiaperiode allzu dicht von Busch und Wald überwuchert wurde. In der nachfolgenden Dürre der Villafranchiaperiode breitete sich jedoch wieder Gras über die Berge und über das offene Feld. Wasser war rar, aber in einer Höhle des Makapantales hatte sich ein ziemlich reichlicher Vorrat angesammelt, und daher machten unsere Stämme gelegentlich dort halt.

Du kannst diese Höhle heute besichtigen und an ihren Wänden unsere Geschichte ablesen. Es war eine große Höhle, ungefähr neun Meter hoch und am Eingang neun bis zwölf Meter breit. Sie reichte weit in den Berg hinein. Tief unten liegen mächtige Schichten von hellrotem Lehm und glänzendweißem Kalk, die während der ersten Regenfälle abgelagert wurden. In ihnen findet sich kein einziges Fossil. Aber du wirst unschwer erkennen, zu welchem Zeitpunkt unsere Gruppen in die Gegend zurückkehrten und die Höhle zu benützen begannen. Die großen Regen hatten aufgehört, die Ablagerung von reinem Kalk war zu Ende, aber immer noch drang genug Grundwasser in die Höhle, um alles, was sich auf dem Boden ansammelte, in Kalksteinbreccien zu verwandeln. Und hier finden sich nun die Knochen. Aus der fast zweihunderttausend Jahre dauernden Trockenzeit stammende fossilhaltige Breccien durchziehen in Schichten die uralten Höhlenwände. Es handelt sich meist um Knochen verschiedener Antilopenarten, aber in der Höhe deiner Knie, sehr tief unten und daher sehr alt, ist jene Lage, in welcher der Kieferknochen eines jungen Südaffen gefunden wurde, der einem Mord zum Opfer gefallen war.

Die knochenhaltigen Breccien ziehen sich durch die ganze Höhle bis an ihr äußerstes Ende. Als Dart 1955 nach Livingstone kam, hatten die von ihm entdeckten und gesichteten Fossilien die Überreste von etwas weniger als fünfhundert einzelnen Tieren umfaßt. Heute schätzt man, daß in dieser Höhle allein eine halbe Million Fossilien lagern, die Überreste von ungefähr fünfzigtausend Tieren. Wir waren tüchtige Jäger.

Ziemlich hoch über deinem Kopf wirst du in der Wand eine Lage runder, verwitterter Kiesel bemerken. Ein Fluß war vor etwas weniger als sechshunderttausend Jahren in die Höhle eingebrochen. Damals hatten die Regenfälle des Mittleren Pleistozäns begonnen, und der Pinsel des Malers überzog Afrika von neuem mit grüner Farbe. Wieder überwucherte der Busch das Gebiet von Makapan. Der fossile Bericht ist zu Ende. Da wir Geschöpfe der Steppe waren, mußten wir ihr folgen, und wir kehrten nie mehr in die Gegend von Makapan zurück – zumindest nicht als *Australopithecus africanus.*

Ähnlich lautet die Geschichte der Ausgrabungen, die Robert Broom in Sterkfontein, weit im Süden, nahe Johannesburg, gemacht hat. Der *Australopithecus africanus* bewohnte die dortige Höhle während derselben Trockenzeit, nur erschien er etwas früher und blieb ein wenig länger. Ein rätselhafter Umstand ist mit seinem Verschwinden aus der Hochsteppe von Sterkfontein verknüpft, denn im Jahre 1956 entdeckte der junge Doktor Brain Kieselwerkzeuge aus Quarz in der obersten *Australopithecinen*-Schicht der Höhle. Die Entdeckung erregte in Anthropologenkreisen größtes Aufsehen. Wer hatte die Werkzeuge geschaffen?

Ein Kieselwerkzeug ist das einfachste aller Steinwerkzeuge; es besteht aus einem ungefähr handgroßen Stein, der an einem Ende beschlagen ist, so daß sich eine scharfe Schneide ergibt. Obwohl das Kieselwerkzeug primitiv ist, bezeichnet es doch den Beginn der schöpferischen Fähigkeit des Menschen – der Fähigkeit, einen in der Natur vorgefundenen Gegenstand in ein Objekt zu verwan-

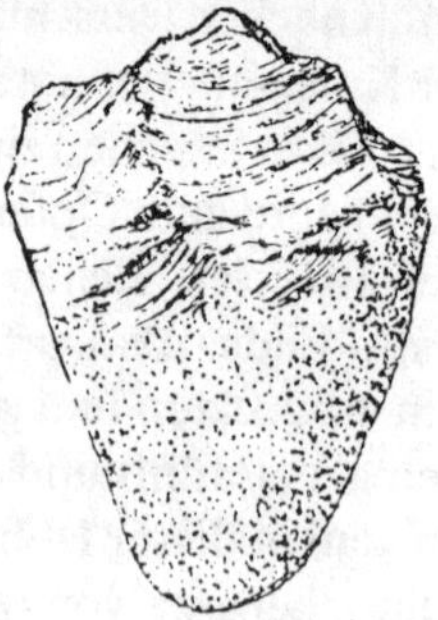

deln, dessen Form nur im Geist des Herstellers existiert. Aus diesem Grund wird das Kieselwerkzeug von den Anthropologen als der Beginn der menschlichen Kultur betrachtet und als wahrscheinlicher Beweis für den ersten Menschen, der das große Gehirn besaß.

Aber wer hätte in Sterkfontein Kieselwerkzeuge machen sollen? In dieser Gegend wurden keinerlei Hinweise auf die Anwesenheit des echten Menschen gefunden. Natürlich gab es nicht weit von Sterkfontein, in Swartkrans, den von Robinson entdeckten geheimnisvollen *Telanthropus.* Zu jener Zeit regnete es in Südafrika schon wieder heftig, und die offene Steppe verwandelte sich in Busch. Dr. Brains Sandkörnertest deutet darauf hin, daß die frühen Schichten von Swartkrans zeitlich mit der späten Schicht von Sterkfontein übereinstimmen könnten.

Und dann war noch Abel da. Der *Australopithecus robustus* hatte Südafrika betreten, als der Busch dort wieder zu wuchern begann. Aber in ganz Afrika gibt es keinen unwahrscheinlicheren Anwärter auf die Rolle des Initiators der menschlichen Kultur als diese unzulängliche Bruderspezies, dieses zurückgebliebene, nichtaggressive Wesen, diesen plumpen Wurzelfresser mit dem dickknochigen Schädel, dem kleinen Gehirn, dem schweren Unterkiefer, den quadratischen Zähnen und dem Knochenwulst auf dem Scheitel.

Und dann war natürlich der *africanus* selbst da. Raymond Dart begann 1956 Beweise dafür zu sammeln, daß der beutejagende

Primat Knochen nicht nur als Waffe verwendete, sondern sie auch in Werkzeuge umgewandelt hatte. War er aber fähig, ein Knochenwerkzeug herzustellen, so besteht kein Grund, daran zu zweifeln, daß er auch Steinwerkzeuge machen konnte. Die Sache ließ sich jedoch nicht beweisen. Dazu kam die Überzeugung der Anthropologen (auch ich teilte sie), daß Beweise für menschliche Kultur gleichbedeutend seien mit Beweisen für den echten Menschen. Es gab jedoch einen Einwand gegen den *africanus*, der viel mehr besagte als sämtliche Überzeugungen der Wissenschaftler: In allen tieferen Knochenbreccien von Sterkfontein und in der gesamten Riesenmasse der in Makapan entdeckten Fossilien, die Dart mit solcher Sorgfalt gesichtet hatte, wurde nie auch nur ein einziges unbestrittenes Kieselwerkzeug gefunden. Ob der beutejagende Primat die Fähigkeit besaß, Steinwerkzeuge herzustellen, darüber mochte in den Museen des Nordens debattiert werden. Daß er keine hergestellt hat, bewiesen die südafrikanischen Höhlen.

Wer hat die Kieselwerkzeuge von Sterkfontein gemacht? Es gab keine einleuchtende Antwort. Aber Brains Entdeckung, von Kenneth Oakley mit bemerkenswerter Einsicht als die wichtigste seit dem *Pekingmenschen* bezeichnet, löste eine Kettenreaktion von Entdeckungen aus, die bis heute so rasch aufeinanderfolgen wie die Blitze eines Sommergewitters. Man hatte damals das Gefühl, auf einer dunklen, geheimnisumwitterten Plattform zu stehen, die unter dem Donner kommender Dinge erzitterte. Und die Dinge kamen. Im folgenden Jahr fand John Robinson in derselben späten Breccie von Sterkfontein Steinäxte.

Ich war zu jener Zeit in Johannesburg. Dart rief mich im Hotel an und teilte mir die Nachricht mit. Ich war wie vor den Kopf geschlagen. Kieselwerkzeuge – gut, aber Steinäxte – das war etwas ganz anderes. Ich fuhr zur Universität hinaus, und da lagen sie – aus glänzendem Quarz, länglich und fast rundum beschlagen. Es waren zwar primitive, aber richtiggehende Steinwaffen.

Wer hatte sie gemacht? Die alte Frage rief mit verdoppelter Macht nach Antwort. Mindestens eine Steinaxt war von Robinson zusammen mit Resten des beutejagenden Primaten in einem einzigen Breccieblock gefunden worden. Und doch kam der *africanus* als Hersteller unter keinen Umständen in Frage. Die kulturelle

Evolution braucht wie ein schwerer Lastzug längere Zeit, um in Schwung zu kommen, und die Steinaxt ist eines ihrer späteren Produkte. Die Möglichkeit, daß der beutejagende Primat in seiner letzten südafrikanischen Zeit begonnen hatte, primitive Kieselwerkzeuge zu machen, ließ sich nicht ausschließen. Aber unter keinen Umständen konnte er Gegenstände von so raffinierter Ausarbeitung hergestellt haben, wie es die Steinäxte von Sterkfontein sind, die 14 Flächen aufweisen, von denen die Splitter abgeschlagen wurden, um die Form zu verbessern. Für ein solches Erzeugnis fehlte an allen Fundstätten von *Australopithecinen* der entsprechende Hintergrund. Wir waren weiter von der Antwort entfernt als je. Da lernte ich ein neues Hilfsmittel zur Analyse kennen.

Es war im Juni 1957. In Nairobi hatte mir Dr. Leakey einen Vorabdruck von Simpsons Theorie gegeben, die damals noch nicht offiziell veröffentlicht war. Aufgrund von Simpsons Beschreibung der Klimazyklen hatte ich einen Kalender des Pleistozäns zu entwerfen begonnen, auf den der Leser bereits hingewiesen wurde. Eine Untersuchung der neuen Wechselbeziehungen enthüllte eine Tatsache, die bisher nicht klar gewesen war, nämlich daß Steinäxte, die man schon früher in Ostafrika gefunden hatte, nicht nur Gegenstücke der kürzlich in Sterkfontein entdeckten waren, sondern daß sie auch aus derselben Zeit stammten. Und die Beweise für die kulturelle Evolution ihrer Hersteller lagen in der Olduvaischlucht.

Ein Beobachter, der im Juni 1957 in Johannesburg weilte, konnte nur zu dem Schluß gelangen, daß die Metropole der schöpferischen Kraft des Menschen weiter nördlich liegen müsse. Hier, in den Kalksteinhöhlen unter den unermeßlichen Ebenen des Südens, sind infolge provinzieller Stille gewisse Überbleibsel des Daseins bewahrt geblieben, das wir im Pliozän geführt hatten. Zwischen ihnen flammte die Entschlossenheit des Pleistozäns auf: Ein nicht identifizierter Fremder liegt mitten unter Wesen aus einer früheren Epoche begraben. In einem einzigen Stück versinterten Sterkfonteinkalks sind die Waffen der Zukunft und die Leichen der Vergangenheit eingebacken. Aber der dritte Akt des Dramas vom Menschen hatte sich 3000 Kilometer entfernt abgespielt, im keineswegs provinziellen äquatorialen Norden, auf demselben ostafrikanischen Hochplateau, wo der Zweig, der sich zum Menschen entwickeln sollte, zwanzig Millionen Jahre vorher seinen Garten Eden gefunden hatte.

Zwei Jahre und einen Monat später zuckte ein Blitz über die Serengetiebene in Tanganjika. Mary Leakey fand in einem der alten ausgetrockneten Seen der Olduvaischlucht den Schädel eines *Australopithecinen.* Um ihn verstreut lagen Kieselwerkzeuge. Der Urheber der menschlichen Kultur war ein Tier gewesen und, wie wir sehen werden, noch dazu das falsche.

Die Entdeckung dieses Geschöpfes, das die Leakey unrichtigerweise *Zinjanthropus* benannten und fälschlich als echten Menschen bezeichneten, hat nicht nur in der Naturwissenschaft, sondern im gesamten modernen Denken eine Krise ausgelöst, die entsprechend dramatisiert wurde und einen Schwall von Aufregung und Verwirrung emporwirbeln ließ. Diese Krise wird durch Artikel in der Weltpresse über weitere Entdeckungen heute noch genährt, Entdeckungen, denen wir weder seelisch noch philosophisch, noch wissenschaftlich gewachsen sind. Es ist die Krise der Einschätzung des Menschen durch den Menschen, und sie wird sich, immer mehr in die Tiefe und Breite gehend, bis in unbestimmte Zukunft fortsetzen, je mehr wir ihre Bedeutung verstehen lernen.

Aber es ist eine Krise, die dank einem glücklichen Zufall im Naturgeschehen durchaus von uns gemeistert werden kann.

Die Serengetiebene, die fast nur Jägern bekannt ist, liegt genau südöstlich des Viktoriasees. Sie birgt die letzten großen Wildbestände der Erde, und in fossilen Schichten unter ihrer Oberfläche die versteinerte Menagerie der Vorläufer des Menschen. Da der Viktoriasee im Laufe der letzten Jahrmillionen dreimal mit Wasser gefüllt war und zweimal zu einem Sumpf austrocknete, hat die unermeßliche Ebene dreimal Raum für Seen geboten, war Zeuge, wie Flüsse entstanden, sah auf ihrer Oberfläche Wälder sprießen und wurde zweimal in Staub und Steppe verwandelt.

Daß sie heute nicht unter den Ablagerungen undenklicher Zeiten begraben liegt, verdanken wir einem Geschenk der Götter der Anthropologie. Eine Hebung trat in diesem unruhigen Gebiet Afrikas ein, und der Olduvaifluß schnitt, als ihn die großen Regen anschwellen ließen, eine lange, schmale Schlucht in das Tafelland. Und so können die wenigen Reisenden, die heute dorthin kommen, auf dem Grund der Schlucht stehend, Schicht um Schicht von alten Ablagerungen sehen, die durch die Tätigkeit des Flusses freigelegt wurden. Fast hundert Meter hoch ragen die Wände empor; und jede Schicht, wann immer sie gebildet worden sein mag, enthält Steinwerkzeuge, die für die Entwicklung der menschlichen Kultur Zeugnis ablegen.

Die Olduvaischlucht gibt einen fast lückenlosen Bericht über das Menschendasein in der Jahrmillion vom Beginn des Pleistozäns bis zur unmittelbaren Vergangenheit. Wir können über die Zeit diskutieren, in der bestimmte, in diesem Bericht festgehaltene Ereignisse stattgefunden haben, und wir brauchen in unserer Deutung dieser Ereignisse durchaus nicht übereinzustimmen und ebensowenig in der Identifizierung der Wesen, die an ihnen teilhatten. Aber wir können nicht leugnen, daß der Bericht von der Geschichte des Menschen handelt und daß uns seinesgleichen an keiner andern Stelle der Erde zur Verfügung steht.

Auf dem Grund der Olduvaischlucht befindet sich die älteste Fundstelle, als Schicht I bekannt. Sie ist ungefähr dreißig Meter dick und besteht hauptsächlich aus Ablagerungen von Seeschlamm, in denen man die Kieselwerkzeuge findet, mit denen unsere menschliche Kultur begann. Das Alter der Schicht ist strittig. Die orthodoxen Geologen, die auf ihre unzulängliche Eiszeituhr schwören, rechnen Schicht I dem Mittleren Pleistozän zu, mit einem Alter von einer halben Million Jahren. Der in diesem Buch vorgelegte Kalender verdoppelt ungefähr die Schätzung der Geologen. Wie immer sich das verhalten mag – jedenfalls haben die Leakey in Schicht I, 7 Meter unter der Oberfläche, das Wesen mit den Kieselwerkzeugen gefunden.

Zwischen Schicht I und Schicht II liegt etwas, das die Geologen als Diskordanz bezeichnen. Wir haben es hier mit einem Zeitraum zu tun, den wir nicht genau bestimmen können, weil die Erosion einen Teil der früheren Ablagerungen abgetragen hat. Dort hat Dr. Leakey kleine Silikatgebilde gefunden, die Wüstenrosen genannt werden und nur unter dem Einfluß äußerster Trockenheit entstehen. Ein Blick in die Tabelle zeigt, daß diese mit Erosion verbundene Trockenperiode höchstwahrscheinlich der langen Trockenzeit in Südafrika entspricht, in der der *Australopithecus africanus* seine fossilen Andenken in den mit Kalk gefüllten Höhlen hinterlassen hat. Aber ob die Erosion unter den äquatorialen Bedingungen von Olduvai die Ablagerungen von hunderttausend oder von einer Million Jahren abgetragen hat, das können wir nicht wissen. Jedenfalls ist es diese Diskordanz, die jede genaue Datierung der Geschehnisse in Schicht I äußerst schwierig macht.

In Schicht II lassen sich die Dinge glücklicherweise etwas genauer feststellen. Das Klima wird wieder feucht, und auf dem Grund der Seen bilden sich Ablagerungen. Es handelt sich um dieselbe mittlere Pleistozänperiode, die dem südafrikanischen Veld den Busch und den *Australopithecus robustus* bescherte und in Europa und Amerika die ersten Gletscher entstehen ließ. Die großen Regen begannen ungefähr vor 600 000 Jahren, und aus dieser Zeit ist außer in Afrika nirgends auf Erden irgendeine Spur vom Menschen, vom Vormenschen oder von menschlicher Kultur zutage gekommen. Aber schon auf dem Grund von Schicht II finden wir Steinäxte, die an den Ufern der Olduvaiseen angefertigt wurden; und sie haben sich unmittelbar aus den Kieselwerkzeugen von Schicht I entwickelt.

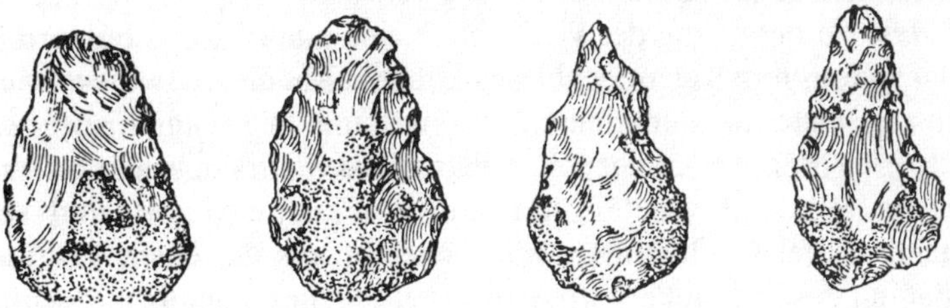

Wer waren die Steinäxtehersteller, die an den Ufern der ersten Seen von Schicht II lebten? Waren sie *Australopithecinen* mit kleinem Gehirn? Übergangswesen mit mittlerem Gehirn? Menschen mit großem Gehirn? Wir wissen es nicht, werden es aber wahrscheinlich bald erfahren. Wer immer sie auch waren – ihre kulturellen Leistungen haben sich in unmittelbarer Fortsetzung der in Schicht I gefundenen Arbeiten entwickelt. Während das frühere Wesen einfach einen Kiesel an einem Ende abgeschlagen hatte, machte der Hersteller der Steinäxte die Abschläge rundum, so daß eine gute Form entstand. Und während das frühe Gerät nur zum Schaben und Kratzen und vielleicht zum Zuspitzen eines einfachen Speeres taugte, war jetzt ein Gerät geschaffen worden, das, so primitiv es auch sein mochte, sowohl als Waffe wie auch als Werkzeug für alle Zwecke dienen konnte und mit dessen Vervollkommnung sich die Menschen der Steinzeit noch Hunderttausende von Jahren beschäftigen sollten.

Schicht II ist fast so dick wie Schicht I, und ihre Seenablagerungen umfassen eine Periode von rund 200 000 Jahren. In dieser Zeitspanne lassen sich vier Hauptentwicklungsphasen der Steinaxt feststellen, die den Funden an allen anderen Orten der Alten Welt entsprechen. Die ältesten Ablagerungen auf dem Grund der Schicht enthalten Steinäxte, die von den Anthropologen als Chelléen I bezeichnet werden. In dieser Phase ist die Steinaxt roh beschlagen, dick und von länglicher Form. Das war die Waffe, die, wie wir annehmen dürfen, von wandernden Gruppen jener Zeit nach Sterkfontein gebracht wurde. In der zweiten Phase ist die Steinaxt dünner und etwas mehr zugespitzt. In der dritten Phase ist die Waffe mit einer richtigen Spitze versehen.

Die Verbesserung der Waffe hatte eine unmittelbare Folge, die wir an unserem Kalender ablesen können: Mit dieser Waffe ausgerüstet, setzte sich der Mensch in Bewegung. Die ersten bisher bekannten Steinwerkzeuge, die außerhalb des afrikanischen Kontinents gefunden wurden, tauchten in Frankreich auf, und sie gehören der Chellénphase an. Ungefähr aus derselben Periode stammt das erste außerhalb Afrikas gefundene eindeutig menschliche Fossil, der Unterkiefer des Menschen von Heidelberg. Von wem sonst sollen die europäischen Funde stammen als von afrikanischen Gruppen, die dem Wild im milden Klima der Zwischeneiszeit nach Norden folgten? Von nun an dehnen die Menschen ihre Wanderungen jedoch noch weiter aus. Die zweite Eisdecke, die Europa überzieht, ist so enorm, daß der Erdteil entvölkert wird. Sowohl Wild wie Jäger wandern ab, manche zweifellos nach

Afrika. Aber auch viele tausend Kilometer weiter östlich tritt der echte Mensch in Erscheinung – in den Höhlen Chinas, in den Tälern von Java. Diese Wesen mit den dicken Augenbrauenwülsten werden von den Anthropologen als *Pithecanthropinen* bezeichnet und von den Anatomen als Verwandte des Heidelbergmenschen betrachtet, von dem man übrigens annimmt, daß er aus Asien eingewandert sei. Aufgrund des neuen Pleistozänkalenders habe ich jedoch die Hypothese aufgestellt, daß es sich bei allen diesen Geschöpfen um Auswanderer aus dem Herzland Afrikas handelt. Die Hypothese scheint zumindest teilweise durch eine von Leakey gemachte Entdeckung bestätigt zu werden, die er 1961 bekanntgab. In Schicht II der Olduvaischlucht wurde endlich der Hersteller von Steinäxten, die der Phase Chelléen III angehören, gefunden, und selbst die oberflächlichsten Fotografien seines Schädels lassen annehmen, daß es sich um einen *Pithecanthropus* handelt.

Die Spuren der kulturellen Wirkung, die von den Wesen aus Schicht I ausging, können nun in die Höhlen von Choukoutien verfolgt werden. Dort ist der asiatische Zweig des Frühmenschen seinen eigenen Entwicklungsweg gegangen und hat die für ihn charakteristischen Werkzeuge aus Steinsplittern hergestellt. Diese besondere Art von Geräten sollte eines Tages von dem aus Asien stammenden Neandertaler nach Europa gebracht werden, bevor er und der gesamte *Pithecanthropinen*-Zweig in der Flut des voll entwickelten *Homo sapiens* unterging. Aber mittlerweile, ungefähr zur selben Zeit, da sich der Mensch in Asien niederließ, taten die Steinäxtehersteller von Olduvai einen für die Geschichte der menschlichen Technik entscheidenden Schritt.

Das letzte Kapitel des in Schicht II enthaltenen Berichts über die kulturelle Entwicklung handelt von der Entdeckung des Prinzips des Meißels, des Werkzeuges, mit dem man Werkzeuge macht. Chelléensteinäxte entstanden ebenso wie die älteren Kieselwerkzeuge durch Beschlagen eines Steines mit einem anderen. Jetzt aber wird ein Stück Knochen oder hartes Holz dort auf den Stein gesetzt, wo der Abschlag erfolgen soll, und man schlägt auf den Meißel und nicht direkt auf den Stein. Der Splitter löst sich mit bisher unerreichter Präzision. Steinäxte, die auf diese Art hergestellt sind, werden von den Anthropologen als Acheulléen bezeichnet.

Zu dieser Zeit – vor ungefähr 400 000 Jahren – tritt wiederum eine Klimaveränderung auf. Die großen Regen sind zu Ende, die Serengeti verdorrt, die Seen verschwinden. Die trockene Schicht III liefert nur wenig Kulturgut, denn die Steinäxtehersteller zerstreuen sich in alle Winde. Aber in Europa ist die Eisdecke zurückgewichen, und die Menschen ziehen wieder nach Norden. In Nordafrika taucht der *Atlanthropus* auf. Er gehört zu den *Pithecanthropinen*, und seine Acheulléenwerkzeuge beweisen, daß er aus Ostafrika stammt. In den Schotterbänken der Themse wurde der Swanscombemensch gefunden, dessen Waffen ebenfalls der Acheulléenphase angehören und mit Hilfe des Meißels angefertigt sind. Während der 200 000 Jahre der großen Zwischeneiszeit breitet sich der afro-europäische Zweig der Frühmenschen von England bis Südafrika aus. Aber erst als die Eisdecke Europa von neuem überzieht, wird Ostafrika wieder zur Metropole der westlichen Menschheit, wie die feuchte, an Funden so reiche Schicht IV von Olduvai beweist.

Dieses Buch beschäftigt sich nicht mit der zunehmend komplizierter werdenden Geschichte des echten Menschen, sondern mit dem Aufstieg der Menschheit aus ihrer tierischen Vergangenheit. Wir müssen also wieder zu dem großen Archiv in der Ebene von Tanganjika zurückkehren. Wer hat die ersten Chelléensteinäxte gemacht? Wer war das Geschöpf, welches das Werkzeug zur Herstellung von Werkzeugen, den Meißel, erfand? Unter welchen geheimnisvollen Umständen erwarben wir unser großes Gehirn und die entscheidenden Merkmale unseres Wesens? Und wann hat der *Homo sapiens* zum erstenmal sein Kinn in die Welt gestreckt? Die Antworten auf alle diese Fragen müssen in jenem Archiv zu finden sein. Und doch wissen wir so gut wie nichts. Die Geschichte des Menschen liegt in hoch aufragenden Schichten wohlgeordnet in der Olduvaischlucht, diesem Grand Cañon der menschlichen Evolution, verborgen und wartet nur darauf, enthüllt zu werden. Und das Unglaubliche ist, daß wir noch immer so wenig wissen.

An dieser Stelle kann ich mir eine bittere Bemerkung nicht versagen. Märchenhafte Reichtümer wurden für die Wiederherstellung von Tempeln und Palästen im Mittleren Osten aufgewendet. In Asien hat die Rockefeller-Stiftung mehr Geld für die Fundstätte

Choukoutien, die Heimat des *Pekingmenschen*, ausgegeben, als alle Geldgeber zusammen je für die Erforschung des Ursprungs der Menschheit im Afrika südlich der Sahara zur Verfügung stellten. Sogar die Selbstkosten des Autors und seines Verlegers für das Verfassen und die Veröffentlichung dieses Buches, inklusive der dazu nötigen Forschungsarbeiten, sind höher als die gesamten Investitionen in die vier anthropologischen Hauptfundstätten der Welt: Olduvai, Makapan, Sterkfontein und Swartkrans. Es ist eine absurde Tatsache, daß den wilden Männern der afrikanischen Anthropologie, die den Großteil unseres Wissens über den Ursprung des Menschen zusammengetragen haben, weniger Geld zur Verfügung stand, als zur Aufzeichnung dieses Wissens erforderlich war. Ohne das Glück und die Hingabe, die Erfahrung und das Genie, den Mut und die Ausdauer einer Handvoll unverbesserlicher Idealisten unter den Wissenschaftlern südlich des Äquators wüßten wir überhaupt nichts. Sie waren gänzlich auf sich selbst gestellt.

Glück, Hingabe, Erfahrung, Genie, Mut und Ausdauer ließen Mary Leakey am 17. Juni 1959 einen fossilen Schädel finden, der durch Erosion in der ältesten Schicht der Olduvaischlucht zutage gekommen war. Das Gewicht der Jahre, die über ihm lagen, hatte ihn in 400 Stücke zerbrochen. Das Wesen, dem dieser Schädel einst gehört hatte, war am Ufer eines längst verschwundenen Sees gestorben. Um den Schädel verstreut lagen Kieselwerkzeuge aus Lava und Quarz sowie die Knochen kleiner Tiere, von denen sich jenes Wesen und seine Gruppe genährt hatten. Und das Wesen war Abel.

Ein Rätsel, das einer Sphinx zur Ehre gereichen würde, grinst uns aus dem Grab am Ufer eines vergessenen Sees an. Abel mit seinen quadratischen Zähnen, seinem schweren Unterkiefer und seinem kleinen Gehirn, Abel, der den gleichen Knochenkamm auf dem Scheitel trägt wie der Berggorilla, war das Wesen, mit dem alles angefangen hat!

In strenger Einhaltung des Brauches der Anthropologen, den Titel Mensch jedem Hominiden zu verleihen, der fähig ist, Werkzeuge herzustellen, kündigte Dr. Leakey die Entdeckung des ersten Menschen an. Der guten alten Tradition der afrikanischen Naturwissenschaftler folgend, reihte er das unbekannte Wesen in eine neue Gattung ein und gab ihm den Namen *Zinjanthropus*. Dr. Leakey hat mir liebenswürdigerweise erlaubt, das Fossil in Nairobi zu untersuchen; ich habe über seine Merkmale mit Leuten gesprochen, die größere wissenschaftliche Autorität besitzen als ich. Und ich bin zu der Ansicht gelangt, daß man den *Zinjanthropus* nicht einmal als neue Spezies, geschweige denn als neue Gattung bezeichnen kann. Er ist ein reiner *Australopithecine*, eine Variante von Robert Brooms altem *Paranthropus*, der in diesem Buch *Australopithecus robustus* genannt wird.

Das Wesen aus Schicht I hatte eine etwas aufrechtere Haltung als der Pflanzenfresser von Swartkrans und ein etwas längeres und flacheres Gesicht. Aber es besaß den gleichen kleinen Gehirnraum, die gleichen massiven Mahlzähne, und es trägt den gleichen Knochenkamm auf dem Schädel. Das Gebiß ist sogar in vieler Hinsicht weniger menschenähnlich als das des *robustus*, denn die Mahlzähne sind so breit, daß sie den Eindruck machen, als wären sie der Quere nach in den Unterkiefer eingesetzt. Wir stehen also vor einem Rätsel: Der *Australopithecus*, den wir als Urheber der menschlichen Kultur betrachten müssen, kann aller Wahrscheinlichkeit nach nicht der Ahne des Menschen gewesen sein.

Eine Theorie versucht das Rätsel dadurch zu lösen, daß das von den Leakey entdeckte Wesen nicht der Hersteller der gleichzeitig mit ihm gefundenen Kieselwerkzeuge, sondern ebenso wie die gleichzeitig mit ihm gefundenen Tiere die Beute des wirklichen, jedoch unbekannten Werkzeugherstellers gewesen sei. Diese Möglichkeit besteht, aber ich finde die Erklärung unbefriedigend. Die Tatsache, daß alle Beutetiere klein sind, deutet auf einen Jäger hin, der vom evolutiven Standpunkt aus ein Anfänger gewesen ist. Man findet ihn geradezu rührend, wenn man an die gewaltigen Knochenhaufen denkt, die der *africanus* in Makapan hinterließ; außerdem haben sich keinerlei Waffen gefunden. Ein Jäger, der nicht imstande war, größeres Wild zu erbeuten, kann auch nicht imstande gewesen sein, ein so starkes Geschöpf wie den *robustus* zu töten. Überdies wurde die sehr wichtige Tatsache übersehen, daß frühe Kieselwerkzeuge in Afrika bisher nur in Gebieten gefunden wurden, die höchstwahrscheinlich von Busch bewachsen waren, was ein feuchtes Klima voraussetzt, also die Existenzbedingungen des *robustus.* Die Gesamtheit von Leakeys Seeuferfund bekommt nur dann einen Sinn, wenn wir uns den Werkzeughersteller als Angehörigen einer *robustus*-Art vorstellen, der während seines langen Aufenthaltes im Busch zum hochspezialisierten Pflanzenfresser wurde und dann, unter dem Druck der harten Lebensbedingungen im späten Pliozän, die Fähigkeit erwarb, Fleisch zu verdauen, ohne daß es ihm jedoch gelang, sich die Geschicklichkeit und die Waffen eines höherentwickelten Jägers zu eigen zu machen. Und damit haben wir Abel, genau so, wie wir ihn uns vorstellen müssen.

Eine zweite Theorie erkennt den *robustus* als Schöpfer unserer Kultur an, behauptet jedoch, daß sich dieser Wurzelfresser mit den riesigen quadratischen Mahlzähnen und dem Gorillascheitelkamm trotz aller seiner Spezialisierungen durch eine plötzliche Schlüsselmutation von größtem Ausmaß in einen echten Menschen verwandelt haben könnte. Unser kleiner Ausflug in das Gebiet der Genetik hat uns gelehrt, was geschehen kann, wenn ein Pokerspieler mit schwachem Blatt das Herzas zieht, und daher kann jene Hypothese nicht zur Gänze abgelehnt werden. Aber was sie verdächtig macht, ist der Umstand, daß sich hinter der Vorliebe ihrer Anhänger für das Unwahrscheinliche eigentlich eine Vorliebe für die romantische Illusion verbirgt. Aller genetischen Unwahrscheinlichkeit zum Trotz muß bewiesen werden, daß der gutartige Abel der Ahne des Menschen gewesen ist. Daß eine andere Spezies des *Australopithecus* in derselben Periode auf demselben afrikanischen Hochland gedieh und ohne an Wunder grenzende Mutationen zum Vorfahren des Menschen wurde, wird als eher beschämend angesehen und daher am besten vertuscht.

In den zwei kurzen Jahren, die seit der Enterdung des äquatorialen Abel verstrichen sind, hat sich Entdeckung auf Entdeckung gehäuft.* Es gibt Diskussionen am laufenden Band, und der Schwall

* Am 23. Juli 1961 legte die Evernden-Gruppe an der Universität von Kalifornien in einem aufsehenerregenden Bericht das auf Argonbasis errechnete Alter des *Zinjanthropus (Australopithecus robustus)* mit 1 750 000 Jahren fest. Wir können annehmen, daß die großen Regen am Äquator früher einsetzten als in höheren Breiten, daß die Diskordanz zwischen den Schichten I und II eine Erosionslücke von einer Million Jahren repräsentiert, und daß die europäische Uhr nun auf das Geschehen in Afrika glücklicherweise nicht mehr angewendet werden dürfte. Falls

von Aufregungen und Verwirrung, den die ursprüngliche Entdekkung emporschlagen ließ, drohte die Entdecker samt ihrer Wissenschaft zu verschlingen. Auf einer Pressekonferenz in Washington gab Dr. Leakey bekannt, daß ein nicht identifizierter jugendlicher Hominide, der ebenfalls in Schicht I gefunden wurde, wahrscheinlich einer Gewalttat zum Opfer gefallen sei. Prompt warf die Londoner naturwissenschaftliche Zeitschrift »New Scientist« (vom 2. März 1961) Leakey vor, der Öffentlichkeit »abenteuerliche Vermutungen – denn um nichts anderes kann es sich handeln – über die Art, wie Wesen, die vor 600 000 Jahren gelebt haben, den Tod fanden« vorgesetzt zu haben. Obwohl es wahr ist, daß Dr. Leakey seinen Kollegen jedes Beweismaterial, das seine Behauptung unterstützt hätte, vorenthielt, ist es ebenso wahr, daß der »New Scientist« nicht das geringste Verständnis für irgendeinen Aspekt der Befunde zeigte, mit denen die Gewalttätigkeit der *Australopithecinen* bewiesen wurde und von der das nächste Kapitel handelt.

Sowohl Naturwissenschaftler wie Laien stehen dem Problem der Einschätzung des Menschen durch den Menschen mit verschränkten Armen gegenüber, entschlossen, alle diese Fragen zu verharmlosen. Aber wenn ein Dramatiker, der sich der Naturwissenschaft zugewandt hat, über die zahllosen Rätsel nachdenkt, so scheint ihm nur eine einzige Gruppe von Wahrscheinlichkeiten eine allumfassende Lösung für das Geheimnis des Aufstieges des Menschen im Pleistozän zu bieten.

Der letzte Akt des Dramas spielt auf einer Bühne, die im tiefen Schatten liegt; im Schatten all der Dinge, die wir nicht wissen, der Geheimnisse eines Kontinents, den wir noch immer nicht verstehen, und einer Zeit, so unergründlich, daß kein menschlicher Geist sie zu enträtseln vermag. Aber auf dieser Bühne, auf diesem afrikanischen Hochland finden wir ein Brüderpaar – zwei Spezies noch nicht zu Menschen gewordener Wesen –, dessen Pfade sich, seit sie sich voneinander trennten, niemals mehr gekreuzt haben.

Durch all die Jahrmillionen des unveränderlichen Pliozäns hat

jene Datierung stimmt, können wir ferner annehmen, daß Schicht I jetzt als die erste bekannte Pliozänablagerung in Afrika anerkannt wird, woraus sich ergibt, daß die in diesem Buch vertretene Theorie von der langen evolutiven Entfaltung der *Australopithecinen* im afrikanischen Pliozän zum erstenmal bewiesen erscheint.

Afrika stillgestanden. Hier der ewige Busch, dort die ewige Steppe. Hier lebte Abel, mühselig im Boden wühlend und scharrend; und dort, weit weg, unter unendlichem Himmel, tötete Kain, um leben zu können. Welcher von den beiden brauchte Werkzeuge? Welcher hatte Waffen nötig? Welcher bediente sich der Steine, die auf dem Boden lagen? Welcher machte sich die Knochen seiner Beutetiere zunutze? Jeder erfand jene Hilfsmittel und entwickelte jene Fertigkeiten, die seine Daseinsform erforderte. Und die beiden begegneten einander niemals.

Und dann kam das Pleistozän, und eine kosmische Hand bemalte das Antlitz Afrikas bald mit der einen, bald mit der anderen Farbe. Auf der Hochsteppe, wo Kain einst gejagt hatte, finden wir Seen und Buschwald, und dort finden wir Abel mit seinen kleinen Steinwerkzeugen. Ein neuer Pinselstrich des verrückten Malers läßt Kain zurückkehren und Abel fortziehen, wieder ein Pinselstrich – und Kain zieht fort, während Abel zurückkehrt.

Wann sind sie einander begegnet? Wir wissen es nicht. Aber irgendwo in dem großen Archiv der Olduvaischlucht muß die Begegnung der Brüder registriert sein. Dort muß der Augenblick in Stein festgehalten sein, da Kain den Abel traf und ihn erschlug, um von nun an Waffen aus Quarzit und Lava herzustellen und die menschliche Rasse zu zeugen.

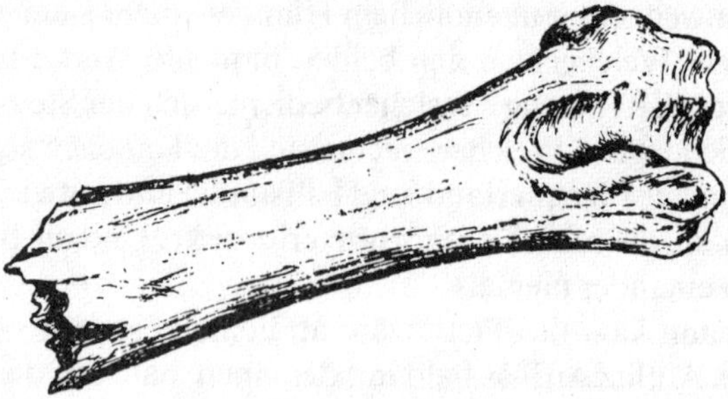

X Es waren nicht die Hyänen

Die Entstehung der Menschheit hatte Afrika zum Schauplatz, also jenen Kontinent, wo sich die Natur heute am wenigsten unschuldig zeigt, und es fällt mir schwer zu glauben, daß sie dort zur Zeit unseres ersten Auftretens freundlicher gelächelt haben sollte als in unseren Tagen.

Der Stammbaum der Mamba, der du auf einer staubigen Provinzstraße begegnest, reicht zweihundert Millionen Jahre zurück. Ebenso viele Generationen sind den Kobras vorangegangen, die ihren Wohnsitz im Garten deines Freundes aufgeschlagen haben, mit dem du eben auf der Veranda Tee trinkst, während die Kinder im Gras spielen. Die Krokodile am Ufer des Sambesi, von denen du innigst wünschst, daß sie dein kleines Boot unbeachtet lassen, haben mit den gleichen unfreundlichen Blicken schon deine ersten menschlichen Vorfahren angestarrt.

Ich habe mir oft die Frage vorgelegt, wie lange ich überleben könnte, würde ich nackt, ohne Krallen und Fänge, ohne Waffen an irgendeiner entlegenen Stelle im Busch von Tanganjika ausgesetzt. Und wenn ich der erste Mensch wäre?

Verweile einmal, alle Vorschriften außer acht lassend, auf einer Seitenstraße in irgendeiner afrikanischen Wildreservation, bis die

Dunkelheit von der Erde aufsteigt. Die Karosserie deines Wagens – eine von Menschen gemachte Rüstung – verleiht dir Sicherheit. Deine menschliche Ausdünstung wird vom Geruch des vom Menschen hergestellten Benzins überdeckt. Du hast nichts zu fürchten. Die Herden von Zebras und Impalas, die in der Nähe grasen, scheinen ebenfalls nichts zu fürchten zu haben. Aber der Tag flieht rasch in diesen Breiten, wenn die heraufziehende Nacht sich erst einmal angekündigt hat.

Eben hast du noch Farbfotos aufgenommen, während das graziöse Impala ruhig und friedvoll grast. Plötzlich ist die Sonne verschwunden. Ein Bock hebt den Kopf – und zu deiner Verblüffung spürst du die gleiche Unruhe in dir selbst. Du spähst durch die Windschutzscheibe zum Himmel hinauf. Flache Wolken färben sich blitzschnell violett, werden an den Unterseiten purpurn. Der Bock steht wie erstarrt, mit erhobenem Kopf und witternden Nüstern. Ein Zebra tritt von einem Bein auf das andere. Ein paar Impalas hören zu grasen auf, wenden die Köpfe nach allen Seiten. Dunkle Flecken wie verschüttete Tinte breiten sich dort aus, wo der Busch dicht ist. Noch rascheln die Vögel in den Zweigen. Schau noch einmal hinauf. Die Wolken sind jetzt von einem ganz dunklen Grau, rasch weicht alle Farbe vom Himmel wie aus dem Antlitz eines Sterbenden. Gegen diesen Himmel hebt sich das zarte Laub eines Dornbaumes ab wie schwarzes Spitzengewebe. Jählings setzt sich der Bock, der wie erstarrt dastand, in Bewegung und überquert die Straße. Drei lange, hohe Sprünge im Zeitlupentempo, und er ist im Busch verschwunden.

Alle Herden sind plötzlich in Bewegung geraten. Auch du kannst dich der Panik nicht entziehen, von der Zebras und Impalas ergriffen werden. Die Tiere stieben an deinem Wagen vorbei, die Zebras im Trab, einander stoßend und drängend, die Impalas über Hindernisse hinwegsetzend wie geflügelte Pferde in einem Hürdenrennen. Einen Augenblick schimmern ihre Flanken in dem matten Licht auf, das noch über der Straße hängt, dann sind sie im Gestrüpp verschwunden. Deine Augen versuchen ihnen zu folgen, aber die schwarze Tinte der Nacht, von der wenige Sekunden zuvor nur ein paar Flecken über den Busch verspritzt waren, hat sich nun auch über die Straße ergossen und dich und deinen Wagen samt seinem Benzingeruch in ihre dunkle Flut gehüllt. Auf einmal kracht und knistert das Gestrüpp nicht mehr unter den Tritten der Tiere, und im Dornbaum über dir haben die Vögel zu rascheln aufgehört. Es herrscht Totenstille.

Du versuchst etwas zu sehen. Du strengst deine Augen bis zum Äußersten an, denn die Nacht hat sich über den afrikanischen Kontinent herabgesenkt, und es ist plötzlich ungeheuer wichtig geworden, etwas zu sehen. Aber du siehst nichts. Irgendwo da draußen sind die schimmernden Leiber der Zebras, doch sie bleiben unsichtbar. Du versuchst etwas zu hören. Du lauschst angestrengt, mit angehaltenem Atem. Aber du hörst nichts. Die Herde kann nicht weit weg sein, doch sie gibt keinen Laut von sich. Die Vögel, die noch vor wenigen Sekunden so beruhigend in den Zweigen geraschelt haben, müssen noch im Dornbaum über dir sein, doch sie geben kein Lebenszeichen mehr. Du bist allein, völlig allein, so wie jedes einzelne Tier in seiner bedrückenden, finsteren, schweigenden Welt allein ist und lauscht und wartet. Und dann kommt es. Es klingt zuerst wie ein Husten, scharf und hart, wird dann allmählich leiser wie das Keuchen einer altmodischen Dampflokomotive, die aus einer Station ausfährt. Und ob du den Laut schon einmal gehört hast oder nicht – du weißt sofort, es ist der Löwe. Später im Lager, das wie ein Eingeborenenkral von einer Dornenhecke umschlossen ist, die Löwen und Leoparden abhält, beginnt deine Phantasie zu arbeiten. Seit dem Bestehen der Welt hat die Nacht den afrikanischen Kontinent alle 24 Stunden heimgesucht. Und hier lag unser Garten Eden! Wie hast du überleben können, o Adam, ohne Fänge und Klauen, ohne Auto, ohne spitze Hörner und Lederhaut, ohne eine Schnauze zum Schnüffeln, ohne Füße zum Klettern, ja selbst ohne Benzingeruch, um deine Witterung zu tarnen – wie vermochtest du zu überleben? Verletzbarster aller Primaten, wie hättest du in deinem gefährlichen Paradies überleben können, wärest du nicht mit einer Waffe in der Hand geboren worden?

Livingstone ist eine ganz kleine Stadt, Hunderte Kilometer von irgendwo, verloren am westlichen Rand von Nordrhodesien. Es besitzt eine breite, staubige Hauptstraße, die als Dekoration für einen eher kostspieligen Westerner geeignet wäre. Jeden Augenblick erwartet man, eine Kavalkade wild um sich schießender Cowboys heransprengen zu sehen. Außer dieser Hauptstraße besitzt Livingstone eines der großartigsten Museen Afrikas, dessen Kurator Dr. J. Desmond Clark zu den geachtetsten Anthropologen der Welt zählt; einen internationalen Flughafen, auf dem Flugzeuge aus New York, Paris, London und Rom landen; ein prachtvolles, höchst kultiviertes Hotel, wo Paviane am frühen Morgen die Frühstückstische auf der Terrasse inspizieren kommen; einen seltsam gespenstischen Wald, 1,5 Kilometer lang und 100 Meter breit, in dem es dauernd regnet, während rundum die Sonne scheint; und schließlich das überwältigende, unwahrscheinliche Naturschauspiel der Viktoriafälle, geschaffen vom Sambesi, der sich in grandiosen Wasserwirbeln in eine Erdspalte stürzt, ein Phänomen, das einen jede Unwahrscheinlichkeit für möglich halten läßt.

In dieser Stadt hatten sich im Jahre 1955 einige hundert Anthropologen aus mehreren Kontinenten zu dem alle vier Jahre stattfindenden panafrikanischen prähistorischen Kongreß versammelt. Dorthin brachte Raymond A. Dart ein paar schwere Kisten, gefüllt mit jenen fossilen Knochen, die er und seine Schüler mit so großer Sorgfalt präpariert hatten; dorthin brachte er seine anatomischen Analysen und seine statistischen Verteilungen; dort trug er seine Theorie vor, daß der *Australopithecus africanus* bewaffnet gewesen sei und daß sich unter diesen Fossilien aus Makapan die ersten bekanntgewordenen Waffen der Welt befänden.

Dart stellte sich sozusagen dem internationalen Gerichtshof der

Naturwissenschaft. Es war ein Gerichtshof, der an Autorität, Ruf und Integrität nicht seinesgleichen hatte und dessen Entscheidungen weitgehend inappellabel waren, da die Richter erst in vier Jahren wieder in Afrika zusammentreten würden. Es war der Oberste Gerichtshof der Wissenschaft in Sachen Mensch, der sich gerade zu einer Zeit versammelt hatte, da die Erfindung einer Superwaffe die Menschheit mit Vernichtung bedrohte. Und dieser Gerichtshof, versammelt zu diesem Zeitpunkt in einer stillen kleinen Stadt des afrikanischen Hinterlandes, bewilligte Dart genau 20 Minuten zur Vorlage seiner schwerwiegenden Beweise; dieser Gerichtshof nahm Darts Ausführungen schweigend zur Kenntnis und fand es nicht der Mühe wert, sein Beweismaterial zu überprüfen; dieser Gerichtshof fällte die Entscheidung, daß die Knochen von Hyänen zusammengetragen worden seien.

L. S. B. Leakey selbst war der Vorsitzende dieses Gerichtshofes. Zwei Jahre vorher hatte er in seinem Buch »Adam's Ancestors« (Die Ahnen Adams) die Möglichkeit strikt von der Hand gewiesen, daß die *Australopithecinen* Vorfahren des Menschen gewesen sein könnten. Über die Fundplätze in Afrika hatte er geschrieben: »Nichts berechtigt dazu, diese Höhlen als Wohnstätten der *Australopithecinen* anzusehen; ihre Knochen wurden so wie die der übrigen Fauna wahrscheinlich von Hyänen und anderen Raubtieren in die Höhlen geschleppt.« Die evolutive Trennung zwischen dem Menschen- und dem *Australopithecinen*-Zweig verlegte Leakey ungefähr an die Grenze zwischen dem Pliozän und dem Miozän, also in eine Zeit, die zwölf Millionen Jahre zurückliegt. Genau vier Jahre nach dem Kongreß in Livingstone machte Mrs. Leakey in Schicht I der Olduvaischlucht die Entdekkung, daß ein *Australopithecine* der Urheber der menschlichen Kultur gewesen war. Diese Entdeckung wurde von der naturwissenschaftlichen Welt entsprechend gefeiert. Großer Nachdruck wurde auf die beweisbare Tatsache gelegt, daß es sich bei den primitiven Kieselwerkzeugen nicht um Waffen handelte. Aber soviel ich weiß, hat niemand aus der Tatsache, daß ein *Australopithecine* die Fähigkeit besaß, Steinwerkzeuge herzustellen, den Schluß gezogen, daß dann ein anderer *Australopithecine* doch wohl imstande gewesen sein müsse, Waffen aus Knochen zu sammeln. Bis heute hat niemand vorgeschlagen, den Fall Kain von neuem aufzurollen.

Ein Gelehrter – und Dr. Leakey ist ein großer Gelehrter – hat das Recht zu irren. Dieses Recht ist fast eine Pflicht, denn sobald ein Wissenschaftler größeren Wert darauf legt, recht zu haben, als die Schlußfolgerungen, von denen er überzeugt ist, kundzumachen, verletzt er das Vertrauen, das die Öffentlichkeit in ihn setzt. Aber im Jahre 1955 bestand das Problem des Kongresses von Livingstone nicht darin, daß der Vorsitzende eine Reihe vorgefaßter Meinungen hatte, zu deren Erschütterung – so wollte es die Ironie des Schicksals – er eines Tages selbst beitragen sollte, sondern darin, daß eine ganze Körperschaft hervorragender Wissenschaftler es vorzog, sich hinter dem Hyänenalibi zu verschanzen, statt Beweise anzuerkennen, welche die Prämissen ihrer Wissenschaft erschütterten und alle modischen Theorien über das Wesen des Menschen in Frage stellten.

Die Hyäne zum Sammler der Knochen von Makapan zu ernennen und damit die Verantwortung vom menschlichen Zweig abzuwälzen, ergab sich logisch aus der erstaunlichen Einstellung der orthodoxen Anthropologie zum Problem der *Australopithecinen.* Wenn man die Schuld nicht dem Südaffen aufladen wollte, kamen nur drei Tiere in Frage: das Stachelschwein, der Leopard und die Hyäne. Leoparden kommen nicht selten in Höhlen, aber aus irgendeinem Grund hatte dieses Alibi keine rechte Zugkraft. Das Stachelschwein hingegen war eine Zeitlang ziemlich in Mode. Obwohl es kein Fleischfresser ist, pflegt es mit Vorliebe Knochen in seine Wohnstätte zu schleppen und nagt an ihnen, um seine Zähne zu schärfen und sein Gemüt zu beruhigen. Schon 1949, als Dart seine Ansicht veröffentlichte, daß gewisse in Makapan gefundene Knochen als Waffen verwendet worden seien, gab es vereinzelte Bemühungen, das Stachelschwein verantwortlich zu machen. Ich bezweifle jedoch, daß die in Livingstone erfolgte Ablehnung des Stachelschweinalibis auf der offensichtlichen Tatsache beruhte, daß die fossilen Knochen nicht benagt worden waren. Viel zu wenige von den anwesenden Wissenschaftlern untersuchten die Knochen genau genug, um eine solche Tatsache festzustellen. Wahrscheinlicher ist es, daß die Vorstellung, Stachelschweine hätten die

Überreste so zahlreicher Tiere ansammeln können, selbst diesem Forum etwas zu absurd erschien. Und außerdem hatte man ja die Möglichkeit, die Verantwortung für die vielen Tierreste von Makapan statt dem Ahnen des Menschen einem buckligen, übelriechenden Tier mit abfallendem Rumpf und räudigem Fell aufzuladen, das ohnehin niemand besonders gern hat.

Wer das Hyänenalibi in die Welt gesetzt hat, ist nicht ganz klar, und der Urheber dürfte heute kaum eine Beichte ablegen. Leakey hat es, wie wir wissen, im Jahre 1953 in sein Buch übernommen. Aber zur gleichen Zeit hat ein anderer berühmter Gelehrter die gleiche Theorie ausführlicher dargelegt. Gustav H. R. von Koenigswald ist einer der führenden Anthropologen unserer Zeit. Seine verschiedenen Entdeckungen von Angehörigen der *Pithecanthropus*-Familie im Tal des Soloflusses in Java haben uns einen Großteil unseres Wissens über den asiatischen Zweig des Frühmenschen vermittelt. 1942 geriet Koenigswald in japanische Gefangenschaft und verbrachte den Rest des Krieges in einem Lager. Da das politische Chaos der Nachkriegszeit die Arbeit im Fernen Osten unmöglich machte, war es nur natürlich, daß sich Koenigswald Entdeckungen zuwandte, die anderswo in der Welt gemacht worden waren. Und so gab er am 26. September 1953 seine Ansichten über das Problem der *Australopithecinen* der Akademie der Wissenschaften in Amsterdam bekannt. Im Laufe dieses Vortrags sprach er auch über Darts Behauptung, daß viele der gefundenen Pavianschädel Verletzungen aufwiesen, die höchstwahrscheinlich auf einen heftigen Schlag mit einem Antilopenknochen zurückzuführen seien. Koenigswald wies diese Behauptung zurück. Er bezog sich auf die Studien, die Dr. Zapfe vor vielen Jahren im Wiener Tiergarten angestellt hatte und die den methodischen, wenn auch nicht sehr appetitlichen Freßgewohnheiten der Hyänen galten. Nachdem er die typischen Überreste einer Hyänenmahlzeit geschildert hatte, sagte er: »Solche Überreste können leicht für Werkzeuge gehalten werden und wurden auch schon oft dafür gehalten. Ein Vergleich der von Zapfe und von Dart angefertigten Bilder läßt keinen Zweifel daran, daß wir es hier mit dem gleichen Phänomen zu tun haben.«

Soviel mir bekannt ist, war Koenigswald der erste, der das Hyänenalibi wissenschaftlich darlegte. Das Gewicht seines Namens im Verein mit Beweisen, die auf jeden, der weder mit den von Dart noch mit den von Zapfe untersuchten Knochen vertraut ist, restlos überzeugend wirken müssen, dürfte in Livingstone großen Eindruck gemacht haben; einen so großen, daß viele Angehörige jenes Gerichtshofes es überflüssig fanden, Darts Beweismaterial zu überprüfen. Die Unwissenheit, unbefleckt empfangen, konnte unbefleckt verewigt werden. Aber wenn das Urteil von Livingstone schon durch die bloße Autorität von Gelehrten wie Koenigswald und Leakey über Gebühr beeinflußt wurde, so müssen wir hier zu unserem größten Bedauern noch einen Giganten der anthropologischen Wissenschaft bloßstellen.

Wie ich schon vorher betont habe, kann niemand Sir Solly Zukkerman seinen führenden Rang unter den englischen Gelehrten streitig machen. Er wurde 1956 geadelt und Anfang 1960 zum wissenschaftlichen Berater des Verteidigungsministeriums und Präsidenten des Forschungsausschusses für Verteidigungspolitik ernannt. Es war einfach Pech und hat der Wissenschaft mehr geschadet als ihm selbst, daß seine gewaltige Autorität benützt wurde, um beide Richtungen der zeitgenössischen naturwissenschaftlichen Revolution zu blockieren.

Wir haben ausführlich darüber berichtet, wie lange die von Zukkerman vorgebrachte sexuelle Deutung der Paviansozietäten nachwirkte, obwohl sie auf Beobachtungen beruhte, die zwar 1932 maßgebend, zwei Jahre später jedoch schon veraltet waren. Aber was Zuckerman dazu bewog, einen Einbruch nach dem anderen in ihm fremde Wissenschaftsgebiete zu unternehmen, um zu beweisen, daß der *Australopithecus* nichts anderes sei als ein verirrter Schimpanse, das entzieht sich sowohl der Zuständigkeit wie dem Verständnis des Autors dieses Buches. Ein solcher Einbruch in ein fremdes Wissensgebiet löste 1950 in der Zeitschrift »Nature« eine Kontroverse aus, die heute wie ein wissenschaftlicher Comic strip anmutet. Die enorme Autorität Zuckermans wirkte jedoch derart ansteckend, daß sich, wie wir sehen werden, nicht einmal ein Koenigswald als immun erwies.

Die Ansicht, daß der Südaffe nichts anderes sei als ein Schimpanse, der sich in das Veld verirrt hatte, stammt aus demselben

Jahr (1924) wie Darts ursprüngliche Entdeckung. Unter vielen anderen hat auch Hrdlicka sie vertreten; Mitte der vierziger Jahre schien man jedoch von ihr abgekommen zu sein. Da unternahm Zuckerman unter Mithilfe seines jüngeren Kollegen Ashton einen neuen Einbruch in ein ihm fremdes Wissensgebiet und ließ um den *Australopithecus* eine solche Fülle von statistischen Gespenstern tanzen, daß ein Scholastiker des Mittelalters vor Neid erblaßt wäre.

Die kolossale Abhandlung nahm fünfzig Seiten in den »Philosophical Transactions of the Royal Society of London« ein. Es war ein Versuch, »die moderne biometrische und statistische Analyse« auf das Problem anzuwenden, ob das Gebiß der *Australopithecinen* eher dem des Menschen oder dem des Affen gleiche. Das endlose Klappern der Rechenmaschinen erbrachte Teilergebnisse wie zum Beispiel, daß der erste Milchbackenzahn des *Australopithecus* ebenso groß sei wie der des Schimpansen und ebenso breit wie der des Gorillas sowie das wenig überraschende Gesamtergebnis, daß der *Australopithecus*, wie die Statistik beweise, mehr Ähnlichkeit mit dem Affen habe als mit dem Menschen. Dann ging der Spaß los.

Ein anderer großer Anatom, Sir Wilfred Le Gros Clark, sprach sich in »Nature« wenig begeistert über Zuckermans Prämissen, Methoden und Schlußfolgerungen aus. Falls auch nur ein einziges Exemplar eines Affen existiere, der dem *Australopithecus* gleiche, schrieb er mit eisigem Hohn, so möge man ihm doch mitteilen, wo dieses zu besichtigen sei. Als Antwort wechselte Zuckerman zum Milcheckzahn über und forderte Le Gros Clark auf, zu beweisen, daß der des Südaffen sich von dem des Schimpansen unterscheide. Nun legte Le Gros Clark Zeichnungen in natürlicher Größe vor und wies darauf hin, daß die beiden Eckzähne von völlig verschiedener Form seien; er verlangte neuerlich, Zuckermans einzigartiges Affenexemplar zu sehen. Zuckerman erwiderte, daß es nicht um Formen, sondern bloß um Größen gehe und daß das Verlangen nach einem Beweisexemplar unrealistisch sei.

Wer weiß, wie lange sich der Streit zwischen den beiden Anatomen hingezogen hätte, wäre er nicht durch eine Mitteilung zweier eifriger Leser der Zeitschrift »Nature« unterbrochen worden.

Einer von ihnen war von Beruf Statistiker bei der staatlichen Kohlenbehörde. Die beiden hatten Zuckermans statistische Methoden angezweifelt und waren, nachdem sie ihre eigenen Zahlenmühlen in Bewegung gesetzt hatten, zu völlig anderen Ergebnissen gelangt, die das vielfach durchgekaute Gebiß des Südaffen einwandfrei in die menschliche Linie verwiesen. Inzwischen schrieb man 1951, und Zuckerman zeigte Spuren von Kampfmüdigkeit. Aber es sollte noch schlimmer kommen. Einen Monat später befaßten sich zwei weitere Statistiker mit Zuckermans arithmetischen Übungen und kamen zu einem verblüffenden Resultat, worauf sie Zuckerman höflich aufforderten, seine Zahlen nochmals durchzurechnen. Die Korrespondenz endete abrupt mit einer Mitteilung Zuckermans, in der er zugab, er sei bei der Überprüfung seiner Affenzahlen daraufgekommen, daß er vergessen habe, durch Wurzel aus 2 zu dividieren.

Man sollte glauben, daß eine derart absurde wissenschaftliche Entgleisung so rasch als möglich in Vergessenheit geraten müsse, da sie ja weniger für die Verwirrungen des großen Affen als für die eines großen Gelehrten Zeugnis ablegte. Aber sie kann offenbar nicht vergessen werden. Zwei Jahre später stellte Koenigswald in jener einflußreichen holländischen Zeitschrift, von der das Hyänenalibi seinen Ausgang nahm, die Behauptung auf, »moderne statistische Methoden« hätten bewiesen, daß der *Australopithecus* nicht mit der menschlichen Linie verwandt sei. Mit den »modernen statistischen Methoden« konnten nur die von Zuckerman angewandten gemeint sein.

Aus den Torheiten und Vorurteilen ihrer größten Autoritäten bauten die in Livingstone versammelten Anthropologen ihre Verteidigungslinie gegen Darts nüchterne Beweisführung auf. Mögen Polizisten und Soziologen sich abmühen, mit Banden von jugendlichen Kriminellen in den Straßen New Yorks fertig zu werden – die Anthropologen in Livingstone weigerten sich, Beweismittel zu überprüfen, aus denen hervorgehen könnte, daß Jugendliche, die einander mit Klappmessern und Fahrradketten bekämpfen, damit bloß ihr tierisches Erbgut ungehemmt zum Ausdruck bringen. Mögen Regierungen und Völker in allen Ländern der Welt nach Mitteln suchen, um den Atomkrieg zu vermeiden – die Anthropologen in Livingstone webten aus fadenscheinigen wissenschaftlichen Argumenten einen Sack, in den sie die Köpfe stecken konnten. Mögen Darts Kisten die Bestätigung dafür enthalten, daß die Vorliebe für Waffen ein Teil unseres Erbes aus der Tierwelt ist – die Anthropologie, die Wissenschaft vom Menschen, zog das Hyänenalibi vor.

Nach dem Urteil von Livingstone bereitete Dart seinen Gegenangriff vor, der mir keinerlei Erfolg zu versprechen schien. Die betreffende Abhandlung erschien im Februar 1956 und trug den Titel »Der Mythos von der knochensammelnden Hyäne«. Es ist schon schwer genug nachzuweisen, daß keine zeitgenössische Hyäne jemals Knochen in ihre Höhle trägt; aber selbst wenn der Beweis zu erbringen wäre, ließe er sich nicht auf ausgestorbene Arten erstrecken. Dessenungeachtet griff Dart die Behauptung, daß die Hyäne Knochen sammle, als einen Mythos an, den der berühmte englische Geologe William Buckland im 19. Jahrhundert ausgeheckt habe. Das war ein gefährliches Beginnen; es nützte eher den Gegnern Darts als seinen Anhängern. Als dann endlich eine Verteidigungsschrift zugunsten des Hyänenalibis erschien, brachte sie, so schwach sie auch war, fast die gesamte wissenschaftliche Meinung hinter das Urteil von Livingstone.

Es handelte sich um einen Aufsatz von Dr. S. L. Washburn, der im August 1957 im »American Anthropologist« veröffentlicht wurde und den Titel trug: »Die Australopithecinen – Jäger oder Gejagte?« (Australopithecines: The Hunters or the Hunted?).

Daß begabte Wissenschaftler schlechte wissenschaftliche Arbeit leisteten, war nicht der bemerkenswerteste Umstand, durch den sich die Kontroverse über die *Australopithecinen* auszeichnete. Viel bemerkenswerter war es, daß schlechte wissenschaftliche Arbeit von der Gelehrtenwelt mit Bereitwilligkeit, ja geradezu mit Eifer akzeptiert wurde. Ich spreche allen diesen hervorragenden, der Wissenschaft ergebenen, bewährten Männern, mit denen ich auf diesen Seiten unerquickliche Kontroversen zu führen hatte, meine Entschuldigung aus. Es ist höchst unfair – und ich bin mir dessen schmerzlich bewußt –, alte Geschichten wieder aufs Tapet zu bringen. Aber eine Abhandlung über das Wesen des Menschen kann nicht aus Rücksicht auf gute Manieren darüber hinwegsehen, wie sich die Wissenschaft vom Menschen verhielt, als sie sich zur Stellungnahme in bezug auf die *Australopithecinen* aufgerufen sah.

Dr. Washburn, heute Professor für Anthropologie an der Universität von Kalifornien, ist meiner Ansicht nach die am besten informierte amerikanische Autorität für die Frühgeschichte des Menschen in Afrika. Er nahm auch am Kongreß von Livingstone teil. Später besuchte er die Wankiewildreservation in Südrhodesien und dachte über Darts Deutung der Knochenfunde von Makapan nach. Im Wankiegebiet gibt es viele Löwen, und so finden sich dort auch zahlreiche Überreste von Beutetieren. 35 solche Beutetierreste untersuchte Washburn und notierte Zahl und Art der Knochen, die übriggeblieben waren, nachdem Löwe, Hyäne, Schakal und Wildhund ihre blutige Mahlzeit beendet hatten.

Zwei Jahre später veröffentlichte Washburn als Ergebnis seiner Untersuchung, daß der Südaffe nicht der Jäger, sondern der Gejagte gewesen sei und daß seine Überreste, ebenso wie die anderer Beutetiere, von Hyänen in die Höhle von Makapan geschleppt worden seien. Nach Washburns Ansicht war die merkwürdige Auslese, über die Dart berichtet hatte, einfach auf die wählerischen Freßgewohnheiten der Raubtiere zurückzuführen. Er erwähnt »die große Zahl von Kiefern, Schädeln und Halswirbeln in den Ablagerungen der *Australopithecinen* (Washburn arbeitete offenbar nach dem Gedächtnis, denn die Halswirbel betragen nur ein Prozent der Ablagerungen) und stellt fest, daß die gleichen Körperteile ebenso häufig unter den Kadaverresten vorkamen, die er in Rhodesien untersucht hatte. Und dann kommt er mit einer geradezu grandiosen Unlogik, wie sie mir in der wissenschaftlichen Literatur kaum je begegnet ist, zu folgendem Schluß: Da bei 34 von 35 Kadavern der Schädel außerhalb der Höhle liegengeblieben war, weil ihn selbst die Hyäne verschmäht hatte, sei für die Knochensammlung von Makapan mit ihrem hohen Prozentsatz von Schädelresten die Hyäne verantwortlich zu machen!

Ich kann mir schwer vorstellen, daß Dr. Washburn seinen Artikel allzu ernst genommen wissen wollte. Er wirkt wie eine flüchtige Anmerkung aus dem Notizbuch eines Naturwissenschaftlers, der vom Verfasser in keiner anderen Absicht zu einer Hypothese aufgeblasen wurde, als um zu sehen, was dabei herauskäme. Was dabei herauskam, war katastrophal. Washburns flüchtige Anmerkung wurde zur wissenschaftlichen Rechtfertigung für das in Livingstone aufgestellte Hyänenalibi. Und das Unglaubliche daran ist nicht, daß ein Gelehrter eine solche Arbeit veröffentlichen konnte, sondern daß seine wissenschaftlich geschulten Kollegen seine Behauptungen hinnahmen, ohne sie zu prüfen, ohne sie anzuzweifeln, ohne jene stumme Skepsis an den Tag zu legen, auf die Darts im Laufe von sechs Jahren erarbeiteten Ergebnisse stießen. Die Anthropologen waren gewillt, Washburn zu glauben, und sie waren nicht gewillt, Dart zu glauben.

Wir werden später auf das Ausmaß solcher Willensbereitschaft der Anthropologen zurückkommen. Im Augenblick wollen wir bloß feststellen, daß das Urteil von Livingstone niemals revidiert worden ist. Das Hyänenalibi ist noch immer aufrecht, gestärkt durch Washburns bemerkenswerte Zeugenaussage. In populärwissenschaftlichen Zeitschriften tauchen immer wieder phantasievolle Zeichnungen auf, die den eine Knochenkeule schwingenden Südaffen zeigen. Aber kein Mann der Wissenschaft, mit Ausnahme von Dart selbst, hat seit dem Kongreß von Livingstone irgendwelche Unterlagen für solche Zeichnungen geliefert. Die Diskussion war beendet.

Um sie wieder zu eröffnen, legt der Autor dieses Buches im folgenden Abschnitt 24 parallellaufende Beweisreihen dafür vor, daß das Hyänenalibi falsch ist. Die Laien unter den Lesern werden gelegentlich finden, daß ich mich wiederhole, weil manche dieser Beweise bereits früher erwähnt wurden. Die meisten Beweise werden aber sogar dem Fachmann unbekannt sein, weil sie vom Autor selbst im Laufe der letzten fünf Jahre gesammelt und noch nie veröffentlicht wurden. Aber da das Beweismaterial nicht so sehr für die Laien bestimmt ist als für die Wissenschaftler – die Zuckermans und Koenigswalds, die Leakeys und Oakleys und Washburns, ohne Rücksicht auf ihre Vorurteile oder Sympathien –, erschien es mir geboten, alle Arten von Beweisen zu einem Katalog zusammenzustellen. Sollten die Laien unter den Lesern bereits überzeugt sein, daß die Waffe tierischen Ursprungs ist, oder sollten sie den Beweiskatalog langweilig finden, dann mögen sie ihn überschlagen.

Dr. Kenneth P. Oakley ist eine Autorität, die, obwohl stets Beweise in einem Ausmaß fordernd, das kaum je zu erreichen ist, konsequent an der grundlegenden Sympathie für zwei Theorien festgehalten hat: Erstens, daß die *Australopithecinen* Vorfahren des Menschen seien, und zweitens, daß sie Waffen gebrauchten. Im März 1956 schrieb er in der Zeitschrift »Antiquity«: »Die Mehrzahl der Anthropologen ist sich darüber einig, daß die *Australopithecinen* der Evolutionslinie, die zum Menschen führt, entweder angehören oder ihr sehr nahe stehen.« Jene Anthropologen, die im März 1956 mit ihm übereinstimmten, als die Mehrzahl zu bezeichnen, ist eine Übertreibung. Oakley fuhr fort: »Es ist natürlich sehr wahrscheinlich, daß die vormenschlichen Hominiden nicht nur Pflanzen-, sondern auch Fleischfresser waren und daß sie Steine, Stöcke und Knochen als leicht greifbare Waffen und Werkzeuge benützten; aber der Beweis ist schwer zu erbringen.« Daß es schwierig ist, den Beweis für die zweite Behauptung zu erbringen, ist keine Übertreibung.

Alle Bemühungen, zu beweisen oder zu widerlegen, daß die *Australopithecinen* intelligent, zweckbewußt und systematisch Waffen verwendet haben, wurden durch die Tendenz behindert, nur eine einzige Reihe von Beweisen heranzuziehen. Damit läßt sich nichts erreichen. 1956 versuchte Dart darzulegen, daß die Hyäne nichts mit der Knochenanhäufung von Makapan zu tun habe, und zwar lediglich durch den Hinweis darauf, daß Hyänen niemals Knochen zusammentragen. Dieser einzige Beweis bricht, wie wir sehen werden, zusammen, wenn er auf eine einzige Ausnahme trifft. 1957 bemühte sich Washburn um den Nachweis, daß die Hyäne die Knochen zusammengetragen habe. Sein ganzer Beweis bestand darin, daß die normale Freßgewohnheit der heutigen Hyäne die Auswahl der Makapanknochen hinreichend erklärt. Es gibt viele Gründe dafür, daß diese eingeleisige Beweisführung nicht aufrechtzuerhalten ist, und mit ihr bricht die ganze Kontroverse zusammen.

Auf diesem Weg kann der Beweis für die Waffenhypothese niemals erbracht werden. Jede eingeleisige Beweisführung wird einem Grad von Unwahrscheinlichkeit Raum geben, der mit einer so außerordentlich folgenschweren Schlußfolgerung nicht vereinbar ist. Aufgrund dieser Überlegung habe ich 24 parallellaufende Beweisketten zusammengestellt. Einige von ihnen sind schwach, andere überzeugend. Für sich genommen, werden manche unwichtig erscheinen; nimmt man sie aber als Teile eines Gesamtbildes, so bekommen sie eine Bedeutung, die sie sonst nicht besäßen. In jeder dieser Beweisketten muß es einen Grad von Unwahrscheinlichkeit geben, aber ich bin davon durchdrungen, daß sie in ihrer Gesamtheit die Unwahrscheinlichkeit fast zum Verschwinden bringen.

Ich beginne also mit der Beweisführung dafür, daß der Gebrauch der Waffe dem Menschen aus der Tierwelt vererbt wurde.

1. *Die Oberarmknochen*

1949 hat Dart die Ansicht ausgesprochen, daß gewisse Verletzungen an einigen in Makapan, Sterkfontein und Taungs gefundenen Pavianschädeln von einer Waffe herrührten. Die besondere Art dieser Verletzung legte ihm den Schluß nahe, daß es sich bei der Waffe um den Oberarmknochen der Antilope handle. Nachdem Dart 4560 fossile Bruchstücke aus der Makapanbreccie analysiert hatte, gab er sechs Jahre später bekannt, daß 518 davon Fragmente des betreffenden Knochens seien.

Da ich an anderer Stelle dieses Buches bereits näher auf den Beweis durch den Oberarmknochen eingegangen bin, fasse ich hier nur kurz zusammen. Die Verletzungen der Pavianschädel bestanden in einer Doppeldelle, die nur durch das distale (Ellbogen-)Ende des Oberarmknochens verursacht worden sein konnte. Das proximale (Schulter-)Ende konnte eine solche Verletzung nicht verursacht haben. Unter allen Oberarmknochenfragmenten fand Dart 336 distale und 33 proximale Enden.

Wenn wir die Behauptung aufstellen, daß eine Hyäne die Knochen von Makapan gesammelt habe, dann muß es ein Tier gewesen sein, das eine starke Abneigung dagegen hatte, Knochen oder Teile von Knochen zu fressen, die sich zum Töten von Pavianen eignen.

2. *Das Überwiegen nutzbarer Stücke*

In seiner Analyse von 3500 von Antilopen stammenden Knochenfragmenten (lose Zähne nicht eingerechnet) hat Dart 38 anatomische Klassifikationen nach Körperteilen benützt, deren jede in vier Kategorien je nach der Größe des Tieres unterteilt ist. Die 3500 Fragmente sind also in 152 Rubriken eingeteilt. In 5 dieser 152 Rubriken fallen 22 Prozent aller Knochenreste. Es sind dies das distale Ende des Oberarmknochens (238), das distale Ende des Mittelhandknochens (135), Hornzapfen (122) und Unterkiefer (98), alle von mittelgroßen Antilopenarten stammend, sowie Unterkiefer (191) kleiner Antilopen von Impalagröße. Auch diese Statistik beweist, daß ein Auswahlprinzip am Werk gewesen ist.

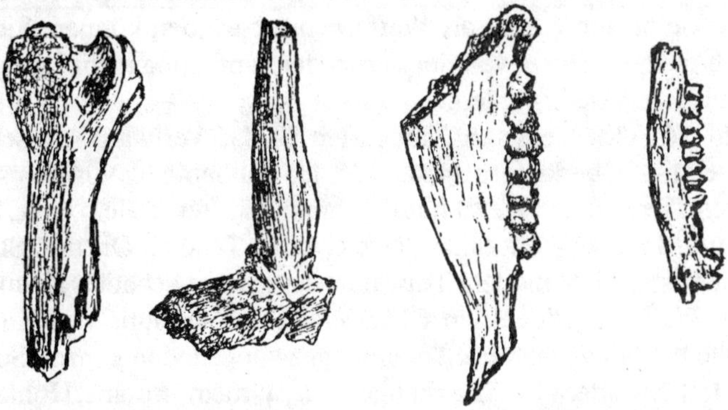

Hat die Hyäne nach diesem Auswahlprinzip gehandelt? Von den fünf Kategorien von Knochen können zwei gefressen werden, drei nicht. In bezug auf das Gleichbleiben der Freßgewohnheiten sind Verallgemeinerungen nicht zulässig; aber es ist bemerkenswert, daß vier von den fünf Hauptkategorien von offensichtlichem Wert für einen Jäger sind, der seine Beute mit einem Knüppel oder Dolch erlegen muß und Werkzeuge braucht, um sie abzuhäuten und zu zerteilen.

3. *Transport von Antilopenschädeln*

Wir können annehmen, daß ein Fleischfresser von der Größe der Hyäne, wenn er schon von einem geheimnisvollen Drang überwältigt wird, Antilopenschädel in seine Höhle zu schleppen, größere Schwierigkeiten haben wird, den Schädel eines Riesen, wie zum Beispiel des Kudu, zu transportieren als die Schädel von dessen kleineren Verwandten wie Wasserbock oder Impala. Und doch haben zu der Knochensammlung von Makapan, in der Halswirbel rar sind, fast 40 Antilopen von Kudugröße 36 Halsknochen beigetragen, 254 kleinere Arten jedoch nur 9. Wenn der Sammler ganze Schädel in die Höhle brachte, bevorzugte er die größten. Warum?

Die Anomalie läßt sich erklären, wenn wir annehmen, der Sammler sei ein Jäger auf der Suche nach Waffen gewesen, der jene Teile seiner Beutetiere mit in die Höhle nahm, die ihm als solche dienen konnten. Die große Antilope ist die einzige Art, deren Oberkiefer und Gebiß als Waffe benutzt werden können. Sie ist auch die einzige Art, von der sich in der Sammlung mehr Oberkiefer als Unterkiefer finden.

In den drei kleineren Kategorien ist das Verhältnis zwischen Unter- und Oberkiefern 342 zu 125. Da der Sammler von den kleineren Tieren in der Regel nur die ihm nützlichen Teile – Unterkiefer und Hörner – mitnahm, löste er diese Teile an Ort und Stelle heraus, statt sich mit dem Transport des ganzen Schädels abzumühen. Wenn er jedoch den Oberkiefer einer Antilope von Kudugröße benötigte, war er manchmal gezwungen, den ganzen Schädel mit ein oder zwei dranhängenden Wirbeln in seine Höhle zu bringen. Diese Erklärung beruht natürlich nur auf Vermutungen, aber wenn wir annehmen, daß die Hyäne der Sammler gewesen sei, dann gibt es überhaupt keine Erklärung.

4. *Die Unterkiefer der Duikerantilope*

Ich habe an anderer Stelle den Unterkiefer der sehr kleinen Antilope als Beweisstück ausführlich behandelt und will hier nur kurz darauf eingehen. Der Bock der Duikerantilope hat die schärfsten, am dichtesten beisammenstehenden Zähne der ganzen Antilopenfamilie. Ein Teil eines solchen Kiefers – besonders der untere – kann offensichtlich wie ein Messer benützt werden; und das Material enthält 53 Kieferfragmente. Die übrigen Knochen dieses Typus sind zu zart, um von Nutzen zu sein, unter den 3500 untersuchten Fragmenten kommt kein einziger solcher Knochen vor.

Sollte die Hyäne ein so kleines Tier samt den Knochen verschlungen und nur den Kiefer übriggelassen haben? Es wäre möglich. Wenn es der Fall gewesen sein sollte, hat ihr jedoch der Oberkiefer besser geschmeckt als der Unterkiefer. Von den 53 Kieferfragmenten stammen nur 13 vom Oberkiefer.

5. *Die Hyäne, die an einem Knochen erstickte*

Wenden wir uns jetzt von den Antilopenüberresten der Makapanbreccie ab und zerbrechen wir uns den Kopf über das Schicksal jener Hyäne, die einen zu großen Knochen geschluckt hat. Ihr Schädel ist fast vollständig erhalten. Aus ihrem Schlund ragt der Unterschenkelknochen einer mittelgroßen Antilope. Den hat sie mit solcher Gier verschlungen, daß ihr harter Gaumen, ihr Jochbogen und sogar der hintere Teil ihres Schädels zertrümmert wurden.

6. *Alter der einzelnen Antilopen*

Noch eine andere Art der Auswahl läßt sich in den Antilopenüberresten von Makapan feststellen. Darts Assistenten Alun Hughes und James Kitching, die beide größte Erfahrung in Handhabung und Analyse des Materials besitzen, fanden, daß fast alle Tiere entweder ziemlich jung oder ziemlich alt gewesen waren. Wenn der Jäger 40 oder 45 Kilogramm wog, weder Klauen noch Füße besaß und nur über die primitivsten Waffen verfügte, dann ist es nicht überraschend, daß er nicht imstande war, eine erwachsene Antilope zu erlegen. War der Sammler jedoch die aasfressende Hyäne und der Töter das klassische Raubtier Afrikas, der Löwe, dann würde keine derartige Ungleichmäßigkeit auftreten. Jedes Raubtier wird immer jenes Wild vorziehen, das am leichtesten erlegt werden kann, und wenn es sich nur um Antilopen handelte, die so groß sind wie Kudu- und Elenantilopen, dann wäre die ganze Sache verständlich. Aber jede Löwin, die es nicht zustande brächte, erwachsene Wasserböcke, Nyalas und Gnus zu töten, ganz zu schweigen von erwachsenen Tieren kleinerer Art wie Impalas oder Springböcken, stünde in ihrem Jagdrudel nicht lange im Ansehen.

7. *Die Lieblingsspeisen der Hyäne*

Im Makapanmaterial kommt die Hyäne siebzehnmal vor; sie

hat 31 Kopffragmente und 5 Halswirbel beigetragen. Im Gegensatz dazu haben 293 Antilopen 859 Kopffragmente und 2610 Gliedmaßen und Rumpfknochen hinterlassen. Wenn das, was wir in der Makapanbreccie finden, aus den fossilen Überbleibseln von Hyänenmahlzeiten besteht, dann müssen wir folgern, daß diesem Tier seine eigenen Artgenossen weit besser geschmeckt haben als Antilopen.

8. *Das Zeugnis der Giraffe*

Giraffen haben vier Oberkiefer und sieben Unterkiefer in der Makapanbreccie hinterlassen und sonst nichts. Das ergibt eine höchst merkwürdige Situation. Entweder haben perverse Hyänen nur diese besonders ungenießbaren Teile der Giraffe nach Hause zu ihren Kindern gebracht, oder wir müssen uns vorstellen, daß ganze Teams von Hyänen Giraffen mit Hals und Körper zu ihren hungrigen Jungen geschleppt haben, wo dann alles bis auf die entlegensten Stücke, nämlich die ungenießbaren Kiefer, gefressen wurde.

9. *Das Zeugnis des Nashorns*

Die Nashornreste in der Makapanbreccie stellen uns vor ein Rätsel, das nicht minder verwirrend ist als das der Giraffe. Man findet zwei Knochen vom Rumpf, aber es gibt acht Stücke von Oberkiefern, die von mindestens fünf Tieren stammen. Es ist wohl bekannt, daß das Nashorn ein großes Tier ist. Wie hat also die Hyäne fünf dieser schwerfälligen Geschöpfe in ihre Höhle gebracht, um dort an den Kadavern alle Künste wählerischen Fressens zu demonstrieren?

10. *Die Knochensplitter*

Wir können in einer Kontroverse nicht Schlußfolgerungen, die aus einer andern stammen, als Beweise vorlegen. Wenn Darts derzeitige Behauptung stimmt, daß es sich bei gewissen in der Makapanablagerung gefundenen Knochensplittern tatsächlich um bewußt angefertigte Waffen und Werkzeuge handelt, dann muß die Hyäne automatisch aus der Debatte über die *Australopithecinen* ausscheiden. Leakeys Entdeckung (1959), daß die *Australopithe-*

cinen der Olduvaiart imstande waren, Werkzeuge aus Stein herzustellen, vermindert kaum die Wahrscheinlichkeit, daß die Art, die in Makapan lebte, die Fähigkeit besaß, Werkzeuge aus Knochen und Hörnern zu erzeugen. Darts Beweisführung ist jedoch noch unvollständig. Aber seine Untersuchungen haben ein unbezweifelbares Beweisstück ergeben, das hier erwähnt werden soll.

Unter den im Jahre 1955 präparierten Knochenfragmenten befanden sich 2600 Splitter und Stückchen. Damals hielt man sie für Abfälle, die zufällig durch das Zerbrechen der Knochen entstanden waren. Aber unter ihnen gibt es unzählige Splitter von besonderer Form – lang, schmal und spitz, und Darts Assistent James Kitching hat inzwischen nachgewiesen, daß ein frischer Knochen, gleichgültig, auf welche Art er zerschmettert oder zermalmt wird (zum Beispiel von den Zähnen einer Hyäne), unter keinen Umständen Splitter von dieser Form ergibt. Die Struktur eines Knochens erfordert es, daß er zur Erzeugung eines solchen Splitters gedreht werden muß. Daß eine Hyäne imstande sein sollte, solche Drehbewegungen mit ihren Pfoten auszuführen, kommt dem Autor dieses Buches höchst unwahrscheinlich vor.

11. *Der Fall der geköpften Paviane*

Bevor wir die Aufzählung der sich aus den Fossilien von Makapan ergebenden Beweise beenden, wollen wir uns mit dem Pavian, diesem unglücklichen, bedrängten Geschöpf, beschäftigen, das die ganze Kontroverse des Jahres 1949 ausgelöst hat.

Zu den Makapanfunden gehören die Überreste von mindestens 45 Pavianen. Sie haben 103 Fragmente zu der Sammlung beigetragen (lose Zähne nicht eingerechnet), wovon 101 vom Schädel stammen. Kein Tier, das in größerer Zahl in der Sammlung vorkommt, hat so wenige Zeugnisse dafür hinterlassen, was mit seinem Körper geschah, und während über die Hälfte der Schädelreste aus den üblichen Kieferteilen besteht, finden sich darunter 47 Hirnschalen, von denen viele so vollständig sind, daß man aus 12 von ihnen Rückschlüsse auf das Gehirn ziehen konnte. 15 von ihnen gehörten 1959 zu Darts Studienobjekten.

Irgend etwas muß mit den Pavianen geschehen sein. Warum tauchen nur ihre Köpfe in der Ablagerung von Makapan auf?

Kann eine solche Auswahl auf die normalen Freßgewohnheiten von Raubtieren zurückzuführen sein? Das Gehirn des Pavians ist groß, seine Schädeldecke dünn, ja, die Schädelknochen sind der zerbrechlichste Teil des ganzen Skeletts. Warum sind sie übriggeblieben, während die Skelette verschwunden sind? Können wir annehmen, daß die *Hyaena makapani* eine so ausgesprochene Vorliebe für Pavianhirn hatte, daß sie bloß den Kopf wie einen Plumpudding heimbrachte? Wenn ja, warum hat dann ein Knochenfresser wie die Hyäne die Schädeldecke nicht mitverzehrt? Ja, wie konnte sie das überhaupt vermeiden?

Eine bessere Erklärung bietet sich uns, wenn wir daran denken, was mit Menschenschädeln in Choukoutien passiert ist. Der *Pekingmensch*, der früheste echte Mensch, von dem wir signifikante Überreste besitzen, war ein Kannibale, obwohl wir diese peinliche Tatsache nur selten an die große Glocke hängen. Viele von den 400 000 Jahre alten Schädeln waren mit Gewalt geöffnet worden, um das Gehirn herauszulösen. Anatomische Befunde lassen erkennen, daß der Transvaalpavian ähnlich behandelt wurde. Irgendein vormenschliches Wesen in Makapan hatte eine Vorliebe für Hirn, aber ungleich der Hyäne hatte es für Knochen nichts übrig.

12. *Die Richtung des Schlages*

Von den 42 Pavianen, die von Dart und Mackintosh im Jahre 1949 untersucht wurden, zeigten nur 2 rechtsseitige Schädelverletzungen. In diesen beiden Fällen wurde der Schlag von links ausgeführt. Wenn wir annehmen, daß die 42 Paviane von Hyänen getötet wurden, dann müssen wir auch annehmen, daß die Hyänen bewaffnet und überdies rechtshändig waren.

13. *Der junge Südaffe, der ermordet wurde*

In vormenschlicher Zeit war der Pavian nicht das einzige Mordopfer. Wir besitzen die Kinnlade eines halbwüchsigen Südaffen, von dem bereits an anderer Stelle die Rede war. Der schwere Kieferknochen ist an beiden Seiten zertrümmert, die vier Vorderzähne fehlen, und an der Vorderseite des Unterkiefers ist jene Stelle flachgeschlagen, die anscheinend von dem Hieb getroffen wurde.

Können wir im Licht gleichlaufender Beweise dieses Exemplar als Resultat der wählerischen Freßgewohnheiten von Raubtieren betrachten oder als Beweis für vorsätzliche Tötung?

14. *Die sechs erschlagenen Australopithecinen*

Als Dart im Jahre 1949 seine Untersuchung über die Paviane, die eines unnatürlichen Todes gestorben waren, veröffentlichte, fügte er die Befunde von sechs *Australopithecinen* aus den verschiedenen Ablagerungen hinzu. Alle wiesen Schädelbrüche auf, einer (aus Sterkfontein) zeigte deutlich die gleiche Doppeldelle wie die Paviane. In einem anderen Fall war der Stein, der die Verletzung verursacht hatte, noch in dem fossilen Schädel eingebettet. Wäre er durch Zufall auf einen alten Schädel gefallen, der in der Höhle lag, so wäre die ganze Schädeldecke zerschmettert worden; sie war jedoch bis auf die Verletzung intakt.

Nicht alle Exemplare lassen einwandfrei erkennen, daß es sich um vorsätzliche Tötung handelt. Zufällig ist mir jedoch 1955 ein Fall untergekommen, der eindeutig für einen absichtlichen bewaffneten Überfall spricht. Oakley gab mir in London den Gipsabdruck eines kleinen Stückes vom Schädel eines *Australopithecinen* aus Swartkrans. Der Schädel zeigte zwei kleine runde Löcher, die etwa drei Zentimeter voneinander entfernt waren. Sie können nicht vom Biß eines Tieres stammen, da kein Fleischfresser so nahe beisammenstehende Eckzähne hat.

Ich war damals auf dem Weg nach Pretoria, und daher bat mich Oakley, John Robinson zu fragen, ob das Original, von dem der Gipsabdruck stammte, auch in den Löchern Fossilisationskristalle zeige, um zu beurteilen, ob die Öffnungen vielleicht erst nach der Fossilisation entstanden waren. In Pretoria gab mir Robinson Auskunft. Die Löcher zeigten tatsächlich Fossilisationskristalle. Der lebende *Australopithecine* hatte vor dreiviertel Millionen Jahren einen Schlag mit irgendeinem spitzen Gegenstand erhalten. Eigentlich hatte er zwei Schläge abbekommen, denn die beiden Löcher verliefen in leicht unterschiedlicher Richtung.

15. *Der gelbe Fleck*

Fast alle Beweise, mit denen wir uns bisher befaßten, sind so geartet, daß sie jedem Fachmann zugänglich sind. Viele der Punkte, mit denen wir uns nun beschäftigen wollen, beruhen entweder auf besonderer Vertrautheit mit den Fundplätzen von *Australopithecinen* oder darauf, daß der Autor das Glück hatte, anwesend zu sein, wenn sich etwas Aufschlußreiches ereignete. Nur auf diese Weise bin ich auf den schlagenden Beweis der gelben Breccie gestoßen.

Eines Tages im südafrikanischen Herbst, als die kalten Winde aus der Antarktis wie scharfe Sensen über die Hochsteppe fegten, rief mich Dart im Hotel an. Ein Mann namens Wilfred Eitzman sei in seinem Büro. Dart hatte mir schon früher von Eitzman erzählt. In den zwanziger Jahren war er Lehrer für Naturgeschichte in Pietersburg im nördlichen Transvaal gewesen. Eines Abends hatte er in einer Kneipe einen schottischen Prospektor namens Maxwell getroffen, der die Gegend auf der Suche nach Kalkablagerungen durchstreifte. Als Maxwell erfuhr, daß sich Eitzman für Fossilien interessierte, erzählte er ihm von einer Höhle im Makapantal, die er entdeckt hatte und wo es außer Kalk die größten Ablagerungen von Fossilien gebe, die er je gesehen habe. Eitzman begab sich nach Makapan und fand die Höhle. Er erkannte sofort, daß die Knochen von ausgestorbenen Spezies stammten und daß die Ablagerungen sehr alt sein mußten.

Raymond Dart befand sich zu jener Zeit mitten in der mit großem öffentlichem Aufsehen verbundenen Kontroverse, die seine Entdeckung des Taungsschädels ausgelöst hatte. Eitzman, der die Kontroverse in der südafrikanischen Presse verfolgt hatte, nahm an, daß die Ablagerungen von Makapan Dart interessieren würden, und er schickte ihm zwei Exemplare von fossilen Knochen. So erfuhr Dart von Makapan.

Das war 1925 gewesen. Wir dürfen nicht vergessen, daß Dart damals nur durch Zufall Anthropologe geworden war. Seine berufliche Aufgabe bestand in der Errichtung der anatomischen Abteilung der medizinischen Fakultät. Er hatte keine Zeit, das entlegene Makapantal persönlich zu besuchen. Eine Zeitlang korrespondierte er mit Eitzman, aber Mitte der vierziger Jahre, als seine Schüler die erste Expedition zu der Höhle von Makapan unternahmen, hatte er den Lehrer aus Pietersburg aus den Augen verloren.

Und an diesem kalten Nachmittag des Jahres 1957 trafen Dart und Eitzman einander zum erstenmal.

Ich gesellte mich in Darts Büro zu ihnen. Unsere Neugier war ungeheuer. Zu Ende des Zweiten Weltkrieges, als Darts Schüler die Fundstelle zum erstenmal besuchten, hatte die Höhle ihr ursprüngliches Aussehen bereits völlig eingebüßt. Der Kalk war zur Gänze weggeschafft worden. Die Höhle war keine Höhle mehr, sondern glich eher einer engen, in den Rand des Tals eingeschnittenen Schlucht, denn das Dach war von den Kalkarbeitern größtenteils zerstört worden. Man sah noch die Öfen, in denen der reine Kalk gebrannt worden war. Und Haufen von nutzlosen Breccien lagen drunten im Tal. Aus diesen Abfällen wurde später die große Fossiliensammlung herausgeschält. Aber wie hatte die Höhle ausgesehen, bevor die Kalkbrenner sie zerstört hatten? Und wie waren die Knochenbreccien angeordnet gewesen, bevor sie auf den Abfallhaufen geworfen wurden?

Eitzman hatte ein gutes Gedächtnis. Zwar war er in den dreißiger Jahren aus der Gegend fortgezogen und hatte die Höhle seit über zwanzig Jahren nicht gesehen, aber vorher war er sehr oft dort gewesen. Bei seinem ersten Besuch reichten die Grabungen, die im Jahre 1924 begonnen hatten, nur 15 Meter in die Ablagerung hinein. Er erinnerte sich deutlich an die Schichtung der Breccien. Darts Mitarbeiter unterschieden unter den auf dem Abfallhaufen gefundenen Breccien drei Farbtypen: grau, gelblichrosa und rot. Durch sorgfältige Vergleiche mit Breccien, die in den Wänden noch *in situ* waren, wurden die grauen als die ältesten, die gelblichrosa als die nächstältesten und die roten als die letzten Ablagerungen identifiziert, welche die Höhle bis zur Decke ausgefüllt hatten. Eitzman erinnerte sich an alle Schichten, auch an deren Dicke in der Nähe des Höhleneingangs und an die Streifen von reinem Kalk, welche die Breccien voneinander getrennt hatten. Alun Hughes zeigte Eitzman einen Brocken grauer Knochenbreccie mit einem dunkelgelben Fleck.

Ich hatte in der Literatur noch nie einen Hinweis auf gelbe Breccien gefunden, und auch im Abfallhaufen von Makapan waren mir keine begegnet. Hughes fragte Eitzman, ob er sich erinnere, wo sich Breccien von dieser Farbe befunden hätten. Eitzman antwortete sofort, daß er sich ganz genau erinnere. Sie seien dort gewesen, wo die grauen Breccien der Dolomitwand der Höhle anlagen, und er habe immer angenommen, daß die gelbe Farbe von irgendeiner chemischen Reaktion zwischen dem Dolomitgestein und dem knochenhaltigen Kalkstein herrühre. Hughes nickte und verließ mit seinem gelben Brocken den Raum.

Ich folgte ihm auf den Korridor und fragte ihn, was das zu bedeuten habe. Er sagte, er habe eigentlich nur Eitzmans Gedächtnis prüfen wollen. Gelbe Breccien seien rar. Wenn Eitzman sich nach so vielen Jahren so genau erinnere, müsse sein Gedächtnis außergewöhnlich gut sein. Was die Lage der gelben Breccien an der Höhlenwand betreffe, so seien er, Hughes, und sein Kollege Kitching schon vor Jahren zu dem gleichen Schluß wie Eitzman gelangt. Ich fragte, welche Bedeutung die gelben Breccien hätten. Hughes sagte, er und Kitching hätten sich für sie interessiert, weil sie in der Regel Reste von *Australopithecinen* enthielten. Darauf seien sie schon so früh gekommen, daß sie von Anfang an alle Breccien von gelber Färbung beiseite gelegt hätten, um sie sofort zu untersuchen.

Mir stieg das Blut zu Kopf. Die Überreste des Südaffen waren nicht gleichmäßig in den Breccien verteilt! Seine Knochen waren nicht unterschiedslos mit denen des Kudus, des Gnus, des Pavians und der Hyäne auf dem Höhlenboden liegengelassen worden! Was von einem toten Südaffen übriggeblieben war, wurde in der Regel gegen die dunkle Höhlenwand zur Seite gelegt. Wer hatte eine solche Unterscheidung getroffen? Die Hyäne?

Trotz des schlechten Wetters begaben wir uns am nächsten Wochenende alle nach Makapan. Dart, Hughes, Kitching, S. C. K. Brain, Eitzman und ich waren von dem gleichen Verlangen besessen, in unserer Phantasie den Zustand der ursprünglichen Villafranchiahöhle zu rekonstruieren, wie er vor dreiviertel Millionen Jahren gewesen war. Im Regen fügten wir die geologische Rekonstruktion von Brain, die Erfahrungen von Dart, Hughes und Kitching und die Erinnerungen von Eitzman zusammen. Die zahllosen Schlußfolgerungen, auf die wir kamen, brauchen uns hier nicht zu kümmern. Aber daß nur jene Überreste von der gelben Farbe gezeichnet waren, die man gegen die alte Höhlenwand gelegt hatte, muß jeden, der sich mit der tierischen Vergangenheit des Menschen beschäftigt, bis in seine Träume verfolgen.

16. *Das Feuer*

Einer der eindrucksvollsten Einwände gegen die Theorie, daß die Höhlen des Transvaal Wohnstätten der *Australopithecinen* gewesen seien, wurde, wie ich glaube, ursprünglich von Kenneth Oakley vorgebracht und beruhte auf der einfachen Überlegung, daß eine Höhle, wenn man ihren Eingang nicht durch Feuer vor Raubtieren zu schützen vermag, eher eine Falle darstellt als eine Zuflucht und daß daher der Mensch oder seine Vorläufer kaum in jenen Höhlen gelebt haben dürften. Dart behauptete, daß die *Australopithecinen* von Makapan das Feuer gekannt hätten. Oakley widersprach ihm. Aber seit Brain und Robinson in der Höhle von Sterkfontein Steinäxte entdeckten, ist Oakleys Argument hinfällig. Zwar findet sich in Sterkfontein kein Hinweis auf den Gebrauch des Feuers (auch im übrigen Afrika stammen solche Hinweise erst aus viel späterer Zeit), doch haben die nichtidentifizierten Hersteller der Steinäxte zweifellos in der Höhle gewohnt.

17. *Das Abgleiten der Knochen*

Ein anderer, wenn auch weniger schlagender Einwand gegen die Theorie, daß die Funde auf vormenschliche Wohnstätten hindeuten, bestand darin, daß die Knochen ursprünglich gar nicht in den Höhlen angesammelt, sondern bloß an deren Eingängen aufgehäuft worden seien, von wo sie im Laufe der Zeit allmählich in die Höhlen hineinglitten. Ich kann nur annehmen, daß dieses wenig überzeugende Argument als Teil der Hyänenhypothese vorgebracht wurde, denn Hyänen häufen nachgewiesenermaßen gelegentlich am Rand ihrer Lagerstätten Knochen auf, und so würde der Hinweis auf das Abrutschen der Knochen die unbezweifelten Ablagerungen im Innern der Höhle erklären. Auf Sterkfontein könnte das zutreffen, da der Boden der dortigen Höhle vom Eingang an steil abfällt, so daß die Knochen tatsächlich abgeglitten sein könnten. In Makapan hingegen ist die Situation völlig anders. Als wir an jenem Regentag dort waren, haben Hughes und ich eine tief im Innern der Höhle gelegene Knochenbreccie, die mehr als

einen Meter dick war, bezeichnet und ihre Entfernung vom ehemaligen Eingang, dessen Lage uns Eitzman und Brain bekanntgaben, gemessen. Die Entfernung betrug ungefähr 120 Meter, und die letzten 30 Meter stieg der Höhlenboden an.

18. *Ein Stein im Schädel*

Ich habe in diesem Katalog von Beweisen schon einmal jenen *Australopithecinen* erwähnt, dessen Schädel von einem Stein zertrümmert wurde. Der Schlag war so heftig, daß der Stein, der einen Durchmesser von etwa sechs Zentimeter hatte, im Innern des Schädels gefunden wurde. Aus der Art der Verletzung ist ersichtlich, daß sie nicht erst nach dem Tod eingetreten sein kann. Der *Australopithecine* wurde durch den Stein getötet.

Wie fand er den Tod? Zu welchem Urteil wir auch immer kommen mögen – die Theorie, daß es sich bei den Höhlenfunden nicht um Überreste von *Australopithecinen* handle, hält wieder nicht stand. Jede Wahrscheinlichkeit deutet auf einen gewaltsamen Tod, wobei der Stein als Waffe gedient hatte. Sollte das der Fall gewesen sein, dann ist es wohl ziemlich unwahrscheinlich, daß ein Raubtier den Schlag mit dem Stein geführt hat. Nehmen wir nun einmal an, der Stein wäre dem Geschöpf zufällig auf den Kopf gefallen, obwohl die Tatsache, daß er zu klein und zu leicht ist, um beim bloßen Fallen eine derartige Verletzung zu verursachen, gegen diese Annahme spricht. Der Stein ist nachgewiesenermaßen kein Meteorit, und da andere Steine nicht vom Himmel zu fallen pflegen, müssen wir die Möglichkeit ausschließen, daß sich der Vorgang im Freien abgespielt hat. Der Stein könnte also nur von der Decke der Höhle gefallen sein, und in diesem Fall kann man wohl schwerlich zu einem anderen Schluß kommen, als daß das Opfer in der Höhle gelebt hat.

19. *Das Fehlen von Kieselwerkzeugen*

Seit Leakey in Olduvai neben den Überresten des *Zinjanthropus* Kieselwerkzeuge entdeckt hat, wurde gegen die Behauptung, daß die Breccien von Makapan von *Australopithecinen* stammen, ein neuer Einwand geltend gemacht. Er lautet folgendermaßen: Wenn ein Zweig der *Australopithecinen*-Familie in Tanganjika Steinwerkzeuge herstellte, dann beweist das Fehlen von Steinwerkzeugen in den grauen und rosa Breccien von Makapan, daß dort zu jener Zeit keine *Australopithecinen* gelebt haben können. Würde man die gleiche Beweisführung auf die im 16. Jahrhundert erfolgte Einwanderung von Europäern in die Neue Welt anwenden, so wäre man zu der Behauptung gezwungen, daß die Indianer Amerikas mit Musketen und Kanonen bewaffnet gewesen sein müssen, weil die Weißen die gleichen Waffen besessen haben.

Der Einwand wird durch eine nähere Besichtigung der Fundstätte von Makapan zunichte. Von der Höhle aus überblickt man ein Tal, das 8 Kilometer lang und 800 Meter breit ist. Seine Wände sind so steil, daß das Tal heute einem der Schachtelcañons im amerikanischen Westen gleicht. In der Villafranchiaperiode muß es jedoch viel flacher gewesen sein und sanftere Formen gehabt haben.

Die Befunde zeigen, daß sich während eines Zeitraumes von

nicht weniger als 100 000 Jahren – wahrscheinlich eher von fast 200 000 Jahren – Überreste von Tieren in der Höhle angesammelt haben, darunter die des Südaffen. Nehmen wir an, er habe ebenso wie seine weiter nördlich lebenden Verwandten Kieselwerkzeuge hergestellt, dann würde das einwandfrei nachgewiesene Fehlen solcher Werkzeuge in den älteren Breccien beweisen, daß er nicht in der Höhle gewohnt hat. Wir müssen also den Schluß ziehen, daß er im Freien, in der Nähe des Flusses gelebt hat, wo er gelegentlich von Raubtieren getötet wurde, die seine Knochen in die Höhle trugen. Aber der Fluß fließt in einer Entfernung von weniger als 300 Meter am Höhleneingang vorbei, und in der Villafranchiaperiode war die Entfernung noch geringer. Und wenn der Südaffe im Freien gelebt haben sollte, dann müssen wir zu dem unglaubwürdigen Schluß kommen, daß während eines Zeitraumes von vielleicht 200 000 Jahren kein einziger Werkzeuge herstellender *Australopithecine* sich in die benachbarte Höhle begeben habe, um dort auch nur ein einziges Steinwerkzeug zu hinterlegen, das Zeugnis von seinem einsamen Wagnis ablegen könnte.

20. *Die ökologische Erklärung*

Im Oktober 1953 haben zwei amerikanische Ökologen, Bartholomew und Birdsell von der Universität von Kalifornien in Los Angeles, im »American Anthropologist« einen Artikel veröffentlicht, der im wesentlichen die Ansicht des Autors dieses Buches zum Ausdruck bringt, nämlich, daß die *Australopithecinen* ebenso wie die frühen Menschen nicht zu überleben vermocht hätten, wenn sie nicht bewaffnet gewesen wären. Die Ökologie ist jener Zweig der Zoologie, der sich mit der Beziehung zwischen den Tieren und ihrer Umwelt befaßt. Die Methoden der Ökologie werden von den Anthropologen nur hin und wieder angewendet. Der Artikel, betitelt »Die Ökologie der Protohominiden«, ist eine allgemeine Betrachtung über das *Australopithecinen*-Problem unter Zuhilfenahme ökologischer Methoden. Es heißt dort:

»Die Anpassung des Hominidenzweiges an das Leben auf dem Boden stellt einen Schritt zu einer neuen und vorher unbekannten Daseinsform dar, deren entscheidendes Merkmal die Zweibeinigkeit ist. Veränderungen von so großem Ausmaß sind bei Säugetieren seit dem Mittleren Känozoikum nur selten vorgekommen ... Die außerordentliche Seltenheit der Zweibeinigkeit bei den Säugetieren legt die Vermutung nahe, daß sie außer bei Vorliegen ganz besonderer Umstände unpraktisch ist. Sogar die einzig dastehende aufrechte, zweibeinige Fortbewegungsart des Menschen ist im Vergleich zu vierbeinigen Säugetieren relativ untauglich, was den Schluß nahelegt, daß sich aus der teilweisen Freimachung der vorderen Gliedmaßen ein wichtiger, nicht mit der Fortbewegung zusammenhängender Vorteil ergeben haben muß. Dieser Vorteil bestand darin, daß die Hände zur wirksamen Handhabung zufällig erreichbarer Werkzeuge wie Steine, Stöcke oder Knochen verwendet werden konnten ... Der Mensch wurde als das ›Tier, das Werkzeuge benützt‹ bezeichnet, aber diese Charakterisierung schreibt dem Gebrauch von Werkzeugen durch den Menschen einen Grad von Einzigartigkeit zu, der unrealistisch ist ... Statt den Menschen als das einzige Werkzeug benützende Tier zu bezeichnen, sollte man eher sagen, daß der Mensch das einzige Säugetier ist, dessen Überleben vom dauernden Gebrauch von Werkzeugen abhängt. Diese Abhängigkeit von dem erlernten Gebrauch von Werkzeugen bezeugt einen Vorstoß in vorher unbekannte Verhaltensbereiche, und dieser Vorstoß begleitete das Aufkommen der Zweibeinigkeit, welcher der regelmäßige Gebrauch von Werkzeugen und der Erwerb der aufrechten Haltung zeitlich vorangegangen sein müssen.«

Die Behauptungen von Bartholomew und Birdsell bedürfen zweier Korrekturen. Erstens ist der Ausdruck »Tier, das Werkzeuge benützt« nicht korrekt. Die Anthropologen sprechen von dem »Tier, das Werkzeuge herstellt«, und zwischen diesen beiden Begriffen besteht ein ziemlich weitgehender Unterschied. Zweitens dürfen wir nicht vergessen, daß ein Naturwissenschaftler, wenn er das Wort »Werkzeuge« gebraucht, in der Regel Waffen meint. Dieser Euphemismus, auf den wir später näher eingehen werden, ist in den Naturwissenschaften durchaus üblich. Durch diese beiden Korrekturen wird die Logik der oben zitierten Theorie meiner Ansicht nach nicht geschmälert. Der ökologische Beweis – mag er auch ungreifbar sein – erscheint mir als das tiefgründigste Argument für das Vorhandensein von Waffen an den

Fundstätten von *Australopithecinen.* Wären sie auch nie entdeckt worden, so müßten sie dort vorhanden sein.

21. *Die Reißzähne*

Wer sich darauf versteift, an die ursprüngliche Unschuld des Menschen zu glauben, vor dem muß die Frage auftauchen: Was geschah mit den Reißzähnen des Menschen? Die ältesten primitiven Säugetiere hatten lange, scharfe Eckzähne. Alle Primaten, mit Ausnahme der Hominidenlinie, haben diese Zähne behalten. Wir besitzen immer noch die überlange Wurzel als Erinnerung an unsere Abstammung, aber der lange Zahn selbst ist verschwunden, und zwar gleichermaßen aus dem Gebiß der frühesten Menschen wie aus dem aller bekannten *Australopithecinen.*

Was ist mit unseren Reißzähnen geschehen? Es gibt nur eine Antwort, und meines Wissens wurde niemals eine andere im Ernst vorgebracht: Mit dem Gebrauch von Waffen wurden die Reißzähne überflüssig. Der natürliche Dolch, das Kennzeichen aller beutejagenden Säugetiere – seien es Wolf, Löwe, Leopard oder Tiger –, bildete sich beim bewaffneten beutejagenden Primaten zurück. Mit dem Auftreten der tödlichen Waffe ist die natürliche Auslese von der Bewaffnung des Kiefers zur Bewaffnung der Hände übergegangen. Infolgedessen verlor der von der Evolution vernachlässigte Reißzahn allmählich an Größe.

Wenn diese Annahme richtig ist, dann stellt sie eine Bestätigung für den frühzeitigen Waffengebrauch dar. Bei den *Australopithecinen* waren die Eckzähne bereits ebenso stark zurückgebildet wie bei uns.

22. *Rechtshändigkeit*

Bevor wir zu den beiden letzten Gruppen von Beweisen dafür übergehen, daß die Ablagerungen von Makapan nicht von Hyänen zusammengetragen wurden, sei noch eine weitere Bestätigung des frühzeitigen Waffengebrauches angeführt. Für sich allein betrachtet, kann die Rechtshändigkeit bei den *Australopithecinen* nicht als erwiesen gelten. Betrachtet man sie jedoch parallel mit dem ökologischen und mit dem durch die Rückbildung der Eckzähne erbrachten Beweis, dann erscheint auch sie von Belang.

Von Darts 42 erschlagenen Pavianen waren, wie wir uns erinnern werden, nur 2 von der Linken des Angreifers getroffen worden. Aus der Tatsache, daß die meisten Hiebe von oben geführt wurden und nur sieben eindeutig von rechts, läßt sich zwar schließen, jedoch nicht eindeutig beweisen, daß der *Australopithecus* Rechtshänder war. Diese Annahme ist jedoch von sehr großer Bedeutung. Die feine Nervenstruktur, welche die Vorherrschaft des linken Hirnlappens begründet und durch das Überkreuzen der Nerven im Rückenmark die menschliche Rechtshändigkeit verursacht, kann vom beutejagenden Primaten nicht innerhalb kurzer Zeit erworben worden sein. Und doch hat Oakley im Jahre 1954 dargelegt, daß die Rechtshändigkeit höchst wahrscheinlich eine Folge des Gebrauches von Waffen und Werkzeugen sei.

Der Affe ist im Naturzustand durchwegs gleich geschickt mit beiden Händen. Wenn er Nahrung, Gegenstände, Zweige oder Körperteile eines Artgenossen anfaßt, so tut er das alles, ohne die rechte oder linke Hand zu bevorzugen. Nur die spezialisierte Fähigkeit zur manuellen Geschicklichkeit, die durch den ständigen Gebrauch von Waffen und Werkzeugen erforderlich wurde, dürfte für die Entwicklung jener einzigartigen menschlichen Eigenschaft, der Vorherrschaft der einen Hand über die andere, verantwortlich sein. In der für gewöhnlich dominierenden linken Hirnhälfte ist nicht nur die Kontrolle über die rechte Hand zentriert, sondern sie ist auch der Sitz des Sprachzentrums. Oakley war der Ansicht, daß ein hoher Grad von manueller Geschicklichkeit als ein wertvolles Mittel zum Überleben die Spezialisierung einer Hand für den Gebrauch von Waffen und Werkzeugen und die daraus folgende Überlegenheit der entsprechenden Hirnhälfte begünstigt habe. Er meinte ferner (da das assoziative Sprachzentrum in derselben Hirnhälfte liegt), daß die Sprache sowohl wie die Rechtshändigkeit sich wahrscheinlich aus den Notwendigkeiten des spezialisierten Gebrauchs der Hände entwickelt hätten. Wir brauchen uns hier nicht mit einem Beweis für das Vorhandensein der Sprache zu beschäftigen, denn den gibt es natürlich nicht. Wenn aber die Rechtshändigkeit ein Merkmal des Südaffen ist, dann bildet sie ebenso wie seine verschwundenen Reißzähne einen Beweis für lange Vertrautheit mit dem Gebrauch von Waffen.

23. *Das Testament von London*

Im November 1956 wohnte ich praktisch im Britischen Museum in South Kensington. Die ungarische Revolution hatte eben stattgefunden, und ihre Folgen sollten mich den größten Teil des kommenden Jahres beschäftigen. Aber bevor ich nach Wien abreiste und meine normale Rolle als Dramatiker wiederaufnahm, empfand ich das Bedürfnis, die Waffenhypothese zu meiner eigenen Beruhigung zu beweisen oder zu widerlegen. Falls ich mich nicht selbst von ihrer Haltbarkeit zu überzeugen vermochte, würde ich mich künftig nicht mehr damit befassen. Am 22. und 24. November, zwei kritischen Tagen kurz vor meiner Abreise nach Osteuropa, fand ich das entscheidende Beweismaterial, das für sich allein meine künftige Einstellung bestimmen sollte. Da bisher nichts davon veröffentlicht ist, beschreibe ich es hier ausführlich.

Im Jahre 1950, nachdem Dart seinen Artikel über die Paviane publiziert und seine Behauptung aufgestellt hatte, daß gewisse Knochen in den Breccien von Makapan von den Südaffen als Waffen benützt worden seien, erbat sich das Britische Museum ein Stück Makapanbreccie und erhielt es auch. Es war ein ziemlich großer Steinklumpen, aus dem die Techniker des Museums die Fossilien herausschälten. Während der ganzen Kontroverse über die Waffenhypothese lag eine Musterkollektion von Makapanfossilien, jedem Forscher zugänglich, in einer Lade in London. Da ich ein paar Fossilien fotografieren wollte, stellte Oakley sie mir zur Verfügung, und da der Paläontologe des Museums ein Hyänenspezialist war, vereinbarten wir mit ihm, ihn beizuziehen. Im Zuge der Vorbereitungen für unsere Untersuchung fanden wir einen Artikel von Dr. Helmuth Zapfe über die Freßgewohnheiten der Hyäne; es handelte sich um jenen Artikel, den Koenigswald als unwiderlegbaren Beweis dafür zitiert hatte, daß Darts Fossilien von Hyänen zusammengetragen worden waren.

Aus dem Breccienklumpen hatten die Techniker des Museums 60 identifizierbare fossile Knochen herauspräpariert. Sie lagen auf flachen Tassen. Zapfe hatte in seiner Monographie die Gelenke an den unteren und oberen Enden der Knochen als angekaut oder benagt, gesplittert oder eingekerbt beschrieben. Kein einziges Gelenk zeigte eine Kerbe, eine Splitterung oder Zeichen von Benagung. Zapfe beschrieb ferner die »charakteristischen Spuren der Fänge«, welche die Hyäne an den sonst intakten Knochen zurückläßt. Keiner der 60 Knochen zeigte eine solche Spur. Die Knochen bezeichnete Zapfe in seiner Monographie als »gesplittert« oder charakteristisch »zermalmt«. Nur eines der 60 Exemplare konnte »gesplittert« oder »zermalmt« genannt werden. In Zapfes Artikel ist von der großen Menge von »Splittern und zermalmten Knochen« die Rede. Der Breccienblock, der 60 identifizierbare Knochen geliefert hatte, die eine große Lade fast füllten, hatte an Splittern und Stückchen zwei kleine Tassen von etwa 24 Quadratzentimeter ergeben. Damit war meiner Ansicht nach Koenigswalds Beweisführung ebenfalls in kleine Stückchen zersplittert.

Mir kann man allerdings Voreingenommenheit vorwerfen; aber dem Hyänenspezialisten Dr. A. J. Sutcliffe dürfte wohl kaum jemand diesen Vorwurf machen. Er war zu jener Zeit mit der Ausgrabung einer Hyänenhöhle in Devonshire beschäftigt. Im vorhergehenden Frühling war Raymond Darts Artikel erschienen, der die Behauptung enthielt, daß die Hyäne nie Knochen zusammentrage. Sutcliffe hatte in Devonshire Massen von Knochen gefunden. Er ging an die Untersuchung der Fossilien mit sichtlicher Abneigung gegen alles, was Dart je behauptet hatte, heran. Ich arbeitete ungefähr zehn Minuten an meinen Notizen, während

Sutcliffe die staubigen Fossilien Knochen für Knochen, Splitter für Splitter untersuchte. Und dann fragte ich ihn, wer seiner Ansicht nach die Knochen zusammengetragen habe. Und Sutcliffe antwortete: »Hyänen keinesfalls.«

24. *Die Hyänen von Devonshire*

Der 24. November 1956 war ein Sonnabend und ein sehr düsterer Tag. Am frühen Nachmittag ging ich in Regen und Nebel durch den Regent's Park zum Royal Archaeological Institute, wo Sutcliffe seine Hyänenkollektion zusammenstellte. Monatelang hatte er in der Tornewtonhöhle bei Torbryan im Süden von Devonshire Ausgrabungen vorgenommen. Diese Höhle hatte in aufeinanderfolgenden Phasen des Pleistozäns die verschiedensten Bewohner beherbergt. Bisher waren fünf Schichten von Ablagerungen freigelegt worden. Die fünfte und älteste enthielt Überreste von Höhlenbären und stammte aus einer Kälteperiode. Auf sie folgte Schicht IV aus einer Warmzeit, in der die Höhle von Hyänen bewohnt gewesen war. Die nächste Schicht stammte wieder aus einer Kälteperiode, in der die Höhlenbären zurückgekehrt waren.

Falls die Berechnungen stimmen, war die Hyänenschicht in der merkwürdigen Warmzeit abgelagert worden, die vor ungefähr 130 000 Jahren zwischen den beiden letzten Eiszeiten auftrat. Es war die Zeit, als der Neandertaler nach Europa kam und hier und dort Steinäxte zur Kennzeichnung seiner offenen Lagerplätze hinterließ. Es war die Zeit, da bis in große Höhenlagen der Alpen Rhododendron wuchs und das Flußpferd in dem milden Klima Englands gedieh. Damals bewohnte eine inzwischen ausgestorbene Höhlenhyäne, von einer Spezies, die der in Makapan in einem einzigen Exemplar vorgefundenen Hyäne nahe verwandt ist, jene Höhle in Devonshire und hinterließ dort eine gewaltige Anhäufung von Knochen, durch deren Entdeckung der Mythos von der knochensammelnden Hyäne neuen Auftrieb erhielt. Hier bot sich endlich die Gelegenheit, eine echte, von Hyänen angehäufte Knochensammlung zu studieren, die unter ähnlichen Bedingungen zustande gekommen war wie die Ablagerungen von Makapan. Wie würde der Vergleich ausfallen?

Sutcliffe bewahrte seine Sammlung in einem winzigen Zimmer

im ersten Stock des Royal Archaeological Institute auf. Eine Unzahl von flachen Tassen war mit Knochen und Zähnen gefüllt. Sutcliffe führte sie mir mit bemerkenswerter Begeisterung vor, denn er ist meines Wissens der einzige Mensch, der eine echte Zuneigung zu Hyänen hat.

Und nachdem eine Tasse nach der andern an meinen Augen vorübergezogen war, sprang die unleugbare Wahrheit wie eine Flamme auf: Wenn Hyänen überhaupt Knochen sammeln, dann nur die ihrer Artgenossen.

Aus der vierten Schicht der Ablagerungen von Devonshire hatte Sutcliffe Überreste von 110 einzelnen Hyänen identifiziert. Daß es sich unzweifelhaft um eine Hyänenwohnstätte handelte und nicht um Knochen, die von einem anderen Sammler angehäuft worden waren, ließ sich aus dem Anteil an Jungtieren beweisen. Von den 110 Individuen waren 40 junge Tiere. Verblüffend war jedoch das Verhältnis zwischen Hyänen und anderen Tieren. Neben den 110 einzelnen Hyänen enthielt die Ablagerung nur 2 andere Tiere verschiedener Arten. In der Makapanablagerung gab es unter insgesamt 433 einzelnen Tieren 17 Hyänen. Die losen Zähne bestätigten das Verhältnis: 100 stammten nicht von Hyänen, 1000 von Hyänen. In Makapan war das Verhältnis fast genau umgekehrt: 682 zu 47. Zwischen den beiden Fundstätten bestand nicht die geringste Ähnlichkeit.

Eine echte Hyänenablagerung ist kaum mehr als ein Hyänenfriedhof. Die Überreste von fünf Löwen und einem halben Dutzend Füchsen füllten kaum eine Tasse. Eine zweite Tasse enthielt alles, was von einem Nashorn, einem Rind und anderen Tieren, die keine Hyänen waren, übriggeblieben war. Wenn die Hyäne ihre Mahlzeit beendet hat, hinterläßt sie dem Paläontologen nur wenig. Und dieses Wenige trägt die Merkmale ihrer Gewohnheiten, so wie sie Zapfe beschrieben hat. Da waren die Spuren der Fänge und die zerbrochenen Gelenke. Der Anblick des langen Reißzahnes eines Löwen, in dessen Email der Fang einer Hyäne eine tiefe Furche geritzt hat, ist schwer zu vergessen.

Wie behandelt die Hyäne ihre Artgenossen? Sie frißt sie auf. Von den 110 einzelnen Hyänen war außer Fußknochen, Kniescheiben und Zähnen wenig übriggeblieben. Die Anzahl der Knochen war im Verhältnis zu den losen Zähnen so gering, daß man nur zu dem Schluß kommen konnte, die Höhlenhyäne habe die Skelette ihrer Artgenossen bis zum letzten Krümel verschlungen.

Noch ein letzter Punkt bleibt zu klären – falls jemand weitere Beweise dafür fordern sollte, daß eine echte Hyänenablagerung mit einer Ablagerung von *Australopithecinen* nichts gemein hat. Viele Forscher haben auf das Vorhandensein von Hyänenkoprolithen in Makapan hingewiesen, um ihre Meinung, daß die Ablagerungen von Hyänen stammten, zu erhärten. Koprolithen sind fossilisierte Fäzes. Sutcliffe hat festgestellt, daß die Erde der Breccie von Devonshire zu 50 Prozent aus Hyänenfäzes besteht. Dart und seine Mitarbeiter fanden hingegen in 5 Tonnen Breccienmaterial nur 200 Koprolithen.

Ich verließ Sutcliffe und seine mit Knochen und Zähnen gefüllten Tassen und ging im Regen zu meinem Hotel zurück. Der Nebel hüllte die triefenden Gärten von Regent's Park und die Bombenruinen, die noch an Londons harte Prüfung erinnerten, gleichermaßen ein. Am nächsten Tag reiste ich nach Wien und an die eisige Grenze Ungarns. Hinter dieser Grenze hatte ein anderes tapferes Volk seine Hoffnungen mit weniger Glück gegen das zermalmende Veto der überlegenen Waffen verteidigt.

In den Tiefen des Ozeans an der Küste von Madagaskar vereinigen sich Fische, die ihre Zeit überlebt haben, gemächlich zu Schwärmen. In den Tiefen des menschlichen Geistes drehen überlebte Anschauungen ihre täglichen Runden. Der Unterschied zwischen beiden ist nicht sehr groß, außer daß die Fische niemandem schaden.

Als Raymond Dart 1953 seine Abhandlung über »Das Raubtier als Zwischenglied zwischen Affe und Mensch« (The Predatory Transition from Ape to Man) vorbereitete, stellte er die Theorie auf, daß die tierischen Vorfahren des Menschen Fleischfresser und Beutejäger gewesen waren. Ein von der Natur mangelhaft ausgerüstetes Geschöpf braucht für die Jagd auf Beute Waffen. Der Gebrauch von Waffen und das Raubtierleben haben die spezialisierte menschliche Anatomie vervollkommnet und eine so komplexe

Koordination der Nerven notwendig gemacht, wie es sie vorher in der Tierwelt niemals gegeben hatte. Und so entstanden als endgültige Antwort auf evolutive Erfordernisse von noch nie dagewesener Kompliziertheit das große Gehirn und der Mensch. Das Menschenwesen ist in den fundamentalsten Aspekten seiner Seele und seines Körpers das vorläufig letzte Wort der Natur zum Thema des bewaffneten Räubers, und das Buch der menschlichen Geschichte muß in diesem Sinne gelesen werden.

Dart hat unsere grundlegenden Anschauungen über den Menschen so tief verletzt, daß kein wissenschaftliches Organ von Ruf den Artikel dieses hervorragendsten Anthropologen Afrikas veröffentlichen wollte. Die Arbeit erschien schließlich in einer Zeitschrift von geringem Ansehen und noch geringerer Verbreitung, und sie blieb bis heute fast ungelesen. Um den unbewußten Boykott zu vervollständigen, stellten die Gelehrten in Livingstone das Hyänenalibi auf. Aber die in dem vorliegenden Bericht erbrachten Beweise dürften diesem gebrechlichen Denkgebilde kein langes Leben lassen. Sowohl die Naturwissenschaft wie alle Zweige des modernen Denkens werden endlich mit Darts erschreckender Theorie rechnen müssen.

Die Waffe war früher da als der Mensch. Ob der Mensch tatsächlich eine biologische Erfindung ist, die entwickelt wurde, um den durch die Waffe bedingten Erfordernissen gerecht zu werden, muß künftigen Diskussionen vorbehalten bleiben. Wie aus meinen Darlegungen hervorgeht, haben viele Faktoren zu der höchsten stammesgeschichtlichen Erfindung des Pleistozäns beigetragen, und sicherlich kann man das, was der Mensch aus dem Tierreich ererbt hat, nicht in so einfachen Begriffen zusammenfassen, wie sie in dem Artikel »Das Raubtier als Zwischenglied zwischen Affe und Mensch« vorgebracht werden. Andere ungeheure Kräfte, die alle in ähnlicher Weise aus der Tierwelt hervorgingen, spielen ihre instinktbedingten Rollen im Drama des menschlichen Verhaltens. Wir haben einige von ihnen untersucht: den Trieb, privates Eigentum zu erwerben; soziale Gruppierungen, die auf der Verteidigung eines gemeinsamen Territoriums beruhen; das Gebot, innerhalb einer solchen Gesellschaft individuelle Vorherrschaft zu erlangen und zu behaupten; den Wettkampf der Männchen um besseres

Territorium und höheren Rang; die vom Weibchen entsprechend dem Besitz und Rang des Männchens getroffene sexuelle Auswahl; die Feindseligkeit zwischen benachbarten Gruppen oder Individuen; den doppelten Verhaltenskodex, der von den Mitgliedern einer Gruppe Freundschaft für den sozialen Partner und Feindschaft gegen das außerhalb der territorialen Grenze stehende Individuum fordert. Alle diese menschlichen Instinkte sind aus uralten Verhaltensweisen der Tierwelt hervorgegangen. Zu ihnen müssen jedoch zwei Besonderheiten der Hominidenlinie hinzugefügt werden: die Art, wie der Räuber gelebt, und das Ausmaß, in dem er sich auf seine Waffen verlassen hat.

Der Mensch ist einzigartig, sagen die modernen Denker; und alle Kinder werden unschuldig geboren. Die Naturwissenschaft hat ihr möglichstes getan, um die Grundsätze der romantischen Illusion aufrechtzuerhalten. Wenn die Anthropologie sich nun an den Rand des Versagens gedrängt sieht, so liegt die Schuld nicht bei den Naturwissenschaftlern. Sie haben getan, was sie konnten. Mit 1000 Sandsäcken und aufopferndem Heroismus haben sie 1000 Löcher im Deich der Wissenschaft gestopft. Wieviel Genialität an diese hoffnungslose Aufgabe gewandt wurde, läßt sich durch nichts besser veranschaulichen als durch die euphemistische Anwendung des Wortes »Werkzeug«. Ich habe vorgeschlagen, einen Blick auf die Illustrationen in dem vom Britischen Museum herausgegebenen autoritativen Werk Kenneth Oakleys »Der Mensch, der Werkzeugmacher« zu werfen. Sie zeigen mit wenigen Ausnahmen Waffen. Oder betrachten wir das folgende Zitat; es stellt einen der verblüffendsten Abschnitte aus der wissenschaftlichen Literatur dar und ist der bewunderungswürdigen Abhandlung von Bartholomew und Birdsell »Die Ökologie der Protohominiden« entnommen: »... Der intersexuelle Kampf ist kennzeichnend für die Männchen fast aller Tiere, die stark dimorph sind. Die *Australopithecinen* sind dimorph. Aber es fehlen ihnen die langen, spitzen Reißzähne, die für die meisten größeren lebenden Primaten so charakteristisch sind. Diese auffallende Rückbildung der Reißzähne legt die Vermutung nahe, daß die *Australopithecinen* sich sogar im intersexuellen Kampf in erster Linie auf Werkzeuge verlassen haben.«

Die Wissenschaft war gewillt, an die Unschuld des Menschen zu glauben. Und selbst der ungewöhnliche Wissenschaftler (es sei denn ein Raymond Dart), der diese Anschauung bekämpft, wird sich des in seinem Fach üblichen Euphemismus bedienen. Für einen Dart aber wird die Wissenschaft einen Empfang arrangieren, wie ihn eine Horde von Brüllaffen einem in ihr Territorium eindringenden Junggesellen bereitet, der unerwünschte Gene in seinen Lenden trägt. Und doch trifft den Anthropologen, der überholte Anschauungen über das Wesen des Menschen verteidigt, keine größere Schuld an der Nichtbeachtung der Wahrheit als den Psychiater oder Soziologen, den Erzieher, den Staatsmann, den Philosophen, den Schriftsteller oder den von Ängsten gequälten Durchschnittsmenschen. Wenn der Naturwissenschaftler im Lauf dieses Berichts gelegentlich in ein sehr unschönes Licht gesetzt wurde, so muß ich mich bei ihm entschuldigen. Er war eben einfach zur Stelle.

Die Zeit, da das moderne Denken sich den Luxus herzerquikkender, aber veralteter Anschauungen leisten konnte, ist längst vorbei. Mögen urtümliche Fische, die in den Meerestiefen an der Küste von Madagaskar ihre vorgeschriebenen Runden ziehen, an dem Glauben festhalten, daß die Kreidezeit noch nicht vorüber sei. Mögen Riesenschildkröten die Ufer der Galapagosinseln entlangwatscheln, von längst vergangenen herrlichen Zeiten träumen und überzeugt sein, daß die Herrschaft der Reptilien noch immer bestehe. Mag das Ungeheuer von Loch Ness – wer kann es wissen – unter einem Felsenriff in seinem schottischen See kleine Loch-Ness-Ungeheuer zeugen und sich in der beglückenden Hoffnung wiegen, daß der Tag für seinesgleichen erst anbrechen werde. Aber ein vernunftbegabtes Wesen, das stärkste Raubtier, das die Welt je gekannt hat, fordert durch den Versuch, seine Schwierigkeiten durch die Annahme zu lösen, daß seine Spezies sowohl unschuldig wie einzigartig sei, ein viel schlimmeres Schicksal heraus. Die Evolution könnte ihr Experiment mit dem großen Gehirn aufgeben, dem Menschen die Vernichtung bescheren, die er so reichlich verdient, und die natürliche Auslese auf die aussichtsreicheren Möglichkeiten lenken, welche die uralten Bewohner der Meerestiefen an der Küste Madagaskars bieten.

XI Kains Söhne

Was wissen wir vom Menschen? Was haben die Naturwissenschaftler im Laufe ihrer lautlosen, noch nicht beendeten Revolution ans Tageslicht gebracht? Was haben wir für unser Verständnis des Menschen gewonnen, das unsere Last mindern, unsere Hoffnung stärken, unsere Sorgen erleichtern, das uns durch Unsicherheit, Angst und Not einen Weg weisen könnte? Wäre es am Ende gar besser gewesen, die Naturwissenschaften hätten den Schleier gar nicht zu lüften versucht?

Wir wissen, daß der Mensch ein Teil der Natur ist und daß viele Wurzeln seines Wesens in die graue Vergangenheit zurückreichen. Wir gleichen einem Eisberg, der wie ein glänzendes Juwel über das blaue Meer des Nordens zieht; das meiste ist unter den Fluten verborgen. Wir sind ein mondheller Tempel im Dschungel von Guatemala; Schlingpflanzen hüllen sein Fundament in geheimnisvolles Dunkel. Wir sind eine blühende, betriebsame Stadt, aber niemand kann seinen Weg durch das Labyrinth der Straßen finden, ohne von den Städten zu wissen, die es an der gleichen Stelle früher einmal gab. Und so wollen wir mit der Ausgrabung des Menschen beginnen.

Was läßt sich klar erkennen? Der Verstand des Menschen,

nehme ich an. Der Verstand ist die Stadt, in deren Straßen wir uns verlieren, die jüngste Konstruktion auf einer uralten Siedlungsstätte. Nach siebzig Millionen Jahren allmählichen Wachstums verdreifachte sich die Größe des Gehirns in einigen wenigen hunderttausend Jahren. Unsere Stadt ist weitläufig und entbehrt nicht der Großartigkeit, aber sie kämpft mit den gleichen Problemen wie jede schnell herangewachsene Stadt. Wir wollen weitergraben.

Wir sind Kains Söhne. Das Zusammentreffen eines sich vergrößernden Gehirns mit der karnivoren Lebensweise ergab die genetische Möglichkeit des Menschen. Die Waffen des Raubtieres bilden das höchste und letzte Fundament, auf dem wir stehen. Wie weit reicht es zurück? Fünf Millionen, zehn Millionen Jahre? Wir wissen es nicht. Aber sie sind das Material unseres unmittelbaren Fundamentes, das wesentlichste Material unserer Stadt. Bis heute brauchen wir es für alle unsere Bauten.

Der Mensch ist ein Raubtier, dessen natürlicher Instinkt ihn dazu treibt, mit der Waffe zu töten. Die plötzliche Bereicherung der Ausstattung eines erfolgreich bewaffneten Raubtieres durch ein vergrößertes Gehirn brachte nicht nur den Menschen hervor, sondern auch das Verhängnis des Menschen. Aber dieses letzte Fundament, auf dem wir stehen, ist mit einem seltsamen Mörtel gebunden. Wir sind wetterharte Tiere. Eine Zeit der Not schuf die Grundlage, und sie besteht nicht aus dem Schutt der List und des Mordens allein. Die Stadt ruht auf einem Fundament, das durch einen Mörtel von geheimnisvoller Kraft zusammengehalten wird – der Fähigkeit zu überleben und allen Unbilden zu trotzen. Diese Eigenschaft des Mörtels mag für die Zukunft bedeutungsvoller sein als das Material selbst.

Wir graben tiefer. Schicht um Schicht der Verbreitungsstadien der Primaten liegen unter dem Raubtierfundament begraben. Ebenso wie die Hinzufügung eines plötzlich vergrößerten Gehirns zu der Ausstattung des jagenden Primaten die Probleme und Möglichkeiten der neuen Schöpfung, des Menschen, vervielfachte, so vergrößerte auch die neu auftretende Besonderheit der karnivoren Lebensweise die Probleme und Möglichkeiten unseres Urahnen, des jagenden Primaten. Er begann seine Zeit – das Pliozän – ebenso weit entfernt von Vollkommenheit wie wir die unsere.

Der Primat besitzt Instinkte, welche die Erhaltung und Verteidigung von Territorien und eine feindselige Einstellung gegen den Nachbarn verlangen; ebenso die Bildung sozialer Verbände als die wichtigste Voraussetzung des Überlebens körperlich wehrloser Geschöpfe; eine hilfsbereite, freundliche Einstellung zum Kumpanen; verschiedenartige, aber allgemein vorhandene Rangordnungssysteme, um das Funktionieren der Gesellschaft zu gewährleisten und die natürliche Auslese zu fördern. Zu diesem fest verankerten, komplexen Instinktbündel der Primaten kamen die Notwendigkeiten und die neuen Möglichkeiten des Jagdlebens hinzu.

Die nichtaggressiven Primaten müssen bei der Verteidigung ihres Territoriums nur selten ihr Leben lassen. Aber bei den Löwen des Krüger-Parks steht der Tod durch territorialen Konflikt an zweiter Stelle der Todesursachen. Die nichtaggressiven Primaten werden bei ihren Streitigkeiten um die Rangordnung bestenfalls gedemütigt. Die Löwen sterben bei diesen Kämpfen öfter als aus irgendeinem anderen Grund. Die Waldprimaten unterdrücken manche individuelle Neigung im Interesse der Gemeinschaft. Aber nichts in der Tierwelt läßt sich mit der Organisation und Disziplin eines jagenden Löwen- oder Wolfsrudels vergleichen.

Wir müssen annehmen, daß alle ursprünglichen Primateninstinkte wesentlich intensiviert wurden, als die Forderungen des Jagdlebens auftraten. Aus Konflikten wurden Kämpfe auf Leben und Tod, aus Streitigkeiten um Territorien blutige Kriege. Der soziale Verband wurde als Jagd- und Verteidigungsgemeinschaft strenger in seinem Kodex, sowohl in bezug auf Freundschaft wie auf Feindschaft. Die dominierenden Tiere herrschten absoluter, die rangniederen unterwarfen sich bedingungsloser. Alle Veränderungen überschattend aber machte sich der gebieterische Imperativ der Aggression geltend. Das Geschöpf, das bisher getötet hatte, wenn sich die Gelegenheit ergab, mußte jetzt töten, um zu überleben.

Wie wir in dem Raubtierfundament der menschlichen Natur die geheimnisvolle Kraft des wetterharten Tieres erkennen konnten, so trat mit dem Beginn der karnivoren Lebensweise etwas anderes, gewaltig und neuartig, in Erscheinung, vielleicht bedeutungsvoller als die Notwendigkeit des Tötens. Der jagende Primat war frei. Er war von dem Gefängnis des Waldes erlöst; wo immer es Beute gab, gehörte ihm die Welt. Seine Hände waren unabhängig von Erde und Astwerk; die aufrechte Haltung ermöglichte neue, ungeahnte Lösungen für uralte Probleme der Vierfüßer. Das tägliche Leben war von dem endlosen Kauen befreit; die Fähigkeit, kalorienreiche Nahrung zu verdauen, ermöglichte ein abwechslungsreicheres Leben als eine einzige unaufhörliche Mahlzeit. Und sein Geist war frei. Die strengen Gesetze des Waldes lagen hinter ihm. Vor ihm lag als neuartiges Gebot: die Freiheit der Wahl und der Erfindung. Als ein revolutionäres Geschöpf mußte er die ungewissen Abenteuer eines revolutionären Lebensstils meistern. Die Freiheit war das erste große Geschenk des Raubtierdaseins.

Wir können tiefer und tiefer nach den menschlichen Wurzeln graben durch Schichten der Erfahrung, die vor dem Primaten, vor dem Säugetier, ja sogar vor dem Leben auf dem Lande liegen. Wir treffen auf den Beginn der Sexualität als ganzjähriges Vergnügen und die damit verbundene Entstehung der Primatenfamilie. Die übrigen Instinkte liegen noch tiefer: der Instinkt, den andern zu beherrschen, zu verteidigen, was man für sein eigen hält, Gesellschaften zu bilden, sich zu paaren, zu fressen und vermeiden, gefressen zu werden. Die Spuren verblassen, die Umrisse werden vage. Aber sogar in den tiefsten Schichten unserer Natur, in denen der Beginn des Individuums und des Todes liegt, werden wir noch Spuren tierischer Regungen finden – Angst, Dominanz, Ordnung.

Das ist unser Erbe, soweit wir es heute kennen. Hier sind die freigelegten Wurzeln unserer Natur, und die blühende Stadt des *Homo sapiens* steht darüber. Wie immer auch die Mauern beschaffen sein mögen, die der Verstand gegen die Stürme und Verheißungen der menschlichen Zukunft aufbaut, ihr Fundament muß in unserer Vergangenheit ruhen, denn wir haben nichts anderes, um darauf zu bauen.

Die Söhne Kains haben ihre Probleme. Es ist schwer, die Entwicklung der strahlenden Waffen als etwas anderes zu bezeichnen als den Ausdruck der Spezies. Unsere Geschichte enthüllt die Entwicklung und den Wettstreit der Waffen als das einzige universelle kulturelle Anliegen. Völker mögen sterben, Nationen zugrunde gehen, Weltreiche in Staub zerfallen; ein Kulturkreis mag seine Erfahrungen dem nächsten weitergeben. Aber mit untrüglichem Instinkt hat es die Menschheit niemals zugelassen, daß irgendein Fehlschlag den Fortschritt der Waffen, ihren bedeutungsvollsten kulturellen Besitz, gehemmt hätte.

Muß die Welt des Menschen in einem grauenvollen Augenblick totaler Vernichtung zugrunde gehen? Stand die plötzliche Vereinigung der Raubtiernatur mit dem vergrößerten Gehirn unter einem so unheilvollen Stern, daß die sichere Ausrottung unserer Art von Anbeginn vorgezeichnet war? Sind wir – weit davon entfernt, der Natur höchster Triumph zu sein – der tragischste Irrtum der Evolution, dazu verurteilt, nicht nur uns selbst, sondern alles Leben auf unserem Planeten zu vernichten?

Es kann sein; es muß nicht sein. Wir werden uns darüber gleich Gedanken machen. Allzu leichtfertig zu einer derartigen Schlußfolgerung zu kommen, hieße unsere menschliche Zukunft und unser tierisches Erbe zu sehr vereinfachen. Die Söhne Kains haben viele Vorfahren außer dem *Australopithecus africanus* und viele Probleme außer dem Krieg. Unsere erste Aufgabe heißt, uns selbst zu verstehen. Wir werden den Himmel über unserer Stadt nicht erobern, solange wir nicht die Namen der Straßen kennen, in denen wir leben.

Der Mensch gehört eher einer zoologischen Gruppe empfindender als wissender Geschöpfe an, charakterisiert durch ein so großes Gehirn, daß er nur von einem Teil Gebrauch macht, durch ein Kinn, das ihn vor allen verwandten Tieren auszeichnet, und durch eine unbändige Vorliebe für alles, was knallt. Abgesehen von diesen Merkmalen – und das Kinn unterscheidet den *Homo sapiens* nur von früheren Mitgliedern der menschlichen Familie – ist es schwierig, festzustellen, wo das Tier aufhörte und der Mensch begann. Wir haben ein Bewußtsein unserer selbst, das unter Tieren ungewöhnlich ist, aber ob dies eine Folge des großen Gehirns ist, oder ob es unsere ausgestorbenen Vorfahren bereits besaßen, wissen wir nicht.

Jedenfalls besitzen wir die Fähigkeit des Bewußtseins unserer selbst; wir können uns in einer gegenwärtigen oder künftigen Situation vorstellen. Dieses Vermögen bringt eine natürliche Neugierde hinsichtlich des menschlichen Schicksals mit sich. Ob das Bewußtsein unserer selbst den Ausgang tatsächlich beeinflussen wird, erscheint dem Verhaltensforscher nach den gemachten Erfahrungen eher zweifelhaft. Wenn in der Vergangenheit die menschliche Erkenntnis eines möglichen Unglücks mit Instinkten tierischen Ursprungs in Konflikt geriet, war der Ausgang immer recht kläglich. Aber keine Situation der Vergangenheit läßt sich mit der gegenwärtigen Gefahr einer nuklearen Katastrophe vergleichen. Es ist möglich, daß das Bewußtsein, das die Angst vor dem Tode aufkommen läßt, ein universelles Unglück wenigstens teilweise verhüten kann.

Doch die Rolle der Vernunft in der Hemmung oder Ablenkung des aggressiven Instinktes kann nicht entscheidend sein. Das menschliche Gehirn erschien zu plötzlich auf dem Schauplatz der Evolution, und da ihm das tierische Fundament fehlt, besitzt es nicht die Stärke des Instinktes, um seine Befehle durchzusetzen. Die Entscheidungen des Verstandes sind nur erworbene Reaktionen, und wir dürfen von einer erlernten Fähigkeit nicht allzuviel erwarten, wenn sie sich im Gegensatz zu einem Instinkt befindet. Leider dürfen wir von dem menschlichen Verstand überhaupt nicht viel erwarten, da seine wesentlichsten Anstrengungen zumeist der Selbsttäuschung dienen; seine beeindruckendste Konstruktion ist jenes märchenhafte Gebilde, die romantische Illusion.

Aber der menschliche Geist, wie kläglich man ihn auch auf Grund vergangener Erfahrungen einschätzen mag, kann als mögliche Hilfe in einer künftigen Bereinigung der menschlichen Probleme nicht außer acht gelassen werden. Ein Verständnis der menschlichen Natur und ein Verzicht auf den Aberglauben, daß der Verstand allmächtig sei, vorausgesetzt, kann sich die menschliche Vernunft mit tierischen Instinkten verbinden, die tief genug in unserer Natur verankert sind, um Kräfte der Selbsterhaltung zu mobilisieren, die gewaltiger sind als der menschliche Geist selbst. Wir werden darauf nochmals zurückkommen. Im Augenblick wollen wir die gegenwärtige Krise der Kriege und Waffen untersuchen, um zu sehen, ob unser vertieftes Verständnis des menschlichen Verhaltens bei der Betrachtung des möglichen Ausganges helfen kann.

Das Ende unserer gegenwärtigen Krise kann meiner Ansicht nach drei Formen von verschieden großer Wahrscheinlichkeit annehmen, und der Leser wird es mir verzeihen, wenn ich die beiden ersten Möglichkeiten nicht sehr ernst zu nehmen scheine. Die erste Möglichkeit, die ich als die unwahrscheinlichste ansehe, wäre, daß der *Homo sapiens* seiner angeborenen Vorliebe für die Waffe freien Lauf ließe, seine intellektuellen Fähigkeiten voll ausschöpfte und sich und seinem Planeten eine gigantische Explosion bescherte. Mit dieser grandiosen Tat würde das große Gehirn den Beweis für sein vollkommenes Versagen liefern. Im Verein mit einer vegetarischen Lebensweise gelang es dem großen Gehirn nicht, die Schrecken des Pliozäns als signifikanter evolutiver Faktor zu überdauern. Im Verein mit der karnivoren Lebensweise würde es in einem gluthellen Augenblick ebenfalls sein totales Versagen demonstrieren.

Die Annahme, daß der Mensch, wenn er eine entsprechend gewaltige Anstrengung mache, imstande sei, das gesamte Leben auf unserem Planeten zu beenden, ist aber auch nur ein melodramatischer Ausdruck der Illusion unserer einzigartigen Stellung. Die Annahme ist unrichtig. Die uralten Insekten besitzen eine Mutabilität, die auch unseren größten Bemühungen trotzen kann. Während eine gigantische Anstrengung von seiten der Menschen voraussichtlich allen landbewohnenden Wirbeltieren Vernichtung bringen würde, ist es unwahrscheinlich, daß die Welt der Insekten nicht überleben sollte. Wir mögen das Verschwinden des Löwen und des Elefanten bedauern und das unserer Freunde, des Pferdes und des Hundes. Aber die natürliche Auslese, die kein Bedauern kennt, wird ihre Aufmerksamkeit den Verheißungen der Ameisen, Termiten und Bienen zuwenden.

Ich habe wenig Geduld mit dieser ersten Möglichkeit in ihrer blutigen Simplizität, die unsere Neoromantiker so sehr fasziniert. So will ich mich der bei weitem wahrscheinlicheren zweiten Möglichkeit zuwenden. Auch sie hat zur Voraussetzung, daß der Mensch früher oder später seinem Hang zum Gebrauch der Waffe freien Lauf läßt. Auch wenn wir vier Generationen lang unter Kanarienvögeln aufwachsen, wie die Webervögel von Marais, wird kein Umwelteinfluß unsere angeborene Neigung zur Waffe auslöschen. Kaum hatten die Webervögel Zutritt zu dem traditionellen Material, bauten sie wieder ihre Nester mit Pferdehaarknoten. Kaum haben wir Zutritt zu unserem traditionellen Material, werden wir uns sofort daranmachen, die große Explosion zu starten.

Die zweite Möglichkeit nimmt allerdings an, daß uns das Zerstörungswerk nicht ganz gelingt. Der Instinkt der Arterhaltung ist in allen Tieren tief verwurzelt und mag die Wirksamkeit unserer Liebe zur Waffe vielleicht etwas hemmen. Oder es mag dem großen Gehirn nicht gelingen, eine Katastrophe von letzter Perfektion hervorzubringen. Was immer die Ursache sein mag, daß die Vernichtung nicht vollkommen ist – seien es Instinkt, Zufall, Untüchtigkeit oder sogar bewußtes Wollen –, die zweite Möglichkeit geht davon aus, daß ein Teil der Menschheit überlebt.

Wäre ich ein Fuchs, ein Reh, ein Kaninchen und fände mich unter jenen 20 Prozent meiner Spezies, die eine Katastrophe überlebt haben, ich würde der Zukunft gefaßt entgegensehen. Gut ausgewählte Territorien, reichliche Nahrung und vermehrte Fortpflanzung würden meiner Art binnen weniger Generationen wieder zu ihrer alten Verbreitung verhelfen. Aber ich bin weder ein Fuchs noch ein Reh oder Kaninchen. Ich bin ein menschliches Wesen, das von der Gesellschaft und von der Technologie abhängig ist. Würde ich mich unter den 20 Prozent der Menschen befinden, die einen Krieg der Kernwaffen überlebt haben, ich wäre lieber eines der Opfer.

Man kann zu einer derart radikalen Verminderung des menschlichen Bestandes natürlich auch eine optimistische Einstellung haben. 500 Millionen Menschen überleben; in Indien wird die Übervölkerung kein Problem mehr darstellen, und das Verkehrschaos in unseren Städten wird gelöst sein. Die Riviera wird im August nicht überfüllt sein, und um sechs Uhr wird man Platz in allen öffentlichen Verkehrsmitteln finden. Der verminderten Kinderzahl werden genügend Schulen zur Verfügung stehen und den jungen Ehepaaren genügend Wohnungen. Wäre all dies wirklich so, wir könnten so vergnügt sein wie der Hase im Kohl. Aber natürlich ist dem nicht so.

Von den drei Möglichkeiten birgt die teilweise Vernichtung die ärgsten Schrecken. Die Überlebenden werden von Seuchen geplagt werden, wie sie nicht einmal das Mittelalter so gräßlich kannte. Der Hunger wird wüten, schrecklicher, als er in China jemals gewütet hat. Der Bauer wird von plündernden Horden erschlagen werden, den Stadtmenschen wird seine Abhängigkeit von der Zivilisation vernichten. Seuchen, Hunger, Raub und Selbstmord werden die 500 Millionen dezimieren, und Mutationen werden die Kinder der Überlebenden verändern.

Aber eine seltsame Hoffnung bleibt bestehen. Es hätte wenig Sinn, über die Versicherungsraten nach der Apokalypse zu streiten. Sie werden sehr hoch sein. Aber es gibt etwas, das wir genauer berechnen können und das von größerer entwicklungsgeschichtlicher Bedeutung ist. Jede Strahlungskatastrophe, die vier Fünftel der Erdbevölkerung vernichtet, wird in der Mehrzahl der Überlebenden Mutationen hervorrufen. 99 von 100 Mutationen werden ungünstig – eine wird günstig sein. Hier, nur hier liegt die Hoffnung der Evolution, sollte die zweite Möglichkeit Wahrheit werden.

Es ist das Paradoxon unserer gegenwärtigen Lage, daß die Kräfte, die wir uns nutzbar gemacht haben und die unsere Spezies vernichten können, die gleichen sind, die ein neues Geschlecht hervorzubringen imstande sind.

Nehmen wir an, daß von den 500 Millionen Überlebenden des nuklearen Krieges 100 Millionen die Zeit nach der Apokalypse überstehen. Von diesen 100 Millionen wird vielleicht die Hälfte Nachkommen haben, die Mutationen aufweisen. 49,5 Millionen sind dem Untergang geweiht. Aber eine halbe Million wird Nachkommen haben, deren Erbgut dem der alten Linie überlegen ist. Auf diese spärliche halbe Million muß die Evolution ihre Hoffnung setzen.

Was mit den übrigen geschieht, hat keine Bedeutung. Die Ratten mögen uns fressen oder unsere Mitmenschen. Mutante Bazillen, gegen die wir nicht resistent sind, mögen uns durch Krankheiten hinwegraffen, deren Namen wir nicht kennen. Der Hunger mag uns erledigen. Der Raubtierinstinkt, niemals von der Vernunft vollkommen in Schach gehalten, mag uns jetzt, befreit von allen

Hemmungen, zu endlosen Konflikten treiben, bis das Geschlecht des *Homo sapiens* vollends erloschen ist.

Eine großartige und tragische Rasse wird von der Erde verschwunden sein; die Kraft unserer Erschaffung wird zur Kraft unserer Vernichtung geworden sein. Aber wir werden keine vollkommene Leere hinterlassen. Da und dort, in verschwiegenen Tälern und auf einsamen Steppen, werden einige veränderte Lebewesen umherwandern, wie sie einst an den Ufern des Viktoriasees umhergezogen. Und die natürliche Auslese wird diese überlegenen Geschöpfe zu finden wissen: einige hier in den heißen Sümpfen des Mississippideltas; einige dort in den stürmischen Höhen des Himalaja; einige auf den samtenen Grasflächen des argentinischen Hochlandes; eine einsame Gestalt auf einer griechischen Insel, in den Anblick einer schimmernden Marmorsäule versunken. Langsam, sehr langsam werden die mutanten Wesen einer glühenden Schöpfung ihre genetische Verheißung erfüllen, und die Geburtsstunde einer neuen Spezies ist gekommen. Ist es unbescheiden zu hoffen, daß in dieser Spezies der Verstand ein Instinkt sein wird?

Die erste Möglichkeit muß die Evolution den Neoromantikern

überlassen. Die zweite, wahrscheinlicher und grauenvoller, läßt dem Menschengeschlecht zumindest seine evolutive Würde. Unser Interesse an beiden Möglichkeiten kann nur akademischer Natur sein. Aus diesem Grunde, und vor allem, weil ich sie selbst nicht ganz ernst nehme, habe ich beide nicht sehr seriös behandelt. Die Wahrscheinlichkeit liegt bei der dritten Möglichkeit, bei der nichts besonders Radikales geschieht.

Die dritte Möglichkeit beinhaltet, daß wir am Ende der großen Kriege angelangt sind oder doch sehr bald angelangt sein werden. Entweder wird eine Auseinandersetzung mit den zur Verfügung stehenden Waffen niemals stattfinden, oder sie wird, auch wenn sie stattfindet, nur geringe biologische Auswirkungen haben, da höchstens 200 bis 300 Millionen Menschen getötet werden. In beiden Fällen werden genügend Hemmungsmechanismen vorhanden sein, den Waffeninstinkt in Schranken zu halten. Für mich birgt diese Möglichkeit die größten Schrecken, wenn aus keinem anderen Grund, so jedenfalls, weil sie die einzige ist, mit der wir voraussichtlich zu leben haben werden.

Es gibt noch andere naheliegende Gründe, warum die dritte Möglichkeit für mich einen Alptraum mit unabsehbaren Folgen darstellt. Durch viele Generationen hat uns die romantische Illusion glücklich gemacht. Von der Annahme ausgehend, der Mensch sei einzigartig, in Unschuld geboren, von Natur aus edel und gut, hat sich der moderne Denker mit der Frage begnügt: »Wie können wir den Kriegen ein Ende setzen?« Von derartigen Voraussetzungen ausgehend, kann niemand die Frage stellen: »Wie können wir leben, wenn es keine Kriege mehr gibt?« Aber der moderne Beobachter muß heute einsehen, daß die Natur des Menschen nur insofern edel ist, als sie teilhat an dem Edlen, das allem Lebendigen innewohnt; daß der Mensch nicht einzigartiger ist als irgendeine andere Spezies: daß er sich – weit davon entfernt, in Unschuld geboren zu sein – aus dem geübtesten Raubtier entwickelt hat, das die Welt jemals kannte; daß die Freundlichkeit seines Wesens, obwohl teilweise in tierischen Trieben begründet, weitgehend ein erworbenes Merkmal ist, das jedem Neugeborenen allmählich anerzogen wird.

Wie können wir ohne Kriege leben? Das ist die einzige Frage an die Zukunft, die auf die Gegenwart Bezug hat. Denn wenn es uns nicht gelingt, ohne Kriege zu leben, dann wird die Zukunft bar aller menschlichen Probleme sein, weil sie bar aller Menschen sein wird. Der Krieg ist seit dem Beginn unserer geschichtlichen Aufzeichnungen die natürlichste Ausdrucksform des Menschen, und die Verbesserung der Waffen war das wesentlichste Anliegen des Menschen seit Schicht II der Olduvaischlucht. Was wird mit einer Art geschehen, der man ihre wichtigste Ausdrucksform nimmt und ihre wirksamste Möglichkeit, Zwistigkeiten beizulegen? Was wird mit einer Art geschehen, die ihre ganze Energie auf die Vervollkommnung und den Wettstreit der Waffen konzentriert hat und die jetzt am Ende dieses Weges angelangt ist, wo keine weitere Verbesserung, kein Kräftemessen mehr möglich ist?

Wir wollen den Krieg nicht hastig als die Wurzel allen Übels verdammen. Bist du ein Christ? Erinnere dich, daß das Christentum seine dunkelste Stunde in dem Wüten der Schlacht von Poitiers überwand. Glaubst du an Recht und Gesetz? Unter dem Schutz der römischen Legionen wurde das Recht zu einer Institution unserer Gesellschaft. Glaubst du an den Wert der individuellen Eigenart? Der Erfolg der Phalanx bei Marathon trieb das persische Heer zurück und leitete das Goldene Zeitalter Griechenlands ein. Bist du ein Materialist? Befürwortest du die Befriedigung der ökonomischen Bedürfnisse aller Staatsbürger? Die Überlegenheit der britischen Flotte ermöglichte die *Pax Britannica;* diese legte den Grundstein für die industrielle Revolution.

Es steht mir frei, auf diesen Seiten manche Ansichten zu vertreten, die mit den orthodoxen Meinungen meiner Zeit in Widerspruch stehen, weil ich einer Nation angehöre, die ihre Freiheit durch den Krieg gewann und seitdem bei allen Gelegenheiten erfolgreich meine Freiheit mit denselben Mitteln verteidigt hat. Es steht dir frei, dieses Buch zu lesen und meine Ansichten zu teilen oder abzulehnen, denn wir gehören alle einem Kulturkreis an, welcher in der Freiheit des Geistes eine so essentielle Grundbedingung sieht, daß er ungezählte Male dafür zu kämpfen bereit war. Ist dir die Freiheit teuer? Träume mögen sie herbeigesehnt und Wünsche gefördert haben, aber zu verdanken haben wir sie dem Krieg und der Waffengewalt.

Niemand kann den Krieg als solchen gutheißen. Aber er hat zu uns gehört. Niemand kann den unaufhörlichen Kampf mit der Waffe als etwas anderes bezeichnen als pure Kräftevergeudung und reinen Wahnsinn. Aber er war unser wirksamstes und letztes Mittel, Konflikte auszutragen. Jeder Mensch kann vernünftige Alternativen zum bewaffneten Kampf vorschlagen. Aber wir sind keine Geschöpfe der Vernunft, obwohl wir es gern glauben möchten.

Ich wage zu behaupten, daß die überlegene Waffe in der Geschichte unserer Spezies der Kristallisationspunkt aller menschlichen Träume war; daß die Energie, die für ihre fortwährende Verbesserung aufgewandt wurde, die wesentlichste Quelle menschlicher Dynamik war; daß der bewaffnete Kampf die einschneidendste aller menschlichen Erfahrungen darstellte und daß die Ergebnisse dieser Kämpfe viel von dem erhalten und beschützt haben, was ich persönlich als gut ansehe. Letztlich behaupte ich, daß der *Homo sapiens*, dieses Traumes, dieser Dynamik, dieser Kämpfe und ihrer Ergebnisse beraubt, an einer dunklen Schwelle steht, die zu übertreten für eine Spezies nicht einfach ist.

Die wahre Krise der Gegenwart ist der Krise des Gorillas im Pliozän nicht unähnlich. Das Astwerk war sein Lebenselement, wie die Waffe das unsere ist. Es versorgte ihn mit den Früchten, die ihm als Nahrung dienten, und ermöglichte seine Fortbewegung. Es beherrschte sein Leben so stark, daß es seine Anatomie veränderte: Es brachte seine hakenähnlichen Daumen hervor, seinen kräftigen Brustkorb, seine langen Arme und seine schwachen, kurzen Beine. Das Geäst war der Mittelpunkt der Gorillaüberlieferung, des Gorillainstinktes, der Gorillasicherheit, der Gorillapsyche und der einzigen Lebensweise, die der Gorilla kannte. Die Natur beraubte ihn seines Astwerkes; der Gorilla kam auf die Erde herab. Und da finden wir ihn heute – ein kümmerliches Häufchen evolutiver Sonderlinge. Uralter Erinnerungen eingedenk, baut er für jede Nacht ein Nest. Jeden Tag beginnt er den aussichtslosen Kampf mit dem Dasein von neuem. Sein Lebensmut sinkt. Er verteidigt kein Territorium. Er kopuliert nur selten. Und die Geschichte des Gorillas wird eines Tages zu Ende gehen – nicht mit einem gewaltigen Knall, sondern mit einem Gewimmer.

Des Kampfes mit der Waffe beraubt, der sein Lebenselement war, muß sich der Mensch nach einer neuen Lebensform umsehen. Er muß neue Träume finden, neue Antriebe, neue Erfahrungen, neue Wege, um seine Konflikte zu lösen und das zu schützen, was ihm wert ist. Er muß sie finden, oder er wird verloren sein. Findet er sie nicht, dann werden die Regierungen ihre Macht einbüßen und die Gesellschaften ihre Struktur. Die moralische Ordnung, die seit eh und je durch die Gewalt der Waffen aufrechterhalten wurde, wird verfallen. Dauernde Streitigkeiten werden Völker, die bisher durch territoriale Ziele vereint waren, zu Todfeinden machen. Unlösbare Konflikte werden Nationen entzweien, die einst ein gemeinsamer Traum verbunden hatte. Die Anarchie, der ärgste Feind der Gesellschaft, wird unser soziales Gefüge, einer krebsartigen Geschwulst gleich, zersetzen. Skrupellose Nationen werden auf Raubzüge ausgehen, in der sicheren Gewißheit, daß keine überlegene Macht das Opfer schützen kann. Banditen werden die soziale Ordnung unterminieren, in der sicheren Gewißheit, daß die geschwächte Gesellschaft wehrlos ist. Jede Nacht werden wir, eingedenk alter Erinnerungen, unser Nest bauen, jeden Tag werden wir den aussichtslosen Kampf mit dem Dasein wiederaufnehmen; ein harter Weg, der mit einem kläglichen Wimmern enden wird.

Wie kann der Mensch ohne Waffen und ohne Kriege leben? Das ist die entscheidende Frage in unserer gegenwärtigen Krise. Haben wir die Fähigkeit in uns, neue Träume und neue Ziele zu entdecken? Oder sind wir von der Illusion, der Mittelpunkt der Welt zu sein, so befangen, daß wir kein anderes Schicksal erkennen können, als blind und stur unserem unrühmlichen, unvermeidlichen Ende entgegenzutaumeln?

Der Leser muß nach seinen eigenen Neigungen und Ansichten beurteilen, welche Möglichkeit des menschlichen Schicksals ihm die wahrscheinlichste erscheint. Aber bevor wir zu anderen Konsequenzen unseres tierischen Erbes übergehen, möchte ich noch etwas hinzufügen: Ist der Mensch einzigartig und seine Seele eine ganz besondere Schöpfung, wird seine Zukunft durch die ihm angeborene Güte und Weisheit bestimmt, dann ist er erledigt. Ist der Mensch aber nicht einzigartig, ist seine Seele das Produkt von

Hunderten Millionen Jahren einer geduldigen Entwicklung, nähert er sich seiner Stunde der Bewährung nicht als verlorenes, einsames Lebewesen, sondern als ein stolzes Geschöpf, in dessen Adern das Blut uralter Geschlechter pulsiert und dessen Gene die Narben von Äonen tragen, dann wird der empfindende Mensch endlich zum wissenden Menschen werden – und seine Zukunft ist jenseits aller Kontroversen gesichert.

Die gegenwärtige Revolution der Naturwissenschaften entwirft – so scheint es – ein höchst beklagenswertes Porträt des Menschen. Er ist ein von unausrottbaren tierischen Instinkten beherrschtes Geschöpf, das seine Geistesgaben im wesentlichen dazu benützt, alle Wahrheiten zu verschleiern, die ihm unangenehm sind. Der Zwiespalt in der Natur des Menschen hat ihn heute Gefahren ausgesetzt, die jenseits aller Vorstellungskraft liegen. Wäre dies alles, was die gegenwärtige Revolution über den Menschen aussagen kann, wir müßten an unserer Zukunft verzweifeln. Aber es ist nicht alles.

Der Mensch ist ein wetterhartes Tier, das Stürmen und Veränderungen trotzen kann. Und er hat von allen Geschöpfen der Erde am meisten Glück gehabt; er ist eine mathematische Unwahrscheinlichkeit.

In einem früheren Kapitel habe ich die Illusion, der Mittelpunkt der Welt zu sein, in ihrer Beziehung zu der menschlichen Reife beschrieben. Das Baby wird mit der Überzeugung geboren, es sei der Mittelpunkt aller Dinge, und durch den allmählichen Verlust dieser Illusion reift es heran. Aber ich sagte auch, daß jenes Individuum, dem es jemals gelingen sollte, die absolute Reife zu erlangen und damit die Illusion der zentralen Stellung vollkommen zu verlieren, sich wahrscheinlich hinlegen und sterben würde. Hier sind gewisse Beschränkungen unserer Spezies gegeben, über die wir wahrscheinlich nicht hinwegkommen. Und da ich annehme, daß der Leser nicht weniger beschränkt ist als ich, empfehle ich, ein Quentchen jener Illusion zu behalten und die Umstände der Menschwerdung näher zu untersuchen.

Vier spezifische Umstände haben zu der Menschwerdung beigetragen. Vor siebzig Millionen Jahren fand das Experiment des Primaten statt – die Kombination eines unspezialisierten Körpers mit einem vergrößerten Gehirn. Es mag als eine folgerichtige Wahrscheinlichkeit angesehen werden, die in jeder evolutiven Kette von Lebewesen stattfindet, sei es auf unserem oder auf einem anderen Planeten. Aber die zweite Entwicklung, die des Erdaffen vor zwanzig Millionen Jahren, ist etwas ganz anderes.

Warum brach eine Linie der Primaten mit dem Baumleben und begab sich auf den Boden Kenias? Ich weiß keine rationale Antwort. Es war ein gewagtes Abenteuer, den Schutz der Äste zu verlassen und sich auf die offene Savanne zu begeben; die Vielzahl der Skelette auf den Friedhöfen der Seeufer sind Beweis genug. Vielleicht hat ein Populationsdruck in Zeiten üppigen Baumlebens bestimmte Arten auf die Erde gedrängt; es ist dies eine zweifelhafte Annahme, für die nicht die geringsten Beweise vorhanden sind. Das Auftreten des Erdaffen kann weder als logisch und normal noch als folgerichtig bezeichnet werden. Es war ein Bruch mit der Primatenüberlieferung zugunsten – ich finde keinen besseren Ausdruck – des Abenteuers.

Die dritte Entwicklung, die zur Menschwerdung beitrug, war das Auftreten des jagenden Primaten im Pliozän. Diese Entwicklung beruhte nicht nur auf einem, sondern auf zwei außergewöhnlichen Faktoren. Der Wechsel zu einer karnivoren Lebensweise bedeutete einen Bruch mit den bisherigen Lebensgewohnheiten der Primaten – damals bereits mindestens sechzig Millionen Jahre alt –, der noch keinem Primaten gelungen war. Der einzigartige Umweltdruck, der diesen Übergang auslöste, die zwölf Millionen Jahre währende afrikanische Dürre, war ein klimatisches Phänomen, das, soweit wir wissen, in der langen Erdgeschichte kaum seinesgleichen hat. Die einzigartige Wetterveränderung erklärt einigermaßen das Auftreten des jagenden Primaten. Aber die Dürre des Pliozäns ist in keiner Weise als normal oder logisch zu bezeichnen.

Das große Gehirn war die letzte Entwicklung, die die Menschwerdung vollendete. Wir wissen, daß das kleine Gehirn noch im Frühen Pleistozän vor dreiviertel Millionen Jahren vorherrschte. Seit Leakeys Entdeckung des *Zinjanthropus* in Schicht I der Olduvaischlucht ist uns auch bekannt, daß dieses Gehirn fähig war, die ersten Steinwerkzeuge zu entwerfen und herzustellen. Aus Raymond Darts erschöpfenden Studien seit dem Jahre 1955 erfuhren wir, daß ein ähnlich kleines Gehirn imstande war, die Aktivitäten eines bewaffneten Raubtieres so geschickt zu lenken, daß nicht fünfhundert, sondern fünfzigtausend Opfer die fossilen Ablagerungen einer einzigen Höhle zieren. Diese räuberische Übergangsperiode mag die folgende Vergrößerung des Gehirns zum Teil erklären. Aber warum war die natürliche Auslese in solcher Eile, ein größeres Gehirn hervorzubringen, wenn der jagende Primat mit dem Gehirn, das er besaß, so gut zurechtkam? Im Mittleren Pleistozän, im Laufe von 200 000 oder 300 000 Jahren, erreichte das Gehirn menschliche Ausmaße.

So bleiben die letzten und geheimnisvollsten Umstände der Menschwerdung im rätselhaften Pleistozän verborgen.

In der geologischen Geschichte von einer Milliarde Jahren finden wir nur die Narben von drei Eiszeiten in die Felsen unseres Planeten gegraben. Das erste Glaziale erschien in der grauen Vorzeit des Präkambriums. Hierauf folgte vor zweihundert Millionen Jahren die Eiszeit des Perms, die ihre Spuren in das Gestein zeichnete. Dann kam die Eiszeit des Menschen. Bis heute gelang es keinem Wissenschaftler, das Geheimnis dieser eisigen Heimsuchungen zu lüften. Vielleicht werden wir niemals wissen, welches Zusammentreffen kosmischer Stürme oder terrestrischer Störungen solch wilde, seltsame Zeiten verursacht hat. Wir können nur sagen, daß diese Perioden von unglaublicher Vehemenz waren, unwahrscheinlich und bis heute unerklärlich; eine dieser Perioden war die Zeit des Menschen.

Wir haben gehört, daß auch unsere Ära durch ebenso unerklärliche Perioden der Veränderung gekennzeichnet ist. Unser eine Million Jahre währendes Pleistozän hat fünf große Perioden der Regen- und Trockenzeiten gesehen, in denen die Temperaturschwankungen enorm waren. Jede Phase veränderte die Erde und die Daseinsbedingungen aller Lebensformen. Der Wald breitete sich aus, die Wüste zog sich zurück; die Wüste breitete sich aus, der Wald zog sich zurück. Neue Tierspezies traten auf, alte Arten starben aus. Dem menschlichen Beobachter mit einer Lebensspanne von 70 Jahren mögen derartige Klimazyklen relativ stabil erscheinen. Vom Standpunkt der Spezies war das Pleistozän eine klimatische Berg-und-Tal-Bahn von schwindelerregenden Ausmaßen.

Wenden wir uns dem jagenden Primaten zu, jenem Geschöpf des Pliozäns, das die ersten beiden Zyklen der Veränderung überlebte. Die einsetzenden Regenfälle genügten, die Trockenheit des Pliozäns zu beenden und die Fauna des Villafranchia hervorzubringen; aber die Klimaveränderung genügte nicht, die Eiskappen nach Europa zu bringen. Es war der dritte Zyklus – die Regenfälle in Afrika, deren Beweise wir in Schicht II von Olduvai finden, und die beiden gewaltigen Eisdecken, die Europa bedeckten –, der Zeugnis ablegt von der grandiosen Gewalt des Pleistozäns, das die neuen Villafranchiaspezies vernichtete und den Menschen hervorbrachte.

Kann man zu einem anderen Schluß kommen, als daß das große Gehirn, nach siebzig Millionen Jahren langsamer Entwicklung in einem bestimmten Augenblick der Evolution auftretend, die letzte Antwort auf die einmaligen Gegebenheiten des Pleistozäns war? Dieser vierte und letzte Beitrag zur Entwicklung des Menschen ist unlösbar verquickt mit den Rätseln des Pleistozäns. Und wenn sich irgend etwas Normales, Logisches oder Folgerichtiges über die Ausbrüche des Pleistozäns sagen lassen sollte, so haben die besten Wissenschaftler unserer Tage diese Feststellung bis heute übersehen.

Der Mensch ist eine mathematische Unwahrscheinlichkeit. Die Astronomen mögen die Illusion unserer zentralen Stellung mit der Aussage zerstören, daß unsere Galaxis allein hundert Millionen planetare Möglichkeiten für die Entstehung denkender Lebewesen bietet. Dieser Schätzung muß die Geschichte unseres Planeten entgegengehalten werden. Wir haben im Laufe einiger Milliarden Jahre eine Ernte von etwa einer Million heute vertretener Spezies hervorgebracht. Von diesen Arten kann man eine als denkend bezeichnen. Und diese eine verdankt ihre Entstehung einer Reihe unglaublicher Glücksfälle. Wären wir nicht so auffallend, jeder neutrale Beobachter müßte annehmen, daß wir nicht existieren können und nicht existieren.

Der Mensch ist nicht einzigartig, und er ist kein Mittelpunkt;

sein Fortbestand ist ungewiß. Aber er ist das Produkt von Umständen, die so einmalig sind, daß sie unfaßlich erscheinen. Wenn der Mensch in seiner gegenwärtigen Notlage nach einem mystischen Anker sucht, um sich daran festzuhalten, dann kann ich ihm nur die Betrachtung seiner Gene anempfehlen; denn sie sind gezeichnet. Sie sind von einem Glücksfall jenseits unserer Vorstellungskraft geprägt. Sie sind von Kräften geformt, die wir niemals erkennen werden. Trotzdem lassen sich einige Hieroglyphen der Menschwerdung entziffern: Die Veränderung ist das Lebenselixier der Menschheit, und die Überwindung von extremsten Bedingungen hat uns geformt. Wir sind wetterharte Tiere – Kinder der Katastrophe. Unsere Entwicklungsgeschichte wollte es, daß der Mensch sein Bestes gibt, wenn die Zeiten am schlechtestens sind.

Zu den bemerkenswertesten Entwicklungen der modernen Theaterwelt Amerikas gehört die Entstehung einer Kunstgattung, die keinen Namen besitzt. Wir nennen sie »Musical« oder auch »Musikalische Komödie« in Erinnerung an ihre bescheidenen Vorgänger. Aber das amerikanische Musical ist eine vollkommen neuartige Schöpfung am Theaterhimmel, die ungeahnte Ausdrucksmöglichkeiten besitzt. Diese Möglichkeiten wurden bereits durch das Musical »West Side Story« angedeutet – die Geschichte einiger Jugendlicher in den Straßen New Yorks. Ich kenne kein anderes Kunstwerk, das eine so brillante Schilderung des naturhaften Menschen bietet.

»West Side Story« ist aus vielen Gründen ein Meisterwerk, nicht zuletzt, weil es ehrlich ist. Die Autoren behandeln die romantische Illusion, als ob sie nicht vorhanden sei. Auf einer kahlen Bühne und in bloßgelegten jungen Herzen sehen wir unser tierisches Erbe seine erschreckende Macht entfalten: Den fortwährenden Kampf um das Territorium, irrsinnig in den Straßen New Yorks, logisch in unserem tierischen Erbgut; die »Gang«, die Herde von ehedem; innerhalb der Gang das strenge System der Rangordnung, nicht zu unterscheiden von dem der Paviane; die unaufhörliche individuelle Verteidigung des Status; den gleichen Freund-Feind-Kodex wie in jeder Tiergesellschaft; Mitleid, Hilfsbereitschaft und Treue für den Angehörigen der Gruppe, Mißtrauen, Abneigung und ständige Feindseligkeit gegen den territorialen Nachbarn. Und es fehlt auch nicht das Merkmal des jagenden Primaten: Die Leidenschaft für das Messer ist ebenso tief verwurzelt wie einst die Vorliebe für den Antilopenknochen.

Daß die Autoren vom *Australopithecus africanus* wußten, ist nicht sehr wahrscheinlich. Sie gestalteten ihr Thema ehrlich und ohne Illusionen – das ist alles. Die künstlerische Konsequenz aber ist die Darstellung des menschlichen Verhaltens nach dem Ebenbild des *Australopithecus.* Wir finden nicht nur das animalische Verhalten in dem Stück dargestellt. Es zeigt auch das Bewußtsein des Menschen seiner selbst und den erbarmungslosen Spott, den der Verbrecher für diejenigen übrig hat, die seine Seele für krank halten. Wir finden die Schwierigkeiten der Jugend, die mit den Tabus und den Anforderungen der Zivilisation in Berührung kommt, den Kampf, sich von dem animalischen Erbe zu befreien, und sein tragisches Ende. Dem Porträt des naturhaften Menschen, des jugendlichen Kriminellen, wie es die »West Side Story« zeigt, kann der Bericht über eine wissenschaftliche Revolution kaum etwas hinzufügen.

Die Jugendkriminalität ist das Schlachtfeld, auf dem die romantische Illusion mit der neuen Aufklärung zusammenprallt. Was kann im Verhalten des Jugendlichen einer anomalen Frustration und was einer normalen Instinktausstattung zugeschrieben werden? Der jugendliche Kriminelle ist heute zu einer internationalen Erscheinung geworden, die sich nicht mit einem bestimmten sozialen oder politischen System identifizieren läßt. In New York heißt er Juvenile Delinquent, in London Teddy Boy, in Kapstadt Tsotsi, in Moskau oder Berlin jugendlicher Rechtsbrecher. Überall löst sein Erscheinen Bestürzung, manchmal Anklagen, öfter noch Schuldbewußtsein aus.

»Kriminalität ist ein Leiden der Gesellschaft, wie der Krebs ein Leiden des Individuums ist.« »Jedes Kind, das sich abgelehnt fühlt, ist ein potentieller Verbrecher.« »Kriminalität ist das Vorrecht der Minderbemittelten.« »Der Rowdy von heute ist der Reaktionär von morgen.« »Liebe ist die einzige Antwort.« »Kriminalität läßt sich nicht auf eine einzige Ursache zurückführen; seelische Störungen, zerrüttete Familienverhältnisse, Armut und Ablehnung durch die Eltern tragen gleichermaßen zu dem Problem bei.«

Wo ist die Antwort, die nicht von dem pompösen Balkon der romantischen Illusion herabspräche? Güte, Gewissen und Edelmut sind die Attribute des Menschen; wenn die Jugend diese Eigenschaften nicht aufweist, dann muß diese Jugend krank sein oder etwas entbehren. Die Jugendlichen in der »West Side Story« haben dafür nur Gelächter übrig!

Den Urhebern von Aussagen wie den soeben zitierten – und ihre Namen sind Legion – werden die Resultate einer jüngst durchgeführten Untersuchung einige Verlegenheit bereiten. Sie wurde von der Harvard University veröffentlicht, von Sheldon und Eleanor Glueck überwacht und von einem Team von Ärzten, Psychiatern und anderen Spezialisten durchgeführt. Sie stellt meines Wissens die sorgfältigste Untersuchung der Jugendkriminalität dar, die je gemacht wurde. In dem Glueck-Bericht wurden Lebenslauf, Verhalten und Einstellung von 500 kriminellen Jugendlichen verglichen. Es zeigte sich, daß der Kriminelle im allgemeinen dem Nichtkriminellen an Energie und Körperkraft überlegen ist. Man fand bei den sogenannten normalen Kindern ein ausgeprägteres Gefühl der Unsicherheit, des Nichtgeliebtseins und des Abgelehntwerdens als bei den kriminellen Kindern. Unter den 500 Jungen, die in frühen Jahren mit dem Rauchen begannen, spät nach Hause kamen, sich mit anderen Kriminellen herumtrieben, in der Schule andauernde und ernstliche Schwierigkeiten machten, die ausnahmslos wiederholte Diebstähle, Einbrüche und Überfälle auf dem Gewissen hatten – in den Reihen dieser unrühmlichen fünfhundert fand man weniger Neurotiker als bei den Nichtkriminellen.

Und warum sollte es nicht so sein? Die Bewohner der Straße, die wir in »West Side Story« sehen, verkörpern den natürlichen Menschen von Rousseau, noch nicht ganz erwachsen und weitgehend unbefleckt von dem korrumpierenden Einfluß der Zivilisation. Wenn er das nicht besitzt, was die Gesellschaft Gewissen nennt, so deshalb, weil das Gewissen eine Erfindung der Gesellschaft ist. Wenn er erstaunlich wenig Neurosen zeigt, so deshalb, weil seine Instinkte kaum jemals auf Beschränkungen getroffen sind. Die Gesellschaft bildet sich ein, sie lehne den Kriminellen ab; in Wahrheit lehnt der Kriminelle die Gesellschaft ab. Und auf den dunklen Pfaden seiner Welt hat sich dieses schlaue, heranwachsende menschliche Geschöpf einen Lebensstil geschaffen, der seine animalischen Notwendigkeiten vollkommen befriedigt. Im Rahmen seiner Gang besitzt er Geborgenheit und kann seinen Rang unter Gleichgesinnten festlegen. Er hat ein Sexualleben, obwohl es ihn nicht über Gebühr beschäftigt. Ohne Instruktionen erhalten zu haben, gründet er, nur von seinem Instinkt geleitet, die tierische Institution des Territoriums. Zur Verteidigung dieses Territoriums entwickelt die Gang einen Moralkodex, und damit ist sein Verlangen, zu lieben und geliebt zu werden, erfüllt. In den territorialen Kämpfen schafft sich die Gang ihre Feinde, und das Verlangen, zu hassen und gehaßt zu werden, findet Befriedigung. In Überfall und Diebstahl endlich können sich die Gang und ihre Mitglieder nach Raubtierart an Blut und Beute laben. Und immer ist die Waffe vorhanden, der glänzende »Springer«, den der Nichtkriminelle in der Schublade verbergen muß, oder die fleischzerfetzende Radkette, die der brave Junge nur mit dem Fahrrad in Verbindung bringt.

Warum sollte der Kriminelle nicht glücklich sein? Er lebt in einer vollkommenen Welt, die er sich selbst geschaffen hat. Und wenn er von der Gesellschaft gefangen wird, die er verletzt und mit wissendem Zynismus verachtet, dann folgt die letzte köstliche Ironie. Ihm wird verziehen. Er wird verstanden. Die Gesellschaft gibt sich selbst die Schuld.

Jahrelang hat ein Publikum von kultivierten erwachsenen Menschen Abend für Abend die Vorstellungen von »West Side Story« gefüllt und ein Fragment seiner geheimsten Träume verwirklicht gefunden. In dem hypnotischen Dunkel des Theaters verspüren wir einen unerklärlichen Neid, eine Sehnsucht, die wir nicht verstehen können. Mach dir nichts vor; es ist genau das, was wir fühlen.

Die Gesellschaft muß, da erworbene Merkmale nicht vererbbar sind, jedes ihrer neugeborenen Mitglieder behandeln, als wäre es das erste Kind auf der Welt. Wie immer unsere weltanschaulichen Prinzipien lauten mögen – ob sie auf Kollektivismus, Individualismus, Vegetariertum oder Kannibalismus beruhen, auf Militarismus, Pazifismus oder Buchmanismus, auf Stammesrechten oder parlamentarischen Gesetzen, auf Sklaverei oder allgemeinem Wahlrecht –, wie immer die Prinzipien lauten, auf denen eine Gesellschaft basiert, das Problem bleibt das gleiche: Das Neugeborene, dieser ewige »Altertümling«, muß irgendwie angepaßt, seine Instinkte müssen gezähmt werden.

Jede Gesellschaft bedient sich derselben Methoden, um ihre neuen, ungebärdigen Bürger zu bändigen. Angst und Befriedigung, Strafe und Belohnung, Lob und Tadel, Sublimierung und Ausleben – all diese Methoden wirken auf die Instinkte ein, um sie den Forderungen der Gesellschaft anzupassen. Wenn wir unsere Instinkte nicht kennen, haben wir es natürlich schwer. Ein Erziehungssystem, das von der Annahme ausgeht, die menschliche Spezies werde in Unschuld geboren, sieht seine Schüler makellos wie Hühnereier. Daher muß der Erziehungsprozeß ein Maximum an Belehrung mit einem Minimum an Unterdrückung verbinden, um die kostbaren Eier nicht zu zerbrechen. Der Erzieher mag sich wundern, warum das Endprodukt einen so bedauerlichen Hang zum Analphabetentum, zum Vandalismus, zur Hackordnung und zum schnellen Gelderwerb zeigt; er wird häusliche Einflüsse dafür verantwortlich machen.

Im allgemeinen aber begegnet eine Gesellschaft, welche von den Instinkten ihrer Mitglieder nichts weiß, gelegentlichen Ausbrüchen mit Gleichmut. Eine kollektive Gesellschaft, die menschliche Gerechtigkeit auf ihr Banner geschrieben hat, findet in ihrem Tempel trotzdem Platz für Tyrannei, Ungleichheit und Herrschsucht; auch einer »gerechten Welt« gelingt es nicht, sie auszumerzen. Eine freie Gesellschaft, von den edelsten Motiven geleitet, wird, da ihre Mitglieder ausschließlich vom materiellen Erfolg inspiriert werden, dazu kommen, in der Befriedigung materieller Wünsche den heiligen Weg zum Tempel zu sehen. Dem großen Gehirn mangelt es nicht an Phantasie, wenn es darum geht, furchtbare Ziele zu erfinden, um ein furchtbares Ende zu erklären. Nur manchmal wird eine Gesellschaft von Katastrophen erschüttert, deren Ausmaß jenseits aller Erklärungen liegt.

Die ungarische Revolution war für den wissenschaftlichen Beobachter ein Musterbeispiel elementaren Verhaltens, wie es in unserer neueren Geschichte kaum seinesgleichen hat. Vom Standpunkt der Sympathisierenden aus dem Westen starben die Ungarn für Demokratie und Gerechtigkeit, für freie Entfaltung der angeborenen Menschenwürde und des Edelmutes. In Wahrheit starben sie für keines dieser Dinge. Die Ungarn starben ausschließlich für Ungarn. Ein unvorhergesehener Zwischenfall mobilisierte am 23. Oktober 1956 den territorialen Instinkt eines ganzen Volkes; ein unwiderstehlicher Trieb siegte über die Vernunft, und in den folgenden Tagen wurde die Welt Zeuge des kurzen Triumphes und des unvermeidlichen Scheiterns eines Unternehmens, das in unserem Jahrhundert weder an Kühnheit noch an Wahnwitz übertroffen wurde.

Der gewaltigste Eindruck des Aufstandes aber war weder der energiegeladene Ausbruch der territorialen Forderung noch das Ausmaß der Freund-Feind-Beziehungen, von denen ein Volk in der Gewalt des territorialen Dranges erfaßt wurde. Beides war tief beeindruckend, aber nicht zu vergleichen mit der ungeheuren Bedeutung – sei es vom Westen oder vom Osten aus gesehen –, die der Rolle der Jugend zukam.

Hätte ich im Herbst 1956 zu den Männern des Kremls gehört, ich glaube, ich hätte in dem ungarischen Aufstand den schrecklichsten Ausbruch von Jugendkriminalität gesehen, den eine zivilisierte Gesellschaft jemals erlebt hat. Vom Anfang bis zum Ende war es eine Revolution der Jugend. Vom Anfang bis zum Ende waren ihre Helden Kinder; Jugendliche bildeten die tapfersten Bataillone, und die kühnsten Anführer dieser Scharen waren nur um weniges älter. Weder der Westen noch der Osten waren auf etwas Derartiges gefaßt. Wir hatten geglaubt, die jungen Menschen in einer geschlossenen Gesellschaft seien zu nichts anderem imstande, als nachzubeten, was man sie lehrte, und nur diejenigen, welche den Geschmack der Freiheit kannten, könnten in ihrem Namen eine Revolution machen. Der Osten hatte, ebenso ahnungslos, angenommen, daß er sich auf die Jugend am meisten verlassen könnte. Der ungarische Aufstand hat bewiesen, daß das Gegenteil richtig ist.

Kurz nach dem Aufstand traf ich einen ungarischen Rechtsanwalt, der mir eine merkwürdige Geschichte erzählte. Zur Zeit der Revolution war er in einer Anstalt für politisch Unzuverlässige in Pécs gefangen gewesen. Sieben Jahre lang, seit dem Rajk-Prozeß, hatte man ihn dort in Gewahrsam gehalten. Zur Zeit des Aufstandes teilte er mit 17 anderen Männern eine Zelle. Notgedrungen kannte man einander gut. In ihrem Gefängnis hörten sie nichts und wußten nichts von den Vorgängen, die die Welt erschütterten. So hockten sie am vierten Tag nach dem Ausbruch der Revolution auf ihren Bänken oder auf dem Boden, ohne zu ahnen, daß Ungarn frei war. Dann ereignete sich etwas Seltsames. Ihr schweigsamer Aufseher brachte das Essen. Irgend etwas stimmte nicht mit seiner Kappe.

Mein Bekannter erinnerte sich, daß dieser Augenblick ebenso unbestimmbar wie schreckerfüllt gewesen sei: 18 Männer starrten auf die Kappe des Aufsehers und versuchten zu begreifen, was sich verändert hatte. Erst als der Aufseher gegangen war, begannen sie zu verstehen – und zwar alle gleichzeitig. Der rote Stern war abgerissen. Plötzlich brach der Wahnsinn aus; sie schrien, sie zerbrachen die Bänke, sie hämmerten an die Zellentür, einige kämpften mit denen, die »Freiheit« schrien, und versuchten sie zurückzuhalten. Entlang des Ganges konnten sie hören, wie sich der Wahnsinn Zelle um Zelle bemächtigte, mit den gleichen Schreien nach Freiheit, den gleichen beschwichtigenden Rufen, den gleichen Kämpfen zwischen den Gefangenen, dem gleichen Krachen splitternder Bänke auf berstenden Türen. In einem gewaltigen Ausbruch erkämpften sich die Gefangenen von Pécs ihren Weg aus den Zellen, aus dem Gefängnishof – und fanden sich jenseits der Mauern in einem freien Ungarn.

Der Vorfall in Pécs war einer unter Tausenden – alle dramatisch und meistens unerklärlich –, aus denen sich das Kryptogramm des ungarischen Aufstandes zusammensetzte. Den geflohenen jungen Anwalt beschäftigte etwas, woran er sich deutlich erinnerte, wofür er aber keine Erklärung fand. Die wilde Raserei, die dem Erkennen des fehlenden Sterns folgte, brachte eine Teilung der Gefangenen. Jeder unter 45 Jahren rief nach Freiheit. Jeder über 45 Jahren bemühte sich, die anderen zurückzuhalten.

Die Herrscher der Sowjetunion haben den ungarischen Aufstand der Tätigkeit von Reaktionären und ausländischen Agenten zugeschrieben. Wahrscheinlich glauben sie sogar an ihre eigene Lüge. In Wahrheit aber mußten sie ihr vollkommenes Unvermögen, die Instinkte eines unterworfenen Volkes zu zügeln, mit ansehen; ihre eigene fatale Unkenntnis dieser Instinkte; die unglaublichen Kräfte, die frei werden, wenn animalische Triebe die erworbenen Hemmungen der Gesellschaft beiseite fegen; ihre eigene Unfähigkeit, mit diesen Kräften ohne Einsatz überlegener Waffen und nackter Gewaltanwendung fertig zu werden.

Der Mensch ist eine wilde Spezies, und jedes Neugeborene besitzt etwas von dieser Wildheit. Fortschreitendes Alter, geschwächte Vitalität und ein allmähliches Sichansammeln von Ängsten und Erfahrungen mögen im Laufe der Zeit bestimmte tierische Quellen des menschlichen Verhaltens eindämmen. Aber das Dilemma jeder Gesellschaftsform, ob sie frei ist oder nicht, liegt immer in der Geburtenrate. Jede Niederkunft beschert der Gesellschaft ein Geschöpf, das irgendwie gezähmt werden muß.

Jede Geburt – heute, morgen und bis zum Ende unserer Zeit – beschert der Zivilisation einen potentiellen Kandidaten für die Schlinge des Henkers. Das Individuum vollkommen zu zähmen, hieße wahrscheinlich, es zu zerstören.

Die Zähmung des Menschen – das heißt die Ausmerzung der von der Gesellschaft unerwünschten Instinkte durch kontrollierte Aufzucht – ist nicht unmöglich, aber äußerst schwierig. Adolf Hitler machte mit seinen Krematorien und Gaskammern für jene Elemente, die nicht in die von ihm erträumte Gesellschaft paßten, einen Versuch in dieser Richtung. Jede universelle Regierung mit unumschränkter Macht könnte in der Kastrierung der Ungarn und anderer jugendlicher Krimineller eine verlockende Lösung des immer wiederkehrenden Problems der animalischen Natur sehen. Diese Versuchung wird häufig von so gelehrten Männern wie Bertrand Russell außer acht gelassen, wenn sie die Unterwerfung unter eine universelle Regierung befürworten, die dem Tod durch nukleare Vernichtung vorzuziehen sei. Gelenkte Aufzucht muß anderseits solche Nobelpreisträger wie den Genetiker H. J. Muller faszinieren, die darin Möglichkeiten für die Verwirklichung einer »Schönen, Neuen Welt« sehen.

In der Realität ist die verläßliche Zähmung einer wilden Spezies jedenfalls eine höchst schwierige Angelegenheit. Nach Tausenden von Jahren der Zähmung muß der Stier immer noch zum Ochsen werden, um brauchbar zu sein. Obwohl die Scheuen, die Fügsamen, die Bescheidenen in jahrhundertelanger Zucht ausgewählt werden können, um letztlich ganz sanfte Geschöpfe hervorzubringen, kann alles in einer einzigen Nacht ausgelöscht sein. Mongolische Hirten hielten in Asien Herden von zahmen Rentieren als Haustiere. Aber die Einführung eines einzigen wilden Männchens in eine gezähmte Herde würde eine Nachkommenschaft hinterlassen, die ausnahmslos ebenso wild wäre wie ihr Erzeuger. Welcher Faktor auch die Wildheit bestimmen mag, jedenfalls wirkt er durch ein dominantes Gen.

Da der Mensch ein Primat mit schwächeren Instinkten ist als das Rentier, das Pferd und die Ziege mag er sich besser zur Zähmung eignen. Sicher wissen wir es nicht. Sklaverei war der einzige hartnäckige Versuch des Menschen, seine Mitmenschen gefügig zu machen. Aber es war meistens einfacher, einen Sklaven zu kaufen oder zu fangen, als ihn zu züchten. Wir können daher in dem Ende der Sklaverei nicht das Versagen gelenkter menschlicher Aufzucht sehen. Wir müssen, glaube ich, ebenso wie unsere großen Philosophen, zugeben, daß es den Herrschern einer universellen Gesellschaft gelingen könnte, mit Hilfe einer hörigen Wissenschaft nach einer gewissen Zeit eine endgültige Antwort auf das Problem der animalischen Natur zu finden: eine Bevölkerung von Sklaven, von Geburt aus gefügig, die sich allen Anordnungen unterwirft.

Ob aus sentimentalen Bindungen oder aus rationalen Erwägungen, ich ziehe jedenfalls die wilden Geschöpfe, zu denen ich gehöre, dem *Homo sapiens* vor, den die Wissenschaft im Verein mit der Tyrannis hervorbringen mag. Vielleicht bin ich das Opfer einer neuen Selbsttäuschung, vielleicht sehe ich die menschlichen Belange durch einen anderen durchsichtigen Schleier. Jedenfalls bringe ich es nicht über mich, an der Natur zu zweifeln. Ich glaube an die unverfälschten, wilden Gene, an die natürliche Auslese im Gegensatz zur menschlichen, an die Stärke und die Ausgewogenheit unserer natürlichen Ausstattung als ein hinreichendes Fundament für die Träume unserer Spezies.

Ohne Zweifel sind wir eine Spezies des Überganges. Wir sind Pioniergeschöpfe, die die Möglichkeit eines vergrößerten Gehirns testen. Da wir die ersten sind, denen ein solches Wunder der Mutation zuteil wurde, muß man uns verzeihen, wenn wir manchmal schlechten Gebrauch davon machen. Da den Überlegungen unserer Vernunft die Steuerung durch den Instinkt fehlt, muß es uns nicht allzusehr beschämen, wenn unsere Gedankenflüge oftmals ein klägliches Ende finden. Wir bemühen uns, so gut wir können. Und wenn wir nicht ganz versagen, werden wir eines Tages die Macht des Denkens an eine nachfolgende Spezies weitergeben, die sie zu ihrem tierischen Erbe zählen wird. Sie wird auf diesem Fundament Königreiche errichten können – nicht wir.

Der fragilen Konstruktion eines führungslosen Gehirns kann man keine Königreiche anvertrauen. Wir können die beschränkte Macht unserer Gedanken darauf verwenden, unsere Natur zu erkennen; unser Verhalten zu erforschen; unsere Vorteile abzuwägen; das Richtige vom Falschen zu unterscheiden und den Traum von der Wirklichkeit. Vor die Entscheidung zwischen Überleben und Selbstvernichtung gestellt, wie heute, werden wir vielleicht sogar eine vernünftige Lösung finden. Wenn wir aber unsere Intelligenz wirklich voll ausschöpfen wollen, werden wir feststellen müssen, daß unser Verstand keinerlei Führung besitzt. Mit einem Instinkt verbunden, fällt seine Entscheidung richtig aus. Im Konflikt mit einem Instinkt werden die menschlichen Überlegungen zu Wunschträumen.

Wir müssen dem Kräfteverhältnis vertrauen, von dem unsere Natur beherrscht wird. Es ist der Kampf unserer Instinkte, der letztlich unser Schicksal bestimmen wird.

Das vergrößerte Gehirn mag der Führung ermangeln; aber ebenso kennt es auch keine Fesseln.

Wir erinnern uns, daß Charles Darwin am Ende seines Lebens »den furchtbaren Zweifel« äußerte, ob menschlichen Überlegungen irgendein Wert zukomme. Wie kann der menschliche Geist als frei angesehen werden, wenn er sich aus den niederen Tieren entwickelt hat? Welchen Wert kann man intellektuellen Spekulationen über Moral oder Wahrheit beimessen? Wie kann man zu den Leistungen des menschlichen Verstandes, einschließlich seines Begreifens der natürlichen Auslese, Vertrauen haben, wenn er als Folge eben dieser natürlichen Auslese entstanden ist?

Darwins ernste Zweifel waren eine Folge des vor hundert Jahren noch sehr unzureichenden Wissens um die Beschaffenheit der Instinkte, das sich bis heute noch nicht wesentlich erweitert hat. Solange wir in der natürlichen Auslese eine Kraft sehen, die unter Geschöpfen wählt, welche von einem einzigen mächtigen Instinkt beherrscht werden – dem Selbsterhaltungstrieb –, kann man in einen Verstand, der unter diesen Umständen hervorgebracht wurde, nur wenig Vertrauen setzen. Aber heute sollten wir um den Reichtum und die Vielfalt unseres tierischen Erbes wissen. Vergleicht man Darwins Selbsterhaltungstrieb mit einer endlos langen Nadel, deren Spitze in höchste Höhen zeigt, dann wird diese von Myriaden von Kabeln der Instinkte gehalten, die in uralten Felsschichten verankert sind.

Die Stürme von Zufall und Katastrophe mögen unser Schicksal bedrohen. Ein schrecklicher Zweifel mag uns überkommen: Was nützt unser Verstand, was unsere Kultur, wenn es am Ende das tierische Erbe ist, das den Ausschlag gibt? Aber so einfach sind unsere Instinkte nicht. Und die Vernunft besitzt Verbündete.

Vielleicht ist jetzt der Moment gekommen, von einer bezaubernden Geschichte zu berichten, die der österreichische Naturforscher K. Lorenz erzählt. Es ist die Geschichte einer Familie von Juwelenfischen, die von Lorenz und seinen Studenten beobachtet wurde. Während wir die Geschichte überlegen, müssen wir uns vor Augen halten, daß der Juwelenfisch nicht, wie der Mensch, ein entwicklungsgeschichtlicher Neuling ist; seine Linie reicht zurück bis in das Devon vor 350 Millionen Jahren.

Im Juwelenfisch haben sich Instinkt und Anatomie vereint, um ihm manche lästigen Probleme zu ersparen. Die Jugendkriminalität zum Beispiel gehört nicht zu den Sorgen der Juwelenfischeltern; die bange Frage, wo sich ihre Kinder herumtreiben mögen, verursacht ihnen keine schlaflosen Nächte. Die Entwicklungsgeschichte hat den Juwelenfisch mit einer zusammenziehbaren Luftkammer ausgestattet. Wird das Kind des Nachts in das Nest gelegt, zieht sich die Schwimmblase zusammen, das Fischkind wird schwerer als Wasser und bleibt wie ein kleiner Stein bis zum Morgen liegen, ob es will oder nicht.

Natürlich haben die Eltern ihre komplementären Instinkte, um aus dieser Gegebenheit eine Juwelenfischtugend zu machen. Sobald es dunkelt, beenden die Eltern ihre Nahrungssuche. Die Mutter treibt ihre Kinderschar zusammen und bringt sie in das Nest. Kaum spüren die Kinder die vertraute Sandgrube, wird die oben beschriebene Reaktion ausgelöst; die Kinder sinken zu Boden. Aber die beneidenswerte Fischmutter hat nicht nur die Natur auf ihrer Seite, sie hat auch noch den Vater. Dieser ist ein verläßlicher Geselle, der sich um die verirrten Kinder kümmert. Während die Mutter die Fischschule zum Nest lockt, durcheilt der Vater das Wasser und sucht nach etwaigen Nachzüglern. Findet er ein umherstreunendes Kind, so inhaliert er es. Die Berührung des väterlichen Mundes löst dieselbe Reaktion aus wie das Familiennest; das gefangene Kind wird sofort schwer. Der Vater hat nichts anderes zu tun, als nach Hause zu schwimmen und das Kind in die Grube zu blasen.

Es ist begreiflich, wenn menschliche Eltern der Natur zürnen, die unser Erbgut nicht mit einer so herrlich einfachen Art der Kinderbetreuung ausgestattet hat. Aber nicht immer hat es der Vater ganz so leicht. Die Geschichte berichtet von einer Situation, wo es anders kam.

Am späten Nachmittag kehrten Lorenz und seine Studenten in das Institut zurück und stellten fest, daß die Fische noch kein Futter hatten. Es dämmerte bereits. Schnell zerkleinerten sie einige Würmer und warfen sie in den Tank. Und dann sahen sie schreckerfüllt eine Katastrophe herannahen. Das Männchen verfolgte bereits ein ungehorsames Kind. Gerade als es seinen Sohn ins Maul nahm, fiel ein Wurmende zu ihm herab. Auch danach schnappte es. Zu Bildsäulen erstarrt standen die Beobachter um das Becken. Aber nun ereignete sich etwas Seltsames. Der hungrige Vater machte keine Anstalten zu schlucken. Sekundenlang verharrte er wie gelähmt durch seinen Konflikt. Dann plötzlich spie er beide aus – Sohn und Wurm. Beide sanken zu Boden. Entschlossen wandte sich der alte Fisch dem Wurm zu, schluckte ihn, nahm seinen Sohn auf, schwamm nach Hause und blies ihn in sein Nest. Die Beobachter brachen in lauten Beifall aus.

Es fällt schwer, eine derartige Geschichte zu lesen, ohne dem Fischvater eine Art Gedankenprozeß zuzuschreiben. Wie sonst konnte er in einer vollkommen neuartigen Situation zu einer so komplexen Entscheidung gelangen? Aber was der österreichische Wissenschaftler und seine Studenten mit angesehen hatten, war in Wahrheit ein Konflikt der Instinkte. Das Überleben des Individuums bedrohte das Überleben der Art. Und das Überleben der Art, der stärkere Instinkt, gewann. Kein Gedanke wurde für die Entscheidung aufgewandt. Ebensowenig hatten Gedanken etwas mit dem selbstmörderischen Entschluß von Marais' heroischen Pavianen zu tun, die in der Dämmerung der einsamen Waterbergwildnis auf den Leoparden herabsprangen, der ihre Herde bedrohte. Auch die Handlungsweise des menschlichen Männchens, das beschließt, für sein Vaterland zu sterben, wird nicht von Überlegungen bestimmt.

Das arterhaltende Gebot kann sich im Überleben der Juwelenfischfamilie, im Überleben der Pavianherde, im Überleben einer modernen Nation ausdrücken – und auch in dem Überleben eines Gangs von jugendlichen Kriminellen in den Slums von New York. In jedem Fall steht das Gebot im Gegensatz zu dem Selbsterhaltungstrieb des einzelnen. Der Konflikt der Instinkte wird den Weg bestimmen.

Die zunehmende Entfaltung der menschlichen Denkfähigkeit ist als eine Erweiterung des tierischen Konfliktes der Instinkte entstanden. Unsere Primatenlinie entwickelte ein immer komplexeres Instinktgefüge, so daß das Denken, wie wir es kennen, zu einer Notwendigkeit wurde. Das Sexualleben des Primaten ist nicht auf bestimmte Zeiten beschränkt. Was soll er in einem gegebenen Moment befriedigen, den Hunger des Geschlechts oder den Hunger des Magens? Sein soziales Leben ist nicht auf eine einfache Familie beschränkt. Wen soll er verteidigen? Sich selbst oder die Gemeinschaft? Geschlecht, Gesellschaft, Status, Ernährung, Territorium, Kinder – sie alle fordern von seinen Instinkten Beachtung. Welcher Forderung muß in einem bestimmten Augenblick der Vorrang gegeben werden? Kopulation? Verteidigung des Geschlechtspartners? Verteidigung des Ranges? Befolgung der instinktmäßigen Sitten seiner Gesellschaft? Suche nach Nahrung? Schutz der Brut? Verteidigung des sozialen Territoriums?

Das gesamte Spektrum der Instinkte, die mitwirken, wenn ein Primat handeln muß, werden wir nicht erfahren. Aber noch eine andere Schwierigkeit, maßgebend für die Entwicklung des menschlichen Denkens, manifestiert sich bereits im Leben von Affen und Menschenaffen. Sie sind Geschöpfe, die erworbene Reaktionen besitzen. Der Instinkt beherrscht ihren Hunger. Aber Erfahrung und Erziehung haben sie gelehrt, welche Früchte giftig sind und welche nicht. Der Instinkt beherrscht ihren Drang nach Status. Aber durch Erfahrung wissen sie um die Möglichkeiten der Gefahren, welche der von ihnen erworbene Rang beinhaltet. Der Konflikt der Instinkte muß nicht nur die ursprünglichen Triebe einordnen, sondern auch die erworbenen Reaktionen, welche diese erweitern.

Verglichen mit den schwerwiegenden Entscheidungen der Primaten haben die niederen Tiere ein leichtes Leben. Hier wird alles vom Instinkt bestimmt, und das Dasein ist problemlos. An den Küsten Kaliforniens lebt eine Art des Fischotters, die eine erstaunliche Fähigkeit besitzt. Wenn der Otter zum seichten, sandigen Meeresboden nach einer Muschel taucht, kommt er nicht nur mit der Muschel, sondern auch mit einem großen, flachen Kiesel wieder herauf. Er dreht sich im Wasser auf den Rücken, legt den Kiesel auf die Brust und haut die Muschel dagegen. Reichlich belohnt für seine Erfindungsgabe, kann er nunmehr den Inhalt der geknackten Muschel verspeisen. Aber was wie Erfindungsgabe aussieht, ist es nicht. Der Otter bringt immer mit der Muschel auch einen Kiesel herauf. Der Gebrauch eines Werkzeuges ist bei ihm instinktmäßig verankert.

Die Beziehung zwischen Erfahrung und Instinkt im Verhalten der Tiere ist für die Entwicklung und die Möglichkeiten des menschlichen Denkens von außerordentlicher Bedeutung. Aber unsere Unkenntnis in dieser Beziehung ist geradezu verblüffend. Was ist ein Instinkt? Was ist eine Gewohnheit? Was ist Erfindungsgabe, die auf Erfahrung und rudimentärem Denken beruht? Eine Unterart der Flamingos am Natronsee in Tanganjika baut ein Lehmpiedestal von etwa 25 Zentimeter Höhe, das oben eine flache Mulde aufweist. Hier legt das Weibchen seine Eier hinein. Das Piedestal erleichtert es der langbeinigen Mutter, auf dem Nest zu hocken. Diese Gewohnheit ist unter den heute lebenden Flamingos zu einem Instinkt geworden. Aber wie kann dieser kulturelle Instinkt bei irgendeiner uralten Spezies begonnen haben, wenn nicht durch die Erfindungsgabe eines Vogels mit müden Beinen?

Darwin entdeckte auf den Galapagosinseln eine Vogelwelt von Finken. Vom südamerikanischen Kontinent abgeschnitten, haben die Inseln niemals die übliche Vielzahl von Vogelarten besessen. So füllten die Finken emsig und begeistert alle ökologischen Nischen aus. Manche ernähren sich von Sämereien, manche fressen Blätter und Blüten, andere sind Insektenjäger. Eine Art *(Cactospiza)* klettert an Baumstämmen herum, um Insekten zu finden. Aber die Natur hat diese Vögel mit einem so feinen, schlanken Schnabel ausgestattet, daß sie keine Löcher in die Rinde bohren können. Und so löst der Blasse Galapagosfink, heute instinktmäßig, das Problem auf besondere Art; er nimmt als Bohrer einen langen Kaktusdorn in seinen kleinen Schnabel. Wie konnte dieser Instinkt entstanden sein, wenn nicht durch die Erfindungsgabe eines Finken der grauen Vorzeit?

Ein anderes erstaunliches Beispiel von Erfindungsgabe unter niederen Tieren ist in einer der Arbeiten von Kenneth Oakley erwähnt. Die Kohlmeise ist, wie wir wissen, höchst ungewöhnlicher Verhaltensweisen fähig. Es war ein Männchen dieser Spezies, das in Miß Howards Garten alle Fährnisse der Bigamie erlebte. Eine andere englische Kohlmeise – welche, werden wir niemals erfahren – unternahm vor kurzem einen erfolgreicheren Ausflug ins Ungewöhnliche. Sie lernte Milchflaschen zu öffnen. Aber das ist noch nicht alles; innerhalb weniger Jahre hatten alle Kohlmeisen Englands den Trick erlernt. Einige britische Molkereien waren gezwungen, die Kappen ihrer Milchflaschen zu ändern!

Wie gelang den Kohlmeisen das Kunststück, und wie sprach es sich herum? Wir können nicht einmal Vermutungen anstellen. Wie lernte der erste Fink als Ersatz für einen kräftigen Schnabel einen Kaktusdorn zu benützen? Wie erlernte die erste langbeinige Flamingodame ein Piedestal zu bauen, um den Krampf in ihren Beinen zu lindern? Man kann nur sagen, wenn die Erfahrung einem Instinkt entgegenkommt, dann kann die Erfahrung selbst bald zu einem Instinkt werden. Und obwohl Vögel für ihren Scharfsinn bekannt sind, fällt es schwer zu glauben, daß der heutige Mensch, von Katastrophen bedroht, sich weniger bewähren sollte.

Das menschliche Denken ist eine Erweiterung des Konfliktes der Instinkte. Es besitzt keine Polizeigewalt. Es kann nicht mit unbedingter Verläßlichkeit einen Instinkt unterdrücken, einen anderen fördern. Aber es kann mit Hilfe von Erfahrung und Erfindungsgabe verschiedene Mittel für eine Vielzahl von Zwecken erproben. Der wesentliche Unterschied zwischen tierischer und menschlicher Intelligenz liegt, soweit wir wissen, nicht in der Komplexität oder dem Tiefsinn, nicht in der schöpferischen Kraft oder dem Gedächtnis, sondern in der Fähigkeit des Menschen, Pläne zu entwerfen und vorauszudenken.

Als Wolfgang Köhler in seiner Versuchsstation auf den Kanarischen Inseln seine Untersuchungen über Schimpansen durchführte, kam er zu einem sehr wesentlichen Schluß: »Die Zeit, in der ein Schimpanse lebt, wird durch die Vergangenheit und die Zukunft begrenzt.« Es ist dies ein Merkmal, das auch dem Menschen nicht fremd ist. Aber bei den Schimpansen, den intelligentesten aller lebenden Tiere, ist es absolut, das heißt, der Schimpanse kann die Vergangenheit beschränkt erfassen, die Zukunft überhaupt nicht. Er kann eine gegebene Situation aus der Erfahrung und gelegentlich durch Erfindungsgabe lösen. Aber er kann sich keine künftige Situation vorstellen, auf welche die gegenwärtige Erfahrung Bezug haben könnte.

Die Voraussicht und die Fähigkeit, nach einem geistigen Konzept zu planen, sind das ausschließliche Privileg des Menschen. Doch die gegenwärtige Revolution der Naturwissenschaften hat in unserer afrikanischen Genesis auch den tierischen Ursprung dieser Merkmale freigelegt. Die ausgestorbenen jagenden Primaten besaßen diese Merkmale, welche den letzten Beitrag zum menschlichen Denken darstellen.

Daß der jagende Primat Knochen als Waffen benützte, ist nicht erstaunlicher, als daß einer von Darwins Finken Kaktusdornen zum Aufstöbern von Insekten verwendet. Unsere Vorfahren kompensierten das Fehlen von Krallen und Reißzähnen, die Finken das Fehlen eines kräftigen Schnabels. Daß der jagende Primat, als er die anatomischen Voraussetzungen besaß, einen Stein aufnahm und ihn gegen einen Feind oder eine Beute schleuderte, ist auch nicht bemerkenswerter, als daß der Pavian gelegentlich einen Kiesel benützt, um einen Skorpion zu töten, oder auf einen Eindringling Felsbrocken herabrollen läßt. Daß aber der *Australopithecus africanus* systematisch brauchbare Knochen auf freiem Feld auswählte und sie für künftige Beutezüge oder Verteidigung in seine Makapanhöhle trug, das ist etwas ganz anderes. Das war Voraussicht. Und daß der *Australopithecus robustus* aus Lavagestein geformte Werkzeuge von einer 40 Kilometer weit entfernten Ablagerung an das Olduvaiseeufer schleppte, spricht nicht nur für Voraussicht, sondern bereits für den Beginn des begrifflichen Denkens. Er schuf eine Form, die es in der Natur nicht gibt.

Sowohl Voraussicht wie die Fähigkeit zum begrifflichen Denken sind der Ausdruck der gleichen intellektuellen Leistung: der Vorstellungskraft. Ob wir über eine Situation nachdenken, die gegenwärtig nicht existiert, wie zum Beispiel über die nukleare Vernichtung, oder über eine Form, die sich nicht mit den Händen greifen läßt, wie zum Beispiel die des tierischen Erbes der Menschen – in beiden Fällen machen wir von der Vorstellungskraft Gebrauch. Und nun müssen wir mit Nachdruck darauf hinweisen, daß diese Vorstellungskraft vor dem Auftreten des echten Menschen bereits vorhanden war. Auch sie ist also ein Teil des tierischen Vermächtnisses. In den dreiviertel Millionen Jahre alten Felsen Afrikas liegen die Beweise dieser Vorstellungskraft ebenso fossiliert wie die alten Knochen.

Das menschliche Denkvermögen basiert auf unserem tierischen Erbe. Alle seine Komponenten, einschließlich der Vorstellungskraft, entwickelten sich aus dem großen Gehirn. Natürlich wollen wir nicht behaupten, daß die Entstehung eines Denkvermögens, wie wir es heute kennen, der Menschwerdung vorausging. Dieses Denkvermögen setzt eine Sprache voraus, die Verständigung, die Erfindung von Symbolen und den nötigen Platz in den Assoziationszentren des Gehirns, diese Symbole für künftigen Gebrauch zu speichern. Um mit Oakleys Worten zu reden: Bevor die Erfahrung nicht in Symbole zusammengefaßt werden kann – seien es nun Worte oder Gesten – und diese Symbole nicht geordnet, gruppiert, isoliert und ausgewählt werden können, um den Denkprozeß zu vollziehen, ist die Erfahrung nicht mehr als ein endloser Stummfilm. Aber die Fähigkeit, die Vergangenheit mit der Zukunft in Verbindung zu setzen, mit Symbolen umzugehen – und seien sie auch noch so primitiv –, Möglichkeiten vorauszusehen und Vorkehrungen zu treffen, um ihnen zu begegnen – all dies ist ein Erbe unserer tierischen Vergangenheit.

Die Intelligenz ist keine menschliche »One-Man-Show«, sondern ein wesentliches Ereignis der Entwicklungsgeschichte. Die Fähigkeit, vorauszuplanen und sich Lösungen vorzustellen, entspringt uralten Quellen. Der menschliche Verstand verfügt zwar nicht über die Polizeigewalt, diesen oder jenen Instinkt festzunehmen, und in dem ewigen Kampf der Instinkte kommt ihm nur die Rolle des Vermittlers zu, aber er ist ein Vermittler mit unbegrenzten Möglichkeiten.

Darwins schrecklicher Zweifel war unberechtigt. Der menschliche Geist ist frei und nicht die Schöpfung eines einzigen Instinktes. Er kann die Wahrheit suchen und eine Lüge erfinden. Er kann eine Madonna malen und einen Schlachtplan entwerfen. Er kann Verträge schreiben oder Symphonien, er kann Gebete sprechen oder Massenmorde anordnen. Er kann sich zu neuen Erkenntnissen durchringen oder den Selbstbetrug der romantischen Illusion aufrechterhalten.

Der menschliche Geist kennt keine Bindungen. An ein und demselben Tag kann er seine Energien darauf verwenden, neue Raketen zu entwerfen, deren Zweck die Vernichtung von Millionen Menschenleben ist, und Geld für die hungernden Kinder Indiens spenden. Er kann mit seinem Nachbarn streiten oder mit seiner Frau; er kann zum Fußballmatch gehen, ein zweites Auto kaufen, weil sein Rivale ein zweites hat, Tolstoj oder James Bond lesen und sich am Abend darüber den Kopf zerbrechen, ob seine Partei wirklich noch die alten Grundsätze vertritt. Am selben Tag kann auch ein kurzer Besuch beim Arzt zwecks Behandlung der

Magengeschwüre oder beim Psychiater zwecks Behandlung des Seelenlebens stattgefunden haben.

Der menschliche Geist ist frei, weil er keinem Instinkt untergeordnet ist. In unseren ständigen inneren Konflikten kann und wird ein Trieb den anderen hemmen. Der Verstand kann es nicht. Er kann nur Beobachter sein und manchmal sogar ein unparteiischer Beobachter. Er kann als Untersuchungsbehörde fungieren und manchmal sogar als unbestechliche Behörde. Aber in jedem Fall wird er sich auf die Seite des Siegers schlagen – ob dieser nun zu Recht gewonnen hat oder nicht – und dessen Sache mit Hingabe und Eifer verfechten.

Daß er unfähig ist, einen Instinkt lahmzulegen, aber gleichzeitig nicht der Gefangene eines Instinktes ist, ergibt das große Paradoxon des menschlichen Geistes. Darin liegt die stärkste Kraft des Menschen und der Menschheit beste Hoffnung.

Eine Untersuchung ist abgeschlossen. Der Detektiv legt die Lupe und die Kartei mit den Fingerabdrücken beiseite, seine Galoschen und den falschen Schnurrbart. In den verschiedensten Winkeln der Welt geht die Revolution der Naturwissenschaften, unberührt von seiner Abwesenheit, weiter. Irgendwo arbeitet George Schaller an den endgültigen Ergebnissen seiner Beobachtungen des Kongogorillas. In einem Laboratorium Kaliforniens entschlüsseln kleine Argonkristalle den Kalender der menschlichen Vergangenheit. In einem Laboratorium von Johannesburg stellt Raymond Dart sein Beweismaterial zusammen, daß der *Australopithecus africanus* eine Knochenkultur hervorgebracht habe, welcher der Mensch im Laufe einer halben Million Jahre nur wenig hinzugefügt hat. In der staubigen, unzugänglichen Serengeti plagen sich die Leakey mit Kobras, Nashörnern, Leoparden, schwarzmähnigen Löwen und einem 40 Kilometer langen Riß in der Erde Tanganjikas, der eines Tages die wahre Geschichte der menschlichen Anfänge erzählen wird.

Für den Untersuchenden aber ist der Fall erledigt. Die Beweise wurden erbracht. Einige mögen zweifelhaft sein, einige falsch ausgelegt. Manche werden durch künftige Entdeckungen modifiziert oder auch widerlegt werden. Dennoch sollte das Material dem Zweck dieser Untersuchung genügen, eine skizzenhafte, aber beglückende Schlußfolgerung zu erlauben.

Nicht in Unschuld und nicht in Asien wurde die Menschheit geboren. Wir sind ein Teil der Tierwelt; ihren Gesetzlichkeiten sind wir noch heute verhaftet. Wir sind Kains Söhne. Wäre es nicht so, es gäbe wenig Hoffnung für die Menschheit.

Eine Untersuchung ist beendet. Die wissenschaftliche Forderung der Objektivität kann fallengelassen werden. Dem Wegweiser der neuen Aufklärung folgend, dürfen wir uns der vergnüglichsten aller menschlichen Unterhaltungen widmen – der reinen Spekulation. Jetzt wird auf den Tisch getrommelt, jetzt erhitzen sich die Gemüter, jetzt können wir uns in der großen Tradition der Brüllaffen der herrlichsten aller menschlichen Beschäftigungen hingeben – sich gegenseitig zu überschreien. Aber wir werden unsere Spekulationen in einem ganz neuen Raum durchführen, wo die alten Werte wie alte Statuen auf den Kopf gestellt sind; der frische, neue Wein, der unsere Gedanken beflügelt, ist ein Wein, der niemals vorher gekostet wurde.

Leider ist man nicht berechtigt, einen wissenschaftlichen Bericht mit einer Orgie von Spekulationen abzuschließen. Ich finde aber, der Leser könnte mir in Anbetracht der vielen Stunden, die ich als Junge im Keller einer Kirche von Chicago verbrachte, und meiner großen Vorliebe für Saalschlachten im Schutze der Dunkelheit wenigstens eine kleine Orgie erlauben. Während ich mich berausche, mag er mit einem Tischbein auf mich losgehen oder, wenn ihm das lieber ist, so schnell wie möglich den Raum verlassen.

Ich stelle vorerst das Paradoxon auf, daß unser Raubtierursprung die beste Hoffnung für die Menschheit darstellt. Wären wir die Kinder eines gefallenen Engels, gäbe es für unsere gegenwärtige Notlage weder eine Erklärung noch eine Lösung. Unsere Kriege und Exzesse, unsere Verbrechen und Streitigkeiten könnten nichts anderem zugeschrieben werden als einer einzigartigen menschlichen Veranlagung. Wir würden vom Menschen das Porträt eines degenerierten Geschöpfes erhalten, das zwar bei der Geburt mit allen Tugenden ausgestattet ist, dessen einziges Talent aber darin besteht, diese Schätze zu vergeuden.

Aber wir wurden nicht von gefallenen Engeln geboren, sondern von emporgestiegenen Affen, die außerdem bewaffnete Mörder waren. Worüber sollen wir uns also wundern? Über unser Morden, unsere Bomben und Raketen, unsere ständig marschierenden Truppen? Oder über unsere Bündnisse, was immer sie wert sein mögen? Über unsere Symphonien, wenn sie auch selten gespielt werden? Über unsere friedlichen Acker, wenn sie auch allzuoft zu Schlachtfeldern wurden? Über unsere Träume, auch wenn sie selten in Erfüllung gehen? Das Wunder der Menschheit ist nicht, wie tief sie gesunken, sondern wie hoch sie emporgestiegen ist. Unsere Gedichte, nicht unsere Kriege machen uns unsterblich.

Ein Geschöpf, das als mathematische Unwahrscheinlichkeit begann, das durch härteste, Millionen Jahre währende Umweltsbedingungen und durch gigantische Veränderungen mit Schlauheit, Zähigkeit, Grausamkeit und Anpassungsfähigkeit ausgezeichnet wurde und das in der kurzen Zeitspanne von 10 000 Jahren, die wir Zivilisation nennen, die Wunder vollbracht hat, die uns umgeben – ein solches Geschöpf kann nicht ohne Verheißung sein.

Meine zweite Behauptung versteigt sich weiter in das Wunderland der Spekulation und besagt, daß die Zivilisation zu der normalen evolutiven Entfaltung unserer Stammesgeschichte gehört und ein Produkt der natürlichen Auslese darstellt. Soweit wir wissen, liegt ihr Ursprung nicht im Tierreich. Wie die Dohlenschar, so ist unsere Zivilisation die Trägerin der sozialen Weisheit und der gesammelten Erfahrung unserer Art. Aber anders als die Schar besitzt sie keine instinktmäßig verankerte Autorität über das Verhalten ihrer Mitglieder. Trotzdem glaube ich, daß die Zivilisation weder zufällig noch zusätzlich erschaffen wurde. Sie reflektiert ein Gebot der Spezies. Auf dem ältesten aller Tiergesetze, auf dem Prinzip der Ordnung beruhend, wirkt sie als notwendige Hemmung und Sublimierung der Raubtierenergien, die andernfalls unsere Art längst vernichtet hätten. Ich sehe es keineswegs als Zufall an, daß die Zivilisation in dem Maße zunahm, in dem sich die menschliche Fähigkeit des Tötens vervollkommnete. Die Zivilisation ist eine ausgleichende Konsequenz unseres Aggressionstriebes; jene kann ohne diesen nicht bestehen.

Wir werden den Einfluß der Zivilisation auf das Schicksal der

Menschheit näher untersuchen, wenn wir den Einfluß des Gewissens betrachtet haben. Denn während ich in ersterer den besten Verbündeten des Menschen sehe, sehe ich in letzterem den gefährlichsten.

Meine dritte Behauptung ist viel weniger spekulativ und besagt, daß das Gewissen als treibende Kraft im Drama der Menschheit so unverläßlich ist, daß es fast die Rolle des Bösewichts spielt. Das Gewissen hat sich in gerader Linie aus dem Freund-Feind-Kodex unserer Primatenvergangenheit entwickelt. Aber im Gegensatz zur Zivilisation war es niemals eine Kraft, welche die aggressiven Instinkte gehemmt hätte; vielmehr war es der beste Verbündete des Eroberers. Wenn die Menschheit die heutige Krise überlebt, dann tut sie es trotz und nicht wegen der Macht unseres von den Tieren ererbten Gewissens.

Ich erwarte mir kaum etwas anderes als fliegende Tischbeine als Lohn für diese Behauptung. Ich glaube aber nicht, daß eine Untersuchung des weiten Reiches unseres tierischen Vermächtnisses, wie wir sie unternommen haben, abgeschlossen werden kann, ohne die persönliche Überzeugung des Autors auszusprechen: Die rationalen Pfeiler unserer Zivilisation ruhen auf Kräften, die uns retten, die irrationalen Kräfte des Gewissens auf solchen, die uns vernichten können.

Die Begrenztheit unseres Gewissens ist durch seinen territorialen Charakter gegeben. Es ist der gleiche Mechanismus, mit dessen Hilfe die Tiersozietät ihre Mitglieder gegen den Feind mobilisiert und von dem Individuum Opfer für das Gemeinwohl fordert. Verstärkt das Gewissen die Freundschaftsaspekte gegenüber den Partnern der Gemeinschaft, dann vertieft es die Gefühle der Toleranz, des Mitleids, des Erbarmens. Wenn die Fähigkeit der Spezies, territoriale Koalitionen zu formen, zur Bildung immer größerer territorialer Gemeinschaften führt, dann wird der Ausdruck der Toleranz, des Mitleids und des Erbarmens auf eine immer größere Anzahl von Individuen ausgedehnt. In diesem Sinn ist das Gewissen ein Baustein der Zivilisation.

Aber das Gewissen ist ein Januskopf, und sein zweites Gesicht ist düster. Der Besitz eines Territoriums verlangt unaufhörliche Feindschaft mit dem territorialen Nachbarn. Der Freund-Feind-

Kodex der Primaten kann ohne Feinde nicht existieren. Das Gewissen organisiert den Haß, wie es die Liebe organisiert. Und mit dem Aufkommen der Raubtiernatur gewann das Gewissen eine Macht, die es in den Sozietäten nichtaggressiver Primaten niemals besessen hatte. Das Gewissen mag den christlichen Märtyrer bewegen, für seine Mitmenschen zu sterben. Aber das gleiche Gewissen treibt die christlichen Heere vorwärts, eben diese Mitmenschen abzuschlachten. Es ist dies eine Erscheinung, die nicht unbeachtet blieb.

Das Bewußtsein des in einer Gemeinschaft lebenden Menschen unterscheidet sich von dem des gesellig lebenden Tieres im wesentlichen durch seine komplexere Beschaffenheit. Wenn ich ein weißer Protestant aus den Südstaaten bin, kann mein Gewissen eine Loyalität zu meinem Heimatstaat beinhalten, die mich regionale Interessen gegen territoriale Interessen anderer Bundesstaaten und sogar der amerikanischen Nation verteidigen lassen wird. Gleichzeitig wird mir mein Gewissen als Amerikaner befehlen, mein Vaterland in einem internationalen Konflikt zu verteidigen und regionale gegenüber nationalen Forderungen zurückzustellen, solange letztere nicht mit lokalen Erfordernissen in Widerstreit geraten. Aber damit sind die komplexen Aspekte meines Gewissens noch nicht erschöpft. Ich werde die weiße Rasse gegen die schwarze verteidigen, die christliche Welt gegen die sogenannten Gottlosen und die protestantische Kirche gegen alle Angriffe von Rom. Kaum jemand außer den Bewohnern meines Heimatstaates wird verstehen, daß ich in jedem Fall nach meinem Gewissen handle.

Da seine Wurzeln territorial sind, ist mein Gewissen regional. Ich werde mir aber unweigerlich vormachen, es sei universell, um meinem Handeln die Autorität eines universellen Gesetzes zu unterschieben. Das ist natürlich Selbstbetrug. Mein Gewissen befiehlt mir nur, im Interesse meiner Gemeinschaft oder meiner Gemeinschaften zu handeln.

Mein Gewissen ist vollkommen amoralisch. Ich werde mir einbilden, daß es mich treibt, im Interesse der Menschheit zu handeln, und es mag auch der Fall sein. Aber es wird mich mit der gleichen Macht dazu drängen, im Interesse des Bösen zu handeln, wenn dieses Böse im Interesse meiner Gemeinschaft liegt.

Ich mag mir sagen, mein Gewissen sei mein eigen. Es stimmt dies keineswegs. Nichts, das ich zu besitzen scheine, ist so wenig mein eigen. Es ist der ausschließliche Besitz jener territorialen oder sozialen Institutionen, denen ich angehöre.

Das Gewissen des in einer Gemeinschaft lebenden Menschen unterscheidet sich noch in einer anderen Hinsicht von dem des sozialen Tieres. Unser Bewußtsein drängt uns, das Gewissen mit den höchsten Mächten zu identifizieren. Ich sage mir nicht, mein Gewissen sei die Stimme Amerikas; ich nehme an, es sei die Stimme Gottes. Das Mitglied der Kommunistischen Partei ist nicht bereit, sein Gewissen mit dem Interesse eines Landes namens Rußland zu identifizieren; es muß glauben, daß es zum Wohle der ganzen Menschheit handle. Je größer der Druck ist, der von einem Individuum Opfer verlangt, desto gewaltiger muß die Instanz sein, in deren Namen das Opfer gefordert wird. Gott ist niemals so populär wie in Kriegszeiten. Sogar die atheistische Gesellschaft der Sowjetunion fand es während der Schrecken des Zweiten Weltkrieges von Vorteil, Gott vorübergehend wiedereinzusetzen, um sich des äußersten Einsatzes ihrer Bürger zu versichern.

Die animalische Beschaffenheit des menschlichen Gewissens fordert Images, nicht Vernunft, um den Freund-Feind-Kodex zu mobilisieren. Wäre ich eine Dohle, ich folgte auf einen bestimmten Ruf hin meiner Schar, was immer mein momentanes, unerfülltes Verlangen sein möge. Wäre ich ein Pavian, ich verteidigte meinen Kumpanen, nicht etwa, weil ich seine Gefährdung erkenne, sondern als Antwort auf ein bestimmtes Signal meiner Herde. Und obwohl ich ein mit einer gewissen Vernunft begabter Mensch bin, brauche auch ich meine Images.

Die Kontinuität des Freund-Feind-Kodex, wie sie sich im menschlichen Bewußtsein entwickelt hat, ist am klarsten aus der Abhängigkeit von Symbolen ersichtlich. Der Anblick eines Kreuzes im Morgenlicht; das klingende Spiel einer Militärkapelle; das Flattern einer Fahne gegen den blauen Himmel; der Chorgesang in einer Dorfkirche – diese Bilder, diese Klänge genügen, um jede anarchistische Regung zum Schweigen zu bringen. Worte: Vaterland, Heimat und Herd, Recht und Unrecht, Vergeltung, Verräter, Helden; alle diese Symbole erwecken mehr oder minder erfolgreich unsere Freund-Feind-Vorstellungen.

In uralter Weisheit appelliert die Gesellschaft nicht durch den Verstand an mein Gewissen, denn da mein Gewissen ein animalisches Erbe ist, würde es nur schwach reagieren. Daher wird das Gewissen in der menschlichen Gesellschaft zu einer absolut antirationalen Kraft. Seine Symbole dürfen nicht allzu genau untersucht werden, sonst verlieren sie ihre Zauberkraft. Die göttlichen oder universellen Wurzeln des Gewissens dürfen keiner allzu scharfen Prüfung unterzogen werden. Wenn ich mein Leben riskieren soll, muß der Anlaß großartig sein. Vor allem darf das Gewissen nur in einer einzigen Ausgabe bestehen; in meiner eigenen. Zuzugeben, daß der Feind ebenfalls nach seinem Gewissen handelt, hieße das ganze schöne Spiel aufgeben.

Die beschränkte Jurisdiktion des menschlichen Geistes ist durch seine Beziehung zu dem instinktmäßig verankerten Gewissen – unser Verstand konnte es in der Vergangenheit nicht einmal analysieren – klar aufgezeigt. Eng verwoben mit unserer gegenwärtigen Notlage ist die Macht des Gewissens über das menschliche Handeln. Seinem Wesen nach beschränkt, kann es universelle Probleme nicht erfassen. Vielfältig und widerspruchsvoll, ist es nicht einmal in einem lokalen Konflikt ein verläßlicher Wegweiser. Traditionsverhaftet in seiner Reaktion auf Symbole, kann es der Gegenwart nichts anderes bieten als die Zauberworte der Vergangenheit. Instinktgebunden in seinen Forderungen, sieht es in jeder Aufklärung seinen Feind. Trügerisch in seinen Ansprüchen, stärkt es den Narren und schwächt den Weisen. Und die Ausschließlichkeit seiner territorialen Gewalt verwehrt den Antagonisten jede Verständigung.

Ohne Zweifel hat das Gewissen die Menschen von ihren Anfängen im Pleistozän einen steinigen, weiten Weg geführt. Aber auf wie vielen Schlachtfeldern, in wie vielen dunklen Stunden hat das Gewissen die schwärzesten Abenteuer der Menschheit ermöglicht und unterstützt? In den kleinlichen Konflikten menschlicher Belange spielt das Gewissen noch immer seine Rolle, indem es universelle Ansprüche geltend macht. In dem Verhängnis, das der ganzen Menschheit droht, wird das Gewissen zu einem zweifelhaften Freund.

Aber es ist nicht an uns, das Gewissen zu negieren. Es ist ein Teil unserer tierischen Natur und kann ebensowenig abgelehnt werden wie unsere Vorliebe für alles, was knallt. Man ziehe vier Generationen menschlicher Wesen unter anarchistischen Kanarienvögeln auf, und kaum erhalten sie Zugang zu dem traditionellen Material, werden sie wieder zu der Überzeugung zurückkehren, das Gewissen sei die Stimme Gottes. Wir sind nun einmal so beschaffen, und als sozial lebende Geschöpfe können wir nicht darum herumkommen.

Damit bin ich am Ende meiner dritten Behauptung angelangt. Die Macht des Gewissens, blind und antirational, wird gemeinsam mit dem Hang zur Waffe die verantwortliche Kraft sein, sollte es jemals zu einer Selbstvernichtung der Menschen kommen. Der Freund-Feind-Kodex ist ein Gebot der Spezies, das von der natürlichen Auslese als arterhaltend gefördert wurde. Aber verbunden mit den Instinkten des bewaffneten Raubtieres ist er in die Irre gegangen. Die Evolution kann nicht vorausplanen. Die natürliche Auslese, die die vergessenen Gärten unserer afrikanischen Genesis von Unkraut befreite, konnte nicht den atomaren Pilz voraussehen, nicht die Explosion voraushören. Und so wurde ein arterhaltender Instinkt im *Homo sapiens* zu einer Kraft der potentiellen Vernichtung.

Aber in dem Konflikt unserer Instinkte steht kein animalischer Trieb allein. Und so kehre ich zu meiner zweiten Behauptung zurück, daß die Zivilisation ein Produkt der Evolution sei und der Ausdruck des ältesten Naturgesetzes. Denn älter als der Raubtiertrieb, tiefer verwurzelt als Gewissen, Territorium oder Gesellschaft liegt das schattenhafte, geheimnisvolle, undefinierbare Gebot der Art, der Instinkt zur Ordnung. So kam es, daß, als eine aggressive Spezies mit größter Schnelligkeit ihren angeborenen Hang zum Chaos entfaltete, die natürliche Auslese die ebenso rasche Entwicklung dieser sublimierenden, eindämmenden, überterritorialen Institution förderte, die wir vage als unsere Zivilisation bezeichnen.

Sie ist eine stümperhafte Konstruktion, und ein weniger attraktives Gebäude ist kaum vorstellbar; sein Grau ist trostlos, die Wände dünn, das Gebälk morsch, das Fundament unsolid. Die Grundsteinlegung ist nicht allzulange her. Keine Märsche erklingen, keine Fahnen flattern, keine erhebenden Symbole trösten unsere sehnsuchtsvollen Herzen. Aber mag der Weg auch noch so demütigend sein, bedroht von Anarchie, Chaos und Vernichtung, muß sich der Mensch dieser letzten Zufluchtsstätte zuwenden – dem grauen, nüchternen Gebäude der Aufklärung. Denn nirgends sonst wird er Hilfe finden.

Es ist ein sehr betrüblicher Schluß, daß diese häßliche, ärmliche Behausung unsere letzte Rettung darstellen soll. Immer wieder hat sie uns in der Vergangenheit enttäuscht. Ungefähr alle tausend Jahre bricht sie völlig zusammen, und überhaupt verspürt niemand ein Verlangen, sie zu betreten. Die Bibliotheken sind ebenso angestopft mit Weisheit wie mit Unsinn, die Wärter haben ebensoviel närrische wie vernünftige Ideen. Aus den grauen Sälen kamen bisher in der Mehrzahl lärmende Schuljungen mit viel Wissen und wenig Weisheit im Kopf. Wenn die Hallen der menschlichen Aufklärung unsere Rettung sein sollen, kann man nur sagen, ein kläglicheres Gewimmer ist schwer vorstellbar. Vielleicht wäre der große Knall doch die einfachere Lösung?

Aber es sind nicht wir, die wählen. In einem stillen Hinterzimmer sitzt eine unscheinbare Gestalt; wir dürfen sie niemals vergessen, niemals übersehen, niemals geringachten. Sie sitzt mit gebeugtem Kopf, still und abwartend; lauschend auf das lärmende Getriebe der Außenwelt. Sie ist der Hüter der Geschlechter.

Wer ist es? Wir wissen es nicht. Wir werden es niemals erfahren. Sie ist gegenwärtig, und das ist alles. Aber diese Gegenwart ist in den letzten Weiten des unendlichen Alls, die kein menschliches Auge erforschen kann. Und sie ist in den letzten Bereichen unendlicher Kleinheit jenseits der Reichweite des Elektronenmikroskops. Sie ist in der organischen und in der anorganischen Materie. Sie ist in allen Dingen, die jemals waren und in allen Dingen, die jemals sein werden. Wie ihre Gebote unerschaubar sind, ist ihre Identität unfaßlich. Aber ihr ältestes Gesetz ist das Ordnungsprinzip.

Du kannst ihre Gegenwart fühlen, wenn du auf einem einsamen Hügel unter dem sternenbesäten Himmel stehst. Über dir leuchtet in ferner Größe die Milchstraße, deine Galaxis, deine himmlische Heimat. Und dort, jenseits der schwachen Andeutung der Andromeda, ist dein nächster Bruder im Kosmos. Sechsundzwanzig Quintillionen Meilen entfernt zieht der Zwilling deiner Galaxis seine vorgezeichnete Bahn.

Du kannst ihre Gegenwart in dem Element spüren, das wir Helium nennen, welches sich immer und ewig nach den für das Helium geltenden Gesetzen verhalten wird. Du kannst sie in dem zweiten thermodynamischen Gesetz fühlen oder in dem festgelegten Verhalten einer Bachforelle in einem Teich Neuseelands. Du kannst sie in der Entscheidung der Rohrammer spüren, zuerst ihr Territorium und dann ihre Jungen zu verteidigen; oder in dem Zögern des Juwelenfisches, das seinem Abendessen und seinem Sohn zur Rettung gereichte. Du kannst ihr Wort in der Gestalt von Städten und Symphonien finden, in einem Bild von Rembrandt, in Tannenbäumen und Kumuluswolken. Du kannst ihr Walten in den Sternbahnen, im Ablauf der Jahreszeiten, in Ebbe und Flut, im Schlagen der Uhren erkennen. Wo die Knospen eines Apfelbaumes aufspringen, wo die Birken brechen, wo bunte Blätter zur Erde fallen, ist ihre Hand spürbar.

Wo ein Kind geboren wird; wo ein Mann stirbt; wo das Leben weitergeht, obwohl das Unheil zugeschlagen hat; wo ein Bauer sät, obwohl seine Felder verwüstet wurden; wo Menschen Städte wieder aufbauen, die andere Menschen zerstört haben; wo die Ebbe der Flut weicht – überall dort siehst du ihre Spuren.

Du und ich und die ganze Menschheit sind ihr gleichgültig. Nicht aber die Ordnung. Und was immer sie sagt, werden wir tun. Jetzt gerade erhebt sich die Gestalt in dem stillen Hinterzimmer, und sie sieht zum Fenster hinaus.

Südlich des Mondes, wo der Mensch geboren wurde, scheinen alle Werte und alle Symbole auf dem Kopf zu stehen. Und der Mensch des Nordens, an andere Himmel und andere Winde, an andere Sitten und andere Gesichter gewöhnt, ist immer von neuem verloren. Zu Mittag fällt mein Schatten gegen Süden, denn die Sonne steht, wo sie nicht hingehört. Ich wende mich nach links, wo Westen sein sollte, und es ist Osten. Ich wende mich rechts, wo Osten sein sollte, und es ist Westen. Des Nachts ergeht es mir nicht besser.

Der afrikanische Mond zieht durch die Wolkenfetzen eines südlichen Himmels, und der Orion geht auf seinem Kopf schlafen. Keine freundliche Nachtigall steigt in den Himmel auf. Die Sterne sind fremd.

Ich bin verloren. Wo ist Osten? Wo ist Norden? Und doch bin ich hier zur Welt gekommen.

Der Südwind steigert mein Unbehagen. Es ist kühl auf dem afrikanischen Hochland, denn es ist Juni, und der Winter naht. Von der Antarktis her weht ein bitterkalter Wind. Die langen Nächte und die frostige Dämmerung lassen die Erinnerung an Weihnachtseinkäufe wachwerden.

Aber wenn Weihnachten da ist, werden wir in der Sonne braten, im Schatten eisgekühlte Drinks nehmen und den Ventilator anstellen, bevor wir unsere Geschenke auspacken. Es ist fast genug, um den Glauben an Knecht Ruprecht zu verlieren.

Und dann ist da die Sache mit dem weißen Gesicht. Ich glaube, es ist ein Gesicht, das zu lange gewöhnt war, zu der Mehrheit zu gehören. Es bildet sich ein, alle anderen Gesichter müßten ebenso aussehen. Ich erinnere mich, im Menschengewühl des Nordens gelegentlich ein Gesicht von fremdartiger Form oder Farbe gesehen zu haben. Solch ein Gesicht schien immer eine Absonderlichkeit. Aber südlich des Mondes ist es mein Gesicht, das absonderlich ist, und dieses Gefühl ist beunruhigend. Ich sehe mich morgens im Spiegel, und es ist das Gesicht, das mir seit eh und je vertraut ist. Für einen Augenblick kehrt die Normalität zurück. Aber in den Straßen verschwindet sie, und mein Gesicht wird zu einem winzigen, weißen Segelboot auf einem dunklen, bewegten Ozean. Mein Kompaß stimmt nicht mehr, und die Winde sind falsch. Schwer lastet die Einsamkeit auf mir. Ich habe Angst.

Das ist ein weiterer Punkt. Ich bin nicht gewohnt, um mein Leben zu zittern. Zu viele Bündnisse haben mein Leben bisher geschützt. Ich habe mich mit der freundlichen Kuh verbunden, mit der Gesundheitsbehörde, mit dem Polizisten. Im Schutze derartiger Bündnisse bin ich morgens in der hinlänglichen Gewißheit aufgestanden, daß ich abends auch noch am Leben sein werde. Aber südlich des Mondes habe ich keine Verbündeten mehr, und in meinem Magen ist ein Gefühl der Leere. Ich fürchte die Kobra im Garten. Ich habe kein Abkommen mit dem Löwen. Ich habe Angst vor den Krokodilen im Viktoriasee, vor der Tsetsefliege im Busch, vor dem kleinen Flugzeug mit dem Motor, vor den Moskitos im lauen Abendwind. Aber am meisten fürchte ich die Städte Afrikas.

Lächeln – breit und weiß; was liegt dahinter? Ich weiß es nicht. Gelächter – wie kleine, alte Zimbeln klingend; was liegt hinter dem Gelächter? In den Tiefen der dunklen Augen schlummert Nachdenklichkeit; welcher Art sind die Gedanken? An den Stamm in den Hügeln? Mein Stamm ist weit. An den Medizinmann? Ich weiß nichts von Medizinmännern. Beschäftigen sich diese Gedanken mit der Einzigartigkeit des Menschen, mit seiner Unschuld und dem angeborenen Edelmut? Ich bezweifle es. Nur der Soldat des Nordens mit seinen überlegenen Waffen hat in ihren Gedanken die Lust am Massaker unterdrückt, den Hang zur Sklaverei, die Sitte, den gefangenen Feind zu kastrieren, und die rituelle Befriedigung, den Fremden zu verspeisen – wenn möglich lebendig. Kein Konflikt der Instinkte hat zur Unterdrückung solcher Vergnügen beigetragen. Kein allmählicher Erwerb von Erfahrungen hat diesen Gedanken eine andere Richtung gegeben. Das Gewissen, dem ich in den Straßen Afrikas begegne, ist dem meinen nicht ähnlich. Und der Soldat des Nordens zieht sich zurück.

Ich bin allein auf der afrikanischen Straße, verloren, angsterfüllt, ohne Verbündete. Ich verstehe nichts. Und doch bin ich hier geboren. Auch ich habe einmal in Massaker, Sklaverei, Kastration und Kannibalismus geschwelgt, und mein Gewissen sagte mir, diese Dinge seien richtig. Auch ich habe mich einst an den Medizinmann gewandt und seinem Zauber vertraut – es ist nicht allzulange her. Was hält mich heute davor zurück? Nichts hält mich zurück außer der Weisheit meiner Zivilisation und den Zügeln, die sie zeit meines Lebens meinen Instinkten angelegt hat.

Es gab eine Zeit, so wurde mir erklärt, in der es dem Menschen äußerst schwerfiel, sich die Erde als Kugel vorzustellen. Aber allmählich haben wir uns an die Vorstellung gewöhnt und sie zu einem Teil des menschlichen Gedankengutes gemacht. Es gab auch eine Zeit, in der die Vorstellung, unser Planet sei nur ein um die Sonne kreisender Körper, ebenso schwer faßbar war und außerdem eine Irrlehre, die mit schweren Strafen geahndet wurde. Aber allmählich verschwanden die Sanktionen, die Aufklärung verbreitete sich, und wir fanden uns damit ab, daß die Erde nicht das Zentrum aller Dinge ist. Heute muß der Mensch eine Aufklärung annehmen, die seine eigene Natur betrifft. Sie wird nur langsam kommen und mit Schwierigkeiten. Es wird Strafen und Sanktionen für die Häretiker geben. Aber die neue Aufklärung wird sich verbreiten, wie alle Aufklärungen dich verbreitet haben; weil es so sein muß.

Der Südwind ist kalt, bald wird der Frost kommen. Langsam gewöhne ich mich an die Jahreszeiten. Mein Schatten fällt nach Süden, und der Osten ist links. Langsam verstehe ich den Kompaß. Der *Australopithecus africanus* liegt nicht in den Kalkhöhlen begraben, sondern in meinem Herzen und in dem deinen und in dem des schwarzen Mannes auf der Straße. Wir alle sind die Söhne

Kains. Langsam, unendlich langsam werden Verstehen und Erbarmen möglich, der durchsichtige Schleier verschwindet, und die Gesichter sind nicht mehr fremd. Gezeiten aus der Vergangenheit rühren mich an, uralter Wellenschlag aus vergessenen Meeren – und ich fühle mich leicht und froh. Ich nehme meinen Mantel, denn die Nächte im Juni sind kühl. Am Himmel des Südens leuchtet ein Stern, der herrlichste Stern, den ich jemals gesehen habe, und ich beginne mir seinen Namen zu merken: Alpha Centauri.

Register

Aufstieg und Untergang der »Rothäute«

Die Indianer – ein faszinierendes Thema, eine reiche Kultur, ein hartes Schicksal. Diese erste wissenschaftlich fundierte Gesamtschau liefert außerdem einen wichtigen Beitrag zu Theorie und Praxis des kulturellen Evolutionismus.